法藏知津

二編：佛教思想研究專輯

杜 潔 祥 主編

第 17 冊

圓悟克勤禪學思想研究

魏 建 中 著

宋初智圓與契嵩對儒學的回應

歐 朝 榮 著

花木蘭文化出版社

國家圖書館出版品預行編目資料

圓悟克勤禪學思想研究　魏建中 著／宋初智圓與契嵩對儒學的回應　歐朝榮 著—初版—新北市：花木蘭文化出版社，2015〔民 104〕

目 2+156 面／目 2+110 面；19×26 公分

（法藏知津二編：佛教思想研究專輯　第 17 冊）

ISBN 978-986-322-939-1／978-986-254-085-5（精裝）

1.（宋）釋克勤 2.學術思想 3.佛教哲學／1.（宋）釋智圓 2.（宋）釋契嵩 3.（明）袁宏道 4.學術思想 5.儒學 6.佛教 7.禪宗 8.宋代 9.明代

030.8／125　　103014783／98016116

ISBN-978-986-322-939-1　ISBN-978-986-254-085-5

法藏知津二編：佛教思想研究專輯

第十七冊　ISBN：978-986-322-939-1 ／ 978-986-254-085-5

圓悟克勤禪學思想研究
宋初智圓與契嵩對儒學的回應

作　者　魏建中／歐朝榮

主　編　杜潔祥

副總編輯　楊嘉樂

編　輯　許郁翎

出　版　花木蘭文化出版社

社　長　高小娟

聯絡地址　235 新北市中和區中安街七二號十三樓

電話：02-2923-1455 ／傳真：02-2923-1452

網　址　http://www.huamulan.tw 信箱 hml 810518@gmail.com

印　刷　普羅文化出版廣告事業

初　版　2015 年 5 月

定　價　二編 24 冊（精裝）新台幣 40,000 元

圓悟克勤禪學思想研究

魏建中　著

作者簡介

魏建中，男，1978 年生，湖南邵陽隆回人。於九十年代末中師畢業，在農村工作七年。後通過考研進入廣西師範大學文學院，2007 年畢業，獲文學碩士學位。讀研期間，對禪學產生濃厚興趣，遂萌發報考宗教學博士的想法。天遂人願，2007 年考入武漢大學哲學學院攻讀博士學位，師從呂有祥先生，2010 年畢業，獲宗教學博士學位。現任教於湖南省懷化市懷化學院政法系，同時係湖南省民間非物質文化研究基地兼職研究人員。主要研究方向：宗教學、中國哲學、地方文化。曾參與一項國家級科研課題研究，獲省教育廳、省社科課題各一項。在《理論月刊》、《學習月刊》等期刊及國際性學術會議上發表論文多篇。

提　要

圜悟克勤是宋代中期的一位禪門宗師，在中國禪宗史上具有很大貢獻。他給後人留下了很多寶貴的資料，尤其是他的《碧岩錄》、《圜悟心要》和《圜悟克勤禪師語錄》三部著作，把中國的禪文化推向了輝煌的頂峰。可以說，圜悟不僅是一位證悟自性、心靈自由的禪僧，也是一位通達經論和各家宗旨、善於闡釋的大家。本書全面搜集資料，充分利用今人的研究成果，試圖對圜悟禪學進行首次全面系統的研究，探明其禪學的主旨精神與博大內涵，並重新審視對圜悟的歷史評價，從而深化對宋代禪宗史的研究。

圜悟克勤提出的「人人腳跟下本有此段大光明」心性論命題，在禪宗史上具有重要的理論意義和實踐意義。這種思想進一步將禪法生活化，對於廣接群機，大弘禪法，有重要作用。針對禪宗史上對圜悟克勤「文字禪」的批評，本書全面考察圜悟克勤的「文字禪」思想與詮釋實踐。本書認爲，作爲一代禪學大師的圜悟克勤在詮釋公案、頌古及拈古時，在準確把握其思想脈絡的同時，還使得其內在精神在新的視域裏以解決新問題促使禪宗弟子解悟的方式獲得了重生。基於對圜悟禪學思想的研究，本書得出結論：圜悟克勤既是前人禪學思想的總結者，又是新禪法的開創者，更是善於說禪的詮釋者，他的禪學特色正是體現了禪學範式變化的過渡性特徵，爲後面出現的「看話禪」和「默照禪」奠定了基礎。

目次

引　言

目前，國內外對禪學思想的研究已經比較深入，並且取得了很大的成果。但是在具體的歷史和邏輯環節方面，及禪學的一些細節問題上，尚有待深入。尤其是宋代禪宗，學術界的關注是不夠的。宋代禪宗在歷史的發展中，是一個樞紐的階段，它繼承唐代慧能以來的南宗禪，又在唐代禪宗思想的基礎上，探求新的禪悟思想和禪修方式。可以說，唐代禪師的言行基本上是通過宋代禪僧的記錄留存下來，宋代禪宗是在消化唐代禪宗思想的基礎上建立了自己的思想，換句話說，宋代禪師是唐代禪師的「詮釋者」，唐代禪師則是「被詮釋者」。〔註 1〕圓悟克勤和他的弟子大慧宗杲可以說是這方面的代表性人物。大慧宗杲因其極力提倡「看話禪」的禪法而聞名於世，而圓悟克勤因其「文字禪」的嫌疑，後世對他的評價貶抑較多，對其思想的貢獻重視不夠，目前還沒有人將它的禪學思想作爲獨自體系進行充分深入的研究。本書以圓悟克勤的禪學思想爲個案進行研究，考察其在心性論、工夫論和文字禪方面的思想和貢獻，探明其禪學的主旨精神與博大內涵，並重新審視對圓悟的歷史評價，從而深化對宋代禪宗史的研究。

一、研究緣起

圓悟克勤是宋代中期的一位禪師，在中國禪宗史上具有很大貢獻。他給

〔註 1〕我們之所以說宋代禪師是唐代禪師的「詮釋者」，是因爲唐代禪師的很多資料是由宋代禪師整理才流傳下來的，宋代禪師在整理這些資料的過程中，產生了獨到的看法，形成了自己的思想，提出了新的禪修方式。當然宋代禪師首先是開悟的禪者，其次才是「詮釋者」，他們不是專門的哲學家，並沒有刻意去闡釋前代禪師的思想，只是從自己的心性世界中很自然地流出話語，可謂終日說話，未嘗說一句。

後人留下了很多寶貴的資料，尤其是他的《碧巖錄》、《圓悟心要》和《圓悟克勤禪師語錄》三部著作，把中國的禪文化推向了輝煌的頂峰。這些資料總字數達四十萬之多，這在中國禪宗史上是一個罕見的現象，因爲一般的禪師無意於語言文字，留下的資料較少，而圓悟克勤博聞強記，以積極的姿態說禪，其語言如精金美玉，引人入勝。他的《碧巖錄》被稱爲「宗門第一書」，是文字禪的代表作，對後世影響深遠。這本書以雪竇重顯禪師《頌古百則》所列一百則公案爲基礎，加上克勤的垂示、著語、評唱，再經他的門人普照等編集而成。此書既體現了克勤融通禪宗與教理的智慧，也反映了他的文學才華，不僅具有獨特的宗教價值，也具有重要的學術價值。從《圓悟心要》和《圓悟克勤禪師語錄》來看，圓悟禪法薈萃各家精華，超宗越格，文採斐然，體現了他那圓融綜合的時代特徵和大俗而又大雅的禪風，既有對傳統的繼承，又有與時俱進的創新性，爲他的弟子大慧宗杲提倡「看話禪」奠定了基礎。可以說，圓悟不僅是一位證悟自性、心靈自由的禪僧，也是一位通達經論和各家宗旨、善於闡釋的大家。因此，對圓悟克勤的禪學思想進行全面、系統、深入地研究，對深化中國禪學思想史尤其是宋代禪學發展邏輯研究，是很有意義的。

另外，從生存論維度〔註 2〕看，研究圓悟克勤的禪學思想也是很有意義的。當今世界，科技文明日新月異飛速發展，然而，人類在享受著高度發達的物質財富的同時，也面臨著心靈束縛、精神異化、道德滑坡、生態環境嚴重破壞等許多問題。這些問題的深層次原因就是人自身的心靈二元對立，過度地向外追求，無法寧靜、自然地生活。其實，人類文明的全面進步和有序發展，需要科技文明和人文精神的協調發展，需要物質文明和精神文明的共同繁榮。而在精神文明領域，禪學具有豐富的資源，能夠以「內觀」的方法幫助人們回歸心靈的家園，運用自覺的修養達於某種超越的境界，從而實現心靈自由的理想。心靈自由一直是人類文明的一個永恒主題，古往今來，無數聖賢大哲在孜孜以求地探索心靈與生命的眞諦，構建了一座座精神思想的大廈，他們光輝燦爛的思想和人格，給後來者提供了寶貴的精神財富，圓悟克勤就是這些聖賢大哲中比較有代表性的一位。我們期望通過研究圓悟克勤的禪學思想，發掘他的眞知灼見，彰顯他的微言大義，使其思想的心性覺悟

〔註 2〕生存論維度指的是人的現實存在維度，在這種存在性中，人面臨一系列物質和精神的問題，在解決這些問題的過程中，我們可以從禪學那裡吸取資源。

價值呈現出來，同時在對他的文本的詮釋過程中，傾聽他從自性世界流出來的話語，提升自己的生命境界。所以說對其思想進行研究並不是出於一種思古的幽情，而是富有當下現實意義的對精神世界奧秘的一種探尋。

二、研究方法

（一）現象學、詮釋學方法

本書主要運用現象學和詮釋學的精神和方法來研究圓悟禪師的心性論、工夫論思想和文字禪理論與詮釋方式及其歷史影響，全面呈顯圓悟克勤的禪學思想及其歷史貢獻。

在當代的西方宗教研究中，宗教現象學已經成爲顯學，它爲人們研究宗教提供了新的視野和新的思路。宗教現象學主要是一種認識論，「既是存在性的，又是詮釋性的」，「存在性不僅表現在宗教生活是存在性的，而且體現在研究宗教的現象學家也是一個有血有肉的有限性存在。這種存在性決定了宗教現象學在其方法上是詮釋性的，是以對話爲基礎的。對話不是手段，對話本身就是人的存在的根本狀態」。〔註 3〕現象學方法要求研究者以同理心去感同宗教經驗，這種感同不是再造式的體驗，或是一次完全相同的宗教經驗，而是一種闡釋，這種闡釋需要同理心品性的介入，即宗教性意識的參與。研究對象決定著研究方法。要研究禪學思想，首先必須注意到禪宗這個研究對象的特殊性。禪宗是印度佛教傳入中國後中國化的一個佛教派別，在本質上它是一種宗教，如何實踐並達到它所設定的目標——見性成佛，是它的關注焦點。它不是著眼於常人的現實的存在而是從超越常人的「覺悟」的層面上來看人的成長的可能性，重視人的存在的轉化與提升。因此，根據現象學的精神，以同理心去感同研究對象的宗教經驗，在無偏見的前提下進行研究是很重要的。

確立了宗教現象學的精神與方法，我們再來探討一下詮釋學。詮釋學是西方哲學中的一門學問。詮釋學的詞根是 Hermes，而 Hermes 是古希臘中專司向人傳遞諸神信號的信使，他不僅向人們宣佈神的信息，而且還充當一個解釋者的角色。對神諭加以注釋和闡發，使諸神的意旨變得可知而有意義。因此，詮釋學最初的意思就是「解釋」。在西方，一方面自希臘人對荷馬及其他

〔註 3〕郝長池：《宗教現象學的基本問題》，《現代哲學》，2006 年第 1 期。

詩人的作品作出解釋開始，歐洲的古典學者們就有了一個理解古代文獻的語文學的闡釋傳統。另一方面，從教會對新舊約全書的解釋中，又產生了詮釋聖經的神學闡釋學。因此，詮釋實際上就是一種語言轉換，一種從一個世界到另一個世界的語言轉換，一種從陌生的語言世界到自己的語言世界的轉換。可以說「詮釋學」（hermeneutics）是一門關於理解和解釋傳統經典的學問。經典之所以爲經典，並不在於它的永恒不變，而在於它的不斷翻新，在於它永遠是活生生的，永遠與人們的現實生活相聯繫。可以毫不誇張地說，詮釋學體現了人文學科的生命力。現代詮釋學大家伽達默爾說：「理解甚至根本不能被認爲是一種主體性的行爲，而要被認爲是一種置身於傳統過程中的行動，在這過程中過去和現在經常地得以融合。」〔註4〕所以說，詮釋學是面向讀者的，肯定讀者理解文本的過程是一個創造的過程，是一個繼作者之後將文本意義無限延伸的過程，即使出現「偏見」也是合理的。「西方詮釋學在堅持『讀者至上主義』，即讀者是『紅花』，而文本和文本的作者是襯托讀者的『綠葉』」。〔註5〕因此，宗教經典作爲一種文本，只是一種材料，需要不斷地詮釋，爲現代讀者服務。我們根據這種詮釋思路來研究圓悟禪師的禪學思想，既注重文獻考據、義理探源，也進行思想探索，展示眞理，從一個廣闊的視野來認識中國禪學在宗教現象學意義上研究的無限可能性。〔註6〕

（二）邏輯與歷史相統一的方法

我們也遵循邏輯與歷史相統一的方法論原則。「邏輯」在這裡是指主體對客體的理性把握。邏輯方法是從抽象理論的形態上來揭示對象的本質，通過概念、判斷和推理等思維形式，揭示發展規律和建立理論體系。「歷史」就其一般性而言，是指客觀事物發生發展的演變過程，它具有客觀性、過程曲折性和時間一維性的特點。而歷史方法也就是按照研究對象歷史發展的時間順序、具體形態來制定理論體系，從而揭示對象的本質和規律的一種方法。邏輯與歷史的統一是指思維的邏輯應當概括地反映歷史發展過程的內在必然性。邏輯與歷史的統一的方法要求人們在科學研究時，要揭示對象發展過程

〔註4〕〔德國〕漢斯—格奧爾格·加達默爾：《眞理與方法——哲學詮釋學的基本特徵》，上海：上海世紀出版集團譯文出版社，1999年，第375頁。

〔註5〕陳堅：《心悟轉法華——智顗法華詮釋學研究》，北京：宗教文化出版社，2007年，第181頁。

〔註6〕參見戈國龍：《道教內丹學探微》，成都：巴蜀書社，2001年，第16～18頁。

與認識發展過程的歷史規律性；在安排理論體系各個概念、範疇的邏輯順序時，必須符合被考察對象歷史發展的順序。作爲一篇論文，邏輯分析是基本方法。我們運用邏輯的方法考察圓悟克勤的心性論、工夫論，辨析「文字禪」概念，闡明圓悟克勤的「文字禪」思想與詮釋方式，我們也從歷史的角度敘述圓悟克勤的生活背景及其生平與活動，闡明圓悟克勤的禪學思想與實踐對後世的影響。我們力求在詳盡地佔有原始資料的基礎上，充分注意到邏輯與歷史相統一的原則，把圓悟克勤的禪學作爲歷史演變的一個環節，分析其普遍性與特殊性，闡述其思想發展的內在必然性。

（三）多學科綜合研究方法

我們認爲，對圓悟克勤禪學進行全方位、多側面系統深入的哲學研究，在運用上述方法的同時，也要借助傳統佛教經學的義理方式以及現代宗教學的某些研究方法來研究克勤的禪學思想。比如文獻學、語言學、社會學、文化學、精神心理學等。〔註 7〕同時遵循古今貫通的方法論原則，對其在歷史上的影響及現代社會的啓示進行闡釋。當然，這些方法與原則並不是絕對隔絕的，而是有不同程度的交叉或重疊，且相互補充。

三、研究思路和研究難點

研究思路：前人對圓悟克勤的思想有一些研究，但多是局部研究，因此得出的結論並不全面。我們在參考相關資料的基礎上，對圓悟克勤的禪學思想進行詳盡而專門的研究，既重視作爲禪學核心的心性論、工夫論思想研究，也重視「文字禪」及其著作的研究，這對說明圓悟克勤在禪宗歷史上的轉折性的歷史定位及其貢獻，提供了較爲全面的依據，得出的結論也更具說服力。

本書全面搜集資料，充分利用今人的研究成果，試圖對圓悟禪學進行首次全面系統的研究。以禪學思想作爲研究對象，就不可避免要考慮到這個研究對象的特殊性。禪宗語言只是指示直達心性的方便工具，不可將其看做一種符合現代科學邏輯的系統理論。基於此，本書既參考現代的詮釋學，又借助傳統佛教經學的義理方式以及現代宗教學的某些研究方法，另外注重邏輯與歷史相統一的方法論原則，以北宋社會政治文化、宋代禪宗特色爲背景，

〔註 7〕參閱龔雋：《作爲思想史的禪學寫作——以漢語禪學研究爲中心的方法論考察》，《禪史鉤沈》，北京：三聯書店，第 35 頁。

將圓悟禪作爲宋代禪學的一個中介環節，來描繪出圓悟禪在繼承前人禪法的同時，又存在有不同於前人的禪法特色，同時對圓悟禪法思想對後代看話禪及文字禪的影響進行考證與闡述。我們認爲，作爲通達世間法與出世法的禪師來說，圓悟克勤爲禪宗歷史寫下了光輝的一頁。他利用詩歌偈頌、評唱等方式把超越語言、超越自我的空靈之「禪」呈現出來，反映了宋代禪宗的「語言學轉向」，爲後世留下了一筆寶貴的精神財富。在圓悟克勤的門下，出了以「看話禪」著稱的大慧宗杲，這種禪法影響中國禪宗一千多年，另外提出「默照禪」的宏智正覺也跟他學過禪，深得他的贊許；他的「文字禪」評唱一直是後世「文字禪」的典範。綜上所述，可以說，圓悟克勤禪師是禪宗歷史上一位承上啓下、劃時代性的重要人物。

研究難點：本書的研究難點主要在於對文本的理解和詮釋。首先，禪宗語言都是自禪師自性流出的話語，有強烈的隨機性，在禪師看來，這些語言只是工具或方便，不具有絕對規範性。如果執著於聖言，以禪師的話去立宗旨，建構一套確定不移的理論體系，這會落入外道見解之中。其次，禪師所傳達的語言與其個人體驗有很大關係，這些體驗難以傳達，對於一個禪修經驗不豐富的研究者來說，很難達到對它的深入理解。第三，圓悟克勤的禪學著作《碧巖錄》、《圓悟心要》和《圓悟克勤禪師語錄》，總字數達四十萬之多，其中對公案的解讀是很大一部分，這些內容對現代人來說，如「銅牆鐵壁」，難以理解。所有這些，都是我們在研究中面對的難點。因此，對於禪師的言說，不得不注意他們本身的動機與處境，瞭解他們的言說背景。另外我們把寫作限定在一定的範圍，把自己定位在從理性知解的角度去揣摩、體會禪語的意義，運用多種方法，盡量減少誤讀。

四、論文邏輯結構

本書全面地搜集資料，充分利用今人的研究成果，試圖對圓悟禪學進行首次全面系統的研究。我們參考現代的詮釋學，借助傳統佛教經學的義理方式以及現代宗教學的某些研究方法，在邏輯與歷史相統一的方法論原則指導下，以北宋社會政治文化、宋代禪宗特色爲背景，將圓悟禪作爲宋代禪學的一個中介環節，來描繪出圓悟禪在繼承前人禪法的同時，又存在有不同於前人的禪法特色，同時對圓悟禪法思想對後代看話禪及文字禪的影響進行考證與闡述。

具體來說，本書的邏輯結構如下：

第一章　宋代社會政治文化與宋代禪宗的特色。本章介紹宋代政治文化及佛教政策，並考察了宋代禪宗的特色，爲圓悟禪學思想的時代背景做一個交代。

第二章　生平與活動。本部分介紹圓悟克勤的生平與活動，包括其修道歷程、禪法師承、悟道因緣、主持交遊與學識人著作。

第三章　「人人腳跟下本有此段大光明」的心性論。本部分考察「人人腳跟下本有此段大光明」的心性論命題，它包含「人人腳跟下」和「本有此段大光明」兩個方面，「人人腳跟下」指出了禪法的當下性，表明禪宗的一切心性哲學都離不開這個正在發生的當下世界；「本有此段大光明」明確了禪法的現實努力方向與任務。這樣的說法，在禪宗的思想史當中，頗具新意及開創性，因此我們作了深入的解析。

第四章　轉迷爲悟的工夫論。本部分對圓悟克勤工夫論中的幾個核心思想作了全面論述。圓悟在強調「禪非意想」、「迴光返照」、「直下承當」等說法形式上帶有時代特色，是對傳統的細化與深化，尤其是他的公案禪，強調不管字面上的意思如何，都是通過舉公案來攝心，達到開悟的目的，公案只有開悟的契機的作用（敲門瓦子），悟到了就不必拘泥於公案。大慧宗杲則基於這一思想活動創造了看話禪，但實際上在圓悟克勤的時代，已經可看出幾乎所有的看話禪的因素。

在第五章中，我們談圓悟克勤的「文字禪」思想與詮釋實踐。作爲通達世間法與出世法的禪師來說，圓悟克勤的文字禪爲禪宗歷史寫下了光輝的一頁。他利用詩歌偈頌、評唱等方式把超越語言、超越自我的空靈之「禪」呈現出來，反映了宋代禪宗的「語言學轉向」，爲後世留下了一筆寶貴的精神財富。

第六章　討論圓悟克勤禪學思想的歷史影響。在圓悟克勤的門下，出了以「看話禪」著稱的大慧宗杲，這種禪法影響中國禪宗一千多年，另外提出「默照禪」的宏智正覺也跟他學過禪，深得他的贊許；他的「文字禪」評唱一直是後世「文字禪」的典範。綜上所述，可以說，圓悟克勤禪師是禪宗歷史上一位承上啓下、劃時代性的重要人物。

第一章　宋代社會政治文化與宋代禪宗

第一節　宋代社會的政治文化

圓悟克勤禪師生卒年爲公元 1063～1135 年，生活在宋代中期，在這段時間北宋由興盛走向衰落並滅亡，南宋建立。宋朝歷代皇帝基本上在政治和經濟上都扶持佛教，同時士大夫對禪宗的青睞也促進了佛教的發展。因此，在這個時期，禪宗文化作爲完全中國化，並在漢傳地區占重要地位的佛教文化，日益走向整個社會，「它不僅滲透到中國文化的積澱之中，而且浸漬到社會各階層的心理」。〔註 1〕所以說，宋代良好的社會環境是圓悟克勤圓融綜合、雅俗共賞禪風的時代人文背景。

任何一種文化及思想的產生與發展都有其時代特色。從文化發展的廣闊背景來看，每一種思想文化與政治、經濟、民俗等處在同一個多樣化統一的思想潮流之中，互相影響，互相促進。如果不瞭解一個時代的政治經濟與文化背景，就不可能瞭解一個時代的某一種文化或思想。因此，要瞭解宋代圓悟克勤的禪學思想，就不得不探討宋代的政治文化特色及佛教政策。下面我們概述一下北宋的政治、佛教政策及其文化經濟。

〔註 1〕麻天祥：《中國禪宗思想發展史》，武漢：武漢大學出版社，2007 年，第 41 頁。

一、宋代的政治特色及佛教政策

宋代是秦漢統一後歷代王朝中維持時間最長的一個朝代，雖然軍事上始終不及漢、唐強大，經常受到北方、西北方外部部落的威脅，但是在文化上卻有卓越成就，此外，宋代經濟非常發達。「宋代上承漢唐，下啓明清，處於一個劃時代的坐標點。兩宋三百二十年中，物質文明和精神文明所達到的高度，在中國整個封建社會歷史時期內是座頂峰，在世界古代史上亦佔領先地位」。〔註 2〕這段話非常精闢地概括出了宋代的社會特徵，指出了宋代在中華民族歷史上的重要地位。

五代後期，北宋結束了唐末以來兩百多年的戰亂與分裂，爲了防止武人亂政，北宋統治者解除藩鎭兵權，加強中央集權制度，致力於恢復和發展社會經濟，振興文化事業，締造了一個重文輕武的政權。北宋從一建立起就在政治上非常重視文化人，這些政策基本上得到了宋朝歷代皇帝的遵守與執行，達三百年之久，它從根本的制度上確保了宋朝的文化發展。

宋代歷朝皇帝在維持儒家正統地位的同時，在政策上非常重視和扶持佛教，使之作爲其統治的輔助工具，這樣大大促進了佛教的發展。宋王朝對佛教的政策以崇奉爲主，限制爲輔。太祖、太宗、眞宗、仁宗、高宗等皇帝多信仰佛教，實施了大規模造寺安僧、組織譯經的政策。比如宋太祖認識到周世宗給予佛教的打擊，影響全國民眾的安定，他頒佈命令，停止毀佛，派遣沙門一百五十七人去印度取經，使內官往益州（今成都）雕刻大藏經版。以後宋代各帝對佛教的政策變化不大，太宗太平興國元年度童行達十七萬人。五年（980）中印度僧人法天、天息災（後來改名法賢）、施護先後來京，朝廷設立譯經院，恢復從唐代元和六年（811）以來中斷已久的翻譯。太宗親自作了《新譯三藏聖教序》，後來院裏培養翻譯人才，改名傳法院，又爲管理流通大藏經版而附設印經院。當時印度等國來中國送贈梵經的僧人絡繹不絕，從宋初到景祐初八十年間，即有八十餘人。〔註 3〕眞宗皇帝對佛教非常信奉，「密契菩提之心，深研善逝之旨」，〔註 4〕在京城和各路設立戒壇七十二所，放寬了度僧名額。政治上的扶持促進了佛教的社會化發展。但是一旦佛教勢

〔註 2〕 楊渭生：《兩宋文化史研究》，杭州：杭州大學出版社，1998 年，第 1 頁。

〔註 3〕 參見閆孟祥：《宋代臨濟禪發展演變》，北京：宗教文化出版社，2006 年，第 34～38 頁。

〔註 4〕 （元）念常：《佛祖歷代通載》卷一八。

力發展過大，威脅到國家的統治時，宋代皇帝也會採取限制政策，比如高宗皇帝針對當時濫發度牒的現象，認爲「若更給賣度牒，是驅農爲僧」，〔註 5〕明顯表現出不滿與限制的態度。

宋代政治是一種士大夫政治，體現了一種現代文官政治的特徵。其實，傳統中國的政治系統與文化系統是高度整合的，二者經常密不可分。而宋代在這一方面的特徵更加明顯。宋代是眞正的士大夫時代，廟堂之上，君臣爭論不已；江湖之中，書生指點江山。北宋實行文官政治，對文人非常重視。因此，士大夫隊伍空前壯大，大大促進了文化的發展。總的來說，宋代在政治上比較開明，對文化比較重視，其對佛教的政策是極有利於佛教發展的，也正是在這種寬鬆的社會文化環境下，宋代的佛教發展進入了一個嶄新的時期，面向社會廣泛傳播，深深影響了宋代各個層面的人。

二、宋代的文化與經濟及其對佛教的影響

宋代歷朝統治者對文人的重用，大大提升了文人的地位，促進了教育的繁榮，學術的自由以及市民文化的興起與繁榮。同時，思想的活躍，個性的增強，加劇了主體心靈的衝突，同樣也爲宗教文化與哲學的發展提供了廣闊的滋生土壤。這種強大人文環境的營造，使得社會各階層雖政治經濟地位有別，但主體心靈方面則有著共同的理想與抱負、價値追求和審美境界，那就是入世與出世（社會擔當與心靈超越）走向統一，倡導「先天下之憂而憂，後天下之樂而樂」的宏願，在社會生活中追求著主體崇高價値的實現與完善。〔註6〕據有關研究資料表明，宋代哲學流派之多、名家之輩出、研究之深廣在古今中外都是罕見的。在藝術方面，詞的繁榮、井市文化的興起與繁榮、大批身兼哲學家和文學家的文人的湧現以及理論研究的深入等都使宋代藝術呈現出自身的獨特性。無論是哲學還是藝術，其主題都是直面現實生活，整個人生。關於宋代文化，陳寅恪有過較權威的論述：「華夏民族之文化，歷數千載之演進，造極於趙宋之世。」〔註7〕可見宋代在中國文化思想發展史上是劃

〔註 5〕（清）徐松輯：《宋會要輯稿》，北京：中華書局，1957 年，第 8 頁。

〔註 6〕關於宋代的人文環境之營造，馮天瑜等著《中華文化史》中對其有過精彩的論述。（參見該書的第七章）另楊渭生等著的《兩宋文化史研究》更是全方位地展示了宋代文化的特色。

〔註 7〕陳寅恪、鄧廣銘：《〈宋史職官之考正〉序》，《金明館叢稿二編》，上海：上海古籍出版社，1980 年，第 245 頁。

時代的時期。可以說，宋代文化是對唐代文化的一種新發展，具有著更深的意蘊，人們以更爲理性的方式探索宇宙人生的眞理，呈現出一種剛柔相濟的文化範式。〔註 8〕

在宋代這個時期，儒道佛三教文化都湧現出自己的代表人物和思想學說，他們互相影響，互相促進。比如一直影響到明清、借助哲學思辨來論證儒家綱常倫理和名教合理性的道學（又稱理學）就是在這個時期形成的，代表人物有周敦頤、張載、程顥、程頤、朱熹等人。理學的發展將中國古典哲學的理論和實踐功能都推向了極致，對中國古代社會後期的生存理念和思維方式產生著深刻而持久的影響。「道學在形成和發展的過程中深受佛教的影響，同時它也反過來對中國佛教的思想和價值取向等方面產生重大影響」。〔註 9〕可以說，宋代在文化上是一個融合與創新的時代。在這種文化交融的過程中，文化表現爲深層次的理性化，〔註 10〕儒家得到復興，而儒佛道之間也出現了比較深層次的交涉。在儒佛道交涉的過程中，佛教的思想得到了傳播，走向了社會各個層面。

另外在經濟上，在長期安定的局面下，獲得空前的發展。北宋生產力水平大大提高，水稻種植向北方擴展，墾田面積進一步擴大，糧食總產量持續增加，這時期「農業勞動生產率超過了以前的任何歷史時期」。〔註 11〕紡織、製瓷、造船、造紙、印刷等生產技術和產量都超過了前代，行業分工更趨細密，家庭手工業產品日益商業化。在農業和手工業不斷髮展的基礎上，宋代的城市經濟和商業也相應地繁榮起來。繁榮的經濟恰恰爲宋代佛教的社會化發展奠定了十分雄厚的物質基礎。同時兩宋時期科技水平的提高則爲宋代佛教社會化奠定了傳播基礎，比如雕版印刷與造紙技術的發展，提高了書籍生

〔註 8〕參見馮天瑜等：《中華文化史》，上海：上海人民出版社，1990 年，第 634 頁。著者認爲，中國歷史由唐代進入宋代，中國文化也經歷了一次大轉型，「即從唐型文化轉向宋型文化」。當然這兩種區分只是體現出唐、宋文化各自的特色，而並未表示兩種文化的高低之屬。文化形態的轉型也帶來了學術形態的轉型：漢學轉向宋學。

〔註 9〕楊曾文：《宋元禪宗史》，北京：社會科學出版社，2006 年，第 2 頁。

〔註 10〕這裡的理性化，要與現代的理性化有所區別。現代的理性化主要以數理邏輯分析爲主，宋代的理性化表現爲當時的思想家們以宇宙運行之理爲中心，構築了博大精深的理學，具有濃厚的人文氣息。

〔註 11〕漆俠：《中國經濟通史・宋代經濟卷》上，北京：經濟日報出版社，1999 年，第 29 頁。

產數量，擴大了傳播的範圍，促使更多的圖書進入民間社會。從而，使佛教典籍也能爲下層民眾所擁有，這十分有利於佛教的社會化發展。

第二節　文化融合背景下宋代禪宗的特色

在宋代，慧能門下分化出來的五家禪發生了很大的變化，潙仰宗已經不傳，法眼宗雖然在宋初盛極一時，在永明延壽禪師以後也就衰落了，宋中葉以後法脈即斷絕，而曹洞宗在宋初比較沉默，盛行於各地的主要是雲門宗和臨濟宗。雲門宗入宋後有比較大的發展，不過到南宋時便漸漸趨衰微，到了元代，法系便無可考。〔註 12〕臨濟宗在宋代得到了長足的發展，後世主要是此宗的法脈。中國禪宗在唐代發展之後，到了宋代進入了興盛時期，宋代禪師在整理唐代資料的基礎上，發展出了許多禪修方法，爲禪宗的傳播作出了巨大貢獻。可以說，宋代禪宗是以唐代禪宗的思想活動爲詮釋對象而出現的新的文化現象。所以，相對唐代禪宗而言，宋代禪宗有其特殊的思想課題，值得我們認眞關注。

宋代是一個文化全面融合與發展的時代，儒道佛都獲得了發展的契機，湧現出各自的代表人物和思想學說，形成了獨具特色的宋代文化，對後世有深遠的影響。在這種文化背景下，宋代禪宗兼包並容，積極影響統治者和士大夫而日益走向社會，最終成爲宋代佛教最繁盛的宗派和中國佛教的主流。宋代的禪師們根據時代需要，大立文字，將宋代禪宗向社會的全面滲透作出了重要貢獻。總之，宋代禪宗在繼承傳統禪宗思想的基礎上，走向了一條儒學化、社會化的道路。

一、宋代禪宗的儒學化

宋初，王朝百廢待興，制定以儒治國的方針。經過太祖、太宗、眞宗三朝的文化積累，儒家文化全面復興，以天下爲己任、恢復先王古道的政治意識和道統意識成爲廣大士大夫的普遍思潮。宋代儒學是大師輩出、思想建樹豐富的儒學發展鼎盛期。而隨著道統意識的加強，必然視佛老爲異端，韓愈的《原道》成爲這個時代的旗幟。如程顥抨擊佛教說：「其術大概且是絕倫類，世間不容

〔註 12〕關於宋代各宗的具體情況，參見洪修平：《中國禪學思想史》，北京：中國人民大學出版社，2007 年，第 280～285 頁。

有此理。又其言待要出世，出哪裏去？又其迹須要出家，然則家者，不過君臣、父子、夫婦、兄弟，處此等事，皆以爲寄寓，故其爲忠孝仁義者，皆以爲不得爾。又要得脫世網，至愚迷者也。」〔註 13〕（《二程遺書》卷二上）程頤也批評禪僧：「今之學禪者，平居高談性命之際，至於世事，往往直有都不曉者，此只是實無所得也。」〔註 14〕（《二程遺書》卷一八》）這些話雖然對佛教有所誤讀，但也反映了一些現實問題，因此在當時也有一定的影響。排佛浪潮的出現有其特定的社會原因：宋代統治者吸取唐末五代武夫亂政的教訓，要求建立一種穩定的符合中央集權制的文化意識形態，儒家的社會政治倫理學說正符合這種時代需要。這樣理學興起，吸取佛教哲學而替代佛教義學長期佔據的理論地位，新儒學有排佛的傾向。當然，佛教自身的因素也造成很多負面的影響，如佛教中間，游民混迹，僧尼過多，大建佛寺，造成不少社會問題和經濟問題。因此包括同情佛教的士大夫也主張限制佛教的規模。

面對當時的社會政治形勢，佛教主流清醒地意識到這種情況，提倡吸取儒家的倫理學說，改變佛教末流的不良傾向。禪宗吸取儒家的思想，提倡輔助治國，有三教融合的傾向。如永明延壽力圖改變唐末五代普遍流行於禪宗中的不問善惡是非的風氣，提倡禪教統一、禪與淨土統一，要求佛教回到生活中去，參與王政的輔助。他在《萬善同歸集》中說，「文殊以理印行，差別之義不虧；普賢以行嚴理，根本之門靡廢。本末一際，凡聖同源，不壞俗而標眞，不離眞而立俗。」〔註 15〕他是從理論上證明僧尼參與世間生活、遵循基本倫理要求的必要性。北宋著名的學僧契嵩說：「夫聖人之道，善而已矣；先王之法治而已矣。佛以五戒勸世，豈欲其亂耶？佛以十善導人，豈欲其惡乎？《書》曰，世善不同，同歸於治。是豈不然哉？」〔註 16〕這段話表明儒佛同源，都是向善的，主動向儒學靠攏，因此力圖讓佛教作爲儒學不可缺少的補充，就成了宋代佛教儒學化的理論方向。「儒佛者，聖人之教也，其所出雖不同，而同歸於治。儒者，聖人之大有爲者也；佛者，聖人之大無爲者也。有爲者以治世，無爲者以治心。」〔註 17〕這種佛教觀爲士大夫提供了在社會

〔註 13〕轉引自牟宗三：《心體與性體》（中），上海：上海古籍出版社，1999 年，第 76 頁。

〔註 14〕《二程集》上，北京：中華書局，2004 年，第 196 頁。

〔註 15〕《萬善同歸集》卷上，《大正藏》第四十八冊，第 958 頁下。

〔註 16〕《鐔津文集》卷十六，《大正藏》第五十二冊，第 773 頁下。

〔註 17〕《鐔津文集》卷八，《大正藏》第五十二冊，第 686 頁上。

上修禪的理論基礎，他們可以在世俗生活中修「凡夫菩薩」，就是成爲帶有一定煩惱、不故弄玄虛，卻悲心廣大、實行救度的一般凡人，以出世的精神做入世的事，實現出世與入世的統一。人本主義最重要的內涵是以人爲出發點並以人以及人的心靈爲終極關懷，中國的儒家學說是這一思想的典型代表。他們不否定現實人生的快樂，而是以智慧的愉悅取代癡迷的痛苦，以理性的控製取代激情的宣泄，從而實現超越與參與的統一。應該說，大部分士大夫能夠做到剛直不阿、清正廉潔，這些精神既有來自儒家思想的影響，也有佛教的影響。

宋儒與傳統儒學的一個重要不同點，是非常地強調忠孝節義。禪宗對此有所回應。契嵩禪師的《孝論》是中國佛教學者闡發孝道最重要的專著。《孝論・敘》云：「夫孝，諸教皆尊之，而佛教殊尊也。」〔註 18〕他說佛教最爲尊孝。在他看來，佛教徒以出家修行的方式立身行道，也能榮耀祖先，使祖先亡靈得到福報，從這層意義上可以說，佛教的孝與儒家的孝異曲同工。奉敕撰《宋高僧傳》的贊寧進一步提出「佛法據王法以立」的主張，因爲「王法」是「世法」的最高原則，佛法入世，當然也應以「王法」爲最高準繩。多數文人士大夫，也採取較爲務實的態度看待佛教，從先天至善心性角度推動禪學與儒學的統一，發展出忠孝節義、憂國憂民的共同理念。宋儒所有倫理觀念中，忠君列在首位，而「忠君」與「愛國」並提，是由宋代才開始形成的。到了北宋末年，忠君愛國成了當時做人的最高標準。當時的佛教也有相應的反映。兩宋之際的禪宗領袖宗杲，用「忠義心」來解釋作爲成佛作祖基石的「菩提心」就很典型。宗杲生活在南宋抗金派和投降派激烈的鬥爭的年代，以強烈的愛國憂民意識同情抗金派的政見。在順逆無常的人生中，他以出家僧侶的身份堅持中國傳統道德觀念，提出了「菩提心則忠義心」的命題，宗杲在《示成機宜（季恭）》中說：「菩提心則忠心也，名異而體同。但此心與義相遇，則世出世間一網打就，無少無剩矣。」〔註 19〕菩提心屬智慧心，忠義心屬道德心，宗杲認爲佛家的智慧與儒家的道德是統一不二的。所謂「一網打就」就是說菩提心一旦與忠義心相結合，那麼世間的善心、道德和出世間的發心、佛法便都囊括無遺了。

任何宗教組織在自身的發展中，必然面臨神聖與世俗、超越與參與、出

〔註 18〕《鐔津文集》卷八，《大正藏》第五十二冊，第 660 頁上。
〔註 19〕《大慧普覺禪師語錄》，《禪宗語錄輯要》，上海：上海古籍出版社，第 418 頁。

世與入世的二律悖反問題，能否成功化解二律悖反問題能夠反映宗教組織乃至整個社會的智慧。對於宋代禪宗來說，在儒學化的過程中走的就是一條不斷消解自身二律悖反的道路，同時深深地影響了儒家文化，對整個中國文化做出了重要貢獻。

二、宋代禪宗的社會化

宋代的文化發展體現在融合與創新上，儒道佛都獲得了發展的契機，形成了獨具特色的宋代文化。在這個時期，禪宗在儒學化的基礎上，重視語言文字的傳播作用，積極影響社會各個階層的人，處在一個社會化的過程之中。圓悟禪師認爲，「佛法即是世法，世法即是佛法。」〔註 20〕這裡說明佛法與世間法是不可分割的，從理論上論證了禪宗走向社會的必要。在有關宋代禪宗的語錄筆記中，保存了大量寺院僧侶與世俗關係的材料，表現出佛教參與社會的具體情況。同時，在理學影響下，禪宗走著與它一致的在世俗社會中尋求個人內心解脫的道路，顯示了這一時代中國佛教的特殊性格。

宗教的產生是基於人類自身對生命的思考進至無限的追求。「宗教是借助心力，即認知能力的擴張，超越有限，領悟無限，乃至把握無限，從而實現人生的終極價值的合理性過程，或者說思想實踐。」〔註 21〕所以說宗教是人類的一種追求無限的本能。然而人是社會的產物，人不能離開社會獨立生活，無論是無限的追求還是有限的創造，只有在社會活動中，才能獲得充分發揮內在潛力的全方位環境。麻天祥先生提出了宗教哲學的二律悖反理論，他認爲，「對於宗教組織來說，宗教徒一方面要超越有限，實現超世俗的終極關懷；另一方面，還得參與現實，在有限的，甚至是殘酷的環境中，維繫自己的生存與發展，並受各種社會規範、價值觀念的限制與塑造，這就形成了無限與有限、終極與現實、超越與參與的兩難悖論，也就是宗教哲學的二律悖反問題。」〔註 22〕對於任何宗教組織來說，必須面對超越與參與這一基本的兩難選擇，而社會化則是他們解決這個二律悖反問題的基本方法，即將對於無限的終極關懷落實於世俗生活，將超越的追求與日常平凡的工作相結合，也就

〔註 20〕弘學、李清禾等整理：《圓悟克勤——碧巖錄·心要·語錄》，成都：巴蜀書社，2006 年，第 361 頁。
〔註 21〕麻天祥：《中國宗教哲學史》，北京：人民出版社，2004 年版，第 13 頁。
〔註 22〕同上註，第 34 頁。

是說彌合無限的超越和有限的參與之間的裂痕。對於任何宗教組織來說，必須根植於社會，根植於大多數民眾世界。只有建立在這樣基礎上的文化或思想，才能經久不衰，具有永恒持續的生命力，經受住時間的考驗。對於佛教來說，同樣面臨這個問題。佛教要想在中國生存下去，必須解決二律悖反這個問題，走社會化這一條路。宋代禪宗在這一方面做得比較好，從而成功地走向社會，成爲社會大眾的精神源泉。

禪宗發展到宋代，進入了一個全新的文字化時代，即所謂「文字禪」時代，佛經律論的疏解，語錄燈錄的編纂，頌古拈古的製作，一時空前繁榮。宋代禪宗非常重視語言文字的作用，文字禪的形成促進了宋代文學、藝術與禪宗的交融，其本身已經超出禪宗內部宗風的範圍。中國的禪宗史，一般是把臨濟宗的汾陽善昭（947～1024）推爲文字禪新風的開創者。善昭爲了方便佛教初學者，作了《頌古百則》和《公案代別》兩部書，彙集了古代若干的公案，分別用偈頌和「代別」加以陳述。稍晚於善昭的另一文字禪的重要代表人物是雲門宗的雪竇重顯（981～1053）。雪竇重顯仿照善昭的做法，也作了《頌古百則》。自此後，凡有文化的禪僧積極研習頌古，從古則和頌文中體悟自心，發明禪意。雪竇重顯去世後不久，臨濟宗楊岐派禪師圓悟克勤（1089～1163）評唱重顯的《頌古百則》，其弟子將評唱內容整理成了《碧巖錄》一書。此書的問世，把頌古之風推向了高潮，使禪風進一步發生重大變化。後來，曹洞宗人投子義青、丹霞子淳以及宏智正覺等人也都有「頌古」之作，文字優美，思想清新，影響頗大。

宋代禪宗的文字化與廣大士大夫的參與是分不開的。宋代士大夫的參禪活動不是一種盲目的崇拜，而是充滿一種理性的懷疑精神，由於有這種理性精神，士大夫由被動接受變爲主動選擇，反饋於佛學，非常重視佛教經典，對某些適合宋代士人心理需要和文化需要的佛教經典表現出明顯的偏愛。除了唐代士大夫常閱讀的《維摩》、《金剛》二經外，《華嚴》、《楞嚴》、《圓覺》三經取代早期達摩時代的《楞伽》、《法華》等經成爲宋代居士閱讀參究的主要經典。《華嚴經》以其事理圓融受到宋代士大夫的特別愛好。比如蘇軾與黃庭堅，非常喜歡與熟悉華嚴學說。黃庭堅用「行布」一詞論詩論畫，就是借用華嚴宗的術語〔註 23〕。華嚴宗構想圓融無礙的宇宙體系，禪宗明見人的主

〔註 23〕《山谷詩集注》卷一六《次韻高子勉十首》其二云：「行布佺期近。」任淵注：「『行布』字本出釋氏，而山谷論書畫數用之。按釋氏言華嚴之旨曰：『行布

觀心性，而這正是傳統儒學所缺乏的，因此二者都成爲構築宋代理學的重要因素。華嚴通禪，儒釋相融，也正與這個時代的文化整合觀念相關。士大夫的佛學水平空前提高，對佛經的意旨多有發明，士大夫爲佛經作注疏以及爲僧人語錄作序成爲一時風尚。北宋後期的詩壇盟主蘇軾、黃庭堅、陳師道等，佛禪有非常密切的聯繫。這批宰臣和文豪的思想取向，無疑對整個社會風氣發生巨大影響。蘇軾指出：「釋迦以文教，其譯於中國，必託於儒之能言者，然後傳遠。」〔註 24〕可見，佛教在中國的傳播，不得不借助中國傳統文化，通過語言文字的途徑，減少阻力和壓力；同時，佛教自身也不得不與中國傳統文化進行比較和吸收，在可能的範圍內，對自己的理論加以補充、修正、解說，這些都是宋代佛教做得比較成功的方面。宋代禪宗特別重視與世俗生活相適應的規儀制度、宗教修養，主張在現實社會生活中獲得精神解脫。因此，禪宗向廣大士大夫文人傳播，受到當時社會大眾的歡迎，成爲整個社會的時尚，這樣形成了獨具特色的士大夫禪學。相當多的朝廷重臣和文壇領袖熱衷釋典，棲心禪寂，據《嘉泰普燈錄》、《五燈會元》、《居士分燈錄》、《居士傳》等典籍記載，僅位至宰輔（宰相、參知政事、樞密使、樞密副使或同等職務）的就有富弼、趙抃、張方平、文彥博、司馬光、王安石、呂惠卿、蘇轍、張商英、吳居厚、張浚、徐俯、李綱等等，其中有對禪學研究極深的眞正居士，如富弼、張方平、王安石、張商英、李綱等人。在北宋後期的士大夫社交圈子裏，幾乎出現了「不談禪，無以言」的狀況。〔註 25〕宋代士大夫文人與佛門關係密切，對佛教思想興趣濃厚，是整個時代的風尚。

另外，宋代佛教以「禪淨合流」爲標榜，禪宗法門普及普通群眾，此時佛教信徒結社遂相應以念佛禪爲要事，同時也從事大量世俗性的活動，如操辦喪葬、修橋補路等。這時候，創自民眾並服務於民眾的禪宗結社活動如火如荼，在民間社會，其影響甚至超過了那些由僧尼、文士結集而成的禪宗正規組織。事實上，宋代以來，寺院在都市中贏得屬於自己的「地盤」，而在廣大的農村，形形色色的佛教結社更易招來善男信女。在這個過程中，也促進

則教相施設，圓融乃理性即用。』」按：釋志磐《佛祖統紀》卷三上曰：「華嚴所說，有圓融、行布二門，行布謂行列布措。」《大正藏》第四十九冊，第149頁下。

〔註24〕《佛祖歷代通載》卷第十五，《大正藏》第四十九冊，第620頁下。

〔註25〕司馬光：《溫國文正司馬公文集》卷一五，《戲呈堯夫》云：「近來朝野客，無座不談禪。」《四部叢刊》本。

了淨土宗的發展，體現了禪淨合流的傾向。從宋代禪宗深入士大夫及普通百姓的過程中，可以看出宋代禪宗在唐代佛教發展的基礎上，在神聖與世俗之間偏向世俗，朝社會化的方向發展，向社會各階層傳播，爲廣大士大夫及民眾所接受和參與，從而陶冶了他們的審美觀念，提升了他們的精神境界；同時，也在與儒道的融攝互補中，進一步完善與發展了自己的理論，從而變得更加圓融通透，爲解決無限與有限、終極與現實、超越與參與的矛盾樹立了一個典範。

綜上所述，宋代禪宗繼五代之後，在整個文化氛圍非常濃厚的社會環境下，又出現了新的盛況。其基本特點體現爲對唐五代以來派系林立的禪宗格局進行整合，在接受儒家基本倫理的基礎上全面向社會滲透，走向了一條儒學化、社會化的道路。相對於隋唐來說，宋代禪宗在文化調適與傳播方面，是一個全盛時期，因爲它獲得了社會土壤這塊廣闊的空間。這種儒學化、文字化和社會化的特色反映在圓悟克勤的禪學思想與實踐中，可以說圓悟禪師是這種人文環境培育的重要成果之一，圓悟禪學是這種人文環境在禪學上的集中體現，圓悟禪學在宋代禪學思潮中具有重要的歷史地位。

第二章　生平與活動

圓悟克勤出生在四川〔註1〕，一生活動於四川、湖南、湖北、江西、江蘇等南方地區。他爲南嶽下十四世五祖法演禪師法嗣〔註2〕，是宋代楊岐宗比較突出的法門後裔，文字禪的代表人物，爲禪學的深入發展及向社會的傳播做出了重大貢獻。有關記載圓悟言行的文獻資料比較多，其中比較突出的有《僧寶正續傳》卷四、《佛祖歷代通載》卷二十、《五燈會元》卷十九、〔註3〕《羅湖野錄》卷一、〔註4〕《佛祖統記》卷四十六等的記載，本章根據這些資料對其生平略作概述。

第一節　修道歷程與悟道因緣

一、修道歷程

圓悟克勤（1063～1135），字無著，號佛果，圓悟，俗姓駱，彭州崇寧（今

〔註1〕四川在禪宗歷史上是一個出高僧的地方，有「言禪者不可不知蜀」之說。四川自古被稱爲「天府之國」，在這個山川奇秀、物產豐饒的土地上，佛教也隨著歷史的腳步在這裡發展、繁榮。尤其是禪宗，在這裡曾一度興盛至極，出現了一批批佛門高僧，如資州的智詵，是禪宗五祖弘忍的弟子；什邡的馬祖道一，簡州的德山宣鑒，西充的圭峰宗密，雪竇重顯，彭州的圓悟克勤等都是聞名全國的禪宗大師。

〔註2〕五祖法演（？～1104）：爲臨濟宗五祖南嶽十四世，白雲守端禪師法嗣。俗姓鄧，綿州巴西（今四川綿陽）人。參考《補禪林僧寶傳》、《五燈會元》卷十九的記載。

〔註3〕宋・釋普濟：《五燈會元》，北京：中華書局，1984年版。

〔註4〕宋・釋曉瑩：《羅湖野錄》，歷代筆記小說集成本。

四川彭縣）人，生於一個祖上世代以儒爲業的書香門第家庭。圓悟禪師兒時記憶力極好，日記千言。一日，圓悟禪師偶遊妙寂寺，見到佛書，讀之再三，如獲舊物，悵然不已，謂同伴曰：「予殆過去沙門也。」於是便立志出家，依寺僧自省法師落髮，後又從文照法師學習講說，從敏行法師學習《首楞嚴經》，不知疲倦，並窺其奧旨以爲不足。一次，圓悟禪師得了重病，頻臨死亡，痛苦不已。回想起平生所學，在病死到來之際，一點都幫不上忙，圓悟禪師感歎道：「諸佛涅槃正路，不在文句中，吾欲以聲求色見，宜其無以死也！」〔註5〕於是病好之後，圓悟禪師便放棄了過去那種沉溺於文字知見的做法，離開了妙寂寺，往參宗門大德。

圓悟禪師首先來到黃檗眞覺惟勝禪師座下〔註6〕。惟勝禪師是黃龍慧南禪師之法嗣。一日，惟勝禪師創臂出血，告訴圓悟禪師道：「此曹溪一滴也。」圓悟禪師一聽，驚詫不已，良久才說：「道固如是乎？」於是，圓悟禪師便徒步出蜀，遍參禪德。他先後禮謁了玉泉承皓〔註7〕、金鑾之信〔註8〕、大潙慕喆、黃龍祖心、東林常總等人，都被他們視爲法器。而黃龍祖心禪師曾告訴他說：「他日臨濟一派屬子矣。」圓悟禪師最後投五祖法演禪師座下。圓悟禪師因爲博通經教，加上參過不少禪門宿德，因此他有很重的豪辯之習氣。爲了將圓悟禪師鍛造爲一代法將，法演禪師對他要求非常嚴格，決不徇一絲一毫的人情。凡圓悟禪師所盡機用，法演禪師皆不認可。一日，圓悟禪師入室請益，沒談上幾句，又與法演禪師爭辯起來。法演禪師很不高興，便說道：「是可以敵生死乎？他日涅槃堂孤燈獨照時（指死亡來臨時）自驗看！」圓悟禪師被逼得無路可走，生大懊惱，居然出言不遜，抱怨法演禪師「強移換人」，然後忿然而去。法演禪師也不阻攔，只是說：「待你著一頓熱病打時，方思量我在。」圓悟禪師離開五祖後，來到金山，不久便染上了嚴重的傷寒，身體困頓無力。圓悟禪師試圖用平日所學，來應對眼前的這場疾病，可是一點都不得力。這時，他才想起臨走時五祖法演禪師對他所說的話，於是心中發誓

〔註5〕參見弘學、李清禾等整理：《圓悟克勤——碧巖錄・心要・語錄》，成都：巴蜀書社，2006年，第2頁。

〔註6〕眞覺惟勝：南嶽下十二世，黃龍慧南禪師法嗣。俗姓羅，潼川（今屬四川）人。參《五燈會元》卷十七的記載。

〔註7〕玉泉承皓（1011～1091）：俗姓王，眉州（今屬四川）人。參《續傳燈錄》卷五的記載。

〔註8〕金鑾之信：其法嗣不詳。

道：「我病稍間（稍微好一點），即歸五祖。」〔註9〕圓悟禪師病癒後，果然重新回到了五祖。法演禪師一見，非常高興，於是令他作爲侍者。在法演禪師的鍛造下，圓悟進步很快，最終頓悟自己本來面目，成爲一代禪師。綜上所述，圓悟的修道並不順利，經歷了很多挫折，這也反映了學道修禪的艱難。這些經歷深深影響了圓悟克勤，在他的說法著作中經常見到他對自己修道艱辛路程的反省。

二、悟道因緣

圓悟的悟道因緣很有特色。據載，一次，一位原籍四川的州府官員陳氏解印還蜀，前來拜訪五祖，禮謁問道。法演禪師沒有正面解釋何爲佛法，而是意外地引述一首詩歌道：「提刑少年，曾讀小豔詩否？有兩句頗相近。『頻呼小玉元無事，只要檀郎認得聲』。」陳氏一聽，惘然莫測，唯應「喏喏」。法演禪師道：「且仔細。」當時，圓悟禪師正侍立於側，聽到這兩句詩，恍然有省。陳氏走後，圓悟禪師問法演禪師：「聞和尚舉小豔詩，提刑會否？」法演禪師道：「他只認得聲。」圓悟禪師問道：「只要檀郎認得聲，他既認得聲，爲甚麼卻不是？」法演禪師道：「如何是祖師西來意？庭前柏樹子聻（nǐ，呢）！」圓悟禪師忽然大悟，連忙走出丈室，這時，正好看見一隻雞飛上欄干，鼓翅而鳴。圓悟禪師自言自語道：「此豈不是聲？」於是圓悟禪師便重新入丈室，向法演禪師報告他剛才所得，呈偈曰：「金鴨香銷錦繡幃，笙歌叢裏醉扶歸。少年一段風流事，只許佳人獨自知。」法演禪師一聽，知道他已經徹悟，立即認可，非常高興地說道：「佛祖大事，非小根劣器所能造詣，吾助汝喜。」法演禪師於是遍告山中修行的大德們說：「我侍者參得禪也。」〔註10〕

我們來簡單解釋一下幫助圓悟悟道的這首小豔詩。其全文是：「一段風流畫不成，洞房深處惱愁情。頻呼小玉元無事，只要檀郎認得聲。」此詩是我國無名氏之作。「小玉」原是吳王夫差女，唐代每以之作爲丫環的通名，所以白居易《長恨歌》中有「轉教小玉報雙成」之說，晉代潘岳小名檀奴，姿儀美好，所以女子常把自己所愛慕的男子稱爲「檀郎」。〔註11〕在古代中國，由

〔註9〕參見弘學、李清禾等整理：《圓悟克勤——碧巖錄·心要·語錄》，成都：巴蜀書社，2006年，第2頁。

〔註10〕同上註。

〔註11〕參見皮朝綱：《圓悟克勤的禪學思想及其對中國美學的啓示》，《四川師範大學學報》，1991年。

於封建禮教的束縛，雖是新婚夫婦，白天在一起的機會不多，新娘獨守空房，心情寂寞苦惱。丈夫在新房外做事，怎麼樣才能引起他的注意呢？新娘想出一個辦法，不斷地呼喚丫環小玉做這做那，其目的是想通過這種呼喚的聲音引起夫婿的關注，回到身邊來。當然，如果這位新郎不能領會，那麼新娘的苦心就是白費了。五祖法演禪師用新娘的聲音來象徵心性本體，檀郎象徵凡夫眾生，丫環小玉象徵一切公案、言辭、文字等方便、手段，禪師（歷代宗師）就像這位新娘，苦口婆心地呼喚，就是要眾生領悟自己的本性，從此幸福自由地生活。在這裡，問道的官員只認得小豔詩之聲，沒領悟自己的佛性之聲。日本禪宗史上著名的禪學大師夢窗國師（是日本禪宗的隆盛時代 1337 至 1602 年的中心人物）根據這首詩提出了著名的「呼小玉手段」，指出宗門的一切語言文字、頌古公案、修行法門等接化施設，都只是為了把眾生本具的佛性給呼叫出來的方便手段而已。

圓悟禪師悟道後，被推為上座，與五祖座下其它兩位得法弟子佛鑒慧懃、佛眼清遠，並稱三佛。在圓悟開悟後，五祖法演禪師繼續考驗他。一次，法演禪師命眾新建一座東廚，廚房當庭有一棵大樹，長得非常茂盛，但是對廚房有所妨礙。當時圓悟禪師負責寺務。法演禪師事先囑咐道：「樹子縱礙不可伐。」法演禪師走後，圓悟禪師還是讓人把那棵樹砍掉了。法演禪師回來後，非常震怒，舉著拄杖追打圓悟禪師，圓悟禪師連忙逃避。就在跑的過程中，他突然猛省：「此臨濟用處耳！」於是便停下，接過法演禪師手中的拄杖，說道：「老賊，我識得你也。」法演禪師一聽，哈哈大笑。又有一天，圓悟三人陪侍法演禪師，夜話於山間涼亭之上。回來時，燈已經滅了，四面漆黑一團。法演禪師吩咐三人道：「各人下一轉語。」慧懃禪師道：「彩鳳舞丹霄。」清遠禪師道：「鐵蛇橫古路。」圓悟禪師道：「看腳下。」法演禪師聽了這三人所下的轉語，說道：「滅吾宗者，乃克勤爾！」可見，圓悟禪師的作略迥異乎兩位師兄。「看腳下」這三字，雖很平實，但卻最有力量，是切實用功修行的指南，禪者日用中若能如此，即步步踏著實處。法演簡潔凝練的風格一直成為圓悟欽佩和摹仿的對象。圓悟克勤禪師在一生中都牢記著自己恩師的教誨，嚴格要求自己，成為一代高僧。

第二節　住持交遊與學識人品

一、住持交遊

圓悟禪師先後在成都昭覺寺、澧州夾山靈泉寺、潭州長沙道林寺、江寧蔣山寺、開封天寧寺、金山龍遊寺、南康軍建昌縣（今江西永修縣）雲居眞如寺等七處傳法，遍佈南北，聲名顯赫，所到之處受到儒者士大夫的歡迎，得到他們的熱烈支持，在兩宋期間爲推進楊岐派禪法向社會的傳播，發揮了很大作用。

宋徽宗崇寧（1102～1106）年間，開悟後的圓悟禪師回到四川探望母親，受到僧俗兩眾的歡迎，後應成都知府郭知章住持成都昭覺寺。圓悟在此傳法長達八年之久。

政和年間（1111～1118），圓悟禪師辭去住持之職，復出峽南遊於荊楚。在荊南，圓悟禪師拜訪了大居士張商英（無盡）〔註 12〕。張商英是兜率從悅禪師之得法弟子，堪稱飽參之士，以道學自居，眼界頗高，諸方禪德，少有被他推許的。圓悟禪師見張商英居士之後，遂與他談論華嚴要旨。圓悟禪師道：「華嚴現量境界，理事全眞，所以即一而萬，了萬爲一，一復一，萬復萬，浩然莫窮。心佛眾生三無差別，卷舒自在，無礙圓融。此雖極則，終是無風匝匝之波。」張商英聽了，不覺移榻近前。圓悟禪師講完這段話之後，便問：「到此，與祖師西來意是同是別？」張商英道：「同矣！」圓悟禪師道：「且得（可是）沒交涉！」張商英被圓悟禪師否定之後，面帶慍色。圓悟禪師並不在意，繼續點撥道：「不見雲門道，山河大地無絲毫過患，猶是轉句；值得不見一色，始是半提，更須知有向上全提時節。彼德山臨濟豈非全提乎？」張商英這才心悅誠服，連連點頭稱是。第二天，圓悟禪師又跟張商英談起理法界、事法界、理事無礙法界、事事無礙法界等四法界。當談到理事無礙法界時，圓悟禪師便問：「此可說禪乎？」張商英道：「正好說禪。」圓悟禪師笑道：「不然，正是法界量裏在（還是落在理事等名相差別當中），蓋法界量未滅。若到事事無礙法界，法界量滅，始好說禪。如何是佛，乾屎橛。如何是佛，麻三斤。是故眞淨偈曰：『事事無礙，如意自在。手把豬頭，口誦淨戒。趁出淫房，未還酒債。十字街頭，解開布袋。』」張商英聽完這一段開示，如

〔註 12〕張商英（1043～1121）：字天覺，號無盡居士，蜀州新津（今四川）人，曾任丞相。

醍醐灌頂，讚歎道:「美哉之論，豈易得聞乎！」於是便向圓悟禪師執以師禮，並請他留居夾山碧巖。〔註 13〕

不久圓悟禪師又遷湘西之道林，後蒙太保樞密鄧子常之奏請，得賜紫服及佛果禪師之號。南宋建炎年間（1127～1130），在宰相李綱的奏請下，圓悟禪師又奉敕住持號稱「江南禪林之冠」的鎮江金山寺。在金山寺，高宗皇帝曾詔見圓悟禪師，請問佛法。圓悟禪師道:「陛下以孝心理天下，西竺法以一心統萬殊，眞俗雖異，一心初無間然（沒有差別）。」〔註 14〕高宗聽了，非常高興，遂賜圓悟禪師之號。在這座高僧輩出的著名禪林裏，圓悟禪師大展臨濟宗風，棒喝交馳，機鋒電閃，曾於一夕之中令會下參學者 17 人開悟，聲震天下禪林，其禪堂也因之得名曰「大徹」！

晚年，圓悟禪師又回四川成都昭覺寺，紹興五年（1135）八月五日，圓悟患病，趺坐書偈「已徹無功，不必留頌。聊示應緣，珍重、珍重。」享年七十三歲，謚眞覺禪師。

圓悟禪師生前傳法地域非常廣，遍佈四川、湖南、江蘇、河南、江西等省，傳法對象非常多，上至皇帝、皇親國戚、大臣權貴、學者士大夫，下至普通儒者、僧俗信眾，他們都非常信奉並支持他。圓悟聲名卓著，弟子很多，具有崇高的宗教、文化地位，爲禪法思想的深入傳播起了很大作用。在圓悟的弟子中，對後世影響最大的是大慧宗杲、虎丘紹隆二人。他們二人的法系分別形成臨濟宗大慧派和臨濟宗虎丘派，虎丘派一直流傳到今天。

圓悟禪師悟門廣大，博學多才，說法善於詮釋，縱橫無礙，而其人品極高，當時的人們非常佩服他。據載，圓悟禪師住持夾山時，其弟子多得無地以容，並且對禪師都是「莫不人人畏服，以爲未嘗有也」。圓悟禪師說法時，「清淨無作，不入諸相」，聽法者，「一聽其語，莫不愀然感動有泣下者」。在住持天寧萬壽寺時，「一時王公貴人，道德才智，文學之士，日造其室，車轍滿戶外。雖毗耶聽法，不能過也。」圓悟傳播禪法盛況空前，「度弟子五百人，嗣法得眼，領袖諸方者，百餘人。方據大叢林，匡眾說法，爲後學標表，可謂盛矣。」〔註 15〕圓悟禪師崇高的宗教、文化地位，超凡脫俗的人品，受到世人的推崇，使得禪宗禪風日盛。

〔註 13〕參見弘學、李清禾等整理：《圓悟克勤——碧巖錄・心要・語錄》，成都：巴蜀書社，2006 年，第 3 頁。

〔註 14〕《佛祖歷代通載》卷二十，《大正藏》第四十九冊，第 695 頁～686 頁。

〔註 15〕《補續高僧傳》卷九，《續藏經》第七十七冊，第 429 頁下。

二、學識著作

圓悟禪師勤奮好學，博聞強記，知識淵博。據《僧寶正續傳》卷四所記載，圓悟非常重視研究佛教經論和禪宗語錄，「凡應接雖至深夜，客退必秉炬開卷，於宗教之書，無所不讀。」這裡的「宗」，指「禪宗」，「教」爲言教，他是主張「融通宗教」的。他曾說：「老漢生平，久歷叢席，遍參知識，好窮究諸宗派，雖不十分洞貫，然十得八九。」〔註 16〕他便是在淵博的知識基礎上，引經據典，評唱雪竇《頌古百則》，後被其門人編成《碧巖錄》一書。書中隨處可見引用的禪詩和《維摩》、《楞嚴》、《金剛》等佛教經典，另外所提到的禪僧大概不下七十位，對他們的禪風及禪法都很熟悉，可見他是一位飽讀佛教典籍和禪宗經典，極具文學素養和表達能力的僧人。

圓悟善於爲文，留下的資料很多。他的著作中涉及大量歷史人物，既有當時的皇親國戚，又有士大夫官員，還有大量僧人。所以說圓悟的著作濃縮了兩宋期間禪宗的各個方面，堪稱一部宋代禪史，具有重要的史料價值。下面將他的著作略加分析。

《佛果圓悟禪師碧巖錄》（十卷），簡稱《碧巖錄》，又名《圓悟老人碧巖錄》、《圓悟碧巖錄》、《碧巖集》。收於《大正藏》第四十八冊，《禪宗全書》第八十九冊，爲禪宗最具代表性的公案評唱集，屬四家評唱語錄之一。此書是圓悟在夾山期間，對雪竇重顯《頌古百則》進行講解，弟子們把它們記錄整理而成，以夾山的別名「碧巖」爲題作書名，故曰《碧巖錄》。《碧巖錄》以重顯《頌古百則》所選的一百個公案爲骨架組織起來，共分十卷，每卷解釋十個公案和相應的頌古，形成十個部分。每一部分都有五項內容，第一是垂示，是對公案和頌文總的說明，圓悟對公案、頌文的解釋，都圍繞『垂示』展開。第二是公案本則，即列舉重顯《頌古百則》所選的公案。第三是雪竇的頌文，即復述重顯原著的頌文。第四是著語，是圓悟給公案本則和重顯頌文作的夾註，也稱下語，文字簡短，多則十餘字，少則三五字，有時只有一個字；有的夾註正面解釋，有的則是反面的批評，充分表現了禪宗呵佛罵祖的反權威精神和大膽懷疑的傾向，也是文字禪與義學經注的明顯區別之處。最後一項評唱，是圓悟對公案和頌文的正面解釋，這是《碧巖錄》的主體部分，分散在公案本則和頌文之後。〔註 17〕《碧巖錄》中，圓悟緊密聯繫禪宗

〔註 16〕《補續高僧傳》卷九，《續藏經》第七十七冊，第 329 頁。

〔註 17〕參見楊曾文：《宋元禪宗史》，北京：中國社會科學出版社，2006 年，第 391～400 頁。

明心見性的基本理論，把公案、頌古和佛教經論結合起來，為解釋禪學奠定了堅實的理論基礎，對後世影響深遠。《碧巖錄》問世之後，禪林轟動，褒貶不一。有人對它評價很高，稱為「宗門第一書」，並有許多模仿該書的作品陸續出現。也有人認為這種華麗文風有違直指人心、不立文字的宗旨，會導致很多修行人見指忘月。圓悟的弟子宗杲在特定環境之下，曾經燒掉了《碧巖錄》的刻版，以示對沉溺於這本書的學僧的懲罰。不管怎麼說，《碧巖錄》都是禪宗史上一部影響很大的著作，它的出現並非偶然現象，反映了宋代禪宗重視佛教經典和本宗的文獻典籍的傾向，顯示了宋代禪教合一的趨勢，從此禪宗與其它宗派看重文詞義理的傳統修行方式縮小了距離。

《圓悟佛果禪師語錄》（二十卷），簡稱《圓悟語錄》，又稱作《圓悟克勤禪師語錄》，由其弟子虎丘紹隆等人編寫，收在《大正藏》第四十七冊，《禪宗全書》第四十一冊。此書收集圓悟禪師一生上堂、小參、普說、法語、拈古、頌古、偈頌、眞贊等內容，非常豐富，其語言典雅優美。書中卷首載耿延禧、張浚之序，卷一至卷八收成都府崇寧萬壽禪寺等諸會的上堂語，卷八至卷十二收小參，卷十三收小參、普說，卷十四至卷十六收法語，卷十六至卷十八收拈古，卷十八、卷十九收頌古，卷二十收偈頌、眞贊、雜著、佛事。

《佛果圓悟眞覺禪師心要》（二卷），簡稱《圓悟心要》，又稱作《佛果克勤禪師心要》、《圓悟禪師心要》。編者子文，分上下兩卷，理宗嘉熙二年（1238）重刊，收於《卍續藏經》第一百二十冊。此書是圓悟禪師向當時士大夫、居士學人等開示禪宗要旨及修行方式的機緣語錄，以信件為主。內容包括《示華藏明首座》、《寄張宣撫相公》、《示曾待制》等，共計一百四十二篇。

《佛果擊節錄》（二卷），簡稱《擊節錄》，又稱《圓悟擊節錄》，今收於《續藏經》第六十七冊。此書是圓悟克勤對重顯的《拈古百則》加以評點，使之宗旨更為突出，由其弟子記錄下來而成。取擊而中節之意，故名擊節。此書結構，先引公案，次述重顯的拈古，文中加有著語，邊引邊議，最後是圓悟克勤的擊節，正面直截了當地闡述公案及拈古中所含禪理。相對評唱來說，簡短扼要，所說道理直截了當，指點關要。

第三章 「人人腳跟下本有此段大光明」的心性論

心性論〔註1〕在禪宗裏面是一個中心問題，它源於對生命存在的無窮追問與探尋。體悟了生命存在之道的禪宗歷代祖師對「心性」都有自己的闡述，其基本理路一致，但是在具體表述方面卻有較大的不同，在說法方面有各自的時代特色。在不同的禪師那裡，時代不同，生命存在的概念也往往獲得不同的表達。從禪宗的演變來看，從菩提達摩的「同一眞性」，慧能的「自性」，到馬祖的「平常心」，臨濟的「無位眞人」，作爲禪學中心命題，其表達經歷了很大的變化。到了宋代，文化全面交融與整合，圓悟禪師受時代影響，積極說禪，爲了讓學人尤其是參禪的士大夫理解禪宗思想，他用更加明白易懂的語言來詮釋心性本體，因此新的禪學中心命題出現了。這就是圓悟禪師反覆強調的「人人腳跟下本有此段大光明」的思想，此命題以「即心是佛」、「無心是道」爲理論基礎，通俗易懂，形象生動，具有深刻內涵。

〔註1〕迄今爲止，學界關於心性思想的稱謂非常之多，比如心性觀、心性學說、心性哲學、心性論等等，不一而足。其中心性論出現的頻率最高，本書沿用傳統用法，以「心性論」來指稱圓悟禪師的心性思想，考察他在心性方面的觀點。圓悟禪師對於心性的內涵、本質、心性與成佛的關係等問題，作了極富特色的論述。我們只有結合他的心性思想才能理解其禪法的眞意。可以說，禪宗的心性論是禪修方法的理論基礎，是禪宗哲學思想的核心內容，也是禪宗的全部思想理論的主要旨趣。目前，大多數學者已達成共識，認爲禪宗把「心性」作爲本體範疇，建構了心性本體論，禪門大師在本體論上建構完成一種自我融洽的理論體系。中國傳統文化裏面心性論思想比較豐富，這是中國哲學的特色之一，與西方哲學的形而上學明顯不同。參見楊維中：《中國佛教心性論研究》，北京：宗教文化出版社，2007年，第8～12頁。

第一節　對傳統「心性論」的繼承與發揮

心性是成佛的內在根據和保證，明心見性是禪宗修習的目標。因此，禪悟本體就是心性，禪悟思想在這一層面的展現，可以稱之為心性論。禪宗心性論，是佛教文化與中國傳統儒道文化在交流中發生碰撞與融合的產物。縱觀禪宗史，心性具有很多名稱，比如：心源、心地、心鏡、心月、心珠、主人翁、牟尼珠、無盡燈、無根樹、無為國、吹毛劍等等，可謂五花八門，不一而足。如此眾多的心性名稱說明了心性本身的多種屬性，也可以說其屬性是無限的。不同時代的禪師用不同的語言從不同的角度來詮釋這個不可說的東西，力求展現其眞理，可以說心性論是在不斷變化、發展過程中豐富起來的，而這種情況是和禪法的演變直接相關的。圓悟禪師在繼承傳統心性論思想的基礎上進行發揮，提出自己的觀點。

一、「心性論」的界定

在考察心性論思想之前，我們先來界定一下「心性論」這個概念。每一個概念都具有特定的內涵，因此「心性論」也存在含義的界定問題。所謂心性論，是指人們關於心性問題的基本觀點，其中包括對心性的本質及其關係、價值等問題的根本看法與態度。這一界定大致包括五個相互關係的層次：一是關於心的本質；二是關於性的本質；三是關於心與性的關係；四是關於心性的本質與特徵；五是關於心性與身體的關係。下面擬對心性論的五個層次略加說明。

關於心的本質。在佛教裏面，所謂心者，並不是指人們胸膛裏的肉團心，而是指人們對境生起來的念頭和思想，佛經稱為六塵緣影，就是色、聲、香、味、觸、法的影子，簡稱曰集起為心。意思是說，我們本來沒有心——思想和念頭，而是由於有色等境在，才從各別的境緣上領受它的形象，產生認識，分別它的同異，安立名字，發生愛瞋、取捨、造作，才生出種種心念。這心是和環境集合起來而生出的，不是片面單獨起的，所以稱為集起為心，現代哲學說「思想是客觀環境的反映」也有這個含義。

關於性的本質。性是生起心的根本，是心的本源。也可以說，它是生起心的能量，沒有它，對境生不起心來。人們之所以能對境生心，全是它的作用。它是無形無相的，所以眼不能見，但它能起種種作用，是一種實實在在的存在，猶如電雖不能目見，而一切照明、發動等等都是它在起作用。古人把它比作爲色裏膠青，水中鹽味，雖不可目濱，但事實上確實在起作用，在佛經上它有很多異名，如一眞法界、眞如、如來藏、佛性、眞心、大圓勝慧等等。

關於心與性的關係。在儒道佛三家心性論思想中，對心與性的關係多有論述。這種關係表現在三個方面：心先性後，心決定性；性先心後，性決定心；心性合一。〔註2〕佛教教下稱性是體，心是用；性是理，心是事，性決定心，而禪宗主張心性合一的思想，禪宗認爲，因眾生迷而不覺，不知有這種眞如佛性妙體，無始以來，只與生滅和合，變爲妄心。因此心與性原是一物，如水之與波，不是兩回事，兩者可混用，稱心爲性，稱性爲心，或連起來稱爲心性。禪宗視心爲人性的主體承擔者，既重視心，也重視性，並把心性結合起來，從而也就把心性看做存在的範疇。

關於心性的本質與特徵。在中國哲學，特別是中國宗教哲學中，「心主要還是作爲本體的範疇，顯現它的終極或無限的功能，因此應當說是『性』，本性，即超世俗，超時空，無染污之性，故也稱之本心、淨心。在中國哲學史上，心、性連用也就是順理成章的事了。」〔註3〕佛教所說的「心性」，不是一般人用以思維計較的「妄心」，更不是指身體內的心臟，而是超越時空的「眞心」，即所謂眞如本性。簡而言之，心性是超然物外、超越一切對立的本體。對此本體，因爲迷悟而有差別，其本性則無異。比如黃金是一，但可製耳環、戒指、手鐲等各種不同的金器，因此金器雖異，其實都是黃金。同理，心與性名雖不同，實際上則都是人之本體，因此在禪宗裏面「心」、「性」都是連用的。圓悟禪師也說過：「此性即心，此心即性，浩浩作爲，應在六根門頭，千變萬化初不搖動，故號常住本源。」〔註4〕在禪師的體悟中，心性是生命的源頭，千變萬化，而其最初則不搖動。可以說，心性是從心的角度觀實相、眞如、法性。〔註5〕在禪宗裏面，禪師們體悟到的心性是湛然圓明、虛通寂靜的存在。具體說來：心體性如虛空，具有空無性、染淨不二性、不可限量性、不可割性、不可言說性、眾生平等等特質。心性乃強爲之名，具有不可言說性。心體是形上之無，語言是形下之有，以形下之有說形上之

〔註2〕參見牟永生：《智慧與解脱：禪宗心性思想研究》，北京：中國社會科學出版社，2008年，第26頁。

〔註3〕麻天祥：《中國宗教哲學史》，北京：人民出版社，2006年，第42頁。

〔註4〕同上註，第456頁。

〔註5〕陳兵：《佛教禪學與東方文明》，上海：上海人民出版社，1992年，第8頁。

無，就會導致邏輯上的悖反，因此，心一旦落入「言詮」的形迹，就陷入「第二義」。〔註 6〕事實上，心性是無法用語言來描述的，「如人飲水，冷暖自知」，所以禪宗強調親自體驗，但是眞要體驗到此「心性」，是要經過一番歇心的實踐功夫。

談論心性，不能不考察一下心性與身體的關係。簡單來說，心性可以理解爲人內在的，精神的，核心的指揮官，身體可以理解爲外在的有形質的物質，二者相互依存，互爲表裏。所謂「形爲神舍，神爲形宰」，就是指身體是心性的居所，心性是身體的主宰，兩者協力運作，無法分開。一個人從降生開始，心性就指揮著身體，完成一切活動。禪宗修行的下手處，一是心性，一爲身體。不過，禪宗修行一般只重視心性修養的工夫，對人的身體缺乏關注，更沒有對身心關係作深入的探索。所以，禪修主要是通過修心養性，修正思想、言語與行爲，超越身體，最終體悟心性本來面目。

二、對傳統「心性論」的繼承與發揮

在禪宗歷史上，對於心性本體，禪家有各種表述。〔註 7〕菩提達摩提出「深信含生同一眞性」〔註 8〕，要求修行者在見地上首先要確立眾生心中有與聖者無別的眞性的信心。慧能提出「自性」，對這一主體功能的說明，他在《壇經》中有較全面的表述：「何期自性本來清淨，何期自性本不生滅，何期自性本自具足，何期自性能生萬法。」〔註 9〕「自性」是自我生命的眞性，是人類的心靈主體，這一主體具有高度的自我覺悟能力，具有透過重重遮蔽而顯示自己的無限能動作用。到了馬祖道一，他強調「即心即佛」，這個命題的強調很有針對性，我們知道，自從佛教傳入中國以來，人們對「佛」的認識是非常混亂和模糊的，很多人總是將寺院裏供奉的佛像當做偶像頂禮膜拜，禪宗崛起時，社會上早已有了這種對佛教的誤解，因此慧能、馬祖這些大師提出「即心即佛」能夠糾正社會上修行者對「佛」的嚴重誤解，也爲初學禪的人提供了正確的觀念。

〔註 6〕參見劉澤亮：《黃檗禪哲學思想研究》，武漢：湖北人民出版社，1999 年，第 89～92 頁。

〔註 7〕雖然有不同的表述，但其本質是一致的，都是指人人本具的佛性，體一名異。

〔註 8〕《楞伽師資記》卷一，《大正藏》第八十五冊，第 1285 頁。

〔註 9〕楊曾文校寫：《新版敦煌新本六祖壇經》，北京：宗教文化出版社，第 49 頁上。

「即心是佛」〔註10〕由馬祖道一明確提出並著重強調，另外他提出的「非心非佛」到黃檗那裡明確地表述爲「無心是道」。〔註11〕這兩者結合起來就是一種完整的禪法，一直爲後世所重視。「即心是佛」，直接指出本心即佛，否定對外在佛的迷信，是在存有層上的肯定之「有」；「無心是道」，在頓悟心性光明本體的境界裏無一法可尋，是在工夫層上的否定之「無」。前者是佛性有，後者是般若空，這就將大乘佛學的佛性有與般若空兩大主題完美地結合起來。

圓悟禪師在繼承「即心即佛」、「無心爲道」思想的基礎上，作了詳細的發揮。他說：「大道正體，不在混沌未分及杳冥恍惚處，亦不是故作深邃隱蔽，令人不可窮，不可測量。蓋至明非明，至妙非妙，直下簡易。〔註12〕「至道簡易而淵奧，初不立階梯，壁立萬仞，謂之本分草料。」〔註13〕圓悟禪師用「大道正體」、「本分草料」等不同的詞語來詮釋心性本體，從不同的方面展示了心性本體的特徵，都很準確到位。他還把它叫做「本淨妙明無爲無事心」、「常住本源」、「妙嚴清淨本有金剛正體」、「自己寶藏」等，所有名相都指向那超越二元對立的眞如本性，他反覆強調這是人人本有的。圓悟把每個人本具的佛性、清淨圓妙覺性——如來藏性，作爲禪修的基礎。相對歷代禪宗祖師來說，圓悟禪師對心性本體的詮釋更明確、精緻，其語言也更豐富多彩，反映了他那圓融綜合的時代特徵與大俗大雅的禪風。他對「即心即佛」思想有精細的論述，有著自己的獨特性，增添了不少新意。他說：

> 了然自悟，廓徹靈明，廣大虛寂，從無始來，亦未曾間斷，清淨無爲妙圓眞心，不爲諸塵作對，不與萬法爲侶，長如十日並照，離見超情，截卻生死浮幻，如金剛王堅固不動，乃謂之即心即佛。〔註14〕

在這段話中，圓悟對「心」的描述非常精細，他指出了然頓悟自己的本心，

〔註10〕馬祖曰：「《楞伽經》云：『佛語心爲宗，無門爲法門』。何故佛語心爲宗？佛語心者，即心即佛，今語即心語，故云佛語心爲宗。無門爲法門者，達本性空，更無一法，性自是門，性無有期，亦無有相，亦無有門，故云無門爲法門。」（《宗鏡錄》卷一，《大正藏》第四十八冊，第418頁中）

〔註11〕黃檗云：「即心即佛，無心爲道。但無生心動念、有無、長短、彼我、能所等心，心本是佛，佛本是心。」（《宛陵錄》，《古尊宿語錄》卷三）

〔註12〕弘學、李清禾等整理：《圓悟克勤——碧巖錄·心要·語錄》，成都：巴蜀書社，2006年，第145頁。

〔註13〕同上註，第238頁。

〔註14〕同上註，第331頁。

發現此心廣大虛寂，廓徹靈明，如十日並照，此種境界超越一切語言文字，如金剛王一樣堅固不動，因此稱做「即心即佛」。馬祖道一之後的禪師們喜歡用類似於「即心即佛」的語句來教導信眾，在具體的說法上各具特色。圓悟禪師也經常用諸如「全心是佛」、「人人皆有佛心」之類的語句來啓發參禪者破除他們對外在佛祖的迷信，激發他們實現心靈解脫的信心，他說：「全心即佛，全佛即人，人佛無異，始爲道矣。此諦實之言也。但心眞，則神佛俱眞，是故祖師惟直指人心，俾見性成佛。」〔註 15〕人佛無異，人即有情眾生，佛即佛陀，狹義指釋迦牟尼佛，廣義指眾佛及菩薩。人佛不二，也就是眾生與佛菩薩在開悟成道的本性——心性層面上，「不生不滅，不垢不淨，不增不減」，是完全平等的。圓悟禪師雖然強調人佛在本性上無異，但是也指出了人佛在事相上的差異。他認爲：「人人腳跟具有此一段大事，佛與眾生，無異無別。但佛覺證圓融，群靈染惑，遂相懸遠。是故諸聖出興，獨倡此大法，謂之直指人心，見性成佛，特接上機，要利根種性覿面相呈，更不擬議，遑得便行。」〔註 16〕人人都具有心性本體，佛與眾生並沒有差別。然而佛覺證圓融，主體完全自覺、自信，眾生迷惑，不能相信自己有佛性，佛大慈大悲，示現受生，幫助眾生體悟自己的光明本體。

圓悟對「無心」也有精到的論述，他說，「所以從上來人誨示訓導，唯務無心，非無眞心，但無一切淨穢依倚分別，知解執著之心耳，此發心學道悟入修行方便次第也。」〔註 17〕「一棒上，一喝下，一句一言，若細若粗，若色若香，一時穿透，方稱無心境界。養得如嬰兒相似，純和沖淡。雖在塵勞中，塵勞不染。雖居淨妙處，淨妙收他不住，隨性任緣，饑餐渴飲。」〔註 18〕「無心」並不是無眞心，而是無一切知解執著之妄心，修行者應該在生活中放下各種妄想，消除心中的造作，是非，取捨，斷常，凡聖等觀念，讓心靈灑灑落落，如果妄想生起，應該立即撥置，令心無所住，隨性任緣，饑餐渴飲，這才是理想的無心境界。

佛教的「佛」的意義即是「覺」，即突破迷妄的遮蔽進入光明之中。禪宗許多有開悟經驗的祖師們，也常將佛性、自性或本來面目，描述爲光明璀璨

〔註 15〕《圓悟錄》卷十五，《大正藏》第四十七卷，第 785 頁中。

〔註 16〕弘學、李清禾等整理：《圓悟克勤——碧巖錄・心要・語錄》，成都：巴蜀書社，2006 年，第 323 頁。

〔註 17〕同上註，第 456 頁。

〔註 18〕同上註，第 508 頁。

的神光；此外，也喜歡用日月或明珠等具有光明意象的事物，來比喻人的佛性或本來面目。《大乘起信論》對眞如的自體（如來藏）做了如下的描繪：「從本已來，性自滿足一切功德。所謂自體，有大智慧光明義故，遍照法界義故，自性清淨心義故，常樂我淨義故，清涼不變自在義故。……名爲如來藏。」〔註19〕在此所說的眞如的六條具體特性中，其中兩條與光明有關：1、「大智慧光明」，「具有偉大的智慧之德和偉大的光明之相」；2、「遍照法界」，「普遍地廣照一切地方。」〔註20〕達摩大師說：「眾生身中有金剛佛性，猶如日輪，體明圓滿，廣大無邊，只爲五陰重雲所覆，如瓶內燈光，不能顯現。」〔註21〕達摩用「日輪」和「瓶內燈光」來比如人的金剛佛性，指出心性廣大無邊，圓滿無缺。再舉一例：

> 盡十方世界是沙門眼，盡十方世界是沙門全身，盡十方世界是自己光，盡十方世界在自己光明裏，盡十方世界無一人不是自己。我常向汝諸人道：三世諸佛，法界眾生，是摩訶般若光。光未發時，汝等諸人甚麼處委悉？光未發時，尚無佛無眾生消息，何處得山河國土來？〔註22〕

這段文字是唐代景岑招賢禪師的法語，在他看來，十方世界都是在自己光明裏顯現，三世諸佛，法界眾生，都是「摩訶般若光」，顯然他是將光視爲人類生命的本體之光，是宇宙萬物之究竟根源或終極實在。又如宋初柴陵郁禪師說：「我有明珠一顆，久被塵勞關鎖。今朝塵盡光生，照破山河萬朵。」〔註23〕意思是心靈光明暫時被各式煩惱塵勞所遮掩，卻絲毫不減它圓潤無瑕的本質，只待掃除灰塵，光明才能如朗日一樣照破山河萬朵。雖然在圓悟禪師之前的歷代禪師對心性之「光」有所談論，但並沒有提出明確的命題。在圓悟這裡，首次提出「人人腳跟下本有此段大光明」的核心命題，並不惜筆墨地加以詮釋，很明顯，圓悟禪師是在接受傳統的基礎上作的發揮，另外他也受樂《華嚴經》的影響。圓悟在描述心性光明本體時深深地浸透了華嚴色彩。〔註24〕

〔註19〕轉引自方立天著：《佛教哲學》，北京：中國人民大學出版社，1991年，第242頁。

〔註20〕同上註。

〔註21〕《達摩大師破相論》，《續藏經》第63冊，第8頁下。

〔註22〕釋普濟：《五燈會元》上、中、下，北京：中華書局，1994年，第207頁。

〔註23〕同上註，第1233頁。

〔註24〕《華嚴經》著重闡發眾生皆可成佛的義理，用珠光相映的意象形容佛法的最高境界，珠光彼此互攝，重疊無窮，類似帝釋天宮殿中的水簾，也叫「帝網」，

第二節　「人人跟腳下本有此段大光明」的核心命題

一種思想要使當時的人們能夠接受，無疑需要貼近當時人們的生存環境、思想信仰、語言習慣，因而，詮釋意味著使原有的東西在形式上發生改變，尤其是語言的改變。事實上，禪學的生命力，就在於它可以容納新的解釋；而正是這新的解釋，促進了它的發展與傳播；又由於它的發展與傳播，成就了它的普遍性與恒久性。一部禪宗史，正是不同時代的禪宗大師對心性本體及體悟本體的理路進行不斷新的詮釋的歷史。宋代是一個文化全面交融與整合的時代，圓悟禪師生在這個時期，說法受理性張揚的時代的影響，比較詳細全面。為了讓學人尤其是參禪的士大夫〔註 25〕理解禪宗思想，圓悟禪師用更加明白易懂的語言來詮釋心性本體。「人人腳跟下本有此段大光明」的命題就是在這樣的背景下提出來的，這樣的說法，在禪宗的思想史當中，頗具新意及開創性，值得進一步解析。

一、「人人跟腳下本有此段大光明」命題的內涵

「人人腳跟下本有此段大光明」的禪學命題包含「人人腳跟下」和「本有此段大光明」兩個方面，前一方面強調禪法的當下性，後一方面明確了禪法努力的方向與任務。

於是「帝網珠光」成爲華嚴最著名的譬喻。華嚴的解釋非常詳細，古人說「不讀華嚴，不知佛之富貴」。宋代禪師們普遍對《華嚴經》比較熟悉，圓悟對華嚴思想更是深有體會，他善於借《華嚴經》、華嚴理論、四法界的思想、一多相攝觀等來詮釋禪。

〔註 25〕在宋代，很多士大夫喜歡參禪修道。禪宗向廣大士大夫文人傳播，受到當時社會大眾的歡迎，成爲整個社會的時尚，這樣形成了獨具特色的士大夫禪學。相當多的朝廷重臣和文壇領袖熱衷釋典，棲心禪寂。他們傾向於以人本和理性來衡量和解釋佛教，對禪宗思想有自己的看法和主張。很多禪學水平很高的士大夫參與了禪宗燈錄的撰寫或整理工作。比如楊億等人潤飾的《景德傳燈錄》，其中表現出相當強烈的史實意識，其實質也是理性主義。即使對佛教有非議的士大夫也學佛參禪。比如歐陽修早年排佛，晚年進入佛門，號「六一居士」，臨終前向僧人借《華嚴經》，讀未終卷而逝，他的夫人、兒子都好佛，他也並不制止。另外士大夫禪學與文學是密不可分的。他們往往通過文學的形式來表達其禪學觀念和佛教信仰。蘇軾就是典型代表，他的許多詩歌就體現了悟性與理性的統一。宋代道學家如周敦頤、邵雍、朱熹等人，都大量抒寫過安貧樂道帶有禪味的詩歌。

(一)「人人腳跟下」強調禪法的當下性，表明禪宗的一切心性哲學都離不開這個正在發生的當下世界

所謂「人人腳跟下」，是指每個人的當下。圓悟禪師認爲，「佛祖妙道，唯在各人根本上，實不出本淨妙明無爲無事心矣。」〔註 26〕圓悟強調無需向外尋求，當下本來就有光明本性，這樣把「佛」與「眾生」統一起來，打破世間與出世間的隔閡，從自身的日常生活中去實踐禪，將禪的智慧貫徹到平淡、世俗的生活中。這種思想進一步將禪法生活化，對於廣接群機，大弘禪法，有重要作用。「人人腳跟下」直接道出：一是強調凡事要從「我」做起，發揮「我」的一切優勢；二是必須「從當下做起」，要發揮出力量與智慧，眞幹實幹，決不要虛妄懈怠，更不要說千道萬、誇誇其談。圓悟禪師善於說法，並且敢於說破，在他的語錄中，對心性的描寫非常詳細。他說：

> 人人脚跟下本有此段大光明，虛徹靈通，謂之本地風光，生佛本具，圓融無際，在自己方寸中，爲四大五蘊之主，初無污染，本性凝寂。〔註 27〕

在這裡，圓悟禪師開門見山，指出每一個人當下本來就有一段大光明，這段大光明具有虛徹靈通〔註 28〕的特點。圓悟喜歡用「腳跟下」一詞，強調每個人當下就有心性光明本體，因此，對於修行的禪者來說，要步步踏實，注重當下眼前，不要耽於過去或幻想未來，要將禪的修行放置於俗世的行住坐臥等日常活動中。「人人腳跟下」的邏輯必然性，體現在把現實世界變成佛法道場，在現實世俗之中，而非現實世俗之外去尋找精神解脫。這是一種生佛不二的心性智慧，是圓融凡聖、煩惱即菩提、心法一如的中道智慧。可以說，禪道就是生活之道，是禪者超越對立、獲得自由的智慧憑藉。圓悟反覆強調要樹立信心，相信自己當下就有一段光明自性，他說：

〔註 26〕弘學、李清禾等整理：《圓悟克勤——碧巖錄・心要・語錄》，成都：巴蜀書社，2006 年，第 235 頁。

〔註 27〕同上註，第 275 頁。

〔註 28〕所謂虛徹，是指有無不立，内外皆空，如果執著有，最終也是幻相，但是如果說是無，也不合適，因此只能說是有無俱不立，内外悉皆空；所謂靈通，悟本知源、迴光内照謂之靈，廓然無礙謂之通。這個永恒的光明本性是無相的存在，空無一物而又浩瀚無邊，無念而靈通，無我而有主宰，眾生和佛都本來就具有，用現代語言勉強形容爲能「覺」之能，是一種心性能量，這種能量既不在動中也不在靜中而「能」動「能」靜，也可以說它是生成萬物的本體。

> 要直截透脫，須先深信自己根脚下有此一段。〔註 29〕
>
> 當人脚跟下一段事，本來圓湛，不曾動搖。威音王佛前，直至如今，廓徹靈明，如如平等。〔註 30〕

禪法以當下爲中心，離開當下談禪，就是緣木求魚。因此，禪者要想直截透脫，必須樹立信心，相信自己要體悟的是自己本有的東西，它永恒地處於目前當下，但是沒有任何具體的形象。「脚跟下」在圓悟禪師的《語錄》中有多處呈現，體現了一種平民風格，使其傳播更加廣泛，滲透的層次更加深入。這些思想對他的弟子們有很大影響。「人人脚跟下」的思想奠立了禪悟論與解脫論的基調，爲禪者覷破本來面目，識取自家寶藏，在行住坐臥的庸常日用之中觸目菩提，自作主宰，提供了重要的理據。

圓悟的「人人脚跟下」生動地傳達了人的實際存在的特徵，它向人們展示了一個活生生的現實世界，非常平實，一點也不玄妙。它也表明禪宗的一切心性哲學都離不開這個正在發生的緣起世界，只有將跑遠的心拉回到當下，才能獲得最終、最圓滿的眞實的主體存在。他認爲：

> 道妙至簡至易，誠哉此言！未達其源者，以謂至淵至奧，在空劫以前，混沌未分，天地未成立，杳冥恍惚，不可窮、不可究、不可詰，唯聖人能證能知。是故誠其言，不識其歸趨，安可以語此事哉！殊不知人人根脚下圓成，只日用之中，淨裸裸地，被一切機，遍一切處，無幽不燭，無時不用。〔註 31〕

在這段話中，圓悟指出，未體悟大道的人總以爲大道太神奇，只有聖人才能證知，其實大道至簡，在每一個人當下的日常生活中發揮作用。儒家也認爲，「道也者，不可須臾離也，可離非道也。」〔註 32〕其實當下本來就已經「圓成」，人的實際存在狀態是一個超越一切二元對立的完全原初的現實世界，「人人脚跟下」是一個正在發生的境域，包含一切發展的可能性，包括頓悟成佛。頓悟成佛不是在過去，也不是在未來，而是在超越一切對立的當下，是在人們的日用生活之中。他指出，「若是宿昔蘊大根利智，便能於脚跟，直下承當，

〔註 29〕弘學、李清禾等整理：《圓悟克勤——碧巖錄・心要・語錄》，成都：巴蜀書社，2006 年，第 314 頁。

〔註 30〕同上註，第 421 頁。

〔註 31〕同上註，第 297 頁。

〔註 32〕《中庸》。

不從他得。」〔註 33〕因此，當下是進入禪悟的先決條件，是修禪的哲學基礎。禪的整個精髓，就是回歸當下，就是徹底而完全地活在當下。其實，當下是最寶貴的，因爲當下是唯一的，過去從來沒有一個不是當下的時間，未來也不會有，而且當下是唯一一個能讓禪者悟道從而超越二元對立心智模式的點。

禪宗作爲佛教的一個宗派，歸根到底是講如何了生死，如何解脫，如何成佛的問題。禪宗的禪法作爲一種生命的智慧和藝術，力圖爲人們實現這種理想提供方案。人既是自然的一部分，又是從自然分裂出來的獨立主體，向往與自然同樣具有永恒性、無限性。可以說，這種對與自然同一的向往是人的最深沉、最強烈的內在心態，這種心態讓無數禪者在探索生命奧秘的路上孑然而行。圓悟禪師非常重視人的現世，重視此岸，並強調當下去探求實現生命自覺、理想人格和精神自由的問題。他以平民的風貌、平實的言教、平等的心地，平和清素地廣接善眾，完成了他的大機大用，留下一串踏實的腳印。

圓悟禪師的「人人脚跟下」，體現出對生命價值的透徹認識和肯定，進一步突出了禪的鮮明而強烈的生活意味。禪的一切言說都是爲人的解脫服務的，如果執著於概念系統，就脫離了實際。只有當下自識本心，自見本性，才能實現自我超越，解脫煩惱、痛苦和生死，成就爲佛，即在有限、短暫、相對的現實中實現無限、永恒、絕對。「人人脚跟下」明確了禪宗心性哲學的現實基礎，發揮了禪宗直指的特色，解決了自達摩以來禪法一直模糊的現實哲學難題，是對慧能和馬祖禪學心性路線的重大發展與補充，具有重要的理論與實踐意義。

（二）「本有此段大光明」明確了禪法的現實努力方向與任務

「本有此段大光明」是圓悟克勤禪師禪法所依主體，整個禪修過程就是把禪者本有的光明覺性開顯出來。在《圓悟心要》及《圓悟克勤語錄》中，處處可以看到這樣的思想，這是圓悟克勤一個非常明確的命題。這一思想與《圓覺經》、《楞嚴經》等如來藏、唯識經典是一致的，與所有禪宗祖師的思想也是吻合的。這也是禪宗與教下的區別之所在，禪宗祖師總是開門見山就提出心性本體，把那個最終的果位境界說出來，雖然不容易理解，但是禪師總是反覆強調，因爲這是禪法的立足點，要論禪法就必須由此講起。我們來看看圓悟對這個「光明本體」的描述：

〔註 33〕弘學、李清禾等整理：《圓悟克勤——碧巖錄・心要・語錄》，成都：巴蜀書社，2006 年，第 331 頁。

> 輝騰今古，迥絕知見，淨裸裸沒依倚，常在目前，無毫髮相，寬同太虛，明逾杲日，天地萬物有成壞，此個無變無移，古人謂之不與萬法爲侶的人，亦號如來正遍知覺。〔註 34〕

在這裡，圓悟詮釋了光明本體的存有論屬性，認爲此光「輝騰今古」，「淨裸裸沒依倚」，從古到今都光輝燦爛，清淨無比，「迥絕知見」，超越一切語言名相，是宇宙、生命的最終本源、本體，是人的原初眞性或本來面目，具有不生不滅、亙古常存的特質。此光「寬同太虛」、「明逾杲日」，天地萬物皆由此光而出，皆由此光而生，很明顯此光已不是普通的物理學意義上的光，而是產生天地萬物並主宰萬物的本體之光，是超越人們的日常經驗，無法用具體的語言表達，具有形上意味的光〔註 35〕。「初非有無，不落塵緣，煒煒燁燁，莫測涯際。無眞可眞，無妙可妙，超然居意象之表，無物可以比倫。」〔註 36〕在禪者的體悟中，「見到」整個宇宙虛空皆是神光，生命亦因此而超離於塵世、虛妄，獲得自在、快樂及圓通。「全機大用觸處見成，溢目清光貫通今古。一塵含法界，一念遍十方。盡大地是眞實人，總剎海爲大解脫。只在當人略回光相自著眼看，可以克證無生頓超方便，是故諸佛出世爲一大事因緣，祖師西來亦不出見性成佛。」〔註 37〕此段大光明精微深妙，是人人具足的自心本性，也是「第八阿賴耶識轉成大圓鏡智煥發的大光明境界」。〔註 38〕他說：「要須打辦精神，當陽承當擔負，如太虛日輪無幽不燭。」〔註 39〕圓悟強調當下

〔註 34〕弘學、李清禾等整理：《圓悟克勤——碧巖錄・心要・語錄》，成都：巴蜀書社，2006 年，第 321 頁。

〔註 35〕圓悟所說光明並非只是一種象徵，而是宗教經驗的現象學般之描述。由圓悟禪師對「光」的規定來看，顯然其所謂的「光」並不是日常生活中的「眼光」，而實爲「性光」。此「光」非知解可得，只有通過「逆覺體證」的「迴光返照」工夫，即只有通過直覺方可把握，這也充分說明了此「光」所具有的本體性特徵。很多禪宗祖師，在他們心性修養的見性體驗中，也經常提到與光有關的經驗現象。站在現代禪修現象學的立場，對此問題，我們嘗試以同理心去感同這種宗教經驗，而不是簡單地斷定爲虛妄或神秘，當然這種感同不是再造式的體驗，或是一次完全相同的宗教經驗，而是一種闡釋，這種闡釋需要同理心品性的介入，即宗教性意識的參與。

〔註 36〕弘學、李清禾等整理：《圓悟克勤——碧巖錄・心要・語錄》，成都：巴蜀書社，2006 年，第 234 頁。

〔註 37〕同上註，第 344 頁。

〔註 38〕參見吳言生：《禪宗思想淵源》，北京：中華書局，第 322 頁。

〔註 39〕弘學、李清禾等整理：《圓悟克勤——碧巖錄・心要・語錄》，成都：巴蜀書社，2006 年，第 289 頁。

承當，體悟光明佛性。事實上，對於本體之光的所有認識，顯然皆得自於禪師的悟道見性經驗。再來看看圓悟禪師對此段「大光明」功能的描述：

> 靈光未兆，萬彙含太虛；一氣既彰，花開世界起。過去諸佛、現在諸佛、未來諸佛，皆從個中出現。若人、若天、若群生，無不從是中流出。以一處明，百處千處光輝，一轉機，千機萬機歷落。所以道，淨法界身本無出沒，大悲願力示現受生。〔註 40〕

在這這段文字中，圓悟禪師發揮他那洋洋灑灑的表達能力，描繪出大光明藏光華四射、澄明高遠的意境。所謂「靈光未兆」，大致相當於禪宗常說的「威音王前」，是指原初宇宙一無所有，絕對空寂的狀態。「萬彙」指宇宙萬物，「一氣」指本心。這裡主要是說明「光明本體」的功能，圓悟指出所有的佛都是出現在這「靈光」之中，宇宙萬物也是從這光中流出，因此，只要內心一處光明，所有的地方都充滿光輝。萬物皆從此光而生，亦因此光而有，一切現象的發生及變化，皆源自於此光。「況自己本有腳根，生育聖凡，含吐十虛，無一法不承他力，無一事不從他出，豈有外物爲障爲隔？但恐自信不及，便把不住去。」一切事物的現象都是心性之光的妙用，此光涵攝著全體萬有、身體百形，超越時空及一切的生滅變化，不會被外物所障礙。圓悟還說：

> 內外洞然唯一眞實，眼耳鼻舌身意色聲香味觸法皆依他建立，他能透脫超越得如許萬緣，而如許萬緣初無定相，唯仗此光轉變。」〔註 41〕

此段話清楚地講述著，無論是眼耳鼻舌身意所代表的主體本身的一切感覺思維、行爲活動，還是色聲香味觸法所代表的宇宙萬物，皆是由此光的支持、轉變，方能成就。也就是說，此光即是一切，即是生發所有現象的根本源頭；若無此光的生養化育，則一切現象亦無從產生。這樣的說法，無疑已將光等同於類似道、空等終極性的實在，並可據之形成一套「光的形上學」。他說，「須知空劫以前，由他建立，至於窮華藏浮幢王剎，盡未來際，亦因他成就。」〔註 42〕「如今照了本心，圓融無際，色聲諸塵那可作對，迥迥獨脫，虛靜明妙，要須徹底提持，勿會浮淺直下。高而無上，廣不可極，淨裸裸圓垛垛，

〔註 40〕《圓悟錄》卷五，《大正藏》第四十七卷，第 736 頁上。

〔註 41〕《佛果禪師心要》，《大正藏》第六十九冊，第 474 頁上。

〔註 42〕弘學、李清禾等整理：《圓悟克勤——碧巖錄・心要・語錄》，成都：巴蜀書社，2006 年，第 678 頁。

無漏無爲，千聖依之作根本，萬有由之建立。」〔註 43〕一切都是他的作用，是他光輝的顯現，他能成就一切法，能出生一切法，若人、若天、若群生，無不從他光中流出，這是從功能的角度詮釋心性本體。

我們可從上面的詮釋中概括出「大光明」的一般特性：其一是永恒性，自性之光亙古長明，永恒存在，無變無移；其二是清淨性，光輝燦爛而清淨，無任何污染；其三是源生性，具有生成論與本體論意義；其四是終極性，是一切的根本原因和最高存在；其五是超越性，此段大光明超越一切對立，不生不滅，不垢不淨，不增不減，無法用任何語言表達，把它說成是「大光明」也是一種方便。

圓悟禪師用「此段大光明」來詮釋「心性本體」，將「光」視爲生命之本源、本體，是人之本來而眞實的面目，那麼悟光就是悟道見性。比起後者，前者則顯然更爲具體明確，而且也更具可操作性，這樣禪者更容易明確禪法的現實努力方向與任務。圓悟的《心要》、《語錄》等說法經典，在繼承前人禪學思想的基礎上，進一步發展出了豐富詳細的心性論思想，不但使大光明的本體地位更爲穩固，而且還把理論和實踐相結合，詮釋了一套「迴光」的方法，從而使光的形而上學更爲圓融貫通。「迴光返照」的方法論，能使光明本體的呈顯得以實現，這一點我們在後面一章進行詳細論述。「人人腳跟下本有此段大光明」命題的提出，在禪宗史上具有重要的理論意義和實踐意義。

二、世界宗教文化背景下的「光明」問題

「光」的意象不僅是中國傳統宗教當中一項相當重要的主題，也是世界宗教文化的重要主題。站在世界宗教文化的背景下看，「一段大光明」的觀念可以說見於不同文明的生命智慧中。在世界各大宗教中，「光」無論從哪個方面來說都是一個非常重要的現象，它被認爲是神聖化了的生命體現。可以說，「光」是終極實在的外在表徵。雖然我們不必牽強附會地將圓悟克勤禪師的體驗與其它宗教的內在體驗拉在一起，但我們也不能否認宗教體驗的共性，因爲光之神秘體驗是普遍的宗教現象。因此，我們嘗試簡單探討一下世界宗教文化背景下的「光明」問題，考察不同宗教文化對「光明」的看法。

在西方宗教中，對「光明」是非常重視的。如基督教認爲，上帝在創造

〔註 43〕弘學、李清禾等整理：《圓悟克勤——碧巖錄．心要．語錄》，成都：巴蜀書社，2006 年，第 335 頁。

世界的六天中的第一天，「起初，上帝創造天地。地是空虛混沌，淵面黑暗。」上帝創造了天地，但是在黑暗之中，地無法「顯」「現」「出」來，只是「空虛混沌」，然後，「上帝說：『要有光。』就有了光。」〔註 44〕在《新約・約翰福音》當中，耶穌對眾人說：「我是世界的光，跟從我的就不在黑暗裏走，必得著生命的光。」〔註 45〕基督教以上帝的名義來談光，認爲光是上帝賜予的，它使世界擺脫黑暗而顯現出來。在這裡世界是一個實體，但是黑暗卻使之完全消失，只有光出現了才能認識世界，認識生命，一切才昭然若白。「無形體的夜通過晨曦現出形體，正如光揭示和創造形體那樣，原光必然使混沌有條理並揭示和創造形體。」「光產生出了實際存在的透明、清徹、輕盈狀態」。〔註 46〕這裡是說，光是呈現和創造一切的源泉，對於世界具有極端重要性。世界在沒有光的黑暗中隱而不顯，黑暗隱藏了世界，而光使世界萬物顯現出來。可以說沒有光，就沒有世界的顯現。光在世界中最明顯的體現是太陽，在柏拉圖的《理想國》中，善的理念的象徵物就是太陽。歷史上的摩尼教是波斯人摩尼在公元 3 世紀所創立，當時大約相當於中國的魏晉時期。摩尼教教義的核心，是說在世界的一開始，就有光明和黑暗兩個王國並存著，光明佔據北、東、西三方，黑暗佔據南方。在光明王國中的主神被稱爲「光明之父」，對光明的崇拜由此可見。

在東方宗教文化中，同樣有很多關於「光明」的論述。如中國先秦有將最高的境界描繪爲光明的傳統。早在《周易》中，就有關於「光」的說明。「《周易》全書一再使用『文明』一詞。『文』既指卦象，又有美的意思，因此將『文』與『明』相聯也就包含了這樣的意思：即美是與明亮的光相聯的。」〔註 47〕明代心學家王陽明與在臨終前說：「此心光明，亦復何言？」。同許多宗教信徒一樣，心靈光明，死亡已經不再是恐懼。在陽明看來，對光明的體悟足可以抗拒生死的考驗和困惑。道教內丹學將人的元神、本性解釋爲「先天以來一點靈光」。在佛教之中，可以看到，對光明的追求是貫穿始終的。從本體來說，佛教的本體是光明，對佛教的最高境界來說，也是光明世界。在大乘佛

〔註 44〕以上聖經經文來自和合本《聖經・創世紀》，中國基督教三自愛國運動委員會、中國基督教協會發行。

〔註 45〕《新約聖經・約翰福音》，1994 年版，第 234 頁。

〔註 46〕〔德〕朋霍費爾（Dietrich Bonhoffer）著：《創世與墮落》，朱雁冰、王彤譯，北京：華夏出版社，2007 年，第 146 頁。

〔註 47〕劉綱紀：《周易美學》，武漢：武漢大學出版社，2006 年，第 282～283 頁。

教經典的描述中，每次佛陀開始講經說法之前，總會有類似「放眉間白毫相光，照東方萬八千世界，靡不周遍，下至阿鼻地獄，上至阿迦尼吒天……」〔註48〕的奇妙景象出現。圓悟禪師雖然並不是第一個用光來說明心性本體的，但卻是第一個明確提出「人人腳跟下本有此段大光明」命題的禪師，縱覽《圓悟心要》一書，不難發現圓悟禪師對所證見之光的體驗是一種形上的體驗，這種形上的體驗使光區別於普通的光，具有本體的意義。他說：「還有一法與他爲伴侶麼？所以道：他能成就一切法，能出生一切法；一切諸佛依之出世，一切有情因他建立，六道眾生以他爲本。只如諸人，即今在此座位，悉從他光中顯現。」〔註 49〕在圓悟禪師的描述中，此光獨耀，不與萬法爲侶，超越一切二元對立，然而一切事物又都離不開它，都要依靠它的力量才成立。這是一種與生命終極關懷有關的體驗，這種體驗使禪師體證到了生命的光明本體，從而超越一切世俗的恐懼與不安，從此自由自在地生活。

從這些例子可以看出，人類生命的本體以及創造萬物的造物主，和光都有著千絲萬縷的關係，同時也不難看出光的意象在宗教當中的重要程度。對於這樣重要的現象與主題，自然吸引了不少學者專家的注意及探討。比如，近數十年來，已有不少德法的學者，針對猶太教及基督宗教的經典與教派所涉及到光的部分，做過全面而深入的探討。著名宗教學者伊利亞德（Eliade）在對各宗教涉及的光進行比較研究之後，指出所有類型的光的體驗都有著共同的因素：「它們使一個人脫離其世俗的宇宙或歷史的狀況，將他投入一個在質上完全不同的宇宙，一個具有根本區別的超越的神聖的世界。這個神聖的超越的宇宙的構造依據人的文化和宗教而有不同。儘管如此，共同的因素還是存在的。就是說，通過與光的交會而被啓示出來的宇宙與世俗的宇宙形成對立並超越後者，因爲它在本質上是精神性的，換言之，唯有具有靈魂者才能達到它。對光的體驗通過揭示靈魂的世界而從根本上改變了主體的存在論狀況……這種超自然的光的意義是直接地傳達給體驗者的靈魂的……證見這種光也就突破了主體的存在，向它揭示出，或者使他較以前更爲清楚地看見了那個精神的、神聖性的、自由的世界；簡而言之，這是作爲神的創造物的存在，或是由於神的臨在而聖化了的世界。」〔註 50〕伊利亞德憑藉其淵博深

〔註48〕參見《妙法蓮華經》卷一，《大正藏》第四十四冊，第 2 頁中。

〔註49〕《圓悟佛果語錄》卷八，《大正藏》第四十七冊，第 753 頁上。

〔註50〕轉引自張琰：《〈太乙金華宗旨〉的丹道理論探微》，《中國道教》，2008 年第 6 期。

廣的宗教學養，全面的檢視原始宗教以及東西方幾個主要宗教對於光的詮釋與理解，提出了一個觀點：各宗教對光的體驗都是一種形上的體驗，體驗到神秘之光，就能超越肉體之限制，達於永恒和無限，此體驗是一種與生命終極關懷有關的體驗。可以說，沒有這種體驗，對生命的終極關懷就得不到實現。〔註 51〕在宗教的視域之中，可以說，其對象主要是作爲個體的人，宗教的指向是個體的心靈世界，它使人體驗到自己的光明存在，從而超越生死。

綜上所述，在世界各大宗教中，光是一個非常重要的現象，是終極實在的外在表徵。中西哲學和宗教（特別是宗教）都有將關於終極實在的感性特徵描述爲光明性的存在的特徵。不論是已經消失或現今依然存在的幾個制度性大宗教當中，光或與光相關的種種意象（比如火、燈、日月、金玉、明珠等），無疑都是一個相當重要的現象與主題。因此，我們站在世界宗教的背景來探討圓悟禪師對光明本體的詮釋是很有意義的。無疑，相對其他文化來說，圓悟禪師是在體悟的基礎上對心性本體的光明特質進行詳盡無遺的詮釋，體現了他圓融綜合、雅俗共賞的禪法特徵。這些詮釋對我們理解心性本體的特徵與功能有很大作用，也爲現代人探索心靈奧秘提供了方向。從某個角度講，「光明」也是我們在理解中國傳統宗教、哲學及世界宗教文化的一大關鍵所在。

〔註 51〕此部分主要參考了臺灣學者蕭進銘先生的文章，網上搜索：http://sobar.soso.com/tie/1901763.htm。他在其《丘處機迴光說的內涵、淵源及發展——兼比較禪宗的「迴光返照」說》（上）和《光、死亡與重生——王重陽內丹密契經驗的內涵與特質》兩文中，曾對「光明」問題作了比較詳細地論述。

第四章 「轉迷爲悟」的工夫論

圓悟禪師在禪修實踐方面，繼承了禪宗傳統中的現實主義工夫論品格，但又有新的特點。他在批判宋代出現的膚淺的「無事禪」的基礎上，強調眞修實證，「以悟爲期」，提倡「念茲在茲，忘緣體究」地參公案，重視悟前漸修和悟後履踐，同時，在他那裡，「迴光返照」思想得到進一步詮釋。雖然說，禪宗是強調直截了當地悟明本體，其工夫理論體現爲工夫即本體的圓融不二性〔註 1〕，但是在開悟之前，大多數人必須通過漸修的工夫才能最終達到對心性本體的頓悟。因此整個禪宗哲學的理論與實踐活動的重心就是「如何做工夫」，如何「轉迷爲悟」。在圓悟禪師的著作中，非常詳細地詮釋了「轉迷爲悟」的工夫論思想，這些思想對後世的「看話禪」與「默照禪」都有重要影響。

工夫活動必然體現修持者的境界，所以自達摩以降至南能北秀繼而五家七宗皆各有其禪門風格，所有的風格都是修證者的外在表徵，都是其工夫論的具體表現。〔註 2〕本章是對圓悟工夫論哲學思想的個案討論，期望由「轉迷

〔註 1〕禪宗是最爲典型的中國化佛教宗派，主張「以心傳心」，直傳佛的心印，因此又稱佛心宗。「以心傳心」的心，指佛心，光明自性。意思是師父不依靠經論，不是通過語言文字使人理解佛理，而是離開語言文字直接面授弟子，截斷弟子的妄想之流，使弟子自悟無上菩提之道，這也叫做傳佛心印。弟子爲師父當下直接認可而得到的心印稱爲「正法眼藏」，即是得到佛教正法。這樣由師父傳弟子，一代一代內證相傳，構成禪宗的「法脈」。禪宗的特徵通常被概括爲「不立文字，教外別傳，直指人心，見性成佛」。

〔註 2〕從歷代禪師的著作看，禪宗並不關注如何認識世界，以滿足外在需要的問題，不關注世界觀、宇宙論的問題，它在這方面的理論貢獻較小。惟有對禪修方法極爲重視，探討、辯論和創造甚多，棒喝、機鋒、語錄、公案、古則、話

爲悟」工夫理論的問題意識的呈現，考察圓悟禪師工夫理論的基本觀點，嘗試用新的眼光解讀其思想與風格。

第一節　迷與悟

人人腳跟下皆有大光明，問題在於迷悟而已，常人迷此大光明，禪師悟此大光明。禪宗的整個修行過程可歸爲「轉迷爲悟」，普通人由於「我法二執」而有「無明」之「迷」，禪師們由於「人法二空」而成「菩提」之「悟」，因此迷與悟是兩種心靈狀態，是兩種人生境界。每一個時代的禪師都走在這條「轉迷爲悟」、「返本還源」的路上，他們到達了目的地，享受心性光明的觀照，實現心靈的自由屈伸，然後回歸社會，幫助有緣之人也轉迷爲悟，在他們對學徒開示的語錄中，對迷悟問題有一定的探討。圓悟禪師是一位比較典型的例子，縱觀他的說法，對迷悟問題有比較詳細深入的詮釋，具有一定的創新性。這一節我們圍繞他對「迷」與「悟」狀態的描述，考察他的迷悟論思想。

一、「妄想翳障」的自性遮蔽

「迷」是常人的狀態，那麼我們要問，「迷」什麼呢？迷失論反省心性光明本體失落的原因，可以幫助我們理解這個問題。「迷頭認影」〔註 3〕是佛教對「本來面目」失落的典型象徵。「頭」象徵「本來面目」，「影」象徵妄相，「迷頭認影」的含義就是指常人迷失本心，膠固妄相，執幻爲眞，認同思想之流，把思想者看成了自己，猶如癡人照鏡，認同了鏡中的頭影，認爲頭的影子是自己，反而以爲自己的眞頭丟失，滿世界尋找自己的眞頭。圓悟禪師對此問題有自己的表述，他說：

頭、默照，甚至呵祖罵佛等教學方法和參禪法門，令人目不暇接，而這形形色色的禪法，都是從心性思想發揮出來的種種工夫論應用。禪宗的種種修行方法，不同的途徑，也都是以達到見性成佛爲目的的。可以說，中國禪宗在瞭解體悟人的心靈方面所取得的成就傲然居於人類對於心靈研究體驗的最前沿。

〔註 3〕經云：「室羅城中演若達多，忽於晨朝以鏡照面，愛鏡中頭眉目可見，嗔責己頭不見面目，以爲魑魅，無狀狂走，於意云何，此人何因無故狂走？……忽然狂歇，頭非外得。縱未歇狂，亦何遺失？富樓那，妄性如是？因何爲在？汝但不隨分別世間，業果眾生三種相續，三緣斷故，三因不生，則汝心中演若達多，狂性自歇，歇即菩提」。《楞嚴經》卷四，《大正藏》第十九冊，第 121 頁中。

初無污染，本性凝寂，但爲妄想倏起翳障之，東於六根六塵，爲根塵相對黏膩執著，取一切境界，生一切妄念，汩沒生死塵勞，不得解脫。〔註4〕

圓悟禪師在這裡強調最初的本性沒有任何污染，只是在妄想忽然起了之後，遮蔽了光明本性，使人沉溺於世俗的生死塵勞之中，不得自由，因此妄想分別是輪回果報之因，只有無分別造作、常行平等，才能超越輪回、解脫成佛。人人雖然皆有光明佛性，但人實際上可能感覺到自己很不自由，活得很不自在，被重重的網羅束縛著。這是因爲生命的光明本體沒有直接發用，而是穿透一層層的障蔽才發揮作用的，因而打了很大的折扣，人們往往忘了自己的光明佛性，執著外在的事物。

心性本來面目猶如太陽，自然光明，但猶如天空中的太陽常常受到烏雲的遮蔽一樣，心性也常常受到欲望、功利、習俗和意見的遮蔽。圓悟說，「然此心雖人人具足，從無始來，清淨無染，初不染著，寂照凝然，了無能所，十成圓陀陀地。只緣不守自性，妄動一念，遂起無邊知見，漂流諸有。」〔註5〕人人雖然具足自性光明，但不守自己的空性，生起妄念，被無數的念頭遮蔽，生活在無明的狀態下，以自我爲中心，處處分割整體，不能領悟存在的整體性和變化性，即不能體悟空性。伴隨分割而來的是衝突和暴力，伴隨分割而來的是無數的問題，而且沒有解決的辦法。而存在的眞相是整體一致、永恒變化的，這就是空相，所有的語言和概念只能部分地、暫時地描述它，人類如果沉溺在語言概念裏面，永遠不能理解存在的眞相。人過度執著自我，就會有很多煩惱，內心的語言總不會停止，形成一個自我思想的王國，把自己封閉在裏面走不出來。圓悟禪師對人的這種迷己逐物傾向有精細的論述，《心要・示張子固》云：

蓋此生佛未分以前，廓徹明妙，了無依倚，卓然獨存。但以一念逐緣，背此眞體，遂生如許不相應事業，熠熠地漂流，無暫停息。取境既熟，心源渾濁，習以爲常，見聞皆不出聲色，只以迷妄自縛。及至體究大解脫，渺渺茫茫，莫知涯際，識浪滔滔，未嘗暫住，故無由造入。〔註6〕

〔註4〕弘學、李清禾等整理：《圓悟克勤——碧巖錄・心要・語錄》，成都：巴蜀書社，2006年，第275頁。

〔註5〕《圓悟錄》卷十五，《大正藏》第四十七卷，第785頁中。

〔註6〕弘學、李清禾等整理：《圓悟克勤——碧巖錄・心要・語錄》，成都：巴蜀書社，2006年，第290頁。

圓悟認為，自性光明在眾生與佛未區分之前，卓然獨存，但以一念追逐外緣，執著外在的對象，將一切由思想、印象、情緒所構成的集合體當成了自己，產生了一個心理上的自我，從自我出發，執著外境，忘了眞我，習以為常，內心的衝突如滔滔大浪一樣從未停息過，這樣很難回返心靈的源頭，很難認識到眞正的自我。「佛祖以禪道設教，唯務明心達本，況人人具足，各各圓成，但以迷妄，背此本心，流轉諸趣，枉受輪回。」〔註7〕常人總是活在自己的語言世界中，看見任何事物都會自動地將它用語言描述出來，並且這個過程自己並不知道。但是，生活本身永遠是變化的，永遠是新鮮的，而語言則總是過去的東西，是陳舊的。透過喋喋不休的頭腦，人們錯過了生活存在本身，錯失了生命，成了語言的奴隸。其根本原因就是迷失了眞我，認同了由語言等後天名相構成的自我，很難放下，享受不到寧靜的生活本身。

圓悟禪師對常人心靈迷失狀態的詮釋非常到位，在他看來，迷失中的人們無法自由，只有通過修行去除障蔽，斬斷葛藤，直截了當地親證自己的生命本體，使之在自己的生命中直接發用，人才能眞正實現自由。由於人的迷誤，帶來了很多煩惱，造成了很多問題。因此，禪師們把開發心靈世界，轉迷為悟，實現心靈自由，作為人生的主要任務和最大追求。他們從自性世界流出的話語構成了一幅幅美麗的思想畫卷，在整個人類的思想中，具有無可比擬的價值與魅力。對於迷失中的人們來說，只有進入空靜之境，才能體悟空性之理，回歸整體，完整地看待生命，認識到整體為個人存在，個人為整體存在。也就是說通過放鬆、入靜，領悟萬物皆是互相關聯，並沒有獨立不變的自我，超越假我而進入眞我，內心才能和諧，生活才能快樂。

二、「如暗得燈，如貧得寶」的覺悟狀態

「開悟」、「明心見性」等經驗，是佛陀及禪師們所據以形成其宗教思想的根本基礎，因此，仔細而深入地探究這些頓悟體驗的具體內涵及特質，很顯然是理解其思想的關鍵。經由參禪的修煉而頓悟心性光明本體的經驗，無疑也是圓悟禪師據以建立其禪學思想的根本基礎。圓悟禪師的開悟過程具有典型性，他本人對開悟的感受也有比較詳細的論述。這一部分，我們嘗試考察圓悟禪師頓悟經驗的內涵、過程及理論基礎，並進一步反省這種經驗的意

〔註7〕弘學、李清禾等整理：《圓悟克勤——碧巖錄．心要．語錄》，成都：巴蜀書社，2006年，第331頁。

義及可能性。這樣的考察，除有助於瞭解圓悟禪師本人的思想言行外，也可以看到中國宗教、哲學理論形成方式的一種典範。此外，也有助於我們深入探究人類生命超越思想經驗層次的深度內涵與奧秘。

圓悟是通過參公案開悟的，其過程富有藝術色彩。《圓悟克勤禪師語錄》卷十二載：「所謂學道之人不識眞，只爲從前認識神，無量劫來生死本，癡人喚作本來人。只如二祖豈不會作許多道理，因甚麼只答道：覓心了不可得。須知達磨當頭一拶，二祖當下如暗得燈、如貧得寶，見徹根源。此中不喚作心，不喚作佛，亦不是物，直似紅爐上著一點雪相似。山僧頃日問五祖和尚：二祖云覓心了不可得，畢竟如何？他道：汝須自參始得這些好處，別人爲汝著力不得。參來參去，忽因舉頻呼小玉元無事，只要檀郎認得聲，忽然桶底脫，庭前柏樹子也透，麻三斤也是，玄沙蹉過也是，睦州擔板也是，不落因果也是，不昧因果也是，三乘十二分教，二六時中眼裏耳裏，乃至鐘鳴鼓響驢鳴犬吠，無非這個消息。」〔註 8〕圓悟禪師敘述了自己開悟的過程，他在聽到一句豔詩後，在老師五祖法演的幫助下，頓然而悟，心地發明，悟後才發現所有的公案、教理都是超越語言、不可言喻的「本地風光」的表徵，所有的公案都平等無別。我們要注意，圓悟在開悟前，反覆參二祖「覓心了不可得」這個公案，收攝身心，到專一之境，才由外來之境助其開悟。在這一過程中，圓悟經過了長期的磨礪，做了非常細密的工夫，在行住坐臥中一心一意地參公案，這樣以一念抵制萬念，時機成熟終於開悟。圓悟禪師對「悟」有精到的論述，他說：

> 所以道：舉不顧即差互，擬思量何劫悟。本分衲僧，不要思量分別，直須求個悟處。言悟者，如失一件物多年廢置而一旦得之。又如傷寒病忽然得汗，直是慶快也。將知悟心見性，非思量分別，所以證入金剛正體，自然亙古亙今，廓周沙界。水不能溺，火不能燒，世界壞時，此個常住，爲山河大地之本，六凡四聖之家，而蘊在各各當人方寸之下。〔註 9〕

> 放教身心如土木，如石塊，到不覺、不知、不變動處，靠教絕氣息，絕籠羅，一念不生。驀地歡喜，如暗得燈，如貧得寶，四大

〔註 8〕《圓悟克勤禪師語錄》，《大正藏》第四十七卷，第 768 頁上。
〔註 9〕弘學、李清禾等整理：《圓悟克勤——碧巖錄・心要・語錄》，成都：巴蜀書社，2006 年，第 466 頁。

> 五蘊輕安，似去重擔，身心豁然明白，照了諸相，猶如空花，了不可得，此本來面目現，本地風光露。一道清虛，便是自己放身捨命，安閒無爲快樂之地。千經萬論只說此，前聖後聖作用方便妙門只指此。〔註 10〕

這裡圓悟談到「悟」的身心感受，以類比手法對「悟」進行了比較詳細的詮釋，指出開悟如同貧窮的人得到了寶貝，黑暗中得到了光明，東西失而復得，生病發汗而痊癒，放下重擔而輕鬆，這些很生活化的類比讓人對開悟的內涵容易理解。此時，禪師明白了自己的本性是不生不滅的，從此會以一種全新的眼光看世界，整個心靈都將以一種不同的格調活動，會感到無比的快樂和滿足。這是一種超越的、不帶任何偏見的眼光，是一種最高的心靈境界。在這種狀態下，無論做什麼，無論在哪裏，生命都是一種享受，都是一種樂趣。也就是說，「悟」就是「自見本性」，就是徹見自身的光明佛性。用現代的話來說，「悟」是一種內在的知覺——不是對個別的對象的知覺而是對實在本身的知覺。悟的最後歸宿是自身，除了回歸到自身之外別無他處。

圓悟禪師也描述了開悟後的情形，他說：「直下如懸崖撒手，放身捨命，捨卻見聞覺知，捨卻菩提涅槃、眞如解脫，若淨若穢一時捨卻，令教淨裸裸赤灑灑，自然一聞千悟，從此直下承當。卻來返觀佛祖用處，與自己無二無別，乃至鬧市之中，四民浩浩經商貿易，以至於風鳴鳥噪，皆與自己無別，然後佛與眾生爲一，煩惱與菩提爲一，心與境爲一，明與暗爲一，是與非爲一，乃至千差萬別悉皆爲一。方可攪長河爲酥酪，變大地作黃金，都盧混成一片。」〔註 11〕圓悟禪師在這裡指出，開悟後佛與眾生爲一，煩惱與菩提爲一，一切差別都爲一，都是空性的顯現。然後就可攪長河爲酥酪、變大地作黃金，這是一種極爲奇妙的絕對平等境界，是圓融的極致，是見山只是山式的禪悟直觀，也是歸家穩坐、回歸於生命本眞的體驗。不論置身何處，都充分把握現境，才能獲得眞正的瀟灑自由。參禪者通過能所俱泯的頓悟，回歸於與世界未分離時的無心狀態，認識本來面目，從而獲得生命的大自由、大解脫和大智慧，由此，也使人生獲得了超越，從而有限的生命獲得了某種永恒。可見，悟的本質是能所俱泯。或者說，禪悟就是就是讓人們重新獲得一

〔註 10〕弘學、李清禾等整理：《圓悟克勤——碧巖錄・心要・語錄》，成都：巴蜀書社，2006 年，第 286 頁。

〔註 11〕同上註，第 472 頁。

種生活的新見解，而這種新見解，人們早已本自具足，只是隨著二元性的邏輯思維而逐漸遺忘。如今通過這種新觀點，會用一種料想不到的心境去看整個環境，恢復單純喜樂的自家風光。

圓悟禪師對開悟非常重視，他指出悟是入理之門，在修行過程中是一個重要的里程碑，他在《心要·示諧知浴》中說：「要須最初入作，便遇本分人，直截根源，退步就己，以鐵石心，將從前妄想見解、世智辯聰、彼我得失，到底一時放卻，直下如枯木死灰，情盡見除，到淨裸裸、赤灑灑處，豁然契證，與從上諸聖不移易一絲毫，諦信得及，明見得徹，此始爲入理之門。」〔註12〕在這裡，圓悟的開悟觀非常清楚：首先要做一個本分人，放下一切妄想知見，進入清淨的狀態，到淨裸裸的空隙地方，豁然契證，這就是頓悟，頓悟了才是進入了修行的大門。他說：「但靜默沈審，然後舉看，攸久之間，須知落處去。若以語言詮注，語言只益多知，無緣入得此個法門解脫境界。諦信諦信，以悟爲則，勿嫌遲晚。」〔註13〕圓悟還針對當時學人過多注重理性知識的弊病提出批評，《心要·示嚴殊二道人》云：「初則須大悟，若只認門頭戶底，作窠窟，說路布，立機境、照用、取捨、解會，則不徹也。……古人以生死事大，是以訪道尋師抉擇，豈可只學言語，理會古人公案，下得三五百轉好語，便當得也。」〔註14〕圓悟認識到當時的學人過於注重多聞多解，忘了眞修實證，因此強調修行的首要任務是大悟，見到自己的本來面目，否則只學言語對生死問題毫無用處。他針對時代弊病，強調「以悟爲期」、「以悟爲則」。他說：

> 道無方所，明之在人。法離見聞，斷之在智。若能頓捨從來妄想執著，於一念頃頓悟自心頓明自性，不染諸塵不落有無，自然法法成見。然雖此事不可造次領會，須是發大丈夫慷慨特達之志，不顧危亡，不拘得失，存個長久鐵石身心，逢境遇緣不變不異，時時著眼體究，不論歲月以悟爲期。〔註15〕

圓悟禪師批判那些向意跟下尋思的人，指出禪所有的工作（包括修習和教理的工作）都以「悟」爲目標，但是這個目標不可隨便領會，鬚髮大丈夫的慷

〔註12〕弘學、李清禾等整理：《圓悟克勤——碧巖錄·心要·語錄》，成都：巴蜀書社，2006年，第478頁。

〔註13〕同上註，第309頁。

〔註14〕《續藏經》第120冊，第777～778頁上。

〔註15〕弘學、李清禾等整理：《圓悟克勤——碧巖錄·心要·語錄》，成都：巴蜀書社，2006年，第422頁。

慨志向，長期體究。可見，眞正的禪的生活是從「悟」開始的。「悟」是禪存在的理由，沒有「悟」，便沒有禪。在圓悟看來，修禪的眞正目的，絕非只在追求身體健康、益壽延年，也不是追求哲學上的理解，而是在復返宇宙、生命之形上源頭，在體悟大道以及見到自己本來而眞實的光明面目。換言之，在圓悟禪師的眼中，禪的追求，是一種形而上或內在靈性的精神追求，是一種終極性、本質性及根源性的關懷，因此須超越一切是非得失，不論遇到什麼情況都「不變不異」。禪師對世界的觀察，有其自己的方式，那是一種內在的知覺，是對事物本性的一種直接的察覺，禪師管這種境界爲「悟」。禪的修煉，自始至終，皆以禪宗標榜的「明心見性」、頓悟成佛爲最高目標。

在禪宗歷史上，圓悟的開悟過程是一個相當典型的範例。因此，對於他的開悟經驗及思想進行探討，是瞭解其禪學思想的關鍵所在。另外，開悟經驗做爲一種獨特而深刻的人類心靈經驗，實際上展現出人類生命超越於日常感官經驗及後天身心意識結構的一種可能，同時也彰顯了人類精神生活中的一種理想狀態。從這樣的考察當中，我們可以清楚地看到中國古代的宗教家及哲學家所據以建立其宗教、哲學體系的典型範例。這種範例，在中國宗教、哲學傳統當中，相當具有代表性。因此，對於這種主題的探討，將可使我們更加清楚地瞭解中國宗教、哲學在世界觀與方法論方面不同於西方以分析爲中心的主流傳統的重要特質。

第二節　「念茲在茲，眞參實究」的公案禪

圓悟禪師悟門廣大，在具體方法上，他對症下藥，對於不同基礎的人施以不同的教法。元代中峰明本禪師評價圓悟禪師說：「於無言中顯言，無象中垂象，應機隨器解其所縛，去其所重，多不病繁，少不病簡，縱横得要，左右逢原。其痛快直捷，貴馬師一口吸盡西江；細密操持，重岩頭只守閒閒、德嶠於心無事；其爲初機，必使其眞參實究、廢寢忘餐、雙泯愛憎、兩忘身世，機輪活脫，不滯一隅，捩轉面門，一口咬斷，返擲踞地，豈容湊泊？」〔註16〕可見圓悟的禪法圓融通透，大俗大雅，不拘一格。他對具體的修行法門多有論述，其中對公案禪的方法解釋比較詳細。這一部分我們考察圓悟禪師的「參公案」具體法門。

〔註16〕元天目中峰禪師明本：《題圓悟和尚心要》，《大正藏》第四十八冊，第458頁。

一、關於「公案禪」

所謂公案禪，簡單地說，是一種專心致志、持續不斷地參究一個公案，由此掃蕩一切情識、知解達到「無心」妙悟，回歸心性光明本體的目的的禪法。那麼，公案禪是如何產生的呢？實際上，公案禪是在宋代禪師整理唐代禪師言行的過程中形成的。宋代禪師對古人言行有很高的興趣，他們把古人的言行作爲一種參究的對象，也就是說通過參究公案來修禪，這種有關公案的活動一直持續到南宋大慧宗杲的看話禪的出現。所以說公案禪無疑是宋代禪宗思想史的中心問題，其產生和演變的歷程值得專門研究。伴隨著公案禪的興起，各種公案集的編纂和拈古、頌古的活動如火如荼，出現了《雪竇頌古》、《碧巖錄》等權威性著作，給宋代文化增添了不少風采。

所謂公案，原是指官府的案牘。官方的法條，具有一種權威性、典範性，是用來解決問題的依據。禪宗引用這個概念，用來指稱禪師爲了破除學人的執迷，促其開悟而運用的一些言語、行爲等表徵。所以說公案可以定義爲一種直指心性本體的具有使人深刻自省的語言動作等表徵。禪宗公案是在漫長的歷史過程中逐漸形成的，是體現禪宗與中國佛教其它各派之間的顯著差異的一個十分突出而鮮明的特徵。佛教其它各派，都有自己所依據的印度佛教經典，作爲開宗立派的理論依據，如天台宗以《法華經》爲主要理論依據。而禪宗則不同，主要以禪師自己體悟的經驗爲傳道的依據和斟驗的準繩。在禪師傳道的過程中，根據不同的時節因緣，對弟子進行開示，這些開示被後人整理，稱爲公案。圓悟克勤在其著作《碧巖錄》中談到「且如諸佛未出世，祖師未西來，未有問答，未有公案已前，還有禪道麼？古人事不獲已，對機垂示，後人喚作公案。」〔註 17〕圓悟明確指出公案是一種教學方式，是爲傳法服務的。從無所得之第一義諦而言，本無公案，只因條件限制，不得不用種種方便來教導後學。而這些教學手段可以用來幫助後人參究學習，領悟大道。《碧巖錄》序文裏記錄了一位三教老人談公案功能的話：

> 嘗謂祖教之書，謂之公案者，倡於唐而盛於宋，其來尚矣。二字乃世間法中吏牘語。其用有三：面壁功成，行腳事了，定盤之星難明，野狐之趣易墮，具眼爲之勘辨，一呵一喝，要見實詣，如老吏據獄讞罪，底裏悉見，情款不遺，一也。其次則嶺南初來，西江

〔註 17〕弘學、李清禾等整理：《圓悟克勤——碧巖錄．心要．語錄》，成都：巴蜀書社，2006 年，第 211 頁。

未吸，亡羊之歧易泣，指海之針必南，悲心爲之接引，一棒一喝，要令證悟，如廷尉執法平反，出人於死，二也。又其次則犯稼憂深，繫驢事重，學弈之志須專，染絲之色易悲，大善知識爲之咐囑，俾之心死蒲團，一動一參，如官府頒示條令，令人讀律知法，惡念才生，旋即寢滅，三也。具方冊，作案底，陳機境，爲格令，與世間所謂金科玉條清明對越諸書，初何以異？祖師所以立爲公案，留示叢林者，意或取此。奈何末法以來，求妙心於瘡紙，付正法于口談。〔註18〕

三教老人從修行實踐的立場闡明公案的三種功用，基本上指出了公案在歷史上的地位。任何一種思想學說的傳播僅靠口耳授受是難以廣泛流傳並傳之久遠的，思想必須通過文字形式記錄下來，才能作爲一種精神傳統流傳後世。把古代禪師的言行作爲公案加以整理，爲後人提供了追憶和恢復早期禪宗精神與活力的可資憑證的文獻形式，避免了很多禪修弊病，所以說宋代公案的盛行其意義就在於此。

從唐末五代舉話活動開始，公案被禪僧們廣泛運用。五代出現了五家宗派，禪師們留下了很多公案，變得越來越繁雜。因此，宋初出現了整合公案的活動，將公案分門別類，整理成書，方便後學修行。然而，到了北宋中葉，黃龍派禪師看到這種這種將公案分門別類的活動愈演愈烈，則開始反對宋初的將公案分門別類的傾向，他們強調「明心見性」是禪宗唯一的「理」，否定五家宗旨的價值，消解各派的區別，實現了新的禪宗整合〔註19〕。臨濟宗楊岐派繼臨濟宗黃龍派之後佔據宋代禪宗主流地位，他們完成了公案禪的最後演變。楊岐派法演禪師是圓悟克勤的師傅，他強調：

須是猛著精彩，提個話頭，晝參夜參，與他廝捱。不可坐在無事甲裏，又不可在蒲團上死坐。若雜念轉斗轉多，輕輕放下，下地走一遭。再上蒲團，開兩眼，捏兩拳，豎起脊梁，依前提起話頭，便覺清涼，如一鍋沸湯攙一杓冷水相似。如此做工夫，定有到家時節。〔註20〕

〔註18〕弘學、李清禾等整理：《圓悟克勤——碧巖錄·心要·語錄》，成都：巴蜀書社，2006年，第8～9頁。

〔註19〕參見〔日〕土屋太祐：《北宋臨濟宗楊岐派的公案禪》，《中國哲學史》，2006年第3期。

〔註20〕《大正藏》第48卷，第1098頁。

這段話將參公案的方法說得很清楚，並且出現了「話頭」二字，可能是後來「看話頭」禪法的先聲。法演禪師把公案當做一種幫助禪觀的工具，圓悟克勤繼承五祖法演的禪法，用公案來幫助集中精神。因此，他反對用理性知解的方式去瞭解公案，將公案高度抽象化，將其僅僅作爲一種幫助禪修的工具，因而形成了自己獨特的公案禪思想。這些思想對圓悟的弟子大慧影響很大，他在此基礎上提出了影響後世禪宗一千多年的「看話禪」，所以說「公案禪」是「看話禪」的先聲，在圓悟的時代，已經基本上具備「看話禪」的因素。

二、「念茲在茲，眞參實究」的參禪要求

圓悟禪師在繼承其師傅五祖法演禪師的參禪思想基礎上，提倡參公案。他對各種公案的熟悉程度非同尋常，對其宗旨也深有體會，因此他提倡「參透一個公案，就等於參透所有公案」〔註 21〕的思想，將紛繁複雜的公案簡單化，這樣有利於禪的修行，有利於明心見性。他對參公案進行了非常詳細的詮釋，很有自己的特色。

首先，圓悟解釋參公案的具體方法，強調眞參實究。參公案息妄見性，可看成定慧法門。在一個公案中疑著，將六根收攝，定止於此，久而久之則能以一疑息滅一切妄想，達到言語思量都寂滅的境界，這是定境。在這定處無所想，繼續返照，到極處「打破黑漆桶」，得見空明澄徹境界，這就是由定生慧。圓悟說：

> 參問之要，當人不論曉夕以爲事，長令念茲在茲，自覷捕，驀然絕情識，忘思量，一旦桶底子脫，心上更不見心，佛上豈假作佛，得大休歇場，虛閒寂靜，無相無爲，無執無住，祖師言教，更不明別事。所謂了得身心本性空，斯人與佛何殊別？但自體究，終有個入處，卻來證據，乃是了事人也，子細看之。〔註 22〕

這一種「參」的追頂功夫，超越一切單純哲學式的理性追問，它不是邏輯思考，而是直覺式的生命回歸，回歸本來無煩無惱的清淨境界，統一於「當下」的慧日朗照。參公案並打成一片，將日常世界與徹悟境界整合，看透世間出世間的一切差別性與同一性，彙歸在自性光明中，由此領悟當下不生不滅、

〔註 21〕弘學、李清禾等整理：《圓悟克勤——碧巖錄・心要・語錄》，成都：巴蜀書社，2006 年，第 69 頁。
〔註 22〕同上註，第 309 頁。

本無動搖、本來具足的「法」。這可能是「公案禪」在唐末五代及北宋流行的一個重要原因。圓悟針對當時學人好從理性知解的角度去理解公案的意義的問題，提出看公案不能用理性思考，而應集中精神，在公案的幫助下發明心地。他說：

> 初機晚學，乍爾要參，無捫摸處。先德垂慈，令看古人公案。蓋設法繫住其狂思橫計，令沈識慮到專一之地，驀然發明，心非外得，向來公案乃敲門瓦子矣！只如龐居士問馬大師：不與萬法爲侶的是什麼人？馬云：待汝一口吸盡西江水，即向汝道。但靜默沈審，然後舉著，悠久之間，須知落處去。〔註 23〕

在這裡，圓悟強調公案只是幫助開悟的手段，如敲門瓦子一樣，入了門就應丟棄，不應執著瓦子。當然，他認爲看古人公案，能夠繫住學人的妄想，令心沉靜，進入澄明之境，這是公案的作用。圓悟比較詳細地闡明了看公案是爲了繫住學人的狂思橫計，令心澄明，領悟無上大道。看公案應該心態平和，持之以恒，一次只看一個公案，直到看破這個公案。圓悟在他的其它作品裏，多次談到「不與萬法爲侶的是什麼人？」這個公案，說明他很重視這個公案。因爲這個公案很形象地說明了心性本體的特徵，容易讓人理解。反覆看這個公案，就能領悟自己的本來面目，這就是公案禪的終極目的。對圓悟來說，公案的具體內容並不重要，重要的是「心性」之理。如果參透了「心性」，公案也應該拋棄。圓悟還強調要在日常生活中參禪，他說：

> 應須快著精彩，但念無常，以生死爲大事，向逐日日用之中，行時行時看取，坐時坐時看取，著衣時著衣時看取，吃飯時吃飯時看取，直下腳跟有個發明處。〔註 24〕

這段話表明，圓悟禪師非常重視在日常生活中參禪悟道，同時也說明禪並不是生活之外的東西，而就在吃飯著衣、行住坐臥之中。只有持之以恒地「看取」當下，心無旁鶩，腳跟下的光明本性才會顯露出來。

其次，圓悟反對廣泛學習五家宗旨的學風，強調見性成佛的最終宗旨。他認爲唯一的宗旨就是「直指人心」，直指人人本具的佛性，各個派別只是形式的不同，不要迷失在外在的形式上。他說：「所以流傳七百餘年，枝分派別，

〔註 23〕弘學、李清禾等整理：《圓悟克勤——碧巖錄・心要・語錄》，成都：巴蜀書社，2006 年，第 309 頁。

〔註 24〕同上註，第 283 頁。

各擅家風，浩浩轟轟，英知紀極。鞠其歸著，無出直指人心。」〔註 25〕「近世參學，多不本宗猷，唯持擇言句，論親疏，辨得失，浮漚上作實解，更誇善淘汰得多少公案，解問諸方五家宗派語，一向沒溺情識，迷卻正體，良可憐愍。」〔註 26〕圓悟的時代有很多人遍參五家之學，沉迷於語言之中，圓悟極力排斥這種學風，提倡回歸明心見性的宗旨。因此他不承認公案的分類編排，圓悟強調公案的平等，認爲每一個公案都指向那超越二元對立的心性大光明。他說：

> 臨濟金剛王寶劍、德山末後句、藥嶠一句子、秘魔杈、俱胝指、雪峰輥球、禾山打鼓、趙州吃茶、楊岐栗棘蓬金剛圈，皆一致爾。契證得直下省力，一切佛祖言教無不通達。〔註 27〕

圓悟在《心要》中反覆強調所有公案都一致，都是用來截斷妄想之流的對機垂示的語言動作。圓悟是從實踐修行的角度來談論各種公案，強調所有的公案都是唯一的心性之「理」的表現，因此，專心參透一個公案，明見心性，才是正道。既然所有的公案都是指向心性的工具，那麼對公案的理解就不能單從字面上去理解，而這種傾向正是很多學習者的問題，因此，圓悟批評從字面上理解公案。圓悟指出禪者參禪過程中最容易出現的問題就是自以爲是：

> 最難整理是半前落後，認得瞻視光影，聽聞不隨聲，守湛寂之性，便爲至寶，懷在胸中，終日昭昭靈靈，雜知雜解，自擔負我亦有見處，曾得宗師印證，唯只增長我見，便雌黃古今，印證佛祖，輕毀一切，問著即作伎倆，黏作一堆。殊不知，末上便錯認定盤星了也。及至與渠作方便，解黏去縛，便謂強移換人、掠轉人。作恁麼心行，似此有甚救處，除是驀地自解知非，卻將來須放得下。作善知識，遇著此等，須是大腳手與烹煉，救得一個半個得徹，不妨翻邪成正，將來卻是個沒量大人，何故？只爲病多諳藥性。〔註 28〕

禪者最大的問題就是雜知雜解，自以爲是，將垃圾作爲寶貝，錯認定盤星。因此，他認爲：「若具大根器，不必看古人言句公案。」〔註 29〕圓悟對公案的

〔註 25〕《續藏經》第 120 冊，第 704 頁下。

〔註 26〕弘學、李清禾等整理：《圓悟克勤——碧巖錄・心要・語錄》，成都：巴蜀書社，2006 年，第 258 頁。

〔註 27〕同上註，第 658 頁。

〔註 28〕同上註，第 307 頁。

〔註 29〕同上註，第 451 頁。

態度是很理性的，他意識到公案是一把雙刃劍，既能助人，也能害人，如果把握不當，就會迷失在語言之中，忘卻大道。因此，對於大根器之人，連公案都不必看。從修行實踐的角度看，這樣降低了公案價值，甚至出現了輕視公案的傾向，這爲「看話頭」禪法的產生奠定了基礎，因爲「看話頭」是參公案禪法的簡化版。圓悟對公案的態度很明朗，公案從表面上看萬別千差，若直下領略開悟，無任何差別。因此他把公案僅僅作爲敲門工具，只要人們進入心性光明的殿堂，工具就應丟棄。他說：「只如古人道：『即心即佛』，又道：『非心非佛』，又道：『不是心，不是物』，又道：『麻三斤』，又道『鋸解秤錘』，萬別千差，若直下領略，豈有二致？所以一了一切了，一明一切明。只這明瞭，也須斬作三段始得，方入無事無爲履踐諦當處耳。」〔註 30〕圓悟認爲，當時學人從字面上理解公案，得出很多錯誤的見解，與心性大道相距甚遠。其實，每一個公案都是禪師從心性大光明中自然流出的話語、動作，都指向無上大道。如果僅傍留在語言表面，就不可能領悟心性之理。

第三節　「無事禪」批判與漸修履踐

圓悟禪師針對當時的末流「無事禪」傾向，強調漸修與履踐。北宋出現了膚淺的「無事禪」〔註 31〕，這種傾向導致很多人不重視腳踏實地的修行。因此圓悟作爲一代大師，在開示及指導居士禪修的信件裏，反覆強調漸修和履踐的重要性，提出了一些具體要求，並詳細詮釋了具體的修行法門。他認爲，必須通過長時間的修行，循序漸進，去除自心上的塵垢。從圓悟的作品中，可以看出禪宗其實有非常嚴謹的修持工夫的層次存在，不是落在空談或狂妄自大上，只有這樣，才會與眞正的禪有相近之處。

〔註 30〕弘學、李清禾整理：《圓悟克勤——碧巖錄・心要・語錄》，成都：巴蜀書社，2008 年，第 346 頁。

〔註 31〕所謂「無事禪」，是指宋代一些僧人將「佛法」、「悟」等「佛法商量」看作一種不正確的、故意造作的見解，而以「無事」爲理想境界的禪法思想，代表人物有雲門宗薦福承古、雲居曉舜等禪師，這種思潮被誤用，導致了輕視頓悟的傾向，受到黃龍慧南、圓悟克勤、大慧宗杲等禪師的批評。參見〔日〕土屋木祐：《北宋禪宗思想及其淵源》，成都：巴蜀書社，2008 年，第 135～139 頁。

一、「無事禪」批判

禪宗在理論上並沒有迥導於一般佛教理論的獨特之處，其特異之處在於它的「直指人心，見性成佛」，超越一切理論和語言文字，直接在在現量上體悟空性，回歸心靈的本來面目。由於禪師說法的目的是讓修道者實證本有自性，學人不僅應該從凡夫的染污法中得到解脫，也要從聖人的解脫法中得到解脫，因此禪師總是對作爲其基本預設的佛學理論進行破斥與解構，這樣禪師的說法喜歡用否定的方式來進行。例如馬祖說：「本有今有，不假修道坐禪；不修不坐，即是如來清淨禪」〔註 32〕，「道不屬修。若言修得，修成還壞，即同聲聞。若言不修，即同凡夫」〔註 33〕。這些說法在南宗的燈錄中俯首皆是，很容易讓人產生誤解，認爲禪不用修。其實，對於禪門的修與不修的問題，不能簡單地按禪語的字面意義去理解，而應當綜合考慮禪師語言的語境及禪宗的宗旨。

最先使用「無事」一詞的禪師是馬祖的弟子大珠慧海。他繼承馬祖的「平常心是道「思想，用「無事」一詞來表達同樣的理念：

> 越州大珠慧海和尚上堂曰：「諸人幸自好個無事人。苦死造作，要簷枷落獄你麼？每日至夜奔波，道我參禪學道解會佛法，如此轉無交涉也。只是逐聲色走，有何歇時？貧道聞江西和尚道：『汝自家寶藏一切具足，使用自在，不假外求。』我從此一時休去……若不隨聲動念，不逐相貌生解，自然無事去。」〔註 34〕

在這裡，大珠用「無事」一詞來概括「平常心是道」這種思想，是對馬祖思想的發揮。後來臨濟義玄提出「無事是貴人」的命題，進一步發揮了馬祖的思想。他們都是針對當時參禪學道者執著學佛參禪的毛病而提出來的。然而，當一種思想被教條化時，就會產生不良的影響。在宋代，「無事」成了某些佛教徒不用修行、不用讀經看教的藉口。「無事禪」失去了往日的光彩，反而成了一種不思進取、甘於庸俗的思潮。因而當時一些有識禪師對這種情況進行了批判，其中最典型的是宋代臨濟宗黃龍派的眞淨克文（1025～1102），他說：「多將無事會，無事困人心。有無俱勿念，自可剖靈音。落落雖殊應，廖廖

〔註 32〕《景德傳燈錄》卷二十八，《江西大寂道一禪師語錄》，《大正藏》卷五十一，第 440 頁中。

〔註 33〕蕭萐父、呂有祥點校：《古尊宿語錄》，北京：中華書局，第 3 頁。

〔註 34〕《景德傳燈錄》第二十八卷，《大正藏》第 51 冊，第 440 頁下。

不在尋。宜哉萬化首，都只屬於今。」〔註 35〕在這裡，克文指出當時學人困於「無事」，陷入了一種不思修行、不求開悟的平庸狀態。圓悟禪師對此也深有體會，他曾經陷入過無事禪中，久久不得開悟。他之所以批判「無事禪」，這與他的經歷有關。《圓悟心要》卷下《示悟侍者》云：

> 所以大凡只說實話，是正禪；才指東劃西，是換你眼睛，但莫信它。但向道：我識得你，苦哉若哉！頓卻山僧，在無事界裏，得二年餘，然胸中終不分曉。後來驀地在白雲，桶底子脫，方猛覷見這情解，死殺一切人。生縛人家男女，向無事界裏，胸中一似黑漆，只管長無明業識，貪名取利，作地獄業。自謂我已無事了也。細原雲門意，豈只如此哉？將知醍醐上味，遇此翻成毒藥。若是眞實到雲門田地，安肯如此死殺？〔註 36〕

圓悟曾兩次在法演會下參禪，中間隔了兩年時間。當時法演在白雲山開法，每一次圓悟慕名而來，卻因自己的知見而離開了法演，正如他自己所說「頓卻山僧在無事界禪，得二年餘，然胸中終不曉。」可見他由於無事禪師的影響，曾陷入「無事禪」的窠臼之中，如《圓悟心要》卷上《示普賢文長老》云：「老漢昔初見老師，吐呈所得，皆眼裏耳裏，機鋒語句上……然竟未入得。尋下山，越二載四，始於頻呼小玉元無事處桶底子脫，才始覷見前時所示，眞藥石也。自是迷時透不得，將知眞實諦當處。」〔註 37〕圓悟從迷到悟，經歷了一個長期曲折的過程，他初入「無事禪」窠臼中，最終從中走出來，待回過頭來看才發現那種膚淺的「無事禪」害人不淺，讓學人胸中一似黑漆，只管長無明業識貪名貪利，作地獄業，自謂自己無事，因此，他常常提醒學人，不要執著「無事」，應該通過長時間漸修，頓悟自性。

其實，禪師是站在覺悟的最高境界說無求、無修、無得，是強調一種從本體上做工夫的修行路徑。對於第一義諦眞如自性來說，成與壞、修與不修、悟與不悟兩頭語都是戲論，它超越這一切，不許安立任何方便，所以禪師們常常以「道不用修」、「無修無證」的語言來指示學人直接悟達心性光明本體。對於一般的凡夫而言，他們已經遠離了本性，要回歸本性就需要一番修行的

〔註 35〕蕭萐父、呂有祥點校：《古尊宿語錄》，北京：中華書局，1997 年，第 853 頁。
〔註 36〕弘學、李清禾整理：《圓悟克勤——碧巖錄・心要・語錄》，成都：巴蜀書社，2008 年，第 324～325 頁。
〔註 37〕同上註，第 356 頁。

工夫，只有對那些已經覺悟本性的人來說，才可以說無修。如果把禪宗放在佛教的整個理論體系和實踐次第中，我們可以看到，禪宗的直指也是由漸修而來。大多數禪師，在悟道之前，都有很好的佛教理論和禪定實踐基礎。即使是禪門中被稱爲上上根人的禪者，通常是前生經過多劫多生修行，在這一生中機緣成熟才顯現出利根利智的素質。

綜上所述，在宋代前期，禪宗內部有兩種傾向，一種是禪宗末流的「無事禪」，另一種是對「無事禪」的批判，這就爲圓悟克勤對禪宗思想的整合提供了基礎，而他也正是在這兩者之間採取一種調和的方式，同時結合自己的心得，對禪宗思想進行了整合與重構。

二、在批判的基礎上強調漸修與履踐

北宋出現了「無事禪」思想，禪學末流以爲什麼事都不做，什麼書都不看，這樣就是「無事禪」。圓悟克勤針對這種情況，在提出批評的同時，提出通過嚴格的漸修履踐的途徑，達到眞正的「無事於心、於心無事」〔註 38〕的境界。他既批判宋代長期以來的膚淺的「無事禪」思想，又倡導重視眞正的「無事」境界，體現了一種既超越又回歸的精神，反映了宋代重新整合的禪學傾向。

對於不是上上根器的修行者來說，應該怎樣漸修呢？圓悟在《心要・示諸上人》中認爲：「自非上上根器，何能莫爾便承當得？然有志於是者，豈計程限？要須立處孤危，辦得一刀兩斷猛利身心，放下復子，靠著個似咬豬狗惡手段底，盡情將從前學解路布，黏皮貼肉知見，一倒打疊卻，使胸次空勞勞地，己私不露，一物不爲，便能徹底契證，與從上來不移易毫髮許。」〔註 39〕對於不是上上根器的修行者，需要持之以恒地做工夫，不計期限，有長遠心，放下一切知識妄解，讓心靈恢復空淨，就有可能悟道。圓悟指出：

> 脫虛妄纏縛，破生死窠窟，第一要根器猛利軒豁，次辦長久不退之心，俾力量洪深，境界魔緣撓括不動，而以佛祖大法印定本心。〔註 40〕

〔註 38〕弘學、李清禾整理：《圓悟克勤——碧巖錄・心要・語錄》，成都：巴蜀書社，2008 年，第 305 頁。

〔註 39〕同上註，第 390 頁。

〔註 40〕同上註，第 285 頁。

由此可看出，在圓悟禪師的理解中，要想眞正解脫生死，首先要根器猛利，其次要有持之以恒的精神，只有這樣才能達到禪宗修煉的根本目的，體證自性或本來面目。禪的追求，本質上是一形而上的追求，需要經歷長時間的修煉，超越一切二元對立，才能達成自由、圓融的境界，再以覺性之眼來觀照世界，照破無明昏暗，顯現無限光輝，得大休歇，大自在。圓悟就是這樣一位長時間用功最後大徹大悟、明心見性的禪師，他認爲：

> 佛道懸曠，久受勤苦，乃可得成。祖師門下，斷臂立雪，腰石舂碓，擔麥推車，事園作飯，開田疇，施湯茶，搬土拽磨，皆抗志絕俗，自強不息，圖成功業者乃能之。所謂未有一法從懶墮懈怠中生，既以洞達淵源，至難至險，人所不能達者尚能；而於涉世應酬屈節俯仰而謂不能，此不爲，非不能也。〔註 41〕

漸修需要下苦功夫，眞功夫，須耐得寂寞與孤獨，否則就不可能悟道。如果學人認爲修行什麼事情都不用做，就永遠也不會開悟，不會親見眞如自性。對於悟得脫灑的古人來說，一切都是一味的，沒有能所二相的分別，沒有「我有所得」的念頭，不會執著於這個覺悟的本身，因此覺悟的境界超越語言文字。而對於未悟的學人來說，如果執著於以佛法爲礙，排斥修行，排斥開悟，就會陷於「無事」。對於上上根器的修行者，也須長時間地參究，最終開悟明脫，他說：「根腳下各具此段，惟宿植深厚之士，於世諦緣輕，有力量能自擺撥。長時退步，孤運獨照，潔清三業，端坐參究，妙省明脫，向自己分上，離見絕情，壁立萬仞，放捨無始劫來深習惡覺，摧碎我山，枯竭愛見，直下承當。」〔註 42〕這裡圓悟首先清楚地指出，對於宿植深厚之士，也須長時間退步，孤運獨照，最終體悟心性光明本體或生命眞正的實相。緊接而下，他則進一步道出，欲證悟心性大光明，必須從放捨惡覺、摧碎我山著手，也就是說停止後天的思維、想像、推理等作用，經由身心對經驗事物的完全超越，才能體證具有先天及形上特質的心性光明。

圓悟還強調頓悟之後，修行者需要拋開公案等手段，做長時間的履踐工夫，這樣才能達到最高境界。首先，圓悟解釋了履踐的具體要求。圓悟要求，禪者在獲得頓悟後，在長時間的履踐過程中，必須放下對語言文字及公案的執著，達到任運自在的境界。《心要・示蔣待制》云：

〔註 41〕弘學、李清禾整理：《圓悟克勤——碧巖錄・心要・語錄》，成都：巴蜀書社，2008 年，第 229 頁。

〔註 42〕同上註，第 282 頁。

> 古德所以揚眉瞬目、拈槌豎拂、行杖行喝、微言妙句、百千億方便，無不令人向此透脱。一才透得，便深徹源，棄卻敲門瓦子，了無毫髮當情，三十二十年於中履踐，截斷露布葛藤、閒機破境，倏然無心，乃安樂之歇場也。〔註43〕

在圓悟的履踐觀中，強調頓悟自性光明後要截斷公案及語言文字等露布葛藤，達到無心於萬物的安樂之境。他指出禪修者容易犯的錯誤，「既逢師指，或因自己直下發明從本以來元自具足妙圓眞心，觸境遇緣自知落著，便乃守住，患不能出得，遂作窠臼。」〔註44〕公案等手段只是幫助開悟的「敲門瓦子」，頓悟的眞正對象是佛性，即光明自性，頓悟之後須放下對公案及理智性知識的執著，通過不斷履踐，將覺悟質量提升，最終心源澄淨，光明朗發，成爲眞正的無爲無事大自在人。《心要・示許奉議》云：

> 既趣向得入，跟腳洞明，當令脱灑特立孤危，壁立萬仞，佛病祖病去，玄妙理性遣，等閒蕩蕩地，百不知百不會，一如三家村裏人，初無殊異，養來養去，日久歲深，樸實頭，大安穩，放得安樂。〔註45〕

總之，頓悟後，跟腳洞明，此時不可生歡喜心，認爲自己成佛作祖，而應保持平常心，長時間保養，日久歲深，才能安穩。其實，履踐是由淺入深的綿密工夫。《心要・示湧道者尼》云：「古人爲此大法，捐軀捨命，歷無邊無量辛勤。及至洞明奧旨，鄭重如至寶，保護如眼睛，造次動轉不令輕觸，才起一毫勝解知見，即若雲翳青天，塵昏鏡面。……忘心絕照踐履到如如實際，無事於心，於心無事，平澹無爲，超然獨運。自即腳踏實地，方可爲人解去黏縛，度盡一切人，實無人可度。」〔註46〕「可以透脫生死，不在陰界中窒礙，如鳥出籠，自由自在。」〔註47〕在這裡，圓悟用古人的例子來說明悟後忘心絕照踐履的重要性。悟後要如保護眼睛一樣，小心翼翼，腳踏實地。只有這樣，才能無爲無事大安樂！圓悟很重視「自由」，他強調自由需在日常履

〔註43〕《續藏經》第120冊，756頁下。
〔註44〕同上註，第251頁。
〔註45〕弘學、李清禾等整理：《圓悟克勤——碧巖錄・心要・語錄》，成都：巴蜀書社，2006年，第289頁。
〔註46〕同上註，第582頁。
〔註47〕同上註，第756頁上。

踐中實現。「大丈夫須到自得自由自在處始得。」〔註48〕「則個裏若親觀其變，則能原其心。既能原其心，則有自由分。既有自由分，則不隨他去也。既不隨他去，何往而不自得哉？」〔註49〕只有體悟自性光明，返本還源，才能有眞正的自由自在。

圓悟繼承前人的思想，強調悟後在實踐中修行，達到自由的境界。圓悟指出頓悟爲履踐提供基礎的作用。在頓悟之後，履踐非常重要，他說：「古人重履踐一門」，「履踐」或「踐履」一詞代表長時間的實踐修行。他在《心要・示禪人》中談到：「既已投機，復資此以履踐，外空諸見，內絕心智，徹底平常，騰騰任運……」〔註50〕，《心要・送自聞居士出京》云：「倘不踐履，安能揭日月，大通大明，自在出沒」〔註51〕，這些思想都顯示圓悟對長時間履踐的重視。他說：

> 蓋緣根本既明，六根純淨，智理雙冥，境神俱會，無深可深，無妙可妙，至於行履，自會融通。〔註52〕

這裡說明，明瞭根本，佛性顯露，履踐自然會融通，容易成功，可以說頓悟自性光明是履踐乃至最終成佛的基礎，也是後者的先決條件。圓悟認爲，悟後還存在習氣，須慢慢對治。他說：「此既已明，當須履踐，……無明習氣，旋起旋消，悠久間自無力能擾人也。古人以牧牛爲喻，誠哉，所以要久長爾！」〔註53〕圓悟在這裡強調，心平日動蕩慣了，習氣很深，易被妄念和物境牽流而忘卻履踐，往往隨妄念流浪了好多轉，跟物境遷流了許多時，才猛然省悟，所以功夫不能成片。因此，悟後履踐，當提高警惕，集中心力觀牢心念起處，不隨之流轉，習氣自然會消退，最終能打成一片。他說，「今時學道既有志性，當宜勉旃，與古爲儔。心期證徹，到脚踏實地處，動用全歸本際，千聖不可籠絡，解會並亡，得失俱脫，乃是無欲無依，眞正自在自由道人也。」〔註54〕「直須蘊藉深，方可不落是非得失、聞見知覺，纖毫淨盡，始得快活，拘牽

〔註48〕弘學、李清禾等整理：《圓悟克勤——碧巖錄・心要・語錄》，成都：巴蜀書社，2006年，第656頁上。

〔註49〕同上註，第746頁上。

〔註50〕同上註，第774頁上。

〔註51〕同上註，第728頁上。

〔註52〕《續藏經》第120冊，第773頁下。

〔註53〕同上註，第786頁下。

〔註54〕弘學、李清禾等整理：《圓悟克勤——碧巖錄・心要・語錄》，成都：巴蜀書社，2006年，第321頁。

惹絆他不住。所以道：如人學射，久久方中」。〔註 55〕圓悟強調要通過長期履踐達到世法、佛法打成一片的圓融境界。

圓悟禪師融通宗門與教下，知識淵博，閱歷豐富，他深知唐代祖師提出的「無事禪」思想，是契理契機的，如果只是簡單地否定「無事禪」思想是不妥當的，因此，他一方面批判膚淺的「無事禪」，另一方面，強調超越膚淺的「無事禪」，達到眞正的「無事」的途徑。他說：「古人以無爲無事爲極致。蓋其心源澄淨，虛融灑落，眞實踐履到此境界，然亦終不住滯於此，値得如盤走珠，如珠走盤，豈是死煞頓住得底？」〔註 56〕在這段話中圓悟非常推崇古人的「無爲無事」，這是一種心源澄淨、虛融灑落的境界。與此同時，他又提醒亦終不住滯於此，需百尺竿頭更進一步，可見，圓悟也沒有忽略「無事禪」的弊病。

第四節 「迴光返照」思想

圓悟禪師以「人人腳跟下本有此段大光明」的命題幫助人們確立修禪的信心，同時也就把「這段大光明」擡到本體的地位，於是，他淋漓盡致地發揮禪宗「即心即佛」、「人佛無異」和做「無爲無事大自在人」的思想，在傳統的基礎上比較深入地論述了工夫論基本原理——「迴光返照」，強調反觀自性光明，在一念不生處體悟大道。圓悟禪師的「迴光返照」思想是在繼承歷代禪宗祖師思想的基礎上發展起來的，不僅語言形式上有一些變化，而且有比較詳細的探討，有一些新意。這一節我們考察「迴光返照」思想的經典背景及圓悟禪師「迴光返照」思想的內涵與要義，在此基礎上我們探討「迴光返照」思想的所蘊含的哲學意義與生命智慧。

一、「迴光返照」思想的經典背景

關於禪宗「迴光返照」思想的起源，目前學術界沒有定論。我們從歷史資料中可以看到，在原始佛教當中，有很多談論收攝六根的思想，但是沒有談到「迴光返照」。〔註 57〕在歷代禪師的語錄中，「迴光返照」的方法從提出

〔註 55〕弘學、李清禾等整理：《圓悟克勤——碧巖錄．心要．語錄》，成都：巴蜀書社，2006 年，第 458 頁。

〔註 56〕同上註，第 306 頁。

〔註 57〕禪宗「迴光返照」的修行方法，相對於印度原始佛教所強調的坐禪、四念住、

到詳細闡述，存在著由粗疏到細密，由簡單到複雜的發展過程。圓悟克勤的「迴光返照」思想是在繼承歷代祖師思想的基礎上發展起來的，不僅語言形式上有一些變化，而且有比較深入的探討，有一定創新性。下面我們先來看看歷代禪師對「迴光返照」的闡述，從而瞭解一下圓悟克勤「迴光返照」思想的經典背景。

在達摩進入中國之前，佛教禪學已經傳入中國。〔註 58〕菩提達摩是由西天祖師到中華祖師的過渡人物，被後人推崇爲禪宗東土第一代祖師，所傳禪法與傳統禪法不同，是印度禪向中國禪轉化的一個重要轉折點。他提出了「理入」和「行入」的宗教修養方法，把印度輸入的複雜繁難的坐禪方法改爲簡易的修行方法。他提倡「二入四行「禪法，以「壁觀」法門爲中心，以究明佛心爲參禪的最後目的。達摩的這種理論對後世影響很深，後來的禪宗發展基本上是沿著「二入四行」的框架進行。達摩沒有明確提到「迴光返照」一詞，到了三祖僧璨的《信心銘》中才出現了「返照」一詞：「歸根得旨，隨照失宗。須臾返照，勝卻前空。」〔註 59〕其意是只要短暫地返照那原本的心，暫復心的原態，就能悟道，比以前向空心處用力，舒暢、安祥得多。這一說法爲慧能等繼承並發展。

唐代中期，六祖慧能（638～713）的出現，促進了禪宗的正式成立，從此禪宗獨立門庭，成爲中國佛教隋唐八大宗之一。慧能對中國社會實際有真

緣起觀、不淨觀等修行方法來說，具有其特殊之處。可以說，「迴光返照」是禪修的基本原理，歷代禪師都有或多或少的論述。禪，就其本身而言，超越時空，無始無終，說不清，道不明，可謂說似一物即不中。但是對於那些明心見性的禪師們來說，爲了幫助禪者領悟自己的本來面目，不得不用盡一切辦法去說，而他們的言行構成了一幅幅歷史畫面。一部禪宗發展史，是中國禪師們通過返觀内照的修悟而獲得解脱以及傳播這種覺悟思想的歷史。

〔註 58〕中國最早的禪法著作是後漢安世高翻譯的小乘禪數學，後來陸續傳來大乘禪籍，影響日益增大。這些爲菩提達摩來中國傳最上乘禪奠定了基礎。唐代宗密在《禪源諸詮集都序》中依禪的淺深把印度所傳之禪分爲五類：外道禪、凡夫禪、小乘禪、大乘禪、最上乘禪，宗密把達摩禪歸爲最上乘禪。可見佛教禪宗的發展是有過程的，達摩門下代代相傳的是最上乘禪，而這最上乘禪直到慧能出現，才發揚光大，自成一宗。達摩「以心傳心」，將無上眞心傳與慧可（487～593），再傳給僧璨（？～606）、道信（586～651）、弘忍（601～674），其間經歷了一兩百年，門徒日益增多，影響日益增大。而當時安定統一的社會環境也爲禪宗的進一步發展創造了條件。宗密：《禪源諸詮集都序》卷上之一，《大正藏》第四十八冊，第 399 頁中。

〔註 59〕參見：《信心銘》，《續藏經第 66 冊，第 722 頁下。

切的體察，他主張禪修要與日常行爲統一起來，他還提倡在家修行。實際上，慧能在貫通大乘佛教各系學說的基礎上融攝了中國傳統文化的儒道之學，創立了一個從佛性論到解脫論和修行觀都最具中國特色的比較完整的佛教思想體系。慧能禪學思想以頓悟爲宗，明心見性爲旨，無念無相無住爲本，不著不捨世間爲用。他認爲佛性並不是抽象概念，而是內在於活生生的人之中，「本心是佛，離性無別佛」，「自性能含萬法是大，萬法在諸人性中」〔註 60〕，覺性本有，煩惱本無，直接契證覺性，便是頓悟。應該說慧能的禪宗是比較接近於佛陀說教的原意，更多地保留了佛陀的遺教。因此，慧能所創立的禪宗不僅在中國大乘佛學中佔有重要的地位，在世界佛學思想中亦有它獨特的價值。慧能在傳法的過程中說：「汝若返照，密在汝邊。」〔註 61〕強調奧秘在每個人自己身上，只有返照自身，才能開悟。

由六祖慧能開始，「一花開五葉」〔註 62〕，禪宗全面向社會發展。在這段時間，談論「迴光返照」的禪師開始多起來，例如馬祖道一說：「一切眾生，從無量劫來，不出法性三昧，長在法性中著衣吃飯，言談祇對，六根運用，一切施爲，盡是法性。不解返源，所以隨名逐相，迷情妄起，造種種業。若能一念回光返照，全體聖心，何處不是佛法。」〔註 63〕石頭希遷在其《草庵

〔註 60〕楊曾文校寫：《新版敦煌新本六祖壇經》，北京：宗教文化出版社，2001 年，第 43 頁。

〔註 61〕同上註，第 20 頁。

〔註 62〕「一花開五葉」是指六祖後的五家宗派。六祖的得法弟子，以南嶽懷讓和青原行思最爲著名。懷讓門下的馬祖道一，其傳法弟子達 130 餘人，至百丈懷海後，遂分出溈仰和臨濟二家。青原行思一系後來亦分化出曹洞、雲門和法眼三家，加上溈仰、臨濟二家，是爲五家。到了唐末，五宗各自成立完備，宗法大盛，此時北方的北宗禪早已式微，南宗禪則躍居鼎沸的局面。這是禪宗歷史上的輝煌一頁，被後人稱爲禪機時代。當然，五宗的根本思想，大致說來相差不多，都以「明心見性」爲中心，其基本精神是一致的，只不過各宗派自有其獨特的接引手法，由於門庭施設的門風各自不同，才形成不同的宗派。五家宗風之差別只是表現形式的不同，門庭設施的不同，而在本質上，五家皆直承慧能南宗禪而來，事理圓融是五家禪門共通的宗旨。參〔日本〕忽滑谷快天：《中國禪學思想史》，朱謙之譯，上海：上海古籍出版社，1994 年，第 138 頁。另外元代中峰明本禪師指出：「達摩單傳直指之道，爲何分爲五家宗派？所謂五家宗派者，五家其人，非五其道，亦非宗旨不同，持大同而小異。」也就是說，五家由於宗師性格各異，在傳法方面風趣與手腕不同，因此形成不同的宗派，而五家同出於慧能南宗心傳，就是五家彼此之間的最大同者。參見：《天目中峰和尚廣錄》卷十一，《禪宗全書》第四十八冊。

〔註 63〕《金剛經如是經義》卷下，《大正藏》，第 696 頁下。

歌》中寫到「迴光返照便歸來，廓達靈根非向背」，〔註64〕不向外求，重視內在生命。尤其是臨濟義玄禪師〔註65〕，他要求禪僧們「迴光返照」，認識自我，建立「我」即佛祖的主體自信。他說：「你言下便自迴光返照，更不別求，知身心與佛祖無別。五臺山無文殊，你欲識文殊麼？只你面前用處始終不異，處處不疑，此個是活文殊。」〔註66〕在臨濟禪師看來，把眼光從外部世界收回來，返照自身，就會發現自己身心與佛祖沒有差別。唐代撫州曹山本寂禪師也說：「若初心知有己事，迴光之時，擯卻色聲香味觸法，得寧謐即成功勳。」〔註67〕強調迴光的時候，放下色聲香味觸法，就可恢復先天的寧靜。因爲只有收攝眼耳鼻舌身意，使之不染著色聲香味觸法，才能放下對過去的沉溺，對未來的期盼，從而回歸當下。再看兩例：

> 歷劫他求終朝取相，不自暫省返照回光，貨鬻衣珠承紹家業。但爭空花之起滅，定認眚影之是非。去淳樸而專尚浮華，喪根源而唯尋枝派，可謂遺金拾礫擲寶持薪，是以眾聖驚嗟達人悲歎，都謂不到實地，未達本心。〔註68〕

> 人人盡握靈蛇之珠，個個自抱荊山之璞。不自回光返照，懷寶迷邦。不見道，應耳時若空谷，大小音聲無不足。應眼時如千日，萬象不能逃影質。擬議若從聲色求，達磨西來也大屈。〔註69〕

上面第一例是宋代初期禪師永明智覺禪師所說，第二例是其後的黃龍慧南禪

〔註64〕《景德傳燈錄》卷三十，《大正藏》第五十一冊，第461頁下。

〔註65〕臨濟義玄禪師，臨濟宗的開創者，在河北鎮州（今河北正定縣）城東南滹沱河畔的臨濟禪院舉揚一家宗風。義玄的弟子有：灌溪志閒、寶壽沼、三聖慧然、興化存獎等人。傳其法者爲存獎：興化存獎（？～924）——南院慧顒（？～952）——風穴延沼（896～973）——首山省念（926～993）——汾陽善昭（947～1024）——石霜楚圓（986～1039）石霜楚圓門下分化出二派：黃龍派和楊岐派：至南宋，楊岐派經幾傳，勢力宏大，在中國禪林中形成席卷包舉之勢，黃龍派不久後便銷聲匿迹，楊岐派取代了臨濟正宗，宋之後的臨濟宗實爲楊岐宗。楊岐方會門下有十三人，以白雲守端爲主要嗣法弟子，守端之下有五祖法演，法演門下出佛眼清遠、佛果克勤、佛鑒慧勤，被時人稱爲三佛。在禪宗歷史上，各宗或不傳，或萎靡不振，獨臨濟宗不斷髮展、調整，乃至成爲世界性的佛教宗派，絕非偶然。參見閆孟祥：《宋代臨濟禪發展演變》，北京：宗教文化出版社，2006年，第20頁。

〔註66〕轉引自呂有祥：《臨濟義玄哲學思想述評》，《法藏文庫》，第253頁。

〔註67〕《撫州曹山本寂禪師語錄》卷下，《大正藏》第四十七冊，第543頁。

〔註68〕《永明智覺禪師唯心訣》，《大正藏》第四十八冊，第993頁。

〔註69〕《黃龍慧南禪師語錄》，《大正藏》第四十七冊，第638頁上。

師所說。他們都強調「迴光返照」，強調把眼光從外部世界收回來，反觀自己的身心，發現自己的光明佛性，領悟自性之寶物。

禪師們認爲通過迴光返照，可以使人們後天的身心安寧和諧，以利於對內在之本來光明眞性的覺察。這種回歸本體的思維在中國傳統文化中是比較普遍的，除了佛家，在道家那裡也有重要的論述，比如老子《道德經》的第十六、二十八及四十八章的「致虛極，守靜篤。……夫物芸芸，各復歸其根。歸根曰靜，靜曰復命。」、「復歸於樸，復歸於嬰兒」等經文，都表達出這樣的追求。而佛教典籍《信心銘》一文，採用了非常多的道家語言，比如「歸根得旨，隨照失宗」〔註 70〕。所以說，在中國文化中，道家與禪宗在回歸心性光明本體的方法方面比較接近，兩者基本上是經由持續地做工夫，轉迷爲悟，最後體證到一種具有本體性質的內在心性光明。不過，從各種典籍來看，無論是《道德經》、《六祖壇經》，還是《臨濟語錄》、《五燈會元》，對於迴光返照的說法，都相當一致而簡略，沒有詳細展開。

二、「迴光返照」的內涵

所謂「迴光返照」，是指將向外耗散的精神收回來，持續不斷地返照自身，久之則凝聚在一起，光明呈現，從「無明」走向「光明」狀態。或者說，就是要求時時刻刻體悟、覺察、反思自己的當下一念，不斷澄清自己內心的雜念，使六根不攀緣六塵境界，眞正做到「不住色、聲、香、味、觸、法而生其心」的境界。佛教種種方法，如「觀呼吸」、「觀心」、「參公案」、「看話頭」……等等，都是幫助修行者將精神從外在的世界中收回來，回返自身，其基本原理就是「迴光返照」。因此，很値得將其確切內涵及實際情況，做一全面的剖析及探討。在圓悟禪師的語錄當中，「迴光返照」思想已發展得比較完整，下面我們從兩個方面來剖析他的這種思想。

（一）「回返」意味著止息向外馳求的妄想，逆向回歸生命的源頭

圓悟禪師在繼承歷代禪師思想的基礎上，更加明確地談「迴光返照」的方法。「迴光返照」其中的「迴」字與「返」字都體現了「逆」的意義。然而，其所「逆」的是什麼呢？在圓悟禪師看來，其所「逆」的即是「習氣」、「妄想」，他認爲，只有破除習氣與妄想，方可體悟到此「光」，回歸到生命的源

〔註 70〕宋普濟注，蘇淵雷點校：《五燈會元》，北京：中華書局，1994 年，第 49 頁。

頭〔註71〕。他說，「人生一世，不早回頭，百劫千生，等閒蹉過。今既知有此段，只在堅固向前，損諸知見，撥棄妄緣，長教胸中灑灑落落，無一塵事。」〔註72〕其意就是說人生在世，應該儘早放下妄想知見，讓心靈灑灑落落，及早回頭，回歸本性。問題是常人的眼光總是向外，心念容易陷入過去的經驗、記憶和知識中，沉浸在對未來的籌劃與安排中，忽略當下的清明境界。能不能直接而深入地看當下，無選擇地覺察當下的心念之流，正是禪師與常人的差別所在。

常人要想悟到自己的本性，則必須超越根深蒂固的機械性向外馳求的妄想與浮躁習慣，長時間地迴光返照，這是艱辛的漸修過程。圓悟說：

> 只爲無始劫來拋家日久，背馳此本分事，向六塵境界裏妄想輪回，不能迴光返照，甘處下流。若能具上根利智，返本還源，知有此事，輝騰今古迥絕知見，坐斷十方無復輪轉，始有語話分。而今須是換個骨頭了，方見此一片田地。〔註73〕

在這裡，圓悟禪師強調，禪宗的迴光返照和常人的「背馳本分」、「向外執實」的妄想意識相反，不執著任何意識對象而回歸於無限的心性大光明本身。可見，迴光返照是相對常人向外馳求的妄想意識〔註74〕狀態來說的。這意味著禪宗的修行工夫是逆反於常人的執迷不悟的，也就是說「回返」是以常人的妄想意識狀態爲參照系的，常人的心拋家日久，比較散亂，總是順著欲念馳向外在的對象，追逐情慾，墮入妄想，而迴光返照則逆著平常習慣的對象化方向返觀自身，從而認識眞正的自己。圓悟說，「既薦得，則卷而懷之，任任運運如兀如癡，不妨是一個決量大人。如或未然，卻須返照迴光，若動若靜，

〔註71〕所謂生命的源頭，就是指生命存在的根源，又稱爲佛性、光明自性、本來面目等。

〔註72〕弘學、李清禾等整理：《圓悟克勤——碧巖錄・心要・語錄》，成都：巴蜀書社，2006年，第456頁。

〔註73〕同上註，第474頁。

〔註74〕在這裡，「意識」是當代哲學、心理學術語，不同於佛教裏面六識中的「意識」概念，相當於「精神」或「心」的概念，即心王及心所法之總稱，與「存在」概念相對。現代心理學認爲，人是一個意識的能動主體，而意識總是面對千萬種客體的內容，這些內容成爲意識中的對象，普通人的意識要麼處於昏沉狀態，要麼處於散亂狀態，被意識對象所迷惑，產生種種計較、執著、浮躁等心理狀態，消耗了人的大部分能量，而進行禪的修煉可以讓人的意識進入一種清醒、冷靜的觀照狀態，最高境界是超越了任何意識對象的純粹開悟意識，所謂至人用心如鏡，事來則應，事去不留，就是指這種純粹的開悟意識。

若住若行，若坐若臥，須是究他根源始得。」〔註 75〕意思是對於對於未能體悟自己本性的人來說，應該在動靜、住行、坐臥等日常生活中返照，體究生命的根源。沒有體悟心性本體的普通人，一般情況下念念向外流轉，執著意識對象爲實有，總想抓緊對象，浮躁不安，神馳精耗，這是一種後天的順向心理活動，包括一切爲滿足欲望而傷精耗神的生理活動和心理活動，如私心雜念、焦慮不安等。

因此，一個人如果想要超越生死煩惱，實現心靈自由幸福，便有必要放下一切不良心態，節制收斂心性之光的向外流轉，進而回返到此光的根本源頭，也就是說必須做迴光返照的工夫。圓悟說：

> 要探賾此個大因緣，惟利根上智終較省力。然須用作一段緊要事，常時淨卻己見，使胸中脫然，迴光覷捕，內外虛寂湛然，凝照到一念不生處，徹透淵源，翛然自得，體若虛空，莫窮邊量。亙古亙今，萬象籠絡不住，凡聖拘礙不得，淨裸裸赤灑灑，謂之本來面目，本地風光。〔註 76〕

圓悟認爲，回心性之光返照，當凝照到一念不生的空隙地方，翛然自得，如虛空一樣廣大無邊，主體之光淨裸裸赤灑灑，從古到今都一直存在著，沒有什麼東西能夠遮蔽限制它。也就是說在「一念不生」的空隙地方，或者說念頭生起的源頭領悟心性本體。因爲不管念頭怎麼多，怎麼紛飛，在兩個念頭之間總是有空隙，否則念頭無法生起。念頭來來去去，永不停留，以虛空爲背景，如果將精神聚焦到空隙地方，就可悟到光明佛性。其實多數人無法在意識上超越有限，領悟乃至把握無限，不能明白眞我是永恒不滅的，他們總是向外追尋，把自己對無限的渴望投射到外部世界，因而永遠也無法滿足，無法快樂開心。這就是實現了主體自覺的禪者與普通人之間的區別。因此，只有放下後天的分別計較，坐斷是非得失，才能領悟先天自性，實現主體自覺。圓悟說：

> 才有是非紛然失心，直這一句驚動多少人做計較。若承當得，坐得斷，透出威音王那畔。若隨此語轉，特地紛然，自迴光返照始得，如來禪、祖師禪豈有兩種，未免語含各分皀白，特地乖張，事

〔註 75〕弘學、李清禾整理：《圓悟克勤——碧巖錄·心要·語錄》，成都：巴蜀書社，2008 年，第 443 頁。

〔註 76〕同上註，第 283 頁。

理機鋒一時坐斷，是打淨潔球子，還知諦當著實處麼？放下看取。〔註 77〕

在圓悟禪師看來，「才有是非紛然失心」，在語言分析計較的作用中，常常被稱爲「自我」的那個意識在蠢蠢欲動，這個自我喜歡以自己爲中心來思考和盤算，以我爲中心去分析，執著於我和我的東西，辨明是非，分清歸屬。總是帶著自我這個有色眼鏡觀察並與對方進行比較，這樣一來，「紛然失心」，看不到事物的眞實和全部，只能看到部分和皮毛而把它當作全部和眞理，並且大言不慚地說這就是眞正的自我。而在那一瞬間，人們已經從事物的本質裏滑落而去。所以用人的理性和語言是看不到人自身的本來面目的，看不到事物的本質的。人們只會離自己的生命源頭越來越遠，乃至成爲他鄉異子，忘記回家的路。只有把思路和話路斷開，迴光返照，人們才能看到眞正的自我，顯現眞正的源頭，主體實現自覺。只有那個時候，作爲一個整體而存在的主人公才會呈現，他是使人們行動、思索的那個主體。圓悟還談到通過「歇」的方式來達到「無心之地」，他說：「透脫要旨，唯在歇心。此心知見生即轉遠，直下歇到無心之地，虛閒寂靜，雖萬變千轉，非外非中，了不相干。自然騰騰任運，照應無方，便可以使得十二時，用得一切法。」〔註 78〕通過持之以恒地「歇心」，到達「無心之地」，心靈空靈寂靜，在生活中騰騰任運，淡泊自然，做很多事而依然輕鬆自在，如沒做一樣，這才是眞正的「無心」。這是從做工夫上來說「無心爲道」的，非常深刻。

從上面的論述可以看出，迴光返照的背後，存在幾項重要的理論預設：一是關於宇宙、生命及各種事物的念頭產生，是心性光明本體向外順流而顯現的；而且，這些念頭產生的過程有被逆轉回返操作的可能。二是先天與後天，形上與形下的兩層存有論、身體觀及意識觀。其中，先天爲後天的基礎，形上爲形下的根源。迴光返照的目的，即在由形下返回形上，由後天形象復歸於先天本來面目，實現先天主體自覺。三是相信人可以完全主宰自己的身心，人類可以轉變後天的身心結構及機能，並且不斷地純化昇華及向上提升，最終實現心性主體的自我覺醒。〔註 79〕以上三者，皆互有關聯。雖然圓悟克

〔註 77〕弘學、李清禾整理：《圓悟克勤——碧巖錄・心要・語錄》，成都：巴蜀書社，2008 年，第 494 頁。

〔註 78〕同上註，第 289 頁。

〔註 79〕參見臺灣學者蕭進銘：《丘處機迴光說的內涵、淵源及發展——兼比較禪宗的「迴光返照」說》，網上搜索：http://sobar.soso.com/tie/1901763.html。

勤並未講述迴光返照之法在操作過程當中所出現的種種反應及身心變化情形，不過，從他的詮釋中，我們不難得知，這種方法是以常人的向外意識爲參照系的。這種方法，很可能和對意識功能的操控及轉化有關。也就是說，這種迴光返照意識是一種相對於向外意識作用（「外意識」）的內向意識覺知作用（「內意識」）。兩者的差異在於，外意識以外在世界的萬事萬物爲感知對象；而內意識所覺照者，是生命及事物內在的微細微妙之無常變化。外意識若無其它工具則其限制相當明顯，而且總含蘊著主客對立，總認爲有一個自我主體凌駕於外在的客觀對象；但內意識卻無此限制及預設，而是超越一切二元對立並與之和諧相處。〔註 80〕

（二）「光照」意味著心性之光在照亮對象的同時照亮自己，從而實現主體自覺

心性大光明的顯現，既照亮了對象，也照亮了自身，這就意味著主體實現了自覺，人回歸到了生命的源頭。所謂主體的自覺，並不是一個與客體相對的認識論意義上的主體的自覺，也不是一個與外在道德規範相對的道德主體的自覺，而是超越主客二元對立的自覺，這才是眞正的主體自覺。圓悟認爲，禪師要開發生命中最根本、最內在的本源性力量，確立生命的眞正主體，只有超越了一切二元對立，主體才能眞正覺醒。這個主體不與萬法爲侶，只有它放下萬緣，最終才會顯露出來。圓悟說：

> 迴光返照，顧人世間，如夢如幻，隨大化變滅，乃虛妄爾。唯此千劫不壞不移易，一切聖賢根本，乃造物之淵源，印定自己，若一發明，七通八達，何往不自得哉！〔註 81〕

圓悟禪師在這裡強調通過迴光返照，認識到世俗的一切「如夢如幻，隨大化變滅」，是虛妄的，唯有光明本體才是最根本的存在。從而了悟到與永恒不壞不移易的心性光明本體相比較，人世間的一切如夢幻一般虛妄，因此而擺脫後天肉體身軀的制約，得到眞正的自在及幸福。此時的主體實現了自覺，發現眞我就在當下，就在此時此地，並且永恒存在，不用追尋，從而心靈恢復了寧靜，不再追逐外物。可以說，實現了主體自覺、達到「無心」的覺悟者

〔註 80〕參見蕭進銘：《丘處機迴光說的內涵、淵源及發展——兼比較禪宗的「迴光返照」說》，網上搜索：http://sobar.soso.com/tie/1901763.html。

〔註 81〕弘學、李清禾整理：《圓悟克勤——碧巖錄・心要・語錄》，成都：巴蜀書社，2008 年，第 496 頁。

完全超越二元主義，但不排斥它，包含所有相對，但不受其束縛，宇宙中的一切都融合成了一個和諧的整體。這是一種無相的絕對境界，並非相對的邏輯思維和語言文字所能描述。但是同時覺悟者並不排斥邏輯思維和語言文字，他同樣吃飯睡覺、交流思考，只不過他的直覺思維成了主人，能夠指揮調節邏輯思維，不會受其束縛，邏輯語言成了覺悟者的與社會交流的工具，所有的記憶、知識、概念都被點化成爲智慧。圓悟說：

> 大凡截生死流，濟無爲岸，無他奇特，只貴當人根器猛利，揭自胸襟，了一切有爲有漏，如虛空花，元無實性，以照了之心，返自觀省，翻覆覰捕，審諦諦審，久之當有趣入之證。蓋此段並非他物，亦非他人能著力，令自己省發，如人負千斤擔子，當由己有如許力量方能堪可，若氣小力弱則被他壓倒去也。〔註 82〕

在圓悟看來，實現主體自覺，並無奇特，只要「揭自胸襟」,「返自觀省，翻覆覰捕」，了悟一切有爲法皆是有漏空花，並沒有什麼實在性，自然會證入本性。也就是說要令自己發奮，仔細看清當下一念，不與之認同，全然地與當下的事實在一起，久而久之空性自然會呈現。這裡說明了「光照」的特性：整體性、直接性。「光照」意味著個人是以直接性的、創造性的方式與世界相關。圓悟認爲：

> 只貴大根利智，迴光返照，於一念不生處，明悟此心，況此心能生一切世出世間法，長時印定方寸，孤炯炯活潑潑，才生心動念，即昧卻此本明也。〔註 83〕

在圓悟克勤看來，透過迴光返照的工夫，念頭慢慢減少、淡化，無邊無際的虛徹靈通之光明本性慢慢會呈現，在一念不生的地方，人此時會發現自己生命的眞正本體，認識到世間與出世間的一切都是由此段光明本體發揮的作用。對於迴光返照的覺悟者來說，超越了普通人習以爲常的二元對立思維方式，從此證悟了光明自性，進入了明淨虛寂、萬物一體的精神境界，恢復了先天本具的圓融自在的智慧，擁有了直接覺知宇宙實相、無二元對立的體悟方式。在覺悟者的直覺思維裏，無能知與所知之別，而利用生命潛在的無限能力，在與宇宙全息交通的圓融境界中，通過萬象而直見本來。

〔註 82〕弘學、李清禾整理：《圓悟克勤——碧巖錄・心要・語錄》，成都：巴蜀書社，2008 年，第 312 頁。

〔註 83〕同上註，第 275 頁。

佛教經典《大乘起信論》中說到「一心開二門」，「依一心法開二種門。云何爲二？一者心眞如門，二者心生滅門」〔註 84〕。生滅門屬於後天「順向」的生滅流轉門，在開悟之前是一種迷失的狀態，眞如門屬於「逆向」的眞如還滅門，是一種覺悟狀態。〔註 85〕禪宗的整個修行工夫可歸爲「轉迷爲悟」，而「迴光返照」、「逆向回歸」則是轉迷爲悟的基本方法。總之，「迴光返照」強調收攝意識，返觀自身，隨時體道，以更簡易直捷的方式當下得到解脫。這種方法論強調開發自身的資源，返照自己本具的智慧佛性，實現人生的自覺與自由。其不假外求的方式，截斷眾流的爆發力，超越語言限制的智慧，在今天依然具有重要的宗教與哲學價值。

三、「迴光返照」思想所蘊含的哲學意義及生命智慧

在中國傳統文化中，儒釋道三家都是以「生命的超越」爲中心，儒之成聖、道之成仙、釋之成佛都是某種意義上的「回返還源」的工夫，所以圓悟的「迴光返照」思想也是一個普遍的哲學問題，這裡的研究具有某種普遍意義。

（一）「迴光返照」思想的哲學意蘊

從我們的考察中，可以發現，無論是將大光明視爲是終極實在的觀點，還是迴光返照的工夫修養理論，在佛道宗教、哲學傳統當中，都具有極其重要的意義與價值。另外，我們也瞭解到佛道二家在體證形上本體的方式以及對於實在本體的認識上，與西方思辨哲學傳統的差異所在。傳統的西方思辨哲學，大多是認識論方面的分析，很少有生命靈性方面的體悟。因爲西方哲學家一般是不會採取類似迴光返照方式來達到其對於形上本體的認識的。東西方哲學傳統在方法論上的差異，由此可見；而由於方法論的不同，無疑也會連帶造成本體論觀點的分歧。中國古代的禪師，更重視體驗，強調透過工夫的實踐及修行，轉化後天的生命狀態及認知方式，達於某種生命境界，進

〔註 84〕高振農校：《大乘起信論校釋》，北京：中華書局，1992 年版，第 16 頁。

〔註 85〕生滅門與眞如門的說法，來自於相傳爲馬鳴菩薩所作的《大乘起信論》。這本書裏面談到如來藏心有不變隨緣二義，從其不生不滅、離言絕相的本體來說，是心眞如門；從其隨緣顯現，產生各種差別現象來說，是心生滅門。可以說心眞如門是指如來藏心之體，心生滅門是如來藏心之相與用。這二門對立統一，互不相離。

而達到對於宇宙、生命實相的認識，以及最終解脫目的，所以整個禪宗哲學的結構是如何成佛及由此而生的本體與工夫的問題。儒家之成聖，道家之成仙，與此相同。類似這樣的一些目的，和西方的宗教、哲學比較起來，雖無本質上的差異；但就方法層次而言，則存在著很大的不同。中國傳統的宗教、哲學，若缺少這部分的內容，那麼，其所追求的明心見性理想，將如鏡花水月一般的不實在；而如果我們想深入地認識中國的宗教與哲學思想，不嘗試瞭解這部分的內容，也同樣很成問題。

大量的哲學經典在談論本體，談論人的本質，談論生命的意義，這些思想雖然有助於人們瞭解人的「本質」狀況，但無法將人們的心靈帶到「本質」所在的地方，無法讓人們見到自己的本來面目，無法讓人們回歸到生命的源頭，生命的本質總是在彼岸與人們遙遙相望。〔註 86〕現代人越是文明，越是遠離了自己的生命源頭，心靈流浪在外在的功名利祿中，找不到回家的路。因此，可以說，通過迴光返照進而回歸生命的源頭、明悟自己的本質則是現代宗教、哲學的一個重要課題。

我們從圓悟克勤的禪法中發現了一種古老而又根本的回歸方法，那就是直觀心靈、直觀生命的方法，這種直觀不是概念或經驗的，而是體驗自身，是人在自身之中的回轉而回到自身的清白狀態。圓悟反覆強調迴光返照，這種「返照」的方法讓人回歸其自性，爲此人們來到自己的生命源頭。圓悟詮釋了走向生命源頭的方法，能幫助人們破除迷障，不要執著或預設什麼，不要畫地爲牢、作繭自縛、因循守舊，要用清澈的眼睛去「看」。〔註 87〕當無限

〔註 86〕在西方哲學中，大量的經典在談論本體與人的本質。其主流歷來把邏輯的思維方式當作人類最基本的思維方式來看待和研究，但是隨著近代卡西爾「神話思維」、胡塞爾「直面於事物本身」等觀念、口號的提出，20 世紀西方尤其是歐陸哲學一個最重要的特徵在於「哲學研究已經日益轉向『先於邏輯』的東西。著名的現象學的「懸擱」、「加括號」，實際上就是要求人們把習以爲常以至根深蒂固的邏輯分析思維懸擱起來，暫時中止邏輯判斷，把邏輯思維所構成的一切認識對象也「放進括號裏」，以便人們可以不爲邏輯思維所累，達到對事物的「本質直觀」。現象學方法的基本精神——把邏輯思維「懸擱」起來——構成了以後歐陸人文哲學的靈魂。總之，現代歐陸人文哲學的基本用力點確可歸結爲一句話：打破邏輯法則的專橫統治，爭取思想更自由地呼吸。不過這些努力還是停留在邏輯分析上面，還是不能讓人體悟到自己的本性。參見吳言生：《禪宗哲學》，北京：中華書局，2001 年，第 210 頁。

〔註 87〕此處的「看」不是一種普通的「看」，而是一種超越二元對立的純粹的「看」。在日常生活中，人們習慣運用語言符號分析，比如同樣一棵樹，藝術家看到

耐心，呈現最明澈的「看」時，價值判斷和形而上學都停滯下來，生命的純粹面目出現了，它連帶出一個超越一切二元對立的清淨世界，這是生命的「本質」坦露狀態。這是一種「看」的哲學，能夠幫助人回歸生命本身。而一般哲學的反思不能透過世俗的幃幕，只有純粹的「看」才能找到新的進路，引領我們到達本眞之域，清淨之地，生命之源。〔註 88〕

這種「看」的哲學強調要達到赤裸裸的呈現或純粹意識自身，要回歸到生命的源頭，實現對自己本眞存在的覺悟。迴光返照式的「看」體現了作爲般若直覺的絕對主體性，它超越了一切形式的主觀與客觀、自我與世界、有與無的二元論。近代日本禪學大師鈴木大拙說：「如果說希臘人曾教我們如何思考，基督教曾教我們信仰什麼的話，那麼禪宗則教導我們超越邏輯，甚至遇到『未知之物』亦勿爲其所滯。因爲禪的觀點就是尋找一種不存在任何二元論的絕對。邏輯起始於主客的分裂，以及把已知之物與未知之物加以區別的信念。西方的思維模式決不可能破除此與彼、理性與信仰、人與上帝等諸如此類的永恒的兩難推理。所有這一切都被禪視爲障蔽我們洞見生命與實在本質的東西而掃除。禪引導我們進入蕩遣一切概念的空的領域。」〔註 89〕在這種說法中，鈴木並不意謂基督教是通常意義上的二元論。他只是在與禪的「空」作比較時才說到這一點，他認爲證得「空」、超越二元對立就稱作「悟」、「見性」。

迴光返照是一個完全獨立特異的直觀，不能夠歸類於其他任何我們所瞭解的直觀中。「在完全的建設性狀態中，不再有隔開我和『非我』的幕障。客

也許會歌頌它姿態的美，植物學家看到可能要推算它的年齡與品種，至於木匠看到恐怕就要想它是不是一塊良材了。禪宗之「看」超越這種語言分析的有限性，不對客體進行抽象和二分，能見即是所見，所見亦是能見，這是生命最本質的世界，沒有語言文字立足的地方。禪宗之「看」屬於超越語言的境域，是一種超越語言的認知，是對自己本性的直接認知。在沒有語言的認知領域裏，存在著一個超越二元對立的無限世界，這是一種空無一物卻又萬象紛呈的心靈境界，一切語言概念、判斷推理來源於它，又回歸於它。要想進入這種禪的境界，必須讓喋喋不休的心靈寧靜下來，恢復它的本來面目。在這種境界中，「看」更清晰、更敏銳，語言文字能更好地被運用。不要想，而要看！在「看」中直面於事物本身，在一剎那間人自失於對象之中。禪悟觀照，正產生於自失，空諸所有，心無掛礙。

〔註 88〕參見韓鳳鳴：《解脱論：禪宗解脱哲學研究》，北京：宗教文化出版社，2008 年出版，第 11 頁。

〔註 89〕鈴木大拙：《禪者的思索》，北京：中國青年出版社，1985 年，第 238 頁。

體不再是客體，它不再與我對峙，而是與我同在。我看到的玫瑰不再是我思想中的一個對象，因為當我說『我看到一朵玫瑰』時，我只不過是把玫瑰這一對象放在『玫瑰』這一概念的框架裏；而現在我則以『玫瑰即這朵玫瑰本身』的態度來看這朵玫瑰。建設性狀態同時就是最高的客觀性，我看到的對象不再因我的貪婪與恐懼而受扭曲。我是以對象的本來樣子來看這個對象，而不是以我的臧否好惡來看它。」〔註 90〕從鈴木的話中，可以知道在這種領悟方式中，沒有人為的扭曲，它生氣盎然，是主客體的渾然統一。禪者強烈地體驗到對象，這對象仍如其本然存在，這就是迴光返照奇妙的地方。「這時一點覺心，靜觀萬象，萬象如在鏡中，光明瑩潔，而各得其所，呈現著它們各自充實的、內在的、自由的生命。所謂萬物靜觀皆自得。這自得的、自由的各個生命在靜默裏吐露光輝」。〔註 91〕

（二）「迴光返照」思想所蘊含的生命智慧

在中國傳統及至整個世界的思想園林中，禪宗思想是一株閃耀著奇特光彩、神秘而又靈動的奇葩。它是印度佛教與中國儒道思想的融合產物，是一個偉大的會合。它擯棄了印度佛教的神秘色彩和繁瑣概念而繼承了其中的直覺世界實相的精髓，同時融合了中國儒道的心性之學與社會擔當的精神。它的「迴光返照」思想蘊含著豐富的人生智慧，能給人很好的啓發。〔註 92〕

在這物質發達、科學昌明的時代，人們已經很難理解禪宗思想和迴光返照思維了，好像它們是天方夜談。但是人們的內心深處潛藏著一種追求精神自由、追求心靈和諧的渴望，而這些單靠科學是無法滿足的。人們把目光投向古老的中國傳統文化，尤其是禪宗思想，希望從中吸取到心靈的營養，豐富自己的生命。不過經過科學洗禮的現代人用自己的習慣思維去探索禪時，碰到了重重困難。其實在理解禪時，應該轉換自己的思維方式，放下自己習慣性的二元對立的邏輯思維，深入生活本身，看清生命的本質，這也就是禪思維對現代人的啓示和重要意義。

〔註 90〕鈴木大拙：《禪者的思索》，北京：中國青年出版社，1985 年，第 230 頁。

〔註 91〕參見宗白華：《藝境》，合肥：安徽教育出版社，2006 年，第 185 頁。

〔註 92〕禪宗重視「人」的作用，因為人是善惡的主體，是宗教實踐的主體，佛是人成。而一般人在日常生活裏，往往會被外界牽著鼻子走，失去了作為人的自主性。比如會因為別人的一句話，而左右了自己的喜怒哀樂，失去了冷靜。禪就其功用而言，是啓發個人展現靈活生活的藝術，它幫助人們參透生命的究竟，解脫紛擾的煩惱，展露本我的活力。

根據現代科學，可以把人的思維大致分為直覺思維、意象思維和邏輯思維三種。所謂直覺思維，是指人類的一種普遍心理現象，是一種不需經過分析、推理，而對客體直接洞察、完整把握的認識能力和思維方式，這是一種非二元的思維方式，宗教家主要運用的是這種思維；所謂意象思維，是指主體用某種具體、形象的東西來說明某種抽象的觀念或原則，這是一種介於二元對立與非二元對立之間的思維方式，藝術家主要運用的是這種思維；所謂邏輯思維，又稱抽象思維或理論思維，是思維的一種高級形式，其特點是以抽象的概念、判斷和推理作為思維的基本形式，以分析、綜合、比較、抽象、概括和具體化作為思維的基本過程，從而揭露事物的本質特徵和規律性聯繫，這種思維建立在主觀與客觀二元對立的基礎上，科學家、理論工作者主要運用的是這種思維。〔註 93〕這三種思維方式並不是截然分開的，彼此之間有著複雜的關係，在主體認識事物的時候分工合作。但是人們總是在生活中過度發展和運用其中某一種思維方式，忽略其它思維方式，尤其是現代人執著邏輯思維，以自我為中心，從而帶來心靈異化和精神困境，因為忽略任何一種思維方式都會帶來問題。

對於現代人來說，邏輯思維佔了主流地位，每天面對很多信息，思考很多的問題，總是喋喋不休，這種散亂分別耗盡了我們生命的能量，製造了無窮的煩惱，使我們無法領略生命的快樂與輕鬆。人越是變得文明，他就越少與自己的身體有聯結。現代社會是高度信息化的社會，人們每天接觸大量來自工作、學習和生活的信息，頭腦在飛速地運轉，我們簡直生活在自己的頭腦中，已經遺忘了自己的身體，我們的身心之間出現了嚴重的分離！「頭腦試圖操縱一切，頭腦成了生命王國裏唯一的主人，但身體不甘於遺忘，它會起來反抗，它以種種疾病的方式打亂了人們正常的生活。意識是身體的陽光，身體渴望著意識的迴光返照，當意識返觀自身，身心合為一體，身體就會奇迹般地充滿能量與活力。」〔註 94〕禪強調的就是意識的回歸，返觀內照自身，不要迷失在概念思考中。

禪並不排斥邏輯思維和意象思維，而是在涵括它們的基礎上超越它們，不為語言文字所迷惑，不把概念知識當成偶像。禪者知道語言文字的重要性，

〔註 93〕參見陳穎健、張慧群：《新思維範式》，北京：科學技術文獻出版社，2002 年，第 3 頁。

〔註 94〕戈國龍：《道教內丹學探微》，成都：巴蜀書社，2002 年，第 245 頁。

但也知道語言的局限性，能隨時隨地能放下語言，也能提起語言。對今天的人們來說，學習迴光返照思維是爲了更好地生活、工作，提升自己的生命境界。禪所闡釋的迴光返照，會給人們一種意料不到的感覺角度，能把人們帶入一個全新的境界，尋回自在的精神家園。可以說，迴光返照思維是一種非對象性的直覺思維。〔註 95〕它與作爲日常哲學、科學思維的對象性的邏輯思維不同。對象性的邏輯思維基於主客體的二元對立，它把對象當做一個外在的，同主體生命情感不發生關係的、沒有生命的死物來解剖，其目的是獲取知識，征服對象。在對象性思維中，主體不僅要遵循思維必然性，還要遵循對象的必然性，故而主體的心靈和意志是受制約的、不自由的。對象性思維又可稱爲理性的分析的求知思維。與此相對，禪的非對象性的迴光返照思維則基於主客體不分、主客體的圓融一體，強調主客體的當下性和無常性，它把對象當作同主體一樣內具生命情感的活物來交流、對話，其目的是體悟人生的意義、價值和歸宿、滿足人的終極關懷。

東方禪的中道直覺迴光返照思維兼容具體分析的西方經驗可使人類思維達到最理想的狀態。在超越性上，西方在二元的對立上，主體不斷地戰勝客體完成外在的超越。而東方的禪從人自身的統一中，從本心上獲得智慧，又從智慧上完成內在超越性。二者的互補，可使西方偏執的分析方法走向中道、圓滿，將使人類得以全面完成，實現眞正的自由。〔註 96〕

〔註 95〕所謂非對象性的直覺思維，是指在這種直覺思維中，沒有一個確定的對象，也沒有一個確定的主體，主體與對象是合一的，也就是說能見與所見是同一的，是當下直接覺知的。換一個角度說，對象可以是任何東西：它可以是路邊的一棵小草，也可以是丈六金身佛像。在這種直觀中，直觀的對象絕不是由艱難的推理過程所假定出來的一個概念；它既不是「這個」，也不是「那個」；它永不把自己附著於任何特殊的對象。所以，迴光返照的對象是不可思議的。當以分別原理爲基礎，當「你」和「我」仍處於兩相對立的狀態，就不可能有迴光返照。這是一種人在其中完全和他內外眞實相應的狀態。在這種狀態中，人對那眞實有著完全的覺察和把握。既不是用他的大腦，也不是用他身上的任何其他部分，而是用全部身心去覺察這個眞實；不是把這個眞實當作一個用思想去捕捉的客體，而就是在那朵花、那隻狗、那個人中，在它或他之中，在全部現實性中去覺察這個眞實。在迴光返照中，禪者對世界敞開，並具有回應性，他不再把自己作爲一個物而執著，故變得空靈，能容納一切。所以說，迴光返照本質上是洞察人生命本性的藝術。

〔註 96〕此部分參考魏建中：《試論禪悟思維的和諧特質及其現代啓示》，《湖南社會主義學院學報》，2008 年第 3 期。

第五章　「文字禪」思想與詮釋實踐

圓悟是宋代「文字禪」的代表人物，其代表作《碧巖錄》是一部以評唱爲中心的具有原創性的高水準「文字禪」作品，被譽爲「宗門第一書」，〔註 1〕也與六祖慧能《壇經》一起被譽爲禪林雙璧，不僅內容豐贍、風格獨特，而且其流通傳播也極具傳奇色彩。

「宗門」是相對於「教門」而言的，「宗」是指禪宗，表示它是在傳統佛教教下各派之外的獨立門派。「宗門第一書」表示《碧巖錄》是自東土禪宗始祖菩提達摩（？～536）至圓悟克勤約 600 年間的「第一書」，至少表示它是六祖慧能（638～713）至圓悟克勤約 400 餘年間的「第一書」。慧能的《壇經》，是中國佛教唯一一部被稱爲佛經的禪書（佛教中只有釋迦牟尼的著述方有成「經」之資格），地位非常高，圓悟克勤的《碧巖錄》被後世學人視爲可與《壇經》比肩，可見《碧巖錄》地位之高。另外圓悟也有頌古、拈古、擊節等文字禪作品，其內容包羅萬象，風格獨特，語言獨具特色，文字優美而彰顯禪意，可以說是顯示了「文字禪」的魅力，美不勝收。本章將圓悟的「文字禪」作爲一個個案進行討論，期待借助當代詮釋學理論，探討「文字禪」理論與實踐的基本內容。

〔註 1〕此語出自《碧巖錄》後序，據記載，有嵎中張明遠者搜集各方面所留存的版本或各種抄寫本，對校後印行。張明遠復刊本書的卷首是這樣的，「宗門第一書、圓悟碧巖集」，兩邊細注「無邊風月眼中眼，不盡乾坤燈外燈。柳暗花明十萬户，敲門處處有人應」。

第一節　「文字禪」的語言世界

宋代是一個文化全面復興與整合的時代，禪宗在這個時期也向「混融」的方向發展，其表現之一就是文字禪的興盛。文字禪實現了宗教與文藝的融合，大大促進了禪宗「向社會各方面滲透」〔註 2〕。圓悟「文字禪」是在宋代「文字禪」大背景下的一個縮影，是中國禪宗歷史上的一個非常重要的宗教文化現象，因此在對圓悟文字禪進行個案討論之前，不得不對整個「文字禪」作一個綜合性的解讀，以期對一些基本問題進行澄清。

一、關於「文字禪」的定義

在探討圓悟「文字禪」的思想及詮釋實踐之前，我們先要理解「文字禪」的概念意義，何謂「文字禪」？「文字禪」的特徵是什麼？

「文字禪」〔註 3〕是一個特殊的概念，它有獨特的表現方法和固定的體裁。學術界一般認爲「文字禪」一詞首先見於惠洪《石門文字禪》，但據周裕凱先生考察，比惠洪更早的黃庭堅也曾用到「文字禪」一詞，其《題伯時畫松下淵明》稱：「遠公香火社，移民文字禪」。〔註 4〕不管怎樣，文字禪這種文化現象主要是在宋代興起的。正如麻天祥先生所說：「入宋以來，隨著禪宗燈錄的刊行，叢林參究公案的風氣益盛。宋代禪僧有鑒於此，顯然不再拘泥於『文字爲障道之本』的定見而將語言文字築於禪門之外，而是強調『大法非拘於語言，而借語言以顯發』，說明語言文字與禪的密切關係。」〔註 5〕可見，宋代禪僧開闢了禪宗的另一種發展道路，將以文字說禪推向了高潮。那麼我們如何定義發生在宋代的「文字禪」呢？我們先來看一看現代一些專家學者

〔註 2〕 麻天祥：《中國禪宗思想發展史》，武漢：武漢大學出版社，第 77 頁。

〔註 3〕 「文字禪」的產生和發展始終與運用公案結合在一起。公案受到禪宗界的重視，並且逐步成爲教禪和學禪的基本資料，是與中唐開始的禪僧生活方式和修行方式的變革相聯繫的。禪宗「文字禪」的起源可以追溯到唐代，但是它形成與公案之學相聯繫的穩定形式，成爲頗具影響力的禪學潮流，則是從北宋開始。在禪宗歷史上，文字禪所引發的論爭激烈、持久，超過其他任何一種成體系的禪學思潮。支持者認爲它有助於明心見性，有助於修行解脫；反對者則認爲它違背佛心祖意，徒增煩惱障礙，導致禪宗衰落。總的說來，沒有文字禪的興起和發展，也就沒有禪宗在宋代的巨變，也就使禪僧失去了與士大夫溝通的重要渠道，無法深入社會大眾。

〔註 4〕 周裕凱：《文字禪與宋代詩學》，高等教育出版社，1998 年，第 27 頁。

〔註 5〕 麻天祥：《中國禪宗思想發展史》，武漢大學出版社，第 74 頁。

對「文字禪」的理解。魏道儒先生認為：「所謂『文字禪』，是指通過學習和研究禪宗經典而把握禪理的禪學形式。他以通過語言文字習禪教禪，通過語言文字衡量迷悟和得道深淺為特徵。」〔註 6〕文字禪的禪師們在解說禪時，都是以不點破為原則，不是直截了當，而是輾轉地說明，極力避免說破語中意趣。因此，文字禪主要是採用偈頌、詩歌等形式表達禪理，而非一般的語錄文字作品。〔註 7〕楊曾文先生認為：「文字禪是指重視運用文字表述禪法主張的形式和傳法風尚。文字禪的表述形式有多種，有語錄、舉古、徵古、拈古、代語、別語、頌古、偈贊、詩歌、法語、雜著碑銘序跋等。」〔註 8〕周裕凱先生則認為：「『文字禪』詞的定義從宋人的闡釋和宋代禪宗的實際狀況來看，大概有廣義與狹義之分。廣義的『文字禪』泛指『指以文字為媒介、為手段或為對象的參禪學佛活動。其內涵大約包括四大類：1、佛經文字的疏解；2、燈錄語錄的編撰；3、頌古拈古的製作；4、世俗詩文的吟誦。而狹義的『文字禪』主要是指詩歌。」〔註 9〕可見，「文字禪」有廣義、狹義之分。廣義的「文字禪」是指用來解說禪的古德語錄、公案話頭、詩僧詩文、禪師偈頌等形式各異的文字作品，這是一種極為複雜的文化現象，其中體現著共同的精神，即對語言功能的承認甚至肯定，體現了宋代的文化理性精神。因而，通過對「文字禪」的解讀破譯，我們可以更多地發現禪宗的智慧和哲思。狹義的「文字禪」是指詩歌與禪結晶的成果。禪的生命智慧與藝術語言聯手，既促進禪宗哲學的詩化，也推動宋詩的哲學化。藝術化的文字是宋人精神存在的家園，宋人已將現實內容、外在實踐抽象為一種精神性的活動，文字具有了形而上的準宗教的意義。〔註 10〕

對「文字禪」而言，以上的幾種說法是比較有代表性的理解。筆者以為，以上的定義從各個角度對「文字禪」進行了定義，都有一定道理，但在內涵和外延的界定上太籠統，並未能完全揭示「文字禪」的含義。為了研究方便，

〔註 6〕魏道儒：《關於宋代文字禪的幾個問題》，《中國禪學》（第 1 卷），北京：中華書局，2002 年，第 22 頁。

〔註 7〕參見魏道儒：《關於宋代文字禪的幾個問題》，《中國禪學》第一卷，中華書局，2002 年，第 23～25 頁。

〔註 8〕楊曾文：《雪竇重顯及其禪法》，《中國禪學》（第 1 卷），北京：中華書局，2002 年，第 189～190 頁。

〔註 9〕參見周裕凱：《文字禪與宋代詩學》，北京：高等教育出版社，1998 年，第 31 頁。

〔註10〕同上註，第 25～28 頁。

筆者將「文字禪」界定爲一種運用頌古、拈古、評唱、擊節等藝術化的語言形式對禪的表徵——公案進行詮釋以幫助學習者解悟禪理乃至證悟心性本體的宗教文化現象，是一個包括語言思想、詮釋方式、詮釋內容等因素的文化大系統。需要注意的是，「文字禪」不是一種禪法，與「看話禪」、「默照禪」不是一個平面上的概念，它是用藝術化的語言形式對禪的表徵——公案進行詮釋，方便學人理解禪理的方式及成果。宋代的「文字禪」爲中國發展出新的語言學思想及詮釋方式，而這種實踐背後的基礎爲人人本具的如來藏自性清淨心，因此它是一種主觀與客觀、歷史傳統與現實生活、語言文字與自性本體交融的文化現象。

值得指出的是，儘管文字禪由於被社會泛化，帶來了一些負面影響，加劇了禪的葛藤現象，但是不能「把文字禪與葛藤禪同等看待」〔註 11〕，這些問題主要應從歷史大背景及個人修持毅力上去找原因，而不能因葛藤問題把文字禪與葛藤禪同等看待。辨明「文字禪」的含義很重要，關係到我們研究的方向。如果不是特別說明，本書所探討的「文字禪」以上述「文字禪」定義爲準。

二、「文字禪」源流考

「文字禪」的起源可以追溯到唐代，但是它眞正形成爲一種禪學潮流是在北宋。禪，超越語言又不離語言，無法表達卻又必須表達；不能落入知解的窠臼，又必須借助文字手段傳達禪悟的妙境。正是由於禪宗的內在矛盾孕育了文字禪的產生，即由刻意排斥語言文字到編寫大量語錄，流行大量公案，以及盛行頌古、拈古、代別，而評唱將禪宗推向「文字禪」高潮。「文字禪」的發展促進了宋代文藝與禪宗的交融，最終形成了影響宋朝及後代文化的一種重要文化現象。

「文字禪」既是一種宗教現象，也是一種文化現象，還是一種文學現象，在中國思想史上具有重要意義。「文字禪」表明了宋人對語言本質的更深刻的認識，魏晉以來的「言意之辨」在宋人那裡得到更進一步發展。佛教二道相因的思維方式使得宋代禪宗對言意關係有更辯證的看法。在宋人眼中，指與月，符號與意義，能指與所指，語言與存在，往往有同一性。我們可以把宋

〔註 11〕閆孟祥：《宋代臨濟禪發展演變》，北京：宗教文化出版社，2006 年，第 172 頁。

代這種文字禪發展演變的過程分為以下三個階段：以語錄之風盛行為特徵的開始階段；以頌古、代別、拈古等形式出現的發展階段以及以「評唱」為代表的高峰階段。

在唐及唐末五代期間，禪師們一般很少用大量語言文字來解釋禪法。馬祖道一（709～788）和石頭希遷（700～790）分別是六祖慧能再傳法嗣，二人分別在江西、湖南開宗立派。禪宗發展到這個時候，非常興盛，參禪人數大增，開悟者也很多。此時禪僧的生活方式有些改變，往往到處參訪。因此，修行的方式不再僅僅是個人的靜坐默究，而是師徒之間或師友之間的相互啓迪和勘驗。行腳參禪的風氣在禪界很盛行，禪師之間的交流趨於頻繁，禪師傳法一般通過比較簡短含蓄的語言，或身體動作來演示禪理，比如推、打、踏、喝等等，促使禪者開悟，這些傳禪的方式被後人統稱為「棒喝禪」。這種「棒喝禪」到五代時期發揮到了極致，極端否定語言文字，從而走向了反面。有些禪師為了撥亂反正，重新審視語言文字在修禪中的作用。五代末北宋初，永明延壽禪師為文字禪在宋代的勃興做出了突出的貢獻，「他借用魏晉玄學的言意觀，明確肯定了語言文字在參禪修道中的作用。」〔註 12〕他指出：「若言名字無用，不能詮諸法體，亦應喚水火來。故知筌蹄不空，魚兔斯得。」〔註 13〕延壽禪師認為，就像要想捕魚抓兔，必須借助筌蹄一樣，要想傳播禪法，必須借助語言文字。這個論述雖然比較簡單，但意義非同尋常，它扭轉了唐末五代以來輕視語言文字、流於狂俗的風氣，奠定了宋代文字禪的基礎。

禪宗到了宋代，開悟者減少，禪僧學禪遇到的困難增多，為了總結參禪的方法，當時很多僧人將前代禪師的機鋒棒喝的禪學言行用文字記錄下來，這樣出現了「語錄」。同時，宋代的禪僧文化基礎好，加之宋代士大夫的加入，此時的禪宗由農禪轉向士大夫禪，體現了一種中國化過程。禪師語錄在宋代很盛行，士大夫也喜歡為之作序，這樣更加助長語錄之風的盛行。隨著語錄之風的流行，大量語錄出現，其中一些著名禪師的經典言論被專門整理出來作為衡量迷悟的準則，被稱為「公案」。這就是「文字禪」的開始階段。

禪師們對公案進行注解，就出現了頌古、拈古等文字禪作品，文字禪進入了發展階段。比永明延壽稍晚的臨濟宗禪師善昭，是宋代文字禪興起的一個重要人物。他認為，古代禪師的語言與行為是隨機利物的，學習者隨之而

〔註 12〕陳自力：《釋惠洪研究》，中華書局，2005 年，第 151 頁。
〔註 13〕延壽：《萬善同歸集》卷上，《大正藏》第四十八卷，第 962 頁。

各自解悟。因此，禪師以文字語言開示禪意，學徒通過文字語言解悟禪理，語言文字就成了禪師與學者之間禪可示可悟的中介。善昭說：「夫參玄大士，與義學不同，頓開一性之門，直出萬機之路；心明則言垂展示，智達則語必投機；了萬法於一言，截眾流於四海。」〔註 14〕這就是說，禪比義學優越，禪要求「頓開」、「直出」，沒有那麼多的邏輯推理和繁瑣注疏。通過持續不斷地參究古人語錄公案，就有可能領悟禪的眞諦，明白自己的光明本性，故亦名「參玄」。這種從古人語錄上領悟禪理的主張，同沙門義學從三藏經論中把握佛理的做法，是有著很大區別的，雖然都重視語言文字，但是禪宗強調直指人心，因此要求不能進行邏輯思考，當下超越語言文字，直下領悟。至於語言，只是參玄修禪的鑰匙。善昭探討了語言文字與禪悟直覺之間的關係，他的主張代表了中國禪宗發展的一個方向，從刻意貶低語言的功用，轉成了「了萬法於一言」的理論自覺。有了這樣的認識轉變，善昭開始創作「代別」，這個詞是「代語」與「別語」的簡稱。所謂「代語」，原有兩個含義：其一是指問答酬對間，禪師設問，聽者或懵然不知，或所答不合意旨，禪師代答的話語；其二是指古人公案中只有問話，沒有答語，代古人的答語。所謂「別語」，是指古人公案中原有答話，作者另加一句別有含義的話。二者區別不大，都是對古人或他人禪語的發揮。〔註 15〕善昭利用這種形式，借用古代公案，表達自己對禪的理解。他曾說明創作公案代別的原因：「室中請益，古人公案未盡善者，請以代之；語不格者，請以別之，故目之為代別。」〔註 16〕就是說通過添加「代語」或「別語」，對公案作進一步的解釋。善昭的代別之作保存於他的《公案代別百則》和《詰問百則》中。另外他首創頌古，對公案進行詩意的再詮釋，對宋代文字禪學起了很大的促進作用。在北宋以後的禪史上，頌古比代別具有更大的影響力。由於得到廣大士大夫的特別喜愛，使它有著很強的感召力。緊接著雲門宗的雪竇重顯（981～1053）模仿善昭的做法，作了《頌古百則》，把頌古之風推向了高潮。這一段時間是「文字禪」的發展時期。

北宋中後期，禪僧們在對公案及頌古的理解上出現了很大困難，圓悟克

〔註 14〕善昭：《汾陽語錄》卷下，《大正藏》第四十七卷，第 619 頁中。

〔註 15〕參見魏道儒：《關於宋代文字禪的幾個問題》，《中國禪學》第一卷，中華書局，2002 年，第 23～25 頁。

〔註 16〕楚圓集：《汾陽無德禪師語錄》卷中，《大正藏》第四七卷，第 613 頁。

勤曾給頌古下過一個經典性的定義：「大凡頌古，只是繞路說禪。」〔註 17〕意思是說，頌古是繞著彎表達禪理，並不不點破。因此所傳的公案及頌古意義隱晦，眾人對同一個公案及頌古存在不同的理解，這樣對公案及頌古進行細密的解釋和考證成了時代的需要，圓悟克勤與黃龍慧洪順應了時代潮流，將文字禪推向了高潮。他們一方面在理論上針對很多僧人對文字禪風的合法性的質疑，從不同角度論證了文字禪的必要性和正當功能，從而使得文字禪獲得了理論支撐。比如圓悟克勤認爲可以通過「以言遣言，以機奪機，以毒攻毒，以用破用」〔註 18〕的言談技藝，來破除學僧對一切有無諸法的執取，建構語言和心靈世界的另一種關係，幫助學人回歸心性本體。惠洪認爲：「心之妙不可以語言傳，而可以語言見。」〔註 19〕在他看來，語言儘管難以將內心的開悟經驗傳達給別人，但至少可以將內心的開悟經驗展現出來，因此，他說：「蓋語言者，心之緣、道之標幟。標幟審則心契，故學者每以語言爲得道淺深之候。」〔註 20〕語言文字可以作爲心靈的媒介和眞如的標幟，作爲悟道深淺的徵候。另一方面他們在實踐上不斷開拓創新，像圓悟克勤留下了像《碧巖錄》這樣的鴻篇巨製，惠洪留下的作品也非常可觀。這一段時期可稱作「文字禪」的高峰期。

總之，從晚唐五代開始，到北宋中後期，「文字禪」從發展到全面勃興，在中國禪宗史上，留下了光輝的一頁。善昭、重顯、圓悟、惠洪等文字禪大家，出家後皆有過遊歷諸方，遍參知識，融會禪門各家宗旨的經歷，同時他們又深入研究過佛教經典，熟悉佛教基本理論，所以他們能夠發前人所未發，將前代禪師所悟證的機緣與佛教的基本理論相聯繫，並以理論分析的形式表達出來。另外，他們或者幼習儒業，或者出家後又鑽研儒典，故有較高的文化素養，能寫出漂亮的詩詞和文章，以文載道，因而能夠在社會上產生重大影響。事實上，「文字禪」不僅僅是從量變到質變的縱向發展的結果，而更主要是宋代文化橫向影響的產物。在晚唐五代的分裂混亂之後，宋王朝開始著手文化的重建，經過太祖、太宗、眞宗、仁宗幾朝的積累，北宋中葉文化出

〔註 17〕《碧巖集》卷一，《大正藏》第四八卷，第 141 頁。
〔註 18〕弘學、李清禾等整理：《圓悟克勤——碧巖錄・心要・語錄》，成都：巴蜀書社，2006 年，第 480 頁。
〔註 19〕宋慧洪：《雲門文字禪》卷 25，轉引自厤天祥：《中國宗教哲學史》，北京：人民出版社，2006 年，第 296 頁。
〔註 20〕同上註，第 296 頁。

現全面繁榮，復古思想盛行，學術空氣濃厚，禪宗文獻作爲一種人文資源、古典精神傳統，像儒家經典一樣得到人們的重視，「文字禪」的出現正是禪宗順應文化重建任務的表徵，而「以文字爲詩」則正是時代學術風潮在詩中的折光。〔註 21〕

三、「文字禪」背後的禪宗語言哲學思想透視

考察圓悟「文字禪」的思想與詮釋實踐，我們不能不先探討禪宗的語言哲學思想，從中尋找文字禪的內在理路。禪宗是中國古代影響很大、風格獨特的佛教宗派。它提倡直指人心、見性成佛，充分發揮人的內在智慧，展示人的自我價值。歷史上禪僧們的禪語問答被記錄下來，形成了禪宗語錄，其數量浩如煙海，十分可觀。禪宗語錄的語言十分奇特，其含義和用法往往超出日常用法，這種奇特的語言實踐是中國語言學的一個重要組成部分。這種語言現象是與禪宗的語言哲學思想分不開的，一方面，它強調不立文字，強調反觀內照，領悟本有的佛性，另一方面它又提倡不離文字，用語言文字幫助學人領悟佛理。禪的這種語言哲學思想深刻地揭露了直覺體知與語言文字之間的矛盾和關聯，從而有力地推動了中國語言的哲學化，對中國文化的發展做出了重要貢獻。「不立文字」是禪宗的標誌性思想，但是人們常常將「不立文字」誤解爲「不要語言文字」和「不要邏輯思維」，實際上，「不立文字」的眞正含義是不執著於佛教經論，不執著於語言文字。今天，我們嘗試運用認知語言學的理論對禪宗的語言觀進行考察，從而澄清一些觀念。

（一）當代認知視域下的語言哲學思想

傳統的語言學認爲自然語言具有獨立於人的思維和運用之外的客觀意義，語言是對客觀世界的直接反映。認知語言學則認爲，「沒有獨立於人的認知以外的所謂意義，也沒有獨立於人的認知以外的客觀眞理，語言與認知是密不可分的，自然語言是人的智慧活動的結果，又是人類認知的一個組成部分」。〔註 22〕所謂認知，主要是指大腦對客觀世界及其關係進行處理從而能動地認識世界的過程，或者說是通過心智活動將對客觀世界的經驗進行組織，

〔註 21〕參見周裕凱：《文字禪與宋代詩學》，高等教育出版社，1998 年，第 35～40 頁。

〔註 22〕趙豔芳：《認知語言學概論》，上海：上海外語教育出版社，2002 年，第 15 頁。

將其概念化和結構化的過程〔註 23〕。認知語言學認爲，語言不是直接表現或對應於現實世界，而是有一個中間的「認知構建」層次將語言表達和現實世界聯繫起來。在這個認知中介層，人面對現實世界形成各種概念和概念結構。現實世界通過這個認知中介層「折射」到語言表達上，語言表達也就不可能完全對應於現實世界。「認知語言學」的哲學基礎是體驗哲學，是一種「身心合一」或「心寓於身」的認知觀。按照這種觀點，心智和思維產生於人跟外部世界的相互作用，在這個相互作用的過程中人通過自己的身體獲得經驗，這種經驗用「體驗」稱之最爲恰當。

在認知語言學那裡，語言是以認知爲前提的，也就是說認知先於語言產生，存在前語言階段的認知，因此，思維必須借助於語言外殼的說法是不准確的。可以說，人的思維過程不像計算機執行程序的流程圖一樣，而是跳躍式的、並行式的。當考慮問題時，不是對客體進行詳盡無遺的思維，而是進行一種神速的沒有語言的思維。在文學創作中，作家、詩人也常常先有新的思想、新的意境而後決定該用什麼詞語，選擇哪一種句法形式來表達。所以說，語言不是思維唯一的表現形式，思維是可以脫離人的自然語言而獨立存在的。認知語言學認爲，語言能力只是認知能力的一部分，認知先於語言，存在超越語言的認知。語言背後的認知機制是形成和理解語言的重要基礎。〔註 24〕

（二）禪的超越性與「不立文字」

人一生下來便被置身於話語的世界。從功能的角度看，語言是人類最重要的交際工具，人之所以能生存，就因爲彼此之間能和衷共濟，抵禦自然和人爲的災害，不斷創造幸福的生存環境；而人們彼此之中所以能合作，就因爲有語言這個交際工具，人們就是靠它來互通信息的。所以說，語言具有工具性，人人都在運用語言這個工具。

然而，我們的語言的核心特徵體現在主體與客體的對立，主體對客體進行抽象和二分，抽象出客體的主要特徵，省略部分的眞相。因此我們的語言並不是對客觀世界的直接反映，也不是對客觀世界的整體反映，只是一種間接的、部分的、象徵的反映。字詞本身不是它們所指的事物，比如，水這個字無法讓人們止渴，無論我們說某一物是什麼，它就不是這個物體。任何語

〔註 23〕趙豔芳：《認知語言學概論》，上海：上海外語教育出版社，2002 年，第 2 頁。
〔註 24〕同上註，第 18 頁。

言的表達都是部分的、有限的，它只能從一個特定的角度、特定的層面來描述問題，從相反的角度、不同的層面來看，總能找到它的對立面。這就是語言的有限性。作爲這個世界的象徵的語言本身並不會傷害或誤導人。它們有很強的實用價值，跟文明社會不可分離。但是每當人們忘記語言名相不是語言名相所代表的那個事物本身（實相），而把實在的象徵和實在的自身相混淆時，問題馬上就出來了。而人們卻經常犯這樣的錯誤，產生了種種偏見。

語言文字都是指月之指，作爲一個悟道的工具它是有用的，透過語言的工具可以領悟那個永恒的光明存在。它是生成萬物的本體，但是沒有任何對它的表述是完美的，當學徒執著於語言的表述，說明其法執未破，煩惱未盡。「禪作爲絕對本體，在知解、差別、對待之外，是對知解、對立的超越。」〔註25〕眞正的「禪」的境界超越一切語言文字，因此禪宗反覆強調「不立文字」，這也是禪宗的標誌性思想。因此可以說禪宗「不立文字」主要基於以下兩個原因：一是禪師們認爲人們的心靈被以語言文字爲載體的思想所蒙蔽而模糊，人們以爲思想者就是自己，從而認同了這個思考者，以致於沉溺於喋喋不休的語言思維中不能自拔，這種思想活動無法停下來，心靈無法寧靜，最終忘記了眞正的自己——眞如佛性本身。從這個意義上說，禪宗「不立文字」是指要截斷以語言爲載體的思想流，頓悟到這個思想流後面自己本有的眞如佛性。因此「不立文字」不是指不要客觀世界的語言文字，不要日常生活中的文本，而是指要超越語言文字，超越思想，體驗到一個思想流的中斷——一個「無妄念」的間隙。一旦體驗到這個間隙，人就處於一種沒有思考卻又高度機警和覺知的境界之中，在此基礎上，去思考問題，反而會更清晰，更冷靜，更具有創造性。所有有創造力的科學家、藝術家，無論他們知道與否，那個創造的靈感都來自一個無心的地方，都來自內在寧靜。對於大多數科學家不具創意的原因很簡單：並不是因爲他們不知道如何思考，而是他們不知道如何停止思考。這麼說來，「不立文字」的語言觀是多麼富有辯證性，它看到了語言文字的局限性，人一旦過度在意語言文字，形成無休無止的思想流，形成強烈的自我執著，就會帶來危害。第二個原因是因爲「禪」本身是一種無限的超越境界，無法用建立在二元對立基礎上的語言來描述清楚，只可直接認知，親證自得，不可從他人得知。

〔註25〕石世明、蔣德陽：《語言的困境和美學的使命——莊、禪語言觀的現代觀照》，《渝州大學學報》，1992年。

（三）禪的現實性與「不離文字」

禪宗語言哲學思想與禪法的傳授方式悟道方式密切相關，禪宗倡導「頓悟」，因禪法微妙，不可言說，必須衝破現有語言、概念對人類思想的束縛。這實際上提出了語言表達功能的限度問題。然而事實上禪師們不可能永遠沉默不語，啓發後學，引導開悟，交流道法，宣傳教義等，都常常需要借助語言。這就是禪的現實性，禪並不能離開現實生活，它面臨傳播的問題。如何解決這個看似明顯的矛盾呢？禪師們提出了「放一線道，有個葛藤處」，即在不立文字的前提下，略開方便之門，通過語言的暗示啓發，引導初學者登堂入室，領悟禪法。

很多人認爲禪宗「不立文字」的語言觀是反對語言文字本身，是一種反語言的語言觀。其實這是一種誤解，禪宗的「不立文字」實際上根本就沒有「不要文字」或「屏去文字」的含義，而是指不要執著於「文字」，尤其是不要執著於佛教經論。禪宗認爲，佛教的經論猶如捕魚之「筌」和指月之「指」，是人們禪悟修證的指引和資鑒，不可認「筌」爲魚，認「指」爲月，而這往往是人們最容易犯的錯誤。《壇經》解釋，「如何是不立義？自性無非、無癡、無亂，念念般若觀照，常離法相，自由自在，縱橫自得，有何可立？自性自悟，頓悟頓修，亦無漸次，所以不立一切法」〔註26〕，「若悟自性，亦不立菩提涅槃，亦不立解脫知見，無法可得，方能建立萬法，是眞見性。」〔註27〕一個開悟的人能以般若觀照一切法，不再執著包括語言文字在內的一切法，自由自在，隨時隨地都能運用語言卻不執著語言，自性不受打擾，因此說禪宗的「不立文字」就是不執著語言文字，就是《金剛經》中說的「不住一切相」和「無所住而生其心」。

從上面可以看出，「不立文字」是從心靈層面來說的，而在實際生活中，禪宗強調「不離文字」，而且在語言文字運用方面，禪師們極富創造性。一方面，他們運用語言文字宣說教義，形成了相當多的經典作品。禪師們非常重視語言文字，隨口講說，皆成經典，留下了很多作品。另一方面，他們用語言文字幫助禪修已有相當基礎的學人開悟，在機鋒問答中把語言的功能發揮得淋漓盡致，以語言消除學人對語言的執著。言語機鋒、棒喝交馳具有快捷無迹的特點，不容絲毫猶豫思索，機鋒相對，一發中的。

〔註26〕郭朋：《〈壇經〉》校釋》，北京：中華書局，1997年，第100頁。
〔註27〕同上註，第101頁。

「不立文字」與「不離文字」的悖論，實際上關涉到宗通與說通、體知與認知、智慧與知識、不可說與可說、無語與有語、遮詮與表詮的關係。禪宗經過長期發展而形成的禪宗語言哲學思想，對遮詮與表詮、無語與有語、知識與智慧的關係都進行了會通。不立文字與不離文字，兩者看似相反，實際上相通。不離文字著重於禪宗智慧，屬於體驗認知，屬於心靈覺悟方面的範疇；不離文字著重於禪宗的經驗知識，目的在於使學者透過平實的語言理解禪的道理，屬於現實層面的範疇。那麼這種圓融的語言觀背後有著什麼樣的哲學基礎和認知機制呢？從上面論述中，可以看出，禪宗重視直接認知自己的眞如本性，即「明心見性」，體現爲一種體驗哲學。〔註28〕綜上所述，「不立文字」與「不離文字」是不同認知境域的範疇，並不矛盾，禪宗語言哲學可以從現代認知語言學理論裏面得到合理的解釋，這樣文字禪的產生與發展也是情理之中的了。

第二節 「文字禪」思想與詮釋方式

圓悟克勤禪師給後世留下了《心要》二卷，《語錄》二十卷，《擊節錄》二卷，還有在中國禪宗史上占重要地位、影響巨大的《碧巖錄》，總字數達四十萬之多，把中國的禪文化推向了輝煌的頂峰。他既有有博覽群書的文化底蘊，又有參禪悟道的宗教體驗，因此，在他身上，體現了文學才華與佛禪智慧之間的融合，可以說他是宋代禪宗文化的集大成者。對語言的把握爐火純青，對禪法的熟悉如數家珍，這一切體現了他融通文字與禪悟智慧的才能，也是他文字禪詮釋實踐的最大特點。這一節，我們考察其文字禪思想的基本內涵及文字禪實踐的具體詮釋方式。

一、圓悟的「文字禪」思想

圓悟在評唱禪宗公案和頌古的過程中，形成了自己的「文字禪」思想，對語言文字與禪的關係和如何運用語言文字說禪，以及如何透過語言文字領悟禪理，提出了許多深刻的見解。我們從四個方面來對他的「文字禪」思想進行解釋。

〔註28〕參見魏建中：《認知視域下的禪宗語言哲學思想透視》，《學習月刊》，2009年第4期。

（一）「禪非意想，道絕功勳」——「文字禪」的前提

禪本身不是一種思想，而是一種悟道的體驗，是一種明心見性的體驗，圓悟作爲禪師，對這一點是非常清楚的，因此在評唱的過程中，他不厭其煩地強調這一點。他說：「向上一路，千聖不傳，學者勞形，如猿捉影。」〔註29〕「向上一路」指禪宗不可思議的徹悟境界，這就是說，學習者想通過思慮領悟禪的眞理，是不可能的。禪本身超越語言文字，不可表述。圓悟說：

> 禪非意想，道絕功勳。若以意想參禪，如鑽木求火，掘地覓天，只益勞神。若以功勳學道，如土上泥，眼裏撒沙，轉見困頓。倘歇卻意識，息卻妄想，則禪河浪止，定水波澄，去卻功用，休卻營爲，則大道坦然，七通八達。〔註30〕

> 向言句上辨認，卒摸索不著。且道，畢竟如何是法身？若是作家，聊聞舉著，踴起便行；苟若佇思停機，且伏聽處分。〔註31〕

圓悟認爲，禪不能以意想分解來參悟，如果向語言文字上摸索，則永遠和自性光明沾不上邊，悟道須力行實踐，親自參悟，當下承當。禪宗的精神，是實際的生活、實際的體驗。在圓悟的評唱中，他反覆強調頌文和公案無論從表面上看來有多麼大的差別，都毫無例外地表達相同的禪宗主旨，即超越語言文字，領悟自己的本性。例如，無論在《碧巖錄》中，還是在他的《語錄》或其它著作中，圓悟凡講解公案、頌古時，經常總結：「古今言教，機緣公案，問答作用，並全明此」〔註32〕，「古人舉一機一境，皆明此事」〔註33〕。這裡的「此」，就是「不立文字，教外別傳，直指人心，見性成佛」的禪宗宗旨，或者說就是明淨心性本體。這正是圓悟詮釋所有公案和頌文的基本原則。所以說，圓悟雖然重視文字在明心見性過程中的作用，並用了大量的篇幅來詮釋禪，但是最根本的是他重視禪宗自證自悟的實踐精神，這是文字禪的前提，捨此則文字禪的意義無從談起。

〔註29〕弘學、李清禾等整理：《圓悟克勤——碧巖錄·心要·語錄》，成都：巴蜀書社，2006年，第39頁。

〔註30〕同上註，第334頁。

〔註31〕同上註，第115頁。

〔註32〕同上註，第250頁。

〔註33〕《佛果擊節錄》，《續藏經》第六十七冊，第227頁上。

（二）「不得已而立個方便語句」——「文字禪」的合理性

禪是於相離相，於念離念，超越一切言說文字的絕對存在，禪悟的這種特性就好像「如人飲水，冷暖自知」。但是，禪雖不可說，卻又不得不說。名僧慧皎說：「禪也者，妙萬物以為言，故能無法不緣，無境不察。」〔註34〕禪還需借言以顯，文字就成了禪可「悟」可「示」的中介。

傳播禪法離不開語言，語言文字是一種自利利他的工具。圓悟強調啓迪後學離不開語言和文字言教。他說：「此事雖不在言句上，且要驗人平生意氣作略，又須得如此藉言而顯。」〔註35〕「古人方便門中，為初機後學未明心地，未見本性，不得已而立個方便語句。如初祖西來，單傳心印，直指人心，見性成佛，哪裏如此葛藤？須是斬斷語言，格外見諦，透脫得去，可謂如龍得水，似虎靠山。」〔註36〕他認為禪師的語言開示，是出於不得已，是幫助學人明心見性的方便，並不是要人迷執言句，而要透過語言體悟眞諦。語言文字只是「標月指」，由此而當下體悟自身佛性，此種對自性的體悟才是其所指的「月」。

圓悟在「文字禪」的文本中，不斷強調，禪的究竟義雖然是不可落於文字的，但是作為方便，即一種自利利他的工具，語言文字具有喚醒學人的語用力量，具有使人回歸的積極能力。在他看來，語言文字是一種廣度眾生的方便，是第二義門的工具。圓悟賦予語言重要的價值，認為它不僅可以讓人領悟禪理，發明本心，從此，通變自在，受用無窮；同時，還可以體現「老婆心切」般的大乘救世情懷。圓悟說：

> 既不立文字語言，（心）如何明得？所以道，路逢達道人，不將語默對。〔註37〕

> 解語非幹舌，能言不在詞。明知舌頭語言不是依仗處，則古人一言半句，其意唯要人直下契證本來大事因緣。所以修多羅教如標指月，知是般事便休，行履處綿密，受用時寬通。〔註38〕

就是說，恰當的文字語言之提挈，對於明心見性這一本質目的是很必要的。

〔註34〕慧皎：《高僧傳》卷十一。

〔註35〕弘學、李清禾等整理：《圓悟克勤——碧巖錄・心要・語錄》，成都：巴蜀書社，2006年，第197頁。

〔註36〕同上註，第31頁。

〔註37〕同上註，第291頁。

〔註38〕同上註，第492頁。

圓悟重視明心見性的基本宗旨，強調須洞徹心源，以實現心體的自覺澄明；但他並不過分強調禪宗的「不立文字」，而是認為語言文字在實現明心見性這一根本目的的過程中具有重要的引導作用。圓悟談道：「教中大有老婆相為處，所以放一線道，於第二義門，立賓立主，立機立境，立問立答。所以道：諸佛不出世，亦無有涅槃，方便度眾生，故現如斯事」。〔註 39〕在他看來，對於學徒來說，語言並不需要涉及終極心性本體的推論，重要的不在語言是否完整地傳達了禪的眞理，而在於它具有的語用力量。上面兩段話，非常明確地表達了圓悟禪師的這一立場。

文字禪之所以合理，在於時代傳播的需要。禪師們苦口婆心，借助語言文字來詮釋超越語言文字的禪法，順應時代發展的傳法需要。圓悟克勤是一位著名的禪師，他根據時代特徵借助藝術性的語言文字詮釋禪宗思想幫助學人開悟，其背後的緣由主要是兩個方面。

第一，圓悟禪師所處的時代，禪宗內部末學橫流。當時的禪宗隊伍裏很多僧人或者以飽食熟睡、遊談無根為事，或者多學言句，胡亂猜測，對禪根本不瞭解。這樣導致的結果是盲修瞎煉，離禪越來越遠。圓悟曾形容當時的人「只是記憶公案，論量古今，持擇言句」，〔註 40〕或者「執著記憶，以為己見」，〔註 41〕在文字上鑽研，而遺忘了一位僧侶應做的本分。

「不立文字」是禪宗的標誌性思想，但是人們常常將「不立文字」誤解為「不要語言文字」和「不要邏輯思維」，這種觀點推向極致，便成為蒙然無知的「啞羊僧」的藉口。實際上，「不立文字」的眞正含義是不執著於佛教經論，不執著於語言文字，而思想的傳承必須通過語言文字記錄下來，所以又說「不離文字」。

正是有鑒於次，圓悟不顧當時一些禪師的勸告，義無反顧地評唱禪宗公案與頌古，為當時學人理解禪宗公案解黏去縛。圓悟師弟佛鑒曾勸他中止評唱，佛鑒寫信道：「近有禪客至此，傳聞夾山禪師邇來為兄弟請益雪竇，其洪機捷辨出沒淵奧，頗異諸方，自古今未有也。某聞之不覺灑涕，自謂高蹈之士何至此矣！……然高明遠識者，有以見諒必無外也，弟恐晚學後昆，疑其

〔註 39〕弘學、李清禾等整理：《圓悟克勤——碧巖錄．心要．語錄》，成都：巴蜀書社，2006 年，第 68 頁。

〔註 40〕《心要．示宗覺禪人》，《卍續選輯》禪宗部第十四冊，第 715 頁中。

〔註 41〕《心要．示諧知浴》，《卍續選輯》禪宗部第十四冊，第 724 頁中。

言句尖新，以爲佛法只如此矣，遂坐守化城，不能進至寶所，爲害非淺。」〔註42〕佛鑒認爲評唱公案，會造成後學誤入文字障中，忘卻正道，因此極力反對圓悟評唱。

但是頌古有「繞路說禪」〔註43〕的特點，在解釋公案方面有很大局限性。大多數僧人因歷史知識和佛學修養的限制，對頌古理解有很大困難。例如，到北宋中後期，許多僧人對重顯的頌古之作已經是「銀山鐵壁，孰敢鑽研；蚊咬鐵牛，難爲下口。不逢大匠，焉悉玄微」〔註 44〕，正是在這種情況下，圓悟不顧別人反對，用評唱直截了當地解說公案和頌古，後來經門人整理而成《碧巖錄》。「通觀百則評唱，克勤在公案和重顯頌文的基礎上，旁徵博引，提要鉤玄，時而簡單捷說，如數家珍；時而機鋒畢露，發人深思，集中表現了他的禪學思想。」〔註 45〕正是由於《碧巖錄》的這些特點，在北宋末到南宋初的一段時間，《碧巖錄》受到禪僧們的歡迎，被視爲最主要的經典，朝誦暮習。

第二，宋代文化興盛，士大夫喜禪，是促動圓悟重視「文字禪」，借語言文字弘揚禪法的社會因素。圓悟所處時代，是北宋中期以後，此時宋代文化走向成熟，達到了空前發展的時期，整個社會的禪悅之風大盛，眾多士人進入參禪隊伍中，他們不但自己著書立說，也與禪僧酬唱問答，這有力地促進了用文字表達禪的方式的形成。宋代禪師們好作歌頌，他們使用華麗乖張的文字表達自己對禪的體悟，或編撰師長之言行語錄，並流行在古則中添加拈古或頌古，或在上堂小參時引用古人詩句、公案機鋒，或使用對偶工整的韻文作爲講解的內容。

宋代的士大夫與僧人交往密切，士大夫亦多參禪，如范仲淹、歐陽修、司馬光、呂公著、王安石、楊億、富弼、李遵勖、張商英、蘇軾、胡安國等，無一不熱衷參禪，另外理學家周敦頤、二程、楊時、謝良佐等也出入於佛老。士大夫的佛學水平空前提高，對佛經的意旨多有發明，士大夫爲佛經作注疏以及爲僧人語錄作序成爲一時風尚。士大夫的禪學水平也受到禪師們的高度評價，如惠洪作《智證傳》，屢引蘇軾之說與佛經禪籍相印證，如引蘇軾《虔州崇慶

〔註42〕參見《緇門警訓》卷八，《大正藏》第四十八冊，第 1085 頁下～第 1086 頁上。
〔註43〕《碧巖集》卷一，《大正藏》第四十八冊，第 141 頁上。
〔註44〕《碧巖集・普照序》，《大正藏》第四八冊，第 138 頁上。
〔註45〕麻天祥：《中國禪宗思想發展史》，長沙：湖南教育出版社，1997 年，第 93 頁。

禪院新經藏記》證《金剛般若經》。尤其是張商英的禪學，更受到禪門學者的推許，稱「相公禪」，後來竟有禪門長老承嗣張商英開堂說法。張商英曾請圜悟克勤講說公案與頌古。這一切因素直接間接影響到圜悟對「文字禪」的重視。

總之，圜悟禪師「大立文字」是出於不得已，對於他來說，作爲「如標指月」的一切言教之法，皆是方便法門，本身並無獨立的自性可得。禪的言說並不說出某種具有本體論價値的眞理，而是在創造一個「事件」，這個事件能產生一種語用的效果，具有語用的效力，儘管這種效果並不總是被人感受到。〔註 46〕因此可以說，在明心見性的禪修過程中語言顯示了它巨大的功績，「文字禪」的合理性也就在其中了。

（三）「以言遣言，以機奪機，以毒攻毒，以用破用」——「文字禪」言說者必須遵循的原則

在禪宗教學上，爲使禪法流傳，慧命不斷，必須使用一切可行的方式引導後學。圜悟說：「大凡扶竪宗乘，也須是全身擔荷，不惜眉毛，向虎口橫身，任他橫拖倒拽，若不如此，爭（如何）能爲得人。」〔註 47〕一個證悟自性的禪師必須盡一切力量教導大眾，不能作一自了漢。圜悟禪師對公案及頌古之評唱，或古或今，或雅或俗，意境及文採獨具特色，非無緣故。而對於說禪者來說，如何保留住唐代祖師機緣語錄和公案平常而又深秘的意味，是一項難題。他說：「古人言不虛設」，「凡出言吐氣，須是如鉗如鋏，有鈎有鎖，須是相續不斷始得。」〔註 48〕因此，對禪的詮釋，確是需要一番用心。也就是說，在詮釋禪的過程中，應當講究言說技巧。實際上，圜悟對他自己的詮釋方式有明確的意識。他說：

> 群機有利鈍，所悟有淺深。是故勞他諸聖出來，應物現形，隨機逗教。便有權有實，有照有用，有殺有活，有賓有主，有問有答。〔註 49〕

> 不墮理性言說，放出活卓卓地，脫灑自由妙機。遂見行棒行喝，以言遣言，以機奪機，以毒攻毒，以用破用。〔註 50〕

〔註 46〕參見龔雋：《禪史鈎沈》，北京：三聯書店，2006 年，第 316 頁。

〔註 47〕同上註，第 75 頁。

〔註 48〕弘學、李清禾等整理：《圜悟克勤——碧巖錄·心要·語錄》，成都：巴蜀書社，2006 年，第 76 頁。

〔註 49〕同上註，第 429 頁。

〔註 50〕同上註，第 480 頁。

不同的人有不同的資質，對禪的領悟也有深淺之別，因此，需要聖者「隨機逗教」，對不同的人用不同的方法，不同的語言，這就是技巧問題。因此，禪師的語言不能按「常語」解，也就是應該充分考慮其使用的特殊語境，意識到它是特殊群體爲實現特殊目的而使用的一套特殊的話語體系，參照禪宗的思想觀念對其進行解讀，才有可能理解其表達的意義。圓悟認爲要通過「以言遣言，以機奪機，以毒攻毒，以用破用」的言談技藝，借語言這個人人本有的工具來破除日常語言中對一切有無諸法的執取，恢復清淨的本性境界，建構語言和世界的另一種關係。說禪者需要用各種語言方式去幫助學人超越日常語言、概念所形成的習慣，千方百計地發揮語言的力量。而禪門公案和語錄中出現的大量看似矛盾含混的言談，正是禪師爲了發揮語言力量的匠心獨運。

禪師的語言文字都是指月之指，學人應該透過語言的工具去領悟那個本來面目，但作爲悟道工具的語言，「文字禪」言說者需要遵循一定的規則。他指出：「建法幢，立宗旨，須是互爲賓主安貼家邦。」〔註51〕因此，爲了建法幢，立宗旨，弘揚佛法，在運用語言時須注意方法，遵循規則，設立賓主，有權有實，有殺有活，以各種方式來突破言談的一般規範。他強調「衲僧家須是句裏呈機，言中辯的」〔註52〕，並特別提出「文字禪」的用語規則要「打破常理見解」，以「本分說話」，即凡出一言半句，都應該做到「不犯鋒芒」，不「傷鋒犯手」〔註53〕，「一言一句，不亂施爲」〔註54〕。圓悟禪師認爲，對於說禪的人來說，要求是非常高的，既要體悟自性，又要善於言說。正是在注重言說技巧的思想指導下，圓悟禪師在說法的過程中，大量用詩歌說禪。其實，禪在詩中比在哲學思辨中更容易找到它的表現形式，詩歌作爲一種言說方式，改變的不僅是言談的外在形式，而且是言談的本質。圓悟的詩非常具有隱喻性，運用形象的語言指向那人人本具的腳跟下大光明。

在「文字禪」的詮釋過程中，圓悟禪師還強調語默不二，語即默，默即語。在他看來，禪的靜默也是一種語言手段，具有語用力量，能夠發人深省。靜默並不是消極的對言說的否定，言與默是在相互依存中發生作用的。對語默不二，圓悟有非常細心的體究。他說：

〔註51〕弘學、李清禾等整理：《圓悟克勤——碧巖錄・心要・語錄》，成都：巴蜀書社，2006年，第342頁。

〔註52〕同上註，第156頁。

〔註53〕同上註，第92頁。

〔註54〕同上註，第59頁。

有者道，意在默然處。有者道，在良久處。有言明無言底事，無言明有言底事。永嘉道：默時說，說時默。總恁麼會，三生六十劫，也未夢見在。而若便直下承當得去，更不見有凡有聖。是法平等，無有高下，日日與三世諸佛，把手共行。〔註 55〕

圓悟禪師批評那些將語言與靜默割裂開來的人，他認爲靜默並不是無言中之無言，而是無言中之有言，而言語也並不是言語中之言語，而是言語中之無言，這就是禪師所領悟到的語默不二的道理。因此，「文字禪」提倡「語中無語，名爲活句」，言說只是初期的教學，只有領悟了「語默不二」的道理，才是眞正的禪悟。每一個聲音都發源自靜默，也消逝於靜默，而它短暫的壽命也被靜默包圍著，靜默使聲音得以存在。它是每一個聲音、每一個音符、每一個言語裏本質而隱含的一部分。所以說，靜默也可以作爲一種「文字禪」的語言技巧，它並不是對言說的消極的否定，而是在言談脈絡裏產生作用的，即「它們是在相互依存中發生作用的」。〔註 56〕還可以說，靜默是一種比言說更有力量的言說，它表示了一種更深入的意義，可以瓦解日常言談的程序，讓學人截斷妄想之流，體悟自性光明。

圓悟禪師在把前代禪師的機緣語錄和公案詮釋的過程中，一直努力在口語與書寫、言說與靜默、宗門與義學的兩極間保持非常微妙的平衡，力主維持自家禪門的立場，形成了自己的典範，爲後世留下了一筆寶貴的精神財富。

（四）「向言外知歸，方有少分相應」——「文字禪」受眾必須遵循的原則

對於參禪者來說，應當透過公案語錄的語言，領悟超越一切二元對立的靈明自性，回歸到生命的源頭。圓悟說「其實此事不在言句上」，「須是向語句未生已前會取始得」〔註 57〕。確實，靈明自性或者說是生命源頭不在語言上面，相反一切語言都來自於它。他又說，「觀佛祖言教皆影響邊事」，如果只是一味「持擇言句，論親疏，辯得失，浮漚上作實解」，就難免不能受用，

〔註 55〕弘學、李清禾等整理：《圓悟克勤——碧巖錄．心要．語錄》，成都：巴蜀書社，2006 年，第 199 頁

〔註 56〕參見龔雋：《禪史鈎沈》，北京：三聯書店，2006 年，第 320 頁。

〔註 57〕弘學、李清禾等整理：《圓悟克勤——碧巖錄．心要．語錄》，成都：巴蜀書社，2006 年，第 25 頁。

「迷卻正體」。〔註58〕可見對於迷戀言句，頭腦中喋喋不休的人們來說，迷失了自己的本性，不能受用。圓悟認爲：

> 此事若在言語裏，則合一句語便殺定，更不移改也，云何千句萬句，終無窮竭？將知不在言語裏，要假語句以顯發此事，靈利漢當須直體此意，超證透語句底，使活鱍鱍地，便能將一句作百千句用，將百千句作一句用也。〔註59〕

因此，圓悟強調「向言外知歸，方有少分相應」〔註60〕。他提醒學人不要「尋言逐句」，要善於「言中透得言，意中透得意，機中透得機。」〔註61〕可見，是要學人透過前人的言、意、機，體悟超越言、意、機的心性本體。對機緣公案中的「一言半句」，都要「直下撥開一條正路」，「一言之下，如桶底脫相似」。〔註62〕他說：「古人句雖如此，意不如此，終不做道理繫縛人。曹溪鏡裏絕塵埃，多少人道，靜心便是鏡，且喜沒交涉，只管做計較道理，有什麼了期。」〔註63〕從語言中領悟無言的道理，回歸超越語言分別的生命源頭，這才是參禪者應有的態度。圓悟在《碧巖錄》第八十九則的評唱中，批評人們的種種解釋，他說：「如今人多去作情解道：遍身底不是，通身底是，只管咬他古人言句，於古人言下死了。殊不知，古人意不在言句上，此皆是事不獲已而用之……須是絕情塵意想，淨裸裸，赤灑灑地，方可見得大悲情。」〔註64〕在對第九十則頌古的評唱中，又說：「古人意雖不在言句上，爭奈答處有深深之旨。」〔註65〕圓悟在這裡強調學人不要用普通人的常識、情理去理解公案語句，要善於透過言句，超出言句，體悟古人暗示的解脫道理，放下心頭的執著，絕情塵意想，回歸到淨裸裸的禪悟之境。因此，圓悟強調在參禪時要參活句，他說：

> 他參活句，不參死句。活句下薦得，永劫不忘。死句下薦得，自救不了。若要與祖佛爲師，須明取活句，韶陽出一句，如利刀剪

〔註58〕弘學、李清禾等整理：《圓悟克勤——碧巖錄．心要．語錄》，成都：巴蜀書社，2006年，第490頁。

〔註59〕同上註，第247頁。

〔註60〕同上註，第27頁。

〔註61〕同上註，第62頁。

〔註62〕同上註。

〔註63〕同上註，第35頁。

〔註64〕同上註，第192頁。

〔註65〕同上註，第196頁。

卻，臨濟亦云：吹毛用了急還磨，此豈陰界中事？亦非世智辯聰所及，直是深徹淵源，打落從前，依他作解，明昧逆順，以金剛正印印定，麾金剛王寶劍，用本分手段，所以道，殺人須是殺人刀，活人須是活人劍。既殺得人，須活得人，既活得人，須殺得人。〔註 66〕

圓悟認為，學道追求覺悟，應當持之以恒地參活句，從中體悟自性，因為死句容易讓人執迷，活句才讓人言外知歸。所謂活句，是指無字義可尋而又含意深刻，非從言外之意深參而不能了悟的語句，而死句則是有字義可尋的語句。實際上，「死句」和「活句」的區別有兩個標準。一個是客觀標準：「死句」指有義句，意在句中，「活句」指無義句，意在言外；另一個是主觀標準：同樣一句話，有人死於句中，不能透過，有人得意忘言，句中覓活。「文字禪」強調「活句」，「句」就「文字」而言，「活」就「禪」而言。所以說，圓悟根據傳播禪法的現實需要，大膽詮釋，但是他對於「文字」始終保持清醒的態度，其「死句」、「活句」之分正是他強調「言外知歸」的兩種可能的結果。

圓悟禪師在《碧巖錄》第七十三則談論關於馬祖道一的離四句絕百非之公案時說：「垂示云：夫說法者，無說無示。其聽法者，無聞無得。說既無說無示，爭如不說；聽既無聞無得，爭如不聽。而無說又無聽，卻較些子（還差不多）。只如今諸人，聽山僧在這裡說，作麼生（如何）免得此過？具透關眼者，試舉看。」〔註 67〕意思就是說，說法與聽法者都必須把握禪的本旨，瞭解語言的有限性與工具性，言外知道迴光返照，才能達到實踐之效果，這段垂示完全表達了禪宗教學上的基本要求。因此，「古人機緣語句，不必盡要會之，但一著分明，則著著如此。」〔註 68〕「一著分明」，意思是自己靈明心性的顯露開發。對於古人的公案，不必全部掌握，關鍵是自性的光明能否顯露出來。所以，對於《碧巖錄》的種種譬喻，引證經教、儒史詩文等語言文字，必須按照圓悟所開示的要求，保持活潑的心態，把握正確的理解方向，才能體會其中所欲表達的智慧信息。《碧巖錄》第十三則中有句話「一切語言，皆是佛法」〔註 69〕，可見對於開悟者來說，世俗語言與解脫境界在本質上並無根本差別，世俗語言能幫助人頓悟自性，成就智慧，具有重要價值。他還

〔註 66〕弘學、李清禾等整理：《圓悟克勤——碧巖錄．心要．語錄》，成都：巴蜀書社，2006 年，第 225 頁。

〔註 67〕同上註，第 135 頁。

〔註 68〕同上註，第 333 頁。

〔註 69〕同上註，第 43 頁。

說：「總一切語言爲一句，攝大千沙界爲一塵」，〔註 70〕只有超越語言的差別性，領悟到語言文字都是指月之指，作爲一個悟道的工具它是非常有用的。如果充分發揮語言的語用功能，透過語言的工具，就會體悟到那個永恒的光明本性。因此，就「文字禪」受眾者而言，必須以靈活的心去接受禪師自由活潑的教示，不能拘泥不化。如圓悟在《碧巖錄》第二十二則裏所說：「所以古人道：承言須會宗，勿自立規矩。言須有格外，句須要透關，若是語不離窠窟，墮在毒海中也。」〔註 71〕言句之外的深意才是參究的對象，經教或語言文字都應在禪宗之自力體悟的基礎上，才能得到合理適當的安排，這一點是禪門的通義。

二、圓悟的「文字禪」詮釋方式

考察了圓悟「文字禪」的基本思想，我們將視野轉向圓悟的「文字禪」的詮釋方式，對其進行個案探討。我們嘗試從現代詮釋學的角度來看圓悟的「文字禪」。在此要說明的是，我們並不是以今天的眼光去把圓悟克勤當做一個現代意義上的詮釋學家，以爲他是在有意識地做一種現代意義上的詮釋工作，而是運用現代的詮釋學理論來考察圓悟的「文字禪」實踐。

詮釋活動是一個過程，既然是一個過程就沒有恒常性可言，沒有自性可說，因此詮釋是無限開放的，當然在詮釋過程中也反映詮釋者的語言表達能力及文化水平。詮釋者將文本的意義用語言的方式表達出來，漸漸形成了固定的詮釋方式，爲後人樹立了典範。作爲禪師的圓悟克勤一方面繼承前人的詮釋方式，自作頌古、拈古，另一方面創造了評唱與擊節兩種詮釋方式。拈古、頌古主要是輯錄禪師的公案附以議論，評唱、擊節則是對拈古、頌古的再評述。下面我們考察圓悟「文字禪」的四種詮釋方式。

（一）頌古

所謂「頌古」，《佛光大辭典》稱：「禪宗將古人指導弟子所開示之公案（古則），以簡介的偈頌表示之，稱爲頌古。」〔註 72〕圓悟認爲：「大凡頌古只是

〔註 70〕弘學、李清禾等整理：《圓悟克勤——碧巖錄・心要・語錄》，成都：巴蜀書社，2006 年，第 198 頁。

〔註 71〕同上註，第 65 頁。

〔註 72〕慈怡主編：《佛光大辭典》「頌古」條，臺灣佛光山出版社，1989 年版。

繞路說禪。」〔註 73〕可見，頌古是用來詮釋公案所蘊含的禪理的，其原則是「不說破」。

頌古這一以韻文詮釋古德公案的方式由宋初汾陽善昭禪師創立，至北宋中葉雪竇重顯禪師發展成熟，他的《頌古百則》影響最爲宏巨，將頌古這種「文字禪」形態推向了高潮。圓悟曾讚美雪竇之頌古云：「雪竇頌一百則公案，一則則焚香拈出，所以大行於世。他更會文章，透得公案，盤礴得熟，方可下筆。」〔註 74〕圓悟是很推崇雪竇的才情的。關友無黨（按：圓悟克勤的弟子）評雪竇說：「雪竇《頌古百則》，叢林學道詮要，其間取譬經論，或儒家文史，以發明此事。」這就使雪竇的頌古顯得富贍華麗，文辭可讀，情趣盎然。頌古由於與詩歌形式相近，受到廣大禪僧及士大夫的特別喜愛。他們不僅重視書本、文字，而且還追求辭藻的華麗，音韻的完美。這樣形成了宋代的頌古之風，出現了很多優秀的作品。

圓悟禪師繼承前人的成果，自己也寫頌古，詮釋禪宗公案。他繼承了雪竇以「繞路說禪」的新詮釋方法，採用詩體這種含蓄、象徵、委婉的表現手法，而且根據不同的內容，選擇不同的詩體，有律詩絕句，也有古風歌行，有五言、七言，也有三言、四言、六言，或淳樸典雅，或輕靈飄逸，意義含蓄，常蘊言外之旨，這樣就開闊了人們想像的空間。試看圓悟自作的兩例頌古：

> 舉。雲門示眾云：乾坤之內宇宙之間，中有一寶秘在形山，著燈籠向佛殿裏，拈三門安燈籠上。
>
> 虎豹文章麒麟頭角，輝天焯地堆山積嶽。搊破面門兮蓋色騎聲，截斷羅籠兮解黏去縛。罷卻干戈百草頭，萬里秋天飛一鶚。〔註 75〕
>
> 舉。馬祖與百丈同遊山，見野鴨子飛過。祖云：「是什麼？」丈云：「野鴨子。」祖云：「向什麼處去也？」丈云：「飛過了也。」祖將百丈鼻孔扭，丈作忍痛聲。祖云：「何曾飛去？」丈於此有省。
>
> 野鴨過前溪，千峰凜寒色。相顧不知歸，未免資傍擊。扭破疑團葛怛消，捎風直下透青霄。雲山海月渾閒事，一語歸宗萬國朝。〔註 76〕

〔註 73〕《碧巖錄》第一則，《大正藏》第 48 冊，第 141 頁上。
〔註 74〕《碧巖錄》第四則，《大正藏》第 48 冊，第 144 頁中。
〔註 75〕弘學、李清禾等整理：《圓悟克勤——碧巖錄．心要．語錄》，成都：巴蜀書社，2006 年，第 538 頁。
〔註 76〕同上註。

第一則頌古針對的題材是雲門的一句話，他說「乾坤之內宇宙之間，中有一寶物秘在形山。」圓悟頌古對此話進行形象的解釋，說明此寶物光輝燦爛，照天照地，只有超越內心的衝突，才能見到此心性之寶，從而達到「萬里秋天飛一鶚」的禪悟境界。全頌從心性本體的角度觀察世界，極具引導作用。第二則頌古針對的題材是關於百丈馬祖野鴨子對話的著名公案，這個公案馬祖借野鴨子教導百丈懷海禪師，指示百丈放下對現象的「執著」，回歸自性本體。因爲這則公案本身是含義很豐富的禪語，所以很多禪師都寫頌古對此公案做進一步的解釋、發揮。圓悟的頌古獨具特色，運用隱喻手法，表明百丈迷執野鴨、千峰，如人在外面迷失歸途，師傅從旁邊擊打，破除其內心疑惑，百丈返本還源，歸心入本，回歸正途，此時如同雲山海月一樣悠閒自在。這兩例頌古的形式從文筆看來，韻律清楚，讀起來琅琅上口，其句式不一，第一則六句，第二則八句，帶有宋人的語言特點。再看兩例：

舉。僧問馬祖：如何是佛？祖云：即心即佛。

無須鎖子八面玲瓏，不撥自轉南北西東。海神知貴不知價，留向人間光照夜。〔註77〕

舉。僧問馬祖：如何是佛？祖云：非心非佛。

碧海珠荊山璧，耀乾坤唯別識。利刀剪卻無根樹，萬疊峰巒斂煙霧。〔註78〕

這兩例頌古文采斐然，帶有濃厚的文藝氣息，以形象的語言把禪悟的本質深入淺出地詮釋出來，非常具有特色，體現了圓悟禪師文學才華與佛禪智慧之間的完美融合。這種頌古詮釋方式繞路說禪，讓人在詩歌的薰陶中領悟心性之理。

總之，從圓悟以上幾則較具代表性的頌古中，大致體現了他這樣的禪法觀念：禪悟的境界超言絕慮，擬議即錯，動念即乖；禪法自然，無作無爲；反對尋言逐句，滯句迷源，而強調把握當下，實修實證。並且圓悟的頌古在表現手法和形式體裁上，都著力於藝術上的表現。在語言風格上，注重辭藻修飾，文辭典雅、華麗，語帶玄味，又善於融入感情，更好引用佛經儒典。

〔註77〕弘學、李清禾等整理：《圓悟克勤——碧巖錄．心要．語錄》，成都：巴蜀書社，2006年，第538頁。

〔註78〕同上註。

（二）拈古

拈古與頌古之別，據圓悟之說明：「大凡頌古只是繞路說禪；拈古，大綱據款結案而已。」〔註 79〕也就是說拈古與頌古的區別，一是頌古傾向於間接、委婉的方式，而拈古則是直接的；二是在文體上，頌古以偈頌方式說禪，或爲短歌、或爲詩句，文採斐然，帶有濃厚的文藝氣息，拈古則不拘一格，以散文形式居多，據事直抒，點明其中要旨所在，文較質樸。然無論拈古、頌古均以古德之公案爲前提，如圓悟在《擊節錄》第一則〈德山示眾〉裏云：「古人或拈古、頌古，一則因緣須是出得他古人意方可拈掇。」〔註 80〕就是說必須有所體悟，能深切體會古德公案的眞意，才可用自己的話表達出來，其最終目的不外經由古德悟道之機緣，指出參禪修道的方法及對心性本體的驗證。

圓悟禪師的拈古收在《圓悟克勤禪師語錄》第十六到十八卷中，其題材範圍不拘一格，與頌古一樣主要是歷史上中國禪宗的語錄或傳說故事。試看一例：

> 舉。外道問佛：不問有言不問無言。世尊良久。外道禮拜讚歎云：世尊大慈大悲，開我迷雲，令我得入。外道去後，阿難問佛：外道有何所證而言得入？世尊云：如世良馬見鞭影而行。
>
> 師拈云：外道因邪打正，世尊看樓打樓。阿難不善旁觀，引得世尊拖泥帶水。若據山僧見處，待伊道不問有言不問無言，和聲便打。及至阿難問外道有何所證而言得入，亦和聲便打。何故？殺人須是殺人刀，活人須是活人劍。〔註 81〕

這一段拈古題材針對的是外道、阿難與世尊的一則機語對答。外道問世尊：「不問有言，不問無言」。要世尊回答最終極的眞理，世尊以沉默良久來回答，外道由此而入道，阿難不理解，世尊開示，指出這個外道如世界上的見鞭影而行的良馬一樣，領悟力強。圓悟拈提，指出外道「因邪打正」，回歸正途，世尊見機行事，善於傳道。圓悟又說，如果是自己遇到這種情況，就會當面就打，用臨濟宗的峻烈手段促使學人放下執著，領悟空性眞理，因爲「殺人須是殺人刀，活人須是活人劍」，只有打得妄想死，才能救得法身活，這樣才是

〔註 79〕弘學、李清禾等整理：《圓悟克勤——碧巖錄．心要．語錄》，成都：巴蜀書社，2006 年，第 68 頁。

〔註 80〕《佛果擊節錄》，《續藏經》第 67 冊，第 227 頁上。

〔註 81〕弘學、李清禾等整理：《圓悟克勤——碧巖錄．心要．語錄》，成都：巴蜀書社，2006 年，第 518 頁。

體現了禪宗擅用的「殺」、「活」之機。圓悟的這則拈古針對性很強，把公案禪機的意義更好地凸顯出來。類似還如：

> 舉。祖師道：正說知見時，知見即是心。當心即知見，知見即如今。
>
> 師拈云：若明心達本，知見歷然。正說正行，當陽顯赫。且作麼生是即如今底事？大家齊著力，共唱太平歌。〔註 82〕
>
> 舉。僧問馬祖：如何是祖師西來意？祖云：近前來向爾道。僧近前，祖劈耳便掌云：六耳不同謀。後來南禪師道：古人尚六耳不同謀，那堪三二百眾浩浩地商量，禍事禍事。
>
> 師拈云：南禪不妨因風吹火，也未免隨語生解。若有問道林，如何是祖師西來意？只對他道：水長船高泥多佛大。〔註 83〕

從這兩例拈古看來，圓悟開門見山，據事直抒，點明其中要旨所在，文較質樸。他深切體會到古德公案的眞意，再用準確無誤的話表達出來，指出參禪的方法及悟道的境界，由此也可見圓悟的功力。所以說，拈古這種詮釋方式直接明白，讓讀者一目了然，領悟禪理。

（三）評唱

圓悟評唱重顯的《頌古百則》，從此開創了「評唱」這種「文字禪」的新的詮釋方式。由於頌古的特點是繞路說禪，不直接說明，且詞句典雅，多用典故，因而對於文化素質較低、佛學基礎較淺的人，很難理解。圓悟的「評唱」力圖將公案及頌文中所蘊含的禪理直截了當地揭示出來，以利學習者。他的評唱縱橫鋪陳，文詞語氣間起伏跌宕，使聽者或閱讀者在驚歎之中更添幾番風味，從而消融塵垢，發明本心，領悟自性。他的評唱前後經過二十年，關友無黨的序中，記錄了他的評唱及其結集成書的過程：

> 圓悟老師在成都時，予與諸子請益其說，師後住夾山、道林，復爲學徒扣之。凡三提宗綱，語雖不同，其旨一也。門人掇而錄之，既二十年矣，師未嘗過問焉。〔註 84〕

這裡說明《碧巖錄》的形成，是圓悟門人根據他在三個寺院講解雪竇重顯《頌

〔註 82〕 弘學、李清禾等整理：《圓悟克勤——碧巖錄・心要・語錄》，成都：巴蜀書社，2006 年，第 519 頁。

〔註 83〕 同上註。

〔註 84〕 同上註，第 218 頁。

古》的記錄整理而成。雪竇重顯的《頌古》是用詩歌的形式詮釋公案，宋代禪宗的教法，就是用公案來推動弘傳的。可以說《碧巖錄》是一部禪宗公案的注解書，在禪宗史上，它標誌著一個新階段，即由講「公案」，逗「機鋒」的燈錄、語錄階段，發展到注釋「公案」「機鋒」的階段。因此《碧巖錄》是一部集大成的書，在禪門中譽爲「禪林第一書」。

雪竇從古聖賢機緣語錄中選出的一百則公案，分別附加頌古，以闡釋和發揚禪宗宗旨，從而形成了《頌古百則》。由於雪竇心性光明，見地純正，境界高邈，且其偈頌文字雅正，寓意深刻，因此《頌古百則》自問世以來，禪林中競相傳頌。但雪竇頌古對一般悟性不高的人來說，如蚊叮鐵牛，難爲下口。如《碧巖錄序》載普照的話說：

> 雪竇禪師，具超宗越格正眼，提掇正令，不露風規。秉烹佛鍛祖鉗錘，頌出衲僧向上巴鼻。銀山鐵壁，孰敢鑽研；蚊咬鐵牛，難爲下口。不逢大匠，焉悉玄微。〔註 85〕

可見對於雪竇的頌古，一般人很難理解，需要對其進行再解釋，因此圓悟克勤在開堂說法時，爲方便後學，使學人更易理解《頌古百則》的妙旨，就以雪竇《頌古百則》爲底本，旁徵博引加以評唱而成《碧巖錄》。此書是詮釋雪竇頌古的權威性著作，也是一部在中國禪宗史上占重要地位，有巨大影響的著作。在《重刊圓悟禪師碧巖錄集疏》中說：「雪竇頌古百則，圓悟重下注腳。單示叢林，永垂宗旨，經也。」〔註 86〕「圓悟禪師，評唱雪竇和尙頌古一百則，剖決玄微，抉剔幽邃，顯列祖之機用，開後學之心源。況妙智虛凝，神機默運，晶旭輝而玄扃洞熙，圓蟾升而幽室朗明，豈淺識而能致極哉？」〔註 87〕可見後人對圓悟《碧巖錄》評價之高，對其崇拜亦可窺一斑。

通觀百則評唱，圓悟把公案、頌文和經教三者結合起來，通過細密的考證和詳細的講解，降低了學人對公案及頌古的理解難度。他旁徵博引，提要鉤玄，在生動精警的語言中，禪機活潑地躍動，可以說《碧巖錄》是圓悟生命悟性與後天學識的結晶。正是由於這個緣故，他對公案的解釋爲後世學人所普遍接受。在評唱中，圓悟時而娓娓道來，如數家珍；時而機鋒畢露，發

〔註 85〕弘學、李清禾等整理：《圓悟克勤——碧巖錄・心要・語錄》，成都：巴蜀書社，2006 年，第 6 頁。

〔註 86〕同上註，第 218 頁。

〔註 87〕同上註，第 219 頁。

人深思，語言生動活潑，形成了禪門注疏的一種獨特形態，現舉一例以明其特徵。《碧巖錄》卷一第一則「聖諦第一義」，「垂示」曰：

隔山見煙，早知是火。隔牆見角，便知是牛。舉一明三，目機銖兩，是納僧家尋常茶飯。至於截斷眾流，東湧西沒，逆順縱横，與奪自在，正應憑麼時。且道，是什麼人行履處，看取雪竇葛藤。〔註 88〕

這是圓悟對此則公案及重顯頌文核心思想所作的概括和提示，也可以說是全書的總示，指示出雪竇重顯與一般禪家的禪風之別，一般的禪家能做到見煙知火，見角知牛，因而能舉一反三，觸類旁通，心明眼亮，而雪竇則是截斷眾流，縱橫自在，又高出一籌。禪宗悟心，舉一明三，應是自然而然之事，而截斷眾流，逆順縱橫，予奪自在，則是明心見性的根本所在。再看公案本則，可明此義。

〔一〕舉：梁武帝問達摩大師：說這不喞溜漢。如何是聖諦第一義？是甚繫驢橛？摩云：廓然無聖！將謂多少奇特，箭過新羅，可煞明白。帝曰：對朕者誰？滿面慚愧，強惶惶，果然摸索不著。摩云：不識。咄，再來不值半文錢。帝不契，可惜許，卻較些子。達摩遂渡江至魏。這野狐精，不免一場忺㦬，從西過東，從東過西……〔註 89〕

圓悟在「評唱」中詳細介紹了這段公案發生的具體背景，指出達摩「單傳心印，開示迷途，不立文字，直指人心，見性成佛」，而梁武帝迷信傳統的佛教義學，不能迴光返照，明悟本心，因此兩人無法溝通。根據佛教史傳，菩提達摩航海來華，先在金陵（今南京）受到了梁武帝的禮遇，梁武帝曰：「朕即位以來，造寺寫經，度僧不可勝記，有何功德？」達磨答道：「並無功德。」帝曰：「何以無功德？」達磨曰：「此但人天小果，有漏之因，如影隨形，雖有非實。」帝曰：「如何是眞功德？」達磨答曰：「淨智妙圓，體自空寂，如是功德，不以世求。」〔註 90〕在禪宗看來，佛學的根本在於啓迪人去體悟自己光明空寂的心性本體，一旦回歸本心，妙圓淨智立現，亙古亙今，永恒不

〔註 88〕弘學、李清禾等整理：《圓悟克勤——碧巖錄・心要・語錄》，成都：巴蜀書社，2006 年，第 9 頁。

〔註 89〕同上註。

〔註 90〕同上註。

滅，與世俗人天小果福德迥然不同。梁武帝迷信自己的做法，不能明悟，生活在對世俗福德的執著之中。達磨因話不投機，遂渡江北上嵩山，在少林寺開創禪宗。圓悟對達磨說的「廓然無聖」非常推崇，認爲「參得一句透，千句萬句一時透，自然坐得斷把得定」，只要能參透「廓然無聖」，就可以歸家穩坐，逍遙自在。再看重顯的頌文：

> 聖諦廓然，箭過新羅，咦。何當辨的，過也，有什麼難辨？對朕者誰，再來不值半文錢，又憑麼去也，還云不識。三個四個，中也，咄。因茲暗渡江，穿人鼻孔不得，卻被別人穿，蒼天蒼天，好不丈夫。豈免生荊棘。腳跟下已數丈深。……〔註 91〕

圓悟對重顯的頌文又加以評唱：

> 且據雪竇頌此公案，一似善舞太阿劍相似，向虛空中盤礴，自然不犯鋒芒。……大凡頌古，只是繞路說禪；拈古大綱，據款結案而已。雪竇與他一拶，劈頭便說道：聖諦廓然，何當辨的？雪竇與它初句下，著這一句，不妨奇特。……若是了底人分上，不言而喻；若是未了底人，決定打作兩橛。諸方尋常皆道，雪竇重拈一遍。殊不知，四句頌盡公案了。後爲慈悲故，頌出事迹。因茲暗渡江，豈免生荊棘。達磨本來茲土，與人解黏去縛，抽釘拔楔，剷除荊棘，因何卻道生荊棘？非止當時，諸人即今腳跟下，已深數丈。……〔註 92〕

圓悟在評唱中，稱讚雪竇是寫頌古的大行家，如舞劍高手，不犯鋒芒。「聖諦廓然」，佛性現成，光明無量，只可自悟，不可言說，說是一物即不中，所以說何必一定要辨析根本宗旨呢？圓悟強調，達磨來華，並非爲中國人傳經送寶，增益知識，而是來解黏去縛，抽釘拔楔的，使人掃除情見，見道忘言，明心見性，實現心靈自由。一旦妄想情見之荊棘被剷除，心中光明佛性自然朗現。從上述解釋可見，雪竇的頌古經過圓悟的評唱，表達的意思更加清楚明瞭。具體而言，既指明了雪竇頌古的本意，也詮釋了禪修要注意的問題。所以說，圓悟的評唱也是一種對「明心見性」修禪的指導，其中不乏禪機意蘊，這一點不容忽視。

〔註 91〕弘學、李清禾等整理：《圓悟克勤——碧巖錄・心要・語錄》，成都：巴蜀書社，2006 年，第 10 頁。

〔註 92〕同上註。

圓悟的評唱將公案、頌古同經籍、歷史、典故結合起來詮釋，創造了「文字禪」的一種更爲成熟的詮釋方式。因爲公案文字簡約，隨機性強，時過境遷，後人很難契入。頌古雖然是對比公案的詮釋，但過於追求玄言妙語，繞路說禪，仍難以理解，而圓悟的評唱詳細明確，直截了當，將禪門宗旨詮釋明白，後人有章可循，故很受禪林的歡迎，產生了極大的影響。在《碧巖錄後序》中對圓悟有這樣的評價：「圓悟禪師，評唱雪竇和尚頌古一百則，剖決玄微，抉剔幽邃，顯列祖之機用，開後學之心源。」在《重刊圓悟禪師碧巖錄集疏》中也說：「雪竇頌古百則，圓悟重下注脚，單示叢林，永垂宗旨經也。」〔註 93〕可見對圓悟《碧巖錄》評價之高。

（四）擊節

「擊節」之名，因圓悟克勤另一名著《擊節錄》而得，取「擊而中節」之意。圓悟克勤作《擊節錄》，對重顯的《拈古百則》加以評點，使之宗旨更爲突出，開始了「文字禪」的又一種新的詮釋方式。在《重刻圓悟禪師擊節錄題辭》中對圓悟有這樣的評價：「圓悟禪師，電機波辨，色絲妙絕，可謂文武火爐鍛練學人矣。」「明覺禪師瀑泉集，見存乎大藏中，大古希音，和者鮮矣。圓悟禪師，擊節乎其間，教人不覺手舞足蹈。」〔註 94〕

《擊節錄》的結構，先引公案，次述重顯的拈古，文中加有著語，邊引邊議，最後是克勤的擊節，正面闡述公案及拈古中所含禪理。相對評唱來說，比較簡短，所說道理也很直截了當，指點關要。

下面引《擊節錄》第五十五則「雪峰三下」，以示其特徵。

> 舉。僧問雪峰，聲聞人見性，如夜見月；菩薩人見性，如晝見日。未審和尚見性如何？（三段不同）峰打三下。（斬釘截鐵）其僧復問岩頭，頭打三掌。（同途不同轍）雪竇云：應病設藥，且打三下。（說得道理）若據令而行，合喫多少？（打云：只打一掌）。〔註 95〕

此則公案中，聲聞、菩薩是佛教的小乘與大乘果位，各有不同層次。聲聞注重自己解脫，見性不徹底，所以如夜見月，不太清晰；菩薩利他至上，見性較徹底，所以如晝見日，比較清楚。這個僧人問雪峰禪師見性如何比喻？結

〔註 93〕弘學、李清禾等整理：《圓悟克勤——碧巖錄・心要・語錄》，成都：巴蜀書社，2006 年，第 218 頁。

〔註 94〕《佛果擊節錄》卷下，《續藏經》第 67 冊，第 226 頁上。

〔註 95〕同上註，第 244 頁上。

果雪峰禪師打他三下。該僧問岩頭禪師，又挨三掌。雪竇對這個公案拈古說：因爲應病與藥，所以才打三下，如果按照規矩來行動的話，現在應該打幾下？

圓悟的「擊節」如下：

> 圓悟師云：尋常聞人說無迷無悟，只是建立無中唱有，且喜勿交涉。據實見處，晝見日，夜見月，未必爲奇特。三下三掌，若喚作棒，有什麼交涉？爲什麼只打三下？雪竇道，據令而行，合打多少？放過一著。〔註96〕

圓悟的擊節，揭開了公案和拈古中的玄機。公案中僧人問了三種情況，被打三下，表示見性離言說，說似一物即不中，因爲見性並不是像日常生活中主體見客體一樣見到了某一個東西，而是超越二元對立的本性自己呈現出來。「棒喝」是禪宗祖師常用的引導方法，說見性已經是執著，所以挨打。通過圓悟的擊節，後人可以明瞭公案故事的宗旨，直透祖師胸臆，發明本心。再舉一例：

> 舉。永嘉大師到六祖，繞禪床三匝，振錫一下，卓然而立。（魚行水濁）。祖云：夫沙門具三千威儀，八萬細行，（大方之家，善收善放）大德從何方而來，生大我慢。（便不屈人）雪竇便喝。乃云：當時若下得這一喝，免得龍頭蛇尾。（賊過後張弓）又再舉繞禪床三匝，振錫一下，卓然而立。（鳥飛毛落）代六祖云：未到曹溪，與你三十棒了也。（也是無風起浪）〔註97〕

此則公案在禪門家喻戶曉，永嘉見六祖大師，繞禪床三匝，振錫一下，後與六祖有一段精彩的對話，被六祖印可。雪竇拈古，簡短直接，發人深省，但是不容易被一般人理解，因此圓悟禪師又進行大篇幅的擊節，進一步詮釋：

> 永嘉大師，本是講維摩經座主，因講維摩經自悟，說的話驚人。因六祖會中策禪師遊三吳，預座隨喜，見他講得，不同尋常座主見解，因講散，遂詰其心地，所發之言，並同諸祖。策曰：仁者悟心，師是誰耶？受誰印可？覺曰：我聽《方等維摩經論》，並無師承，於《維摩經》悟佛心宗，無人證據。策曰：仁者，威音王已前則得，威音王已後，無師自悟，盡是天然外道。覺曰：願仁者爲我印證。策曰：我今言輕，有第六祖師在曹溪，四方雲集，並是受法之人。

〔註96〕《佛果擊節錄》卷下，《續藏經》第67冊，第244頁上。
〔註97〕同上註，第229頁上。

覺率策同至曹溪印可。永嘉既至曹溪，六祖坐次，持錫繞繩床三匝，振錫一下，卓然而立。六祖云：夫沙門具三千威儀，八萬細行，大德從何方來，生大我慢。永嘉也好，便道生死事大，無常迅速。六祖本要抛個鈎釣永嘉，卻倒被永嘉釣將去。兩家只管打葛藤，一對一問，千古萬古悉皆如此。末後六祖道：如是如是。永嘉便行。祖云：少留一宿。故號爲一宿覺，名玄覺，號眞覺。雪竇拈古有大手脚，更不引問答。直引他初見六祖語。雪竇拈弄永嘉道：生死事大，無常迅速，且得沒交涉。雪竇教永嘉下喝，免見後人指注。且道明什麼邊事，這一喝似個什麼，似置一寶珠向面前，若是有錢人便買將去，當時屬你也。宗師家拈古有出眾處。卻再舉六祖道，等繞繩床三匝，振錫一下，卓然而立，好向他道：未到曹溪，已與你三十棒了也。雪竇前頭與永嘉出一隻眼，這裡與六祖出一隻眼，且道雪竇意作麼生？〔註98〕

圓悟禪師先介紹了永嘉禪師的背景，再評價「六祖本要抛個鈎釣永嘉，卻倒被永嘉釣將去。兩家只管打葛藤，一對一問，千古萬古悉皆如此」，指出兩人的對話含義深刻，但也只是「打葛藤」，千古萬古都要自識本心，自性自度，最後評價雪竇的拈古，指出「雪竇前頭與永嘉出一隻眼，這裡與六祖出一隻眼」，要學人去悟明白雪竇的意思。

總之，從圓悟擊節中，體現了他的禪學觀念：禪悟境界超越一切語言文字，不要尋言逐句，滯句迷源，而要把握當下，眞修實證。他的擊節在拈古的前提上，更加詳細全面地闡釋，意義明白，但卻常蘊言外之旨，這樣即易讓人從字面上理解，又能打開學人悟性的空間。在語言風格上，注重直抒胸臆，文辭樸實，但語帶禪味，情趣盎然。

綜上所述，我們可以看到，圓悟禪師主要運用頌古、拈古、評唱和擊節等四種文字禪詮釋方式，其基本特徵是通過形象具體的語言直指禪的核心——光明本性，它們含有濃厚的禪機、禪意，凸顯開悟的意義。當然，圓悟的頌古、拈古、評唱、擊節，畢竟出自禪門，其中夾帶著不少機鋒，需要讀者根據自己的體會與參悟，並不完全等同於儒家經學和佛教義學的注疏，所以後人也不那麼容易看懂。

值得注意的是，《碧巖錄》和《擊節錄》的出現，將宋代佛教的「文字禪」

〔註98〕《佛果擊節錄》卷下，《續藏經》第六十七冊，第229頁上。

推向了巔峰，受到了禪林的重視。特別是《碧巖錄》，被視爲「禪門第一書」，成爲禪林入門必讀書。圓悟禪師開創評唱與擊節兩種「文字禪」詮釋方式的功勞在歷史上是不應該抹殺的，這種創新精神正是禪宗生命力旺盛的內在原因，也正是因爲有了一代又一代高僧大德的與時俱進，禪宗才在中國這片土地上發揚光大。

第三節　「文字禪」詮釋內容之分析

圓悟禪師少年博聞強記，儒家經典爛熟於心，出家後即得名師指導，攻讀內外典籍，諸宗融通，同時他工詩善文，因此能用各種文字形式及內容來詮釋禪悟之道，其語言如精金美玉，引人入勝，可謂是第一流的說法大師。博覽群書與參禪悟道之間的互補，文學才華與佛禪智慧之間的融合，是他「文字禪」詮釋內容的最大特點。他的評唱將公案、頌古同經籍、歷史、典故結合起來詮釋，在「文字禪」詮釋的歷史上達到了一個新的高度。縱觀他的「文字禪」詮釋內容，包羅萬象，非常豐富。

伽達默爾說，「傳承物始終是通過不斷更新的意義表現自己，這種意義就是對新問題的新回答，而新問題之所以產生，是因爲在歷史的過程中新的視域融合形成，而我們的解釋從屬於這一視域融合。」〔註 99〕因此，文本本身並沒有什麼孤立不變的意義，它的意義只能在解釋中產生和被揭示出來。我們認爲，圓悟解釋公案頌古的目的並不是爲了解釋而解釋，而是爲了通過解釋，促使禪宗弟子開悟，換句話說，就是爲了讓解釋在當下活起來，在公案頌古文本和禪修者當下架起一座橋梁。圓悟在詮釋公案頌古時所使用的方法，以及由這些方法所建立的自己的思想，都是值得認眞分析的。可以看出，作爲一代禪學大師的圓悟克勤在接受與重構之間做了種種努力，他在詮釋公案、頌古及拈古時，在準確把握其思想脈絡的同時，還使得其內在精神在新的視域裏以解決新問題促使禪宗弟子解悟的方式獲得了重生。因此，站在現代詮釋學的立場，歷史上及現代社會中對圓悟「文字禪」的批評是大可不必的。對待圓悟禪師的「文字禪」，我們試圖從詮釋學的立場對其意義進行說明，力圖揭示圓悟以「文字禪」方式進行詮釋中所進行的重構與創新，以理清圓

〔註 99〕〔德〕漢斯－格奥爾格·伽達默爾：《眞理與方法——哲學詮釋學的基本特點》，洪漢鼎譯，上海：譯文出版社，1999 年，第 219 頁。

悟的禪學思想，使我們能在繼承與發展中全面準確地把握圓悟的禪學思想，從而對大師的禪學體系力求給予全面客觀的定位。

一、藉教說禪

藉教說禪是指通過深入三藏、深研佛典，在佛經中尋求有價值的理論解釋禪學，其中「教」就是指義學各派奉持的佛教經典。〔註 100〕藉教說禪的前提是教禪一致，唐代的宗密、宋代的契嵩皆提倡教禪一致。宗密說：「經是佛語，禪是佛意，諸佛心口，必不相違。諸主相承，根本是佛親付；菩薩造論，始末唯弘佛經，」〔註 101〕教家以經典為依據，經典是佛語的記載；禪門主張「以心傳心」，「不立文字」，禪體現佛的心意。佛的言論和心意是一致的，決不互相違背，因而禪和教是一致的。

圓悟克勤在爲公案及頌古作評唱時，亦大力說明經典之內容。從《碧巖錄》裏出現的佛教經典如《維摩經》、《圓覺經》、《楞嚴經》、《金剛經》、《華嚴經》、《涅槃經》、《梵網經》等看來，可說圓悟非常精通經教，並從禪的立場去安排運用經教之義理。其實圓悟精通教典在當時即已爲人所知，如其曾與居士身份之朝廷高官張商英討論《華嚴經》要旨，在《碧巖錄》第二十三則及第八十九則裏亦敘及華嚴思想。其他主要如第八十四則關於《維摩經》中之入不二法門，第九十四則關於《楞嚴經》之見性，圓悟均有充分之說明。綜觀《碧巖錄》裏有關佛教經典之援用及解說，均以成就第一義諦光明自性爲目標，與禪宗所強調的「向上一著」圓融無礙，在傳法上具有較強的說服力，對禪者自身之體證也可提供檢驗，不致落入外道異端。在圓悟克勤看來，經典與禪不一不二，經典是詮釋禪的手段，而禪是另一種佛經，是活潑潑的佛經。我們下面考察圓悟對教下經典的借用。

（一）借華嚴說禪

圓悟對華嚴思想非常熟悉，他善於借《華嚴經》、華嚴理論、四法界的思想、一多相攝觀等來詮釋禪。木村清孝認爲圓悟論華嚴四法界，將理、事法界予以合一，可以將圓悟的禪看做爲華嚴禪〔註 102〕。圓悟在描述心性光明本

〔註 100〕參見李小燕：《慧洪文字禪研究》，武漢大學碩士論文，第 27 頁。
〔註 101〕宗密：《禪源諸詮集都序》卷一，《大正藏》第四十二冊，第 345 頁下。
〔註 102〕〔日〕木村清孝：《圓悟克勤的禪和華嚴教理——宋代華嚴思想的一個側面》，《世界宗教研究》，1992 年第 2 期，第 28～33 頁。

體及禪悟過程時，深深地浸透了華嚴色彩，同時他站在禪師的角度，也對華嚴有所取捨。他說：

> 僧問：「如何是理法界。」師云：「不動一絲毫。」進云：「如何是事法界」。師云：「縱橫十字。」進云：「如何是理事無礙法界。」師云：「銅頭鐵額鐵額銅頭。」進云：「如何是事事無礙法界。」師云：「重重無有盡，處處現眞身。」師乃云：「言發非聲，高高峰頂立。色前不物，深深海底行。全機轉處沒承當，覿面呈時絕回互。離心意識非見聞覺知，須明徹法慧目離念明智，然後一塵才舉大地全收，一毛頭師子百億毛頭一時現。値得一爲無量無量爲一，小中現大大中現小。寬同法界細入鄰虛，無處不周無處不備。毗盧遮那大法性海中，不論聖不論凡，不論有情不論無情，一一把斷不漏絲毫。處處常光現前，一一壁立千仞。若說理法界、事法界、事理無礙法界、事事無礙法界，正是沒交涉。直饒棒頭取證，喝下承當。向空劫那畔識破根塵，威音已前洞然明白，尚未免在窠窟裏。只如出窠窟一句作麼生道？千峰勢到嶽邊止，萬派聲歸海上消。」〔註 103〕

圓悟在這裡以禪師特有的語言表達了對四法界的看法，他並不是照搬無誤的介紹，而是經過自己理解後的華嚴教理。在圓悟看來，四法界可通達禪的世界，華嚴一多不二的圓融境界看作是禪悟之境。但他最後強調，只有眞修實證，「直饒棒頭取證，喝下承當」，達到「千峰勢到嶽邊止，萬派聲歸海上消」的境界，才是出了「窠窟」，這體現了禪師的特有風範。

圓悟與無盡居士張商英談華嚴要旨時，就是借華嚴思想來詮釋禪，同時也以禪的精神論斷華嚴思想。試看兩人的對話：

> （圓悟）曰：「華嚴現量境界，理事全眞。初無假法，所以即一而萬，了萬爲一，一復一，萬復萬，浩然莫窮。心佛眾生，三無差別，卷舒自在，無礙圓融。此雖極則，終是無風匝匝之波。」公於是不覺促榻，圓悟遂問曰：「到此，與祖師西來意，爲同爲別？」公曰：「同矣。」圓悟曰：「且得沒交涉。」公色爲之慍。圓悟曰：「不見雲門道：『山河大地無絲毫過患，猶是轉句，值得不見一色，始是半提，更須知有向上全提時節。』彼德山、臨濟豈非全提乎？」公

〔註 103〕弘學、李清禾等整理：《圓悟克勤——碧巖錄・心要・語錄》，成都：巴蜀書社，2006 年，第 441 頁。

> 乃首肯。翼日，復舉事法界、理法界，至理事無礙法界。圓悟又問：「此可說禪乎？」公曰：「正好說禪也。」圓悟笑曰：「不然。正是法界量理在，蓋法界量未滅。若到事事無礙法界，法界量滅，始好說禪。如何是佛？幹屎橛。如何是佛？麻三斤。是故眞淨偈曰：『事事無礙，如意自在。手把豬頭，口誦淨戒。趁出淫坊，未還酒債。十字街頭，解開布袋。』」公曰：「美哉之論，豈易得聞乎！」〔註 104〕

在圓悟克勤看來，理法界、事法界、理事無礙法界都未到達禪的境界，到事事無礙法界始可說禪，這樣表明禪的境界是一法不立，如意自在的終極境界。因此，華嚴宗的理論只是「順機應教」，而禪宗的特色是「不立文字」，圓悟說：「若說理法界、事法界、事理無礙法界、事事無礙法界，正是沒交涉。直饒棒頭取證、喝下承當」，〔註 105〕從禪的終極觀點而言，不由四法界、摩尼寶珠、六相義等理論來架構，這些都只是概念，都只是說明上的方便而已。他說：

> 一塵含法界無邊，子細點檢，猶有空缺處在，百億毛頭師子，百億毛頭師子一時現，著實論量，未是極則之談。若論本分事，大人具大見，大智得大用。設使盡無邊香水海，越不可說不可說世界，都盧是自己安居處，舉一念超越無邊剎海，猶未是衲僧行履處，不犯鋒鋩、不拘得失、不落二見、不在中間，正當恁麼時如何？山中九十日，雲外幾千年。〔註 106〕

圓悟認爲因陀羅網的法界觀，還不是終極之談，須達到「不犯鋒鋩、不拘得失、不落二見、不在中間」的境界，才具有「山中九十日，雲外幾千年」的意境。他在這裡強調當下直心而行，放下一切念頭，無一攝一切、一切攝一的境界，連事與事圓融的念頭都要消泯掉。禪宗指導學人，悟明心性圓融無礙之後，無法界之無量概念，因此一是一，一亦不是一，多是多，多亦不是多，是一是多，不是一也不是多。眞正的禪師必須直下承當，剔起便行。他說：「如今人但將目前萬境，一時歇卻，更何必第八地已上，方乃如是？」。〔註 107〕按華嚴宗的理論，到第八不動地菩薩，能以無功用智，於紅塵裏轉大法輪，

〔註 104〕《羅湖野錄》卷上，佛光：《禪藏・林間錄外三部》，第 361～362 頁。

〔註 105〕弘學、李清禾等整理：《圓悟克勤——碧巖錄・心要・語錄》，成都：巴蜀書社，2006 年，第 489 頁。

〔註 106〕同上註，第 490 頁。

〔註 107〕同上註，第 500 頁。

於一切時中，不拘得失，都無執著。然而，禪不須至第八地，只要歇卻眼前萬境，自然能於一切時中瀟灑自在。

綜上所述，圓悟克勤禪學思想中，很多與華嚴思想息息相通，他在《碧巖錄》、《圓悟錄》、《圓悟心要》中屢屢闡發四法界、六相圓融、一多相攝等華嚴思想。他與無盡居士張商英討論華嚴圓融要旨，成爲禪宗史上的一則大事。不過，圓悟克勤禪師對「教」、「禪」的看法，仍是以禪爲主。他雖然引用不少華嚴的理論，但其根本的思想，仍然是禪思想。他將華嚴判爲「順機應教」的方便門，並全面借用華嚴思想非常具體詳細地詮釋出禪的實踐與超越的精神。〔註 108〕

（二）借唯識說禪

唯識學是大乘佛學的三大體系之一，是繼大乘中觀學之後印度佛學的主流與核心。唯識學傳入中國以後，對中國佛學思想乃至中國傳統文化都產生了極大的影響。圓悟禪師除了精通華嚴理論外，對唯識思想也很熟悉，他用唯識的八識理論來詮釋禪，比較有說服力。試舉一例：

> 〔八十〕舉：僧問趙州：初生孩子，還具六識也無？（閃電之機，說什麼初生孩兒子）趙州云：急水上打毬子。（過也，俊鷂趁不及，也要驗過）僧復問投子：急水上打毬子，意旨如何？（也是作家同驗過，還會麼，過也）子云：念念不停流。（打葛藤漢）
>
> 此六識，教家立爲正本。山河大地，日月星辰，因其所以生，來爲先鋒，去爲殿後。古人道：三界唯心，萬法唯識。若證佛地，以八識轉爲四智，教家謂之改名不改體。根塵識是三，前塵元不會分別，勝義根能發生識，識能顯色分別，即是第六意識。第七識末那識，能去執持世間一切影事，令人煩惱，不得自由自在，皆是第七識。到第八識，亦謂之阿賴耶識，亦謂之含藏識，含藏一切善惡種子。〔註 109〕

圓悟首先很詳細地解釋了第六意識、第七末那識、第八阿賴耶識的功能，認爲公案中所說的六識是教家確立的正本，一切事物都因其所以呈現出來，從

〔註 108〕參見高毓婷：《圓悟克勤禪學思想》，《中華佛學研究第三期》，中華佛學研究所發行，1999 年。

〔註 109〕弘學、李清禾等整理：《圓悟克勤——碧巖錄．心要．語錄》，成都：巴蜀書社，2006 年，第 173 頁。

這個意義上來說，三界唯心，萬法唯識。從上面可以看出，圓悟對唯識理論是很熟悉的，接著他進一步發揮：

> 這僧知教意，故將來問趙州道：初生孩子，還具六識也無？初生孩兒，雖具六識，眼能見耳能聞，然未曾分別六塵，好惡長短，是非得失，他恁麼時總不知。學道之人要復如嬰孩，榮辱功名，逆情順境，都動他不得。眼見色與盲等，耳聞聲與聾等，如癡似兀，其心不動，如須彌山。這個是衲僧家眞實得力處。古人道：衲被蒙頭萬事休，此時山僧都不會。若能如此，方有少分相應。雖然如此，爭奈一點也瞞他不得，山依舊是山，水依舊是水。無造作，無緣慮，如日月運於太虛未嘗暫止，亦不道我有許多名相，如天普蓋，似地普擎，爲無心故，所以長養萬物，亦不道我有許多功行，天地爲無心故，所以長久。若有心則有限齊，得道之人亦復如是，於無功用中施功用，一切違情順境，皆以慈心攝受。〔註 110〕

在這裡，圓悟從修禪的角度加以發揮，他認爲學道之人應該像嬰孩一樣，對於榮辱功名，逆情順境，都不動心。在圓悟看來，「根塵識是三，前塵元不會分別，勝義根能發生識，識能顯色分別，即是第六意識。第七識末那識，能去執持世間一切影事，令人煩惱，不得自由自在」，所以要轉八識爲四智，如嬰孩一樣，眼見色與盲等，耳聞聲與聾等，如癡似兀，對於逆順境界，其心不動，如須彌山，這樣就達到了較高的境界。接著他又用天地來作比喻，強調學道之人應該像天地一樣無心，於無功用中施展功用，以慈心攝受一切。但是圓悟認爲還不能停留在這種境界，以爲這是極致，還須「跳出窠窟」，百尺竿頭更進一步，他說：

> 到這裡，古人尚自呵責道：了了了時無可了，玄玄玄處直須呵。又道：事事通兮物物明，達者聞之暗裏驚。又云：入聖超凡不作聲，臥龍長怖碧潭清。人生若得長如此，大地那能留一名。然雖恁麼，更須跳出窠窟始得。……十六觀行中。嬰兒行爲最，哆哆啝啝時，喻學道之人離分別取捨心，故讚歎嬰兒，可況喻取之。若謂嬰兒是道，今時人錯會。……又楞伽經云：相生執礙，想生妄想，流注生則逐妄流轉，若到無功用地，猶在流注相中，須是出得第三流注生

〔註 110〕弘學、李清禾等整理：《圓悟克勤——碧巖錄．心要．語錄》，成都：巴蜀書社，2006 年，第 174 頁。

相，方始快活自在。……譬如楞嚴經云：如急流水，望爲恬靜。古人云：譬如駛流水，水流無定止。各各不相知，諸法亦如是。趙州答處，意渾類此。其僧又問投子：急水上打毬子，意旨如何？子云：念念不停流。自然與他問處恰好。古人行履綿密，答得只似一個，更不消計較，爾才問他，早知爾落處了也。孩子六識，雖然無功用，爭奈念念不停，如密水流，投子恁麼答，可謂深辨來風。〔註 111〕

在這段評唱中，圓悟克勤旁徵博引，運用了《楞伽經》、《楞嚴經》上的內容以及古人的詩句，層層深入，將人的妄想流注問題說得很清楚。圓悟強調，嬰兒哆哆啝啝時，比喻學道之人離分別取捨心，這只是一種比喻，如果認爲嬰兒是道，這就是一種錯誤理解。所以說即使到無功用地，還在流注相中，就像很急的水，看起來很靜，其實念念不停，須是出得第三流注生相，才能眞正快活自在，這才是眞正達到了「禪」的境界。

（三）借用其它經典說禪

圓悟禪師對經典的熟悉程度非同尋常，在對禪的詮釋過程中信手拈來，都恰到好處。在他的《碧巖錄》中，所引用的經論以《華嚴經》爲最多，前面已考察，其次依次爲《法華經》、《楞嚴經》、《維摩經》、《金剛經》、《圓覺經》、《涅槃經》、《梵網經》等。例如：

《法華經》云：「如一眼之龜，值浮木孔，無沒溺之患。」大善知識接得一個如龍似虎的漢，教他向有佛世界互爲賓主，無佛世界坐斷要津，接得個盲龜，堪作何用？〔註 112〕

《楞嚴經》云：「吾不見時，何不見吾不見之處，若見不見，自然非彼不見之相。若不見吾不見之地，自然非物，云何非汝？」雪竇到此，引經文不盡，全引則可見，經云：「若見是物，則汝亦可見吾之見。若同見者，名爲見吾。吾不見時，何不見吾不見之處。若見不見，自然非彼不見之相。若不見吾不見之地，自然非物，云何非汝？」辭多不錄。……古人云，到這裡，只可自知，與人說不得。只如世尊道：「吾不見時，何不見吾不見之處。若見不見，自然非彼不見之相。若不見吾不見之地，自然非物，云何非汝？」若道認見

〔註 111〕弘學、李清禾等整理：《圓悟克勤——碧巖錄・心要・語錄》，成都：巴蜀書社，2006 年，第 174 頁。

〔註 112〕同上註，第 57 頁。

爲有物，未能拂迹。吾不見時，如羚羊掛角，聲響蹤迹，氣息都絕，爾向什麼處摸索？」經意初縱破，後奪破。雪竇出教眼頌，亦不頌物，亦不頌見與不見，直只頌見佛也。〔註 113〕

圓悟禪師在第一則直接引用《法華經》的話，解釋盲龜接木的典故，說明大善知識接引學人到生死大海彼岸的道理；在第二則中直接引用《楞嚴經》的話，並用很大的篇幅對之解釋。再看一例：

大解脱人不拘成佛不成佛，若道他修行務成佛道，轉沒交涉。譬如《圓覺經》云：「以輪回心，生輪回見，入於如來大寂滅海，終不能至。」……《維摩經》云：「爲眾生有病故，我亦有病。」懊惱則悲絕也。〔註 114〕

這裡先後引用《圓覺經》、《維摩經》的話，說明「大解脫人不拘成佛不成佛」的觀點，接著他詳細解釋了《維摩經》的內容：

「臥疾毗耶離」，維摩示疾於毗耶離城也。唐時王玄策使西域過其居，遂以手板縱橫量其室得十笏，因名方丈。「全身太枯槁」，因以身疾，廣爲說法云：「是身無常無強無力無堅，速朽之法，不可信也。爲苦爲惱，眾病所集，乃至陰界入所共合成。」「七佛祖師來」，文殊是七佛祖師，承世尊旨往彼問疾。「一室且頻掃」，方丈內皆除去所有，唯留一榻等文殊至請問不二法門也。所以雪竇道：「請問不二門，當時便靠倒。」維摩口似匾擔，如今禪和子便道，無語是靠倒。且莫錯認定盤星。〔註 115〕

圓悟禪師發揮他那超強的記憶力，非常詳細地解釋了維摩詰的故事，最後指出「維摩口似匾擔，如今禪和子便道，無語是靠倒，且莫錯認定盤星」，認爲當時的很多禪修者錯誤理解了維摩詰的說法。

另外，圓悟禪師還爲其他禪師說過的話找出經論出處。例如《碧巖錄》第四十四則中禾山禪師曾說過一句話：「習學謂之聞，絕學謂之鄰。」圓悟禪師解釋說：「此一則語，出《寶藏論》。」在《碧巖錄》第九十四則頌古中有「全象全牛翳不殊」這樣一句詩，圓悟解釋「全象」說：「眾盲摸象，各說異

〔註 113〕弘學、李清禾等整理：《圓悟克勤——碧巖錄・心要・語錄》，成都：巴蜀書社，2006 年，第 201 頁。

〔註 114〕同上註，第 182 頁。

〔註 115〕同上註，第 183 頁。

端，出《涅槃經》」。有時候他不直接說出經論的名字，而是用「教中說」、「經中云」、「所以道」等來表示引用。如《碧巖錄》第八十六則「所以道，心花怒放，照十方剎」，這一句是引用《圓覺經》「普覺菩薩章」。

圓悟禪師還大量引用用歷代祖師語言及中國傳統經典說禪，足見其知識之淵博，試舉兩例：

> 永嘉云：「或是或非人不識，逆行順行天莫測。」若順行則趣佛果位中，若逆行則入眾生境界。壽禪師道：「直饒爾磨煉得到這田地，亦未可順汝意在，直待證無漏聖身，始可逆行順行。」所以雪竇道：「悲生空懊惱。」〔註 116〕

> 全牛者出《莊子》。庖丁解牛，未嘗見其全牛，順理而解，遊刃自在，更不須下手，才舉目時，頭角蹄肉，一時自解了。如是十九年，其刃利如新發於硎，謂之全牛。雖然如此奇特，雪竇道，縱使得如此，全象全牛與眼中翳更不殊，「從來作者共名模」，直是作家，也去裏頭摸索不著。自從迦葉，乃至西天此土祖師，天下老和尚，皆只是名摸。〔註 117〕

圓悟禪師在第一則中引用了永嘉禪師與延壽禪師的話，來說明「逆行順行」的問題；在第二則中，解釋了中國傳統經典《莊子》中庖丁解牛的內涵。

綜上所述，圓悟大量運用教門經典及禪宗典籍，為詮釋公案服務。他是站在禪的立場來整合各種資料，其根本的思想，仍然是禪思想。

二、歷史考證

在圓悟的文字禪詮釋內容中，對禪僧及重要歷史人物的考證是一大特色。他對公案產生的歷史背景以及所用典故，一一評說明白，讓後人瞭解公案的來龍去脈，也為中國的禪宗史留下了寶貴的資料。

詮釋學大家伽達默爾認為：「文本的意義超越它的作者，這並不只是暫時的，而是永遠如此的。因此，理解就不只是一種複製行為，而始終是一種創造行為。」〔註 118〕文本具有無限的開發性，不同的讀者具有不同的理解，就

〔註 116〕弘學、李清禾等整理：《圓悟克勤——碧巖錄・心要・語錄》，成都：巴蜀書社，2006 年，第 182～183 頁。

〔註 117〕同上註，第 201 頁。

〔註 118〕〔德〕漢斯－格奧爾格・伽達默爾：《真理與方法——哲學詮釋學的基本特徵》，洪漢鼎譯，上海：譯文出版社，1999 年，第 380 頁。

會產生不同的詮釋。所以說，理解是詮釋的基礎，而理解則是建立在文化背景上的。因此，誰想詮釋一個文本，誰就要好好理解這個文本，也就是說詮釋開始於對他意的把握，理解具有創新性。圓悟在解釋公案及頌古的過程中，對其背景及相關歷史人物作了大量解說，使公案頌古更加明晰化，便於學人理解。這種對文本的進一步展開正是詮釋工作的一項重要工作，可以說解釋是在明顯的意義裏解讀隱蔽的意義，在於開發隱含在文字意義中的深層意義。圓悟正是通過評唱的方法使自己的思想與文本的思想在自己的詮釋過程中同時體現出來，並且水乳交融般地結合在一起，從而形成更富有生氣更行之有效的作品。試看一例：

〔十一〕舉：黃檗示眾云：（打水礙盆，一口呑盡，天下衲僧跳不出）汝等諸人，盡是噇酒糟漢，恁麼行脚（道著，踏破草鞋，掀天搖地），何處有今日，（用今日作什麼，不妨驚群動眾）還知大唐國裏無禪師麼？（老僧不會，一口呑盡，也是雲居羅漢）時有僧出云：只如諸方匡徒領眾，又作麼生？（也好與一拶，臨機不得不恁麼）檗云：不道無禪，只是無師（值得分疏不下，瓦解冰消，龍頭蛇尾漢）。

黃檗身長七尺，額有圓珠，天性會禪。師昔遊天台，路逢一僧，與之談笑，如故相識，熟視之，目光射人，頗有異相。乃偕行，屬溪水暴漲，乃植杖捐笠而止。其僧率師同渡，師曰：請渡。彼即褰衣，躡波如履平地，回顧云：渡來渡來。師咄云：這自了漢，吾早知捏怪，當斫汝脛。其僧歎曰：眞大乘法器，言訖不見。初到百丈，丈問云：巍巍堂堂，從什麼處來？檗云：巍巍堂堂，從嶺中來。丈云：來爲何事？檗云：不爲別事。百丈深器之。……〔註 119〕

在這例中，圓悟地對歷史人物黃檗禪師進行了非常詳細的考證，這樣對讀者理解整個公案故事的背景又很大幫助，由此可見圓悟的老婆心切，不盡力說清楚，唯恐宗旨不明，而令學人難入堂奧。再看一例：

〔十八〕舉：肅宗皇帝（本是代宗，此誤）問忠國師：百年後所須何物？（預搔待癢，果然起模畫樣，老老大大作這去就，不可指東作西）國師云：與老僧作個無縫塔（把不住）。帝曰：請師塔樣。

〔註 119〕弘學、李清禾等整理：《圓悟克勤——碧巖錄・心要・語錄》，成都：巴蜀書社，2006 年，第 36 頁。

（好與一箚）國師良久云：會麼？（停囚長智，值得指東劃西，將南作北，值得口似匾簷）帝云：不會。（賴值不會，當時更與一撈，教伊滿口含霜，卻較些子）國師云：吾有付法弟子耽源，卻諳此事，請詔問之。……

肅宗代宗，皆玄宗之子孫，爲太子時，常愛參禪。爲國有巨盜，玄宗遂幸蜀。唐本都長安，爲安祿山僭據。後都洛陽，肅宗攝政。是時忠國師在鄧州白崖山住庵，今香嚴道場是也，四十餘年不下山，道行聞於帝里。上元二年敕中使，詔入內，待以師禮，甚敬重之。嘗與帝演無上道，師退朝，帝自攀車而送之，朝臣皆有慍色，欲奏其不便。國師具他心通，而先見聖奏曰：我在天帝釋前，見粟散天子，如閃電光相似，帝愈加敬重。及代宗臨御，復延止光宅寺，十有六載，隨機說法，至大曆十年，遷化。山南府青銼山和尚，昔與國師同行，國師嘗奏帝令詔他，三詔不起，常罵國師耽名愛利，戀著人間。國師於他父於三朝中爲國師，他家父子，一時參禪。據傳燈錄所考，此乃是代宗設問。若是問國師如何是十身調御，此卻是肅宗問也。國師緣終，將入涅槃，乃辭代宗。代宗問曰：國師百年後，所須何物？……〔註 120〕

圓悟先舉公案，然後對公案中的人物肅宗代宗進行介紹，對其故事進行了繪聲繪色的描述，其中涉及到忠國師，他都做了說明，他還指出這則公案把人物搞混了，肅宗皇帝本是代宗。這樣的考證讓學習者對公案背景更加清楚明白。

圓悟在評唱中，把公案和頌古中涉及到的典故與傳說比較詳細地介紹給讀者，降低了讀者對公案和頌古理解的難度，這是他文字禪詮釋的一大特色。例如《碧巖錄》第四則的雪竇頌古曰：「飛騎將軍入虜庭，再得完全能幾個。」圓悟對這一句的用典進行了詳細的解釋：「只如德山似什麼，一似李廣天性善射，天子封爲飛騎將軍，深入虜庭，被單于生獲。廣時傷病，置廣兩馬間，絡而盛臥。廣遂詐死，睨其傍有一胡兒騎善馬，廣騰身上馬推墮胡兒，奪其弓矢，鞭馬南馳，彎弓射退追騎，以故得脫。這漢有這般手段，死中得活。」〔註 121〕另外他對「兔子懷胎」、「蚌含明月」、「庖丁解牛」等典故也進行了詳

〔註 120〕弘學、李清禾等整理：《圓悟克勤——碧巖錄・心要・語錄》，成都：巴蜀書社，2006 年，第 51～52 頁。

〔註 121〕同上註，第 176 頁。

細的解釋。這種解釋不僅讓讀者能夠理解詩句的意思，也對領悟詩句中所含的禪理有很大的幫助。

圓悟在其文字禪代表作《碧巖錄》中，對禪宗典籍及其他文獻的引用大約占到此書的三分之一之多。另外他還詳細分析了禪宗五家各派之宗風、說教方式及禪師所常用的接人手段，其說法如數家珍，體現了其博古通今、善於詮釋的特色。這些內容十分龐大，不可能作窮盡性的列舉，所以本書舉出幾個例子，從而能夠窺一斑而見引文之全貌。對於圓悟的文字禪詮釋，自當時至今，很多人多有責難。從禪家來說，怪其舞文弄墨，違背禪宗不立文字的宗旨；學術界也多認爲大量引證失去了禪宗早期簡潔明快的風格。魏道儒先生認爲：「禪法思想的單一和文字考證的繁瑣，由此成爲《碧巖錄》的最顯著特點」〔註 122〕，對其歷史考證有所貶抑。其實對於圓悟的歷史考證及所概括的禪宗各家宗風，如果從《碧巖錄》是一本對初學者教禪、學禪的類似於普及式讀物的角度來考慮的話，那麼其歷史考證及對各家不一的禪風進行歸納整合是非常有利於初學者對禪宗宗風的把握的，能夠促進社會知識分子對禪宗的理解，從而更好地傳播禪宗的理念與精神。正如麻天祥先生所說，「正因爲如此，宋代禪風才能彌漫整個社會，上達宮廷，下及窮巷。尤其是文人學士談禪說偈，理學家援禪入儒，不僅推促了文字禪的發展，而且更進一步使禪宗思想變成社會各階層茶餘飯後，街談巷議之資，以及思想家構建理學體系的資料和思維方式」，〔註 123〕這種說法是很中肯的，因此我們應該對圓悟的貢獻予以肯定，對其良苦用心同情默應。

雖然中國的傳統文化典籍中沒有「詮釋學」一詞，但這並不等於說中國文化傳統中不包含豐富的詮釋學思想。在中國傳統文化中，也同樣有著類似於西方詮釋學的方法，如以訓詁學、文字學、音韻學、考據學爲基礎的詮釋學傳統。一方面它體現於中國傳統的對於經典的注、疏的解釋經學的傳統，另一方面也體現於將這一方法運用於諸子著作與文學作品的注箋的傳統中。如果說雪竇重顯的「頌」，相當於經學之「注」，則圓悟的《碧巖錄》則相當於經學之疏，既對經典文獻經注作出解釋，有訓詁、有注典、有公案前因後果的背景、因緣的介紹。圓悟「文字禪」在體例上，不僅創造了中國傳統經

〔註 122〕魏道儒：《關於宋代文字禪的幾個問題》，《中國禪學》第一卷，中華書局，2002 年版。

〔註 123〕麻天祥：《中國禪宗思想發展史》，武漢大學出版社，2007 年，89 頁。

學詮釋學傳統中所沒有的一些方式，而且在其性質上體現出現代詮釋學的某些特徵。圓悟的創新精神是值得肯定的，其貢獻不容忽略。

三、引詩論禪

詩與禪原本分屬不同的意識形態。詩屬藝術，以感情爲中心；禪屬宗教，以悟道爲目標。然而二者的融合卻綻放出美麗的文化之花，中國歷史上出現了許多優秀之作。以詩歌偈頌詮釋禪在禪宗史上占十分重要的地位，可以說引詩論禪是禪宗的一個傳統，比如唐代慧能的悟法偈「菩提本無樹，明鏡亦非臺，佛性常清淨，何處有塵埃？」就是一首五言詩。到了宋代，佛教界發生了「語言學轉向」，文字禪興起，詩歌被禪僧們普遍運用。善昭、重顯、克勤等人的頌古評唱之作，主要就是由詩歌、偈頌組成。這些詩歌不僅很有文採，而且還出現了豔詩綺語，如圓悟克勤的悟法偈云：

金鴨消香錦繡帷，笙歌叢裏醉扶歸。少年一段風流事，只許佳人獨自知。〔註124〕

詩中描寫那鋪設著錦繡帷帳的閨房裏，金鴨香爐裏的香氣已慢慢消散，主人公暢聽笙歌，恣意歡樂，盡醉而歸。主人公沉醉在愛情之中，盡情地體味了戀愛的歡樂。但這裡面的種種情事，種種滋味，卻不能也無法向外人言說，所以是「少年一段風流事，只許佳人獨自知」。就像禪門悟道，所悟的到底是什麼，很難用語言說出來。這首悟道詩用綺語豔句來隱喻開悟時的心靈境界，「金鴨」是指一種香爐，此處用香爐裏的香氣消散隱喻妄念消失，一片空靈，此時禪者如同處在美妙的「錦繡幃」中；而聽到的一切聲音都像是天籟之聲，陶醉在這種聲音之中，自己終於回歸到自己生命的源頭，就像世人在「笙歌叢裏醉扶歸」一樣，而此種空靈美妙的禪境只存在於自己心中，只可意會不可言傳。風流的氣質就是要具有衝破規範，不拘一格的灑脫和勇氣。追求風流，而不爲風流所迷，才稱得上眞正的禪門風流。這首詩非常形象生動，圓悟的師傅法演禪師一聽到這首詩，就知道他已經徹悟，立即認可。數百年後，明初高僧楚琦在爲日本淵默庵繪的「圓悟禪師像」還特意寫到這一悟的重要，「金鴨香銷錦繡幃，風流全在一聲雞。如今處處逢昭覺，野鳥山花不更迷。」〔註125〕

〔註124〕弘學、李清禾等整理：《圓悟克勤——碧巖錄・心要・語錄》，成都：巴蜀書社，2006年，第8頁。

〔註125〕《楚石梵琦禪師語錄》卷14，《卍新纂續藏經》第71冊，頁624中。

在禪師看來，系統化的文字敘述，非但不能傳達「悟」的體驗，而且極易流於知性化，但是語言文字又是傳遞禪悟智慧所不能沒有的媒介。就在這矛盾之中，禪宗就發展出一套特殊的語言——禪的象徵式詩歌語言，不用觀念而用隱喻，用直觀而不用分析。整個北宋時期，不少禪師上堂說法都愛用詩歌，學者參學應對也使用詩歌。以詩證禪成了北宋席卷禪林的普遍現象，於是上堂說法有如賽詩會。禪家熱衷於以詩證禪，說明詩歌與禪有很多相通之處，詩歌有助於傳禪。詩歌與禪的相通性首先體現在都是生命主體的直覺體驗，詩歌表現當下的喜、怒、哀、樂等情感，禪是對自己生命本性的直覺體驗，二者在體驗上具有相通性。其次，詩歌的創作依靠的是直覺性思維，這種直覺思維表現出來就是形象性的，比如創作詩歌運用的語言是形象的，表達的意境也是形象的，詩歌就是要用它的形象性引發人們體悟當下的生命狀態。禪的頓悟也是直覺的，利用直覺性使學者超越相對，進入直覺的澄明狀態。最後，詩歌注重語言的對仗、押韻，藝術性強，能夠吸引讀者，使讀者在潛移默化中接受佛理。北宋初期契嵩禪師主張儒佛會通，他認爲：「禪伯修文豈徒爾，誘引人心通佛理。」〔註126〕這裡揭示出禪僧作詩的目的是爲了吸引大眾學禪，領悟佛理，淨化心靈。元代元好問也論述了詩與禪的關係：「詩爲禪客添花錦，禪是詩家切玉刀。」這句話道盡了中國傳統文化中詩與禪密切相關的玄機，不管是以禪入詩，以詩入禪，還是以禪論詩，以禪喻詩，都潛蘊著詩禪相通、互爲轉換、相得益彰的內在機制。參禪與學詩都在「妙悟」，詩與禪都是在「悟」上下工夫，一朝了悟，功到自然成。當然，以詩證禪，也體現了禪師們對語言文字本身價值的承認。圓悟反覆強調，「道本無言，因言顯道」，語言是將道呈顯出來的手段，沒有手段，目的很難達到，只有洞明語言的奧秘才能領悟無言之道。因此，詩中言與意的關係，也就是文與禪的關係，禪僧們以詩證禪就可以理解了。試看圓悟的兩首禪詩：

> 一句當機領，千差路絕攀。去來長若鑒，喧寂鎮如山。百草顛頭峻，孤雲世外閒。行行牢把著，宜闖上頭關。〔註127〕（《送智祖禪德》）

> 懵懵懂懂無巴無鼻，兀兀陶陶絕忌諱。任信流光動地遷，不論冬夏唯瞌睡。個中滋味佛不知，空咄蚌蛤與螺師。放身不管臥水底，

〔註126〕《鐔津文集》卷十七，《三高僧詩・韞之畫能清秀》。

〔註127〕弘學、李清禾等整理：《圓悟克勤——碧巖錄・心要・語錄》，成都：巴蜀書社，2006年，第550頁。

興發長挨布袋兒。鼻息如雷誰顧得，尋常少見有醒時。沒醒時良有以，要明瞌睡中宗旨。從來一覺到天明，佛來不解擡身起。縱使舒光遍大千，終難換我無憂底。校疏親，渾打失，瞌睡根靈莫窮詰。有人契會便同參，睡著須知更綿密。〔註 128〕（《和靈源瞌睡歌》）

第一首詩景中有情，情中有景，情景交融，同時又深蘊禪理。圓悟禪師將送別之情及空靈之境通過形象的語言表達出來，引人入勝。在禪師的觀照下，一切景物都是佛法。第二首詩生動怪異、別開生面，令人忍俊不禁，拍手稱快，又深有啓發。這首詩通過描述一個人在床上陶然大睡，直睡得個天昏地暗，肆無忌憚，來隱喻禪師心無牽掛，怡然自得的瀟灑狀態。在經歷了萬千錘鍊後，禪師將清涼絕頂意境與熱惱紅塵打成一片，入世而出世，出世而入世。正如圓悟所說，「灰頭土面處壁立千仞，壁立千仞處土面灰頭，自然雙放雙收，到處爲祥爲瑞」〔註 129〕，將佛法世法打成一片，隨緣不變，處鬧常寧。「縱使舒光遍大千，終難換我無憂的」一句點明全詩的宗旨——「無憂」。一個人能眞正達到「無憂」這樣的精神境界絕非尋常，因此哪怕以光遍三千大千世界的神通，來換這個「無憂」，禪師們都不願意。對於了悟諸法空相的禪師們而言，他們達到了「醒睡一如」的永恒覺悟狀態。這首詩，將深奧的佛學道理用淺顯的語言表達出來，非常富有生活氣息與美學意蘊。圓悟禪師在上堂說法時也善於用詩意的語言啓發學人，試舉三例：

上堂云：華開世界起，達者先知。葉落即驚秋，賢明早悟。而況雁連湘浦影，蟲作促織吟。明明節換時移，歷歷星馳電急。正當恁麼時，機關脫落底，萬法本閒。尚留見聞底，長安正鬧。若能善觀時節，把斷要津，堂堂越聖超凡，一一騎聲蓋色。當處平和一句作麼生道？志士惜日短，愁人知夜長。〔註 130〕

上堂云：一二三四五六七，今朝此月當初一。昨宵大火還西流，金風動地聲蕭瑟。聲蕭瑟，圓通門大啓，便請直截入，還委悉麼？有念盡爲煩惱鎖，無心端是水晶宮。〔註 131〕

〔註 128〕弘學、李清禾等整理：《圓悟克勤——碧巖錄・心要・語錄》，成都：巴蜀書社，2006 年，第 561 頁。

〔註 129〕《圓悟佛果禪師語錄》卷二，《大正藏》第 47 冊，頁 722 中。

〔註 130〕弘學、李清禾等整理：《圓悟克勤——碧巖錄・心要・語錄》，成都：巴蜀書社，2006 年，第 358～359 頁。

〔註 131〕同上註，第 387 頁。

升座云：蓋天蓋地觸處逢渠，亙古亙今全彰正體。法無異相不落生滅，時無異緣不涉春秋。所以道，處生死流，驪珠獨耀於滄海。踞涅槃岸，桂輪孤朗於碧天。如是則人人脚跟下，輝騰今古，迥絕見知。六處惹絆不住，三界收攝不得。唯當陽直截承當，便見透脫分曉。正當恁麼時如何？天上有星皆拱北，人間無水不朝東。〔註 132〕

從上面三段內容可以看出，圓悟說法時善於運用排比、對偶句式，其語言如精金美玉，非常富有文學色彩。在宋代，僧人的日常問答，參禪的語言，不斷地雅化、詩化。可見，參禪與參詩，禪悟過程與詩悟過程具有相通性，而禪者與詩人融爲一體，詩歌成爲了禪師的「添花錦」。

圓悟的文化功底非常深厚，又博覽群書，因此對前人的名言佳句非常熟悉，在開示學人的時候信手拈來，恰到好處，例如：

若善參詳，可以丹宵獨步，自在縱橫。大眾，還知落處麼？若也未知，爲諸人拈出。白雲盡處是青山，行人更在青山外。〔註 133〕

在這裡，圓悟所拈詩句化用了北宋初期文壇領袖歐陽修的著名詞作《踏莎行》結句「平蕪盡處是春山，行人更在春山外」，將一首閨怨主題的作品化用來詮釋禪悟之理，形象生動，耐人尋味。

作爲通達世間法與出世法的禪師來說，圓悟克勤的文字禪爲禪宗歷史寫下了光輝的一頁。著名哲學家卡西爾曾說：「把哲學詩化，把詩哲學化——這就是一切浪漫主義思想家的最高目標。」〔註 134〕禪師們利用詩歌偈頌把超越語言、超越自我的空靈之「禪」呈現出來，正是禪學詩化的表現，而宋代禪詩的普遍性也反映了宋代禪宗的「語言學轉向」，爲後世留下了一筆寶貴的精神財富。從某種意義上說，「文字禪」是佛教中國化、世俗化、儒學化和文學化的必然歸宿，對於宗教學、哲學、文獻學、語言學和文學研究都有重要意義。可以想像，如果沒有圓悟等宋代禪僧和居士們對「文字」的肯定和理解，中國禪宗研究將不可避免地留下巨大的空白，因爲現存的禪宗典籍，十之八九都是宋代「文字禪」興起之後的產物。

〔註 132〕弘學、李清禾等整理：《圓悟克勤——碧巖錄．心要．語錄》，成都：巴蜀書社，2006 年，，第 397 頁。

〔註 133〕同上註，第 428 頁。

〔註 134〕卡西爾：《人論》，甘陽譯，上海譯文出版社，1997 年版，第 198 頁。

第六章　圓悟禪學思想的歷史影響

第一節　圓悟禪學與大慧「看話禪」和宏智「默照禪」

在圓悟禪師之後，北、南宋之交，曹洞宗人天童正覺提倡「默照禪」，臨濟楊岐宗人大慧宗杲對其末流加以反對，並宣揚自己的「看話禪」，而這兩人都深受圓悟禪學的影響。我們下面考察他們之間的關係。

一、圓悟禪學與大慧宗杲「看話禪」

圓悟克勤的弟子大慧宗杲（1089～1163）是禪宗史上一個非常重要、影響深遠的人物。他提倡的看話禪成爲了宋元以後的中國禪宗的基本禪法，而此禪法是大慧宗杲在繼承圓悟公案禪思想的基礎上提出來的。

在宗杲的參學過程中，圓悟克勤對於宗杲的影響最大。圓悟禪師本人和宗杲一樣都有過對禪修一知半解的參禪經歷，作爲過來人，他對宗杲嚴格要求，耐心教誨。他曾把自己的參禪經歷說出來：

> 老僧往日爲熱病所苦，死卻一日，覰前路黑漫漫地，都不知何往，獲再蘇醒，遂驚駭生死事，便乃發心行腳，訪尋有道知識，體究此事。初到大潙參眞如和尚，終日面壁默坐，將古人公案翻覆看，及一年許，忽有個省處。然只是認得個昭昭靈靈、驢前馬後，只向四大身中作個動用，若被人拶著，一似無見處，只爲解脱坑埋卻，禪道滿肚，於佛法上看即有，於世法上看即無。……一日，忽有官員問道次，先師云：「官人！爾不見小豔詩道『頻呼小玉元無事，只

要檀郎認得聲。』」官人卻未曉，老僧聽得，忽然打破漆桶，向腳跟下親見得了，元不由別人。方信乾坤之內、宇宙之間，中有一寶，秘在形山，已至諸佛出世、祖師西來，只教人明此一件事。若也未知，只管作知作解，瞠眉努目，元不知只是捏目生花、擔枷過狀，何曾得自在安樂如紅爐上一點雪去。〔註1〕

圓悟禪師的參禪經歷比較曲折，在開悟之前也曾通過看古人公案而有個省處，但是卻只認得昭昭靈靈，只是停留在知解的層次上，無法啓用，直到經過五祖法演的反覆錘鍊，因緣具足時才眞正省悟。因此，他強調修要眞修，悟要眞悟，他說：

五祖和尚常云：「諸方參得底禪，如琉璃瓶子相似，愛護不捨，第一莫教老僧見，將鐵錘一擊爾底碎定也。」山僧初見他如此說，便盡心參他。他常問：「『有句無句，如藤倚樹』，作麼生會？」山僧便喝，或下語，總不契。他云：「須是情識盡淨、計較都忘處會。」山僧明日便於無計較處胡道亂道，轉沒交涉，後來徹悟，實見實用，如明鏡當臺、明珠在掌，得大自在。〔註2〕

圓悟禪師繼承五祖法演的思想，結合自己的經歷，認爲參禪要情盡識消，計較全無，不要參琉璃瓶子禪，捨不得放下知見。宗杲受到啓發，最後也是參「有句無句，如藤倚樹」話頭而開悟的。可見，祖孫三代的思想及實踐一脈相承，從法演教導圓悟，到圓悟教導宗杲，都是強調參禪須是向「情識盡淨、計較都忘處」參，而要眞正達到「情識盡淨、計較都忘」的境界，需要下一番苦工夫，不是在字面上理解「情識盡淨、計較都忘」的意思就可以了，圓悟本人是有這個經驗、教訓的。所以他後來對宗杲的教誨，也遵循法演的教導和自己的經驗、教訓。他不斷否定宗杲的思量、計較，不輕易許可、印證他。這種超越情識計較，放下分別意識，持之以恒地參才是眞正的參活句。圓悟要宗杲參活句，不要迷戀語言，死於言句之下。圓悟針對當時學人喜歡從理性知解的角度去理解公案的意義的問題，強調看公案不能用理性思考，而應集中精神，在公案的幫助下發明心地，領悟自性。他在《圓悟心要》卷下《示印禪人》中說：「若以語言詮注語言。只益多知，無緣入得此個法門解

〔註1〕弘學、李清禾等整理：《圓悟克勤——碧巖錄・心要・語錄》，成都：巴蜀書社，2006年，第456頁。

〔註2〕同上註，第578頁。

脫境界。諦信諦信，以悟爲則，勿嫌遲晚。」〔註3〕對圓悟來說，公案的具體內容並不重要，重要的是「心性」之理。如果悟透了「心性」，公案也應該拋棄。圓悟很推崇老師五祖法演的孤峻禪風，他說：

> 五祖老師平生孤峻，少許可人，乾曝曝地壁立，只靠此一著。常自云如倚一座須彌山，豈可落虛弄滑頭謾人，把個沒滋味鐵酸餡劈頭拈似學者令咬嚼，待渠桶底子脫，喪卻如許惡知惡見，胸次不掛絲毫，透得淨盡，始可下手鍛鍊，方禁得拳踢。然後示以金剛王寶劍，度其果能踐履負荷，淨然無一事，山是山，水是水，更應轉向那邊千聖羅籠不住處，便證乃祖以來所證傳持正法眼藏，及至應用爲物，仍當驅耕夫牛奪饑人食，證驗得十成無滲漏，即是本家道流也。〔註4〕

在圓悟看來，法演禪師要求非常嚴格，參禪須「把個沒滋味鐵酸餡劈頭拈似學者令咬嚼」，直到切斷學人的「惡知惡見」，最終心頭絲毫不掛，淨盡開悟。這種方法正是看話頭的方法，只是法演禪師還沒有系統、一貫地提倡此種方法。然而這表明在禪宗的發展歷程中，隨著學人對公案的重視，其弊病也越來越明顯。參學者一般是是以思維分別心去鑽研古人的公案，忘記了與古人一樣的眞參實修，所以經往往只能得一知半解，不是眞正的省悟，不能眞正達到與古人同樣的開悟境界。爲了解決這些問題，經驗豐富的禪宗大師們都在尋找、醞釀一種能讓學人不落於知解的參禪方法，這種傾向在臨濟宗楊岐派禪師法演、圓悟、宗杲等師徒中表現得尤爲明顯。

宗杲在繼承法演、圓悟思想的基礎上提出了「看話禪」方法，指導學人在日用生活中悟道。這種方法後來成爲臨濟宗及整個禪宗重要的修習方法。所謂「看話禪」，即通過參究公案中的「活句」來求得開悟。宗杲將公案的文字分成「活句」和「死句」，他認爲那些意義明確的文字容易讓人邏輯思考，無法制心一處，即爲「死句」，而禪師對答過程中那些模棱兩可，意蘊不明的文句讓人無法思考，則是「活句」，正是學人當用功處。宗杲所參的話頭並不是公案全部，在《大慧語錄》中，他常參的話頭主要是六七個，如「庭前柏樹子」、「乾屎橛」、「狗子無佛性」、「一口吸盡西江水」、「東山水上行」等等。

〔註3〕弘學、李清禾等整理：《圓悟克勤——碧巖錄．心要．語錄》，成都：巴蜀書社，2006年，第309頁。
〔註4〕同上註，第566頁。

宗杲叫弟子在此無理處參究，不能作理性化的解釋，「不用注解」，「不得作道理會」〔註5〕。宗杲教人反覆參一句無意義的話，就是使人大發疑情，力求透脫而開悟。如此反覆參究，才能將世間一切妄念排除，將任何概念剝落，返觀自心，頓見眞如本體。這些思想與圓悟克勤的公案禪有相通之處。

迄於宋代，文字禪盛行，經典卷帙浩繁，禪門的《語錄》、《燈錄》汗牛充棟，令人望而生畏。宗杲從眾多公案中選出一些比較有代表性的語句教人參究，在一句話頭上悟透，即是對全部公案的豁然貫通。這對於廣大僧侶及居士來說，開了一扇方便之門。同時宗杲又強調，「參話頭」無須固定形式，無須逃避社會日用人倫。因而參禪不妨礙任何人，參禪的人仍然可以忠君孝親，維護綱常，操持生計，既不脫離現世生活的責任與義務，又可以獲得一種「隨緣放曠，任性逍遙」〔註6〕的心靈境界，這正是人們在精神上的所追求的完美狀態。所以，宗杲提倡的「參話頭」方法，在其身後廣泛流行。

綜上所述，我們可以看出，宗杲是在繼承圓悟公案禪思想的基礎上提出「看話頭」禪法的，他作了比較系統的總結和改進，強調在看話頭的過程中克服知解分別，以達到眞參實悟的目的。宗杲深得圓悟禪學思想眞旨，創造性加以革新和發展，對於禪學普及化和士大夫禪學起了很大的推動作用。所以說，「宗杲系統地提倡看話頭的思想至少是繼承了法演、圓悟的禪法傾向，不是宗杲個人突如其來地提出的」。〔註7〕宗杲的禪法思想是在法演、圓悟禪法思想的培養、薰陶下而得到成熟和確立的，體現了禪宗發展的連續性。

二、圓悟禪學與宏智「默照禪」

默照禪的創導者宏智正覺（1092～1157），俗姓李，出生於今天中國的山西省，自幼便有奇才，七歲便能日誦數千言，精通五經。他是慧能下十四世，曹洞宗著名高僧，先後謁枯木法成、丹霞子淳。南宋初，正覺創導默照禪，吸引了大批衲子士人，法席隆盛。默照禪就是守默與般若觀照相結合的禪法，是基本上以打坐爲主的修習方式。宏智禪師三十六歲時首先擔任太平興國寺的住持，後來也在其它三座寺院擔任住持。但三年後，也就是一一二八年，宏智禪師辭掉所有職務，前往雲居山在著名的臨濟宗圓悟克勤禪師座下學

〔註5〕呂有祥、吳隆升校：《大慧書》，鄭州：中州古籍出版社，2008年，第45頁。
〔註6〕同上註，第68頁。
〔註7〕伍先林：《略論宗杲的思想發展歷程》，《佛學研究》，2008年。

習，深得其贊許。一年後，宏智禪師成爲天童山景德寺的住持，在那裡度過一生的最後三十年。所以說宏智禪師的思想是受到圓悟的影響的，下面我們考察他們之間的聯繫。

正覺出家後投入曹洞門下，繼承了曹洞注重坐禪的家風，史載，正覺「自幼得戒，坐必跏趺，食不過午」〔註 8〕。經多年的修煉與體會，正覺將提出「默照禪」。正覺認爲：心是諸佛正覺，只因疑礙昏翳，自作障隔，所以無明。如能靜坐默究，淨治揩磨，去掉妄緣，妙明眞心自然圓明。他作《默照銘》和《坐禪箴》闡述自己的立場，將靜坐守寂看成證悟的重要方法。正覺指出：「默照禪」分爲「默」與「照」兩層功夫。所謂「默」者，也就是傳統佛教的「禪定」功夫，他用禪宗東土初祖達摩「面壁靜坐」之功來形容「默」，「廖廖冷坐少林，默默全提正令」〔註 9〕。「默默明明似面牆。」〔註 10〕在這種「默」的工夫中，要做到「默默忘言，昭昭現前」，「默默功夫，心田自鋤」〔註 11〕。也就是說：通過無言靜坐，「休歇」心靈，放下萬緣，消除思維活動，進入一種離言絕象、萬法皆空的禪悟境界。「緘默之妙，本光自照」〔註 12〕，寂靜之後方能生「照」。所謂的「照」，即是般若智慧的照觀，這種「照」不是對大千世界的觀察，而是自我、本心的「自照」。因而這種從「默」中生起之「照」沒有固定的對象。自照之時，物我俱亡，照體獨立。心靈發出的光照見了自己本身。在具體的修證上，正覺認爲只有立即休歇馳心，「有也莫將來，無也莫將去，現在更有甚麼事？如人負簷，兩頭俱脫，和擔颺卻始得，便是自由底人。若不颺卻，他時異日，只成個負簷漢子去。」〔註 13〕這些思想與圓悟的禪學思想也是相通的，他在《心要・示胡尚書悟性勸善文》中強調：

> 多見學佛之儔，唯以世智辯聰，於佛祖言教中違掠奇妙語句，以資談柄，逞能逞解，此非正見也，應當棄捨。冥心靜坐，忘緣體究，逗到徹底玲瓏，於自家無價無盡寶藏中運出，何有不眞實者哉。〔註 14〕

〔註 8〕《宏智正覺禪師塔銘》，《大正藏》第四十八冊，第 18 頁。
〔註 9〕《宏智正覺禪師廣錄》卷二，《大正藏》第四十八冊，第 65 頁。
〔註 10〕《宏智正覺禪師廣錄》卷八，《大正藏》第四十八冊，第 78 頁。
〔註 11〕《宏智正覺禪師廣錄》卷九，《大正藏》第四十八冊，第 66 頁。
〔註 12〕同上註，第 67 頁。
〔註 13〕參見《宏智禪師廣錄》卷五，《大正藏》第四十八冊，第 71 頁中。
〔註 14〕弘學、李清禾等整理：《圓悟克勤——碧巖錄・心要・語錄》，成都：巴蜀書社，2006 年，第 389 頁。

在這裡，圓悟認爲學禪者應當放下那種誇誇其談的傾向，安心靜坐，放下萬緣，反覆體究，最終進入玲瓏光明之境，頓悟自家無盡寶藏，這才是眞實之道。「忘緣體究」是一種中道方法，它強調對世界萬物獲得一種如是如實的切中實際的體驗。在這種狀態裏，人體悟了整體的變化，體悟了沒有對立，一切都恰到好處，「徹底玲瓏」，只是慶祝，只是享受，自我消失了，空隨之而來，心性光明呈現。由此可見，對於初入門者，尤其是士大夫，圓悟提倡通過冥心靜坐來體究心性光明本體。因爲只有通過靜坐，提升定力，才能對禪有所領會，他說：

> 今作息念澄慮工夫，乃是入道門徑。但辨此心，當有深證爾。古德道：若不安禪息定，到這裡總須茫然去。逗至透得到徹頭處，玄亦不立，佛祖亦不立，乃向上大機大用，其中人行履處，又且更須知有始得。〔註15〕

可見圓悟非常強調通過靜坐澄心息念，並認爲這是入道門徑，只有持之以恒地淨化心靈，才會有深證，最終徹悟。禪宗體悟的終極對象——光明自性具有互相融攝、不可分割的屬性，是人心靈達到和諧一體的自由境界時，孤明心體朗照當下所呈現出來的本眞的存在狀態。這種本眞的存在狀態是一種主客體當下交感的情境，所以說光明自性不是個東西，不能對象化，只能體驗。他說：

> 若確然專一，下些悠久工夫，定須有所契證。如佛所謂：若見諸相非相，即見如來。此直諸相當體，了不可得，全是自心及爲非相。是於如如而來，如如而去，無二無別，脫體全眞，契妙明眞心，本來清淨，只自己本來面目也。固非使人撥諸相爲非相，向外馳求也。〔註16〕

圓悟認爲，修行辨道的門徑在於持續作息念澄慮的工夫，讓心安靜下來，將精神聚焦在意念之間的空無之境，便會悟道。因爲越專心觀察體究，妄念會越少，當觀察體究完整全面時，妄念就會消失，了不可得，頓時悟到妙明眞心。這種體究方式是超越語言符號的，這時人不是一個價值判斷者，而是一個能所合一的整體，此時沒有一個孤立不變的思想者。禪修並不是「使人撥

〔註15〕弘學、李清禾等整理：《圓悟克勤——碧巖錄・心要・語錄》，成都：巴蜀書社，2006年，第531頁。

〔註16〕同上註，第498頁。

諸相爲非相，向外馳求也」，因爲眞正的實相就在當下，就在此時此地，沒有前前後後的顧慮，從一個片刻流入下一個片刻，一直融入存在的海洋，這就是如來，「如如而來，如如而去，無二無別」，這是一種存在方式，意味著沒有二元對立，沒有時間的期待。如來之空，就是存在本身，完全融通一切。於是頭腦就進入了一種無上的冷靜狀態，不是人爲的冷靜，而是一種自然無爲的冷靜。一旦大腦眞的變得清涼寧靜了，對於任何感受都可以即刻應對，做事說話順其自然，毫無造作。

這些思想在正覺那裡也得到了繼承。在正覺看來，「眞實做處，唯靜坐默究，深有所詣」，只有如此，才能「外不被因緣流轉，其心虛則容，其照妙則準；內無攀緣之思，廓然獨存而不昏，靈然絕待而自得」〔註 17〕。因此，正覺非常主張坐禪參究，他認爲「靜坐默究」可以「默遊內觀，徹見法源」，從而達到「無芥蔕纖毫作障礙」的境地。因此可見，正覺在強調「坐禪」、「默照」時，並非只是注重形式，更重要的是開悟。也就是說「默坐固然是重要的，但它也如語言文字、參話頭一樣，只是指而非月。」〔註 18〕

正覺也要求他的弟子能夠做到「一念相應，前後際斷，照體獨立，物我俱亡」，從而使他們與所開顯的禪法打成一片。只要達到了這樣的境地，學人便會「說聽同時，能所俱絕，曾無如外智慧證於如，亦無智外如爲智所證，然後觸目絕對待，萬法無不在」〔註 19〕。可見，正覺在突出曹洞宗旨的前提下，而對於禪法的修證則主張蠲棄一切執著，當下解脫，這自然是與禪門頓旨相契的。

對於當時叢林中並弘的臨濟、雲門等宗派，正覺也能採用圓融的態度來對待。他在上堂中曾這樣去提問過學人：「雲門優穩身心，自解隨波逐浪；臨濟變通手段，它能影草探竿。且道天童門下合作麼生？開池不待月，池成月自來。」〔註 20〕在這裡，正覺不但沒有否定雲門宗「隨波逐浪」與臨濟宗「探竿影草」的殊勝之處，但他的「池成月自來」一語又足以體現自宗左右逢源、直趨禪法了義特性。

在佛教內部，由於默照禪一方面拋棄了傳統禪學的繁瑣形式，只以靜坐

〔註 17〕參見《宏智禪師廣錄》卷六，《大正藏》第四十八冊，第 73 頁下。

〔註 18〕麻天祥：《中國禪宗思想發展史》，長沙：湖南教育出版社，1997 年，第 38 頁。

〔註 19〕參見《宏智禪師廣錄》第五卷，《大正藏》第四十八卷，第 71 頁下。

〔註 20〕同上註，第 37 頁下。

為主，方便易行；另一方面臨濟宗所強調的時時處處體驗禪境，隨機開悟，使初學者不易摸索，故默照禪受到普遍歡迎，從者甚眾，使曹洞宗門「中興」。在社會上，默照禪又與宋代理學家所主張的「主靜」功夫相冥合，迎合了在當時激烈的民族矛盾和階級矛盾的漩渦中，士大夫階層「喜靜厭鬧」之心，所以社會影響也很大。正覺的「默照禪」在一定意義上說，是對佛教傳統的「禪定」方法的回歸。「禪定」是佛教戒、定、慧三學之一，在宗教修習過程中具有十分重要的意義。

雖然沒有很多資料直接顯示圓悟禪學對正覺的影響，但是我們從兩人的交往及說法中的相似部分，明顯可以看出圓悟對正覺的影響。如圓悟對冥心靜坐、忘緣體究的重視，把文字當作禪悟的方便等，這些在正覺的默照禪思想中也可以找到。

綜上所述，我們認為，圓悟作為北宋禪學的集大成者，他的禪學思想對宗杲與正覺的影響是不容忽略的。宗杲與正覺從各自立場出發，對文字禪末流大加鞭撻，一方面是為了反對文字禪的末流朝著文字解悟的方向發展；另一方面也是為了突出自己的禪法，解決時代的精神問題。

我們不確定大慧禪師和宏智禪師在雲居山隨圓悟禪師學習時有沒有見過面，但可以確定的是，他們在生命晚期結為好友。大慧禪師以嚴厲批評沉寂的靜坐聞名，他甚至把那種打坐斥為「默照邪禪」。因此，今天的學者通常把這個批評當成是對宏智禪師教法的回應。然而，深入檢視就會發現當時有很多自稱禪師的人教導沉寂的邪禪，因此大慧對默照禪的批判是有針對性的，其對象是沈空守寂的默照禪末流，而非默照禪本身，更不是宏智禪師。作為站在精神頂峰的兩位大師，宏智和大慧的友誼是無容置疑的。

第二節　圓悟禪學對後世「文字禪」的影響

圓悟禪師是禪宗史上傑出的代表人物，他為禪宗寫下了波瀾壯闊的一頁。他的《碧巖錄》從根本上把文字禪推上了頂峰，對禪宗歷史地位的確立有著深遠的影響。

一、對國內「文字禪」的影響

圓悟禪師的文字禪代表作《碧巖錄》把公案、頌文和佛教經論結合起來，從禪宗基本理論出發，對疑義叢生的公案一一解釋，並加以引申發揮，形式活潑，開導啓發性強，融詩、偈、頌、評於一爐，一唱三歎，深入淺出，易爲人們所接受，該書不脛而走，爲叢林推崇傳誦。禪僧們都把它視爲最主要經典，人手一冊，朝暮誦習，以至出現了《碧巖錄》熱。《碧巖錄》後來成爲「叢林學道詮要」，不少著名的作品，都模仿此書，如元代從倫的《空谷集》，是對投子義青《頌古百則》的評唱；萬松行秀的《從容庵錄》，則是對天童正覺《頌古百則》的評唱；等等。很長一段時間裏，它被視爲最重要的禪宗經典，幾至人手一冊，朝夕誦讀。

有人指責《碧巖錄》的傳播導致了禪僧自力解脫精神的消退，其實這種看法是有失偏頗的，禪門冷落，其原因是多方面的，比如外在政治與文化情勢的巨變、出家求道僧徒的意志及能力，而這些才是宋代以後禪宗衰落的主要原因。從另外一個角度看，文字禪使禪文化更好地向社會各階層傳播，爲廣大士大夫及民眾所接受和參與，從而陶冶了他們的審美觀念，提升了他們的精神境界，同時禪宗自身得到了很好發展。禪宗是集儒、釋道文化精髓的中國佛教重要宗派，它對中國的文化藝術、哲學思想發展都有重大影響。歷史上著名的文化人都與禪宗有著深的淵源關係，如唐時的王維、宋時的著名文學家蘇軾、王安石、黃庭堅、陸游等。

《碧巖錄》具有兩大特點：一是內容豐富，涵蓋面廣。它以雪竇的《頌古百則》爲底本，內容原本洋洋可觀，加之圓悟在闡釋評點時，錦上添花，將自己的學問、思想、人品、智慧融會其中，倍增其豐，可謂是集禪學、哲學、文學、史學、美學、倫理學、道德學之大，具有重要的價值。二是形式活潑，開導啓發性強，深入淺出，易爲人們所喜歡。

另外，在今天看來，《碧巖錄》的價值也是多方面的。比如在文學方面，它文字優美，詩意盎然，內容生動，有「錦言繡語」之稱。在語言學方面，它保存了北宋時期大量的方言俚語，對我們瞭解宋代以至唐五代的語言現象，具有極重要的價值。文獻學方面，它廣徵博引，爲我們保存了大量的典故、成語、故事熟語，對禪宗文獻整理及文學創造研究有重要價值。

《碧巖錄》是宋代文字禪成熟發展的成果，體現了僧人的文人化、禪的詩化以及禪的思想向世俗文化形態的全面滲透的傾向，促進了禪僧與文人士夫的日益親近，引領了一種具有時代性的文化潮流。可以說，《碧巖錄》應其時代的文化思潮而誕生，並且在宗教與世俗文化的全面交融中發揮了重要作用。它促進了禪宗的明心見性理念深入士大夫知識階層，並向世俗世界廣泛傳播，實現了不同文化視域的全新融合，從而使禪宗的教化功能在某種意義上發揮到了極致，呈現出強大的社會文化的整合能力。至於文字禪在改變著其他世俗的或宗教的文化形態的同時，引起宗門風氣的轉變，從而自身出現了危機，另當別論。

二、對日本禪文化及茶道的影響

禪門經典《碧巖錄》不僅在中國影響深遠，而且傳到日本後，對日本禪宗文化的普及發展起到了舉足輕重的作用。

在日本禪宗史上，呈現著一幅發脈於圓悟的的法嗣譜系：圓悟克勤——虎丘紹隆——應庵曇華——密庵咸傑——松源崇嶽——運庵普岩——虛堂智愚——南浦紹明——宗峰妙超——徹翁義亨——言外宗忠——華叟宗曇——一休宗純。〔註21〕一休宗純，即日本家喻戶曉的「聰明的一休哥」，圓悟當年寫給紹隆的印可證書，也如衣瀵一般傳遞到其手中。而他的高徒村田珠光，正是日本茶道的開山祖。至此，若即若離的茶禪文化方眞正水乳交融，渾然一體；聯袂東渡的茶與禪才正式步入日本茶道的軌迹。歷史證明：沒有《碧巖錄》的風靡全島，便沒有日本禪宗的風流時代，也就沒有創建日本茶道的一代風流人物。從這一層面上講，《碧巖錄》的廣泛傳播，有力地推動了日本茶道問世的進程，可謂是日本茶道的催生婆。

《碧巖錄》對日本茶道的影響主要表現在茶道的許多形式與禮儀上。其中許多禪語名句，或懸掛於茶庵茶室裏，成爲百代經典；或流行於茶人茶友間，成爲名符其實的「口頭禪」。在現今日本茶道所保留的禪語中，有許多是直接援引於《碧巖錄》，有的則可從該書中找到其源於母體的胎記或的演繹變化的形迹。如「日日是好日」、「三級浪高魚化龍」、「黃檗六千棒打臨濟」、「獨坐大雄峰」、「逢茶茶遇飯飯」、「一圓相」等茶道常用述語，都可以從《碧巖錄》中找到它原版或修改版；反之，《碧巖錄》中的許多禪語妙言，亦可在茶道中找到其「克隆語」或近親繁殖語。〔註22〕日本當代禪文化研究所研究員秋月龍珉編著的《禪海珍言》，取材於《碧巖錄》的禪語共146條，約占全書

〔註21〕楊曾文：《日本佛教史》，杭州：浙江人民出版社，1995年，第373～375頁。
〔註22〕參見滕軍：《日本茶道文化概論》，北京：東方出版社，2007年，第27～67頁。

精選語錄的五分之二強。作者還借評述《碧巖錄》第 43 則之機說：「自宋代以來，禪門就把《碧巖錄》列為『禪門第一書』，對此書極為推崇。」〔註 23〕日本禪宗是由曾兩度旅宋留學的禪僧榮西創立的，此後百餘年間，迅猛壯大，至鎌倉時代發展為 24 個宗派，其中有 21 派為臨濟宗。而這 21 派中除日本臨濟宗開山祖師榮西屬黃龍派外，餘下 20 派均繫經圓悟傳承開來的楊岐派。須知榮西不僅是日本禪宗之開山，還是將中國茶種引入扶桑第一人，並著有日本茶文化的發軔之作——《吃茶養身記》。照理說，其派占天時地利人和應引領禪宗新潮流，殊不知卻讓姍姍來遲的楊岐派佔了上風。這種後來者居上，正是圓悟之《碧巖錄》傳播影響使然。因為楊岐派「繼承了臨濟宗的基本思想，綜合了臨濟、雲門兩家的禪風，同時採取靈活的手段接引參學者，從而使楊岐派在激烈的派系競爭中取得優勢。」〔註 24〕《碧巖錄》恰恰彰顯了楊岐派的特點，故能廣為流傳並使熱衷於其學術思想的宗派一枝獨秀。

第三節　圓悟的法脈傳承及其影響

圓悟禪師是禪宗南嶽下第十五世，法脈傳承至今，影響深遠。自臨濟宗下八世方會禪師在現江西省萍鄉北的楊歧山開宗立派，舉揚一家宗風創立楊歧派以來，經白雲守端至五祖法演一系傳續，其禪風到圓悟禪師時得到重大發展而集其大成，在中國禪宗發展史上具有極其重要的歷史地位。作為中國禪宗主導地位的臨濟宗，一度分為黃龍、楊歧兩派，在圓悟時期，臨濟宗完重新合而為一，因此，楊歧的歷史就是臨濟的歷史。論其師承，現在遍佈全國的臨濟宗人，幾乎都是圓悟禪師的後裔子孫。

圓悟禪師的嗣法弟子達 75 人之多，其中最著名者為大慧宗杲、虎丘紹隆，並稱為圓悟克勤門下的「二甘露門」。據《五燈會元》卷第十九記載，圓悟克勤法嗣主要有：徑山宗杲禪師、虎丘紹隆禪師、育王端裕禪師、大溈法泰禪師、護國景元禪師、玄沙僧昭禪師、南峰雲辯禪師、靈隱慧遠禪師、洪福子文禪師、正法建禪師、華藏安民禪師、昭覺道元禪師、中竺中仁禪師、象耳袁覺禪師、華嚴祖覺禪師、福嚴文演禪師、明因曇玩禪師、虎丘元淨禪師、天寧梵思禪師、君山覺禪師、寶華顯禪師、冬山覺禪師、天封覺禪師、道祖

〔註 23〕〔日〕秋月龍珉著，汪正求譯：《禪海珍言》，桂林：灕江出版社，第 129 頁。
〔註 24〕滕軍：《日本茶道文化概論》，北京：東方出版社，2007 年，第 123 頁。

首座、宗振首座、樞密徐俯居士、郡王彌遜居士、祖氏覺庵道人、令人明室道人、成都范縣君。〔註 25〕其影響最大者是徑山宗杲與虎丘紹隆禪師，開徑山、虎丘兩派。下面試舉幾例，對圓悟禪師法嗣分別加以概括介紹。

宗杲（1089～1163），字曇晦，寧國（現安徽寧國縣）人，俗姓奚，十七歲出家後，登寶峰謁湛堂文準，蒙受指教，並指示他去圓悟克勤禪師處受教。文準圓寂後，爲了請人爲師撰寫塔銘，宗杲曾專程前往無盡居士張商英處，在受到張商英稱許後，還爲他的茅庵命名爲「妙喜」，並親爲介紹他參見克勤禪師。他是在克勤禪師住天寧寺時投於座下而得法的。因此右丞相呂舜奏請高宗賜其紫衣及「佛日」之號，後來他到雲居山建茅庵居住，又入閩結茅於長樂洋嶼小溪雲門庵。應丞相張浚之命，住徑山，道法之盛，冠於一時，侍郎張九成亦從之遊。因議朝政爲秦檜所忌，曾經被流放嶺南。秦檜死後被召還，翌年春夏僧伽黎位，奉旨住育王寺。一年之後奉旨改住徑山，道俗親慕如初。宋孝宗賜號大慧，並御書「妙喜庵」三字相賜，他圓寂後謚「普覺」，有《大慧普覺禪師語錄》三十卷等。〔註 26〕

紹隆（1077～1136），邗州含山（今安徽含山）人，俗姓汪。九歲時在當地佛慧院出家，圓具後參訪過長蘆淨照、寶峰湛堂、黃龍死心等禪師，都受到稱賞。他是在夾山依止於圓悟禪師的，在那裡深人堂奧而嗣法，後來仍回含山開聖寺。建炎年間南渡，在銅峰下結廬，後來住持彰教寺，最後遷住虎丘，大播圓悟的禪法於東南。他有《虎丘紹隆禪師》一卷。在禪宗發展史上，雖然大慧宗杲有法嗣九十多人，虎丘紹隆只有天童曇華一人，但是後世的臨濟宗人都出於虎丘紹隆。〔註 27〕

慧遠（？～1175），眉山（今四川境內）金流鎮人，俗姓彭。慧遠禪師的影響，在圓悟眾多的嗣法弟子中，僅次於大慧宗果和虎丘紹隆。他出家後遍習經論，頗有所悟，當聞訊圓悟歸蜀住昭覺後，立即前來請益，在圓悟座下聞法時豁然開悟，在大眾之中撲倒於地。眾人以爲他中風，扶掖他起，他說「吾夢覺矣」，就在這天夜裏，他受法於圓悟。圓悟曾用「舊鐵舌，轉關棙「的讚語他，所以他又被時人稱爲「鐵舌遠」。〔註 28〕

〔註 25〕《五燈會元》，《卍新纂續藏經》第 80 冊，第 402～414 頁。

〔註 26〕參見大慧：《大慧書》，呂有祥、吳隆升校注，鄭州：中州古籍出版社，第 1～3 頁。

〔註 27〕《五燈會元》，《卍新纂續藏經》第 80 冊，第 405 頁。

〔註 28〕同上註，第 408 頁。

再舉三位居士的例子。郡王趙令衿，圓悟克勤禪師之在家得法弟子，字表之，號越然居士。趙令衿在南康（今江西境內）任職期間，爲事簡潔，政通人員，經常與禪僧交遊。樞密徐俯，圓悟克勤禪師之在家得法弟子，字師川，號東湖居士，洪州分寧人。其父徐禧，字德川，博遊周覽，知古今事變，後授鎮安軍節度使推官、給事中、龍圖閣直學士等職。著名學者張浚也是圓悟的付法弟子。他是南軒先生張拭的父親，綿竹人，號紫岩居士，是徽宗進士。父子同爲蜀中名流。高宗建炎三年官右僕射兼知樞密院，力主抗金，使全蜀得到安寧，東南大局也因此而穩定。在紹興五年圓悟圓寂的同年，他任同平章事兼樞密使，都督諸路兵馬，重用岳飛、韓世忠、劉光第等，被時論比之於諸葛亮〔註 29〕。

綜觀圓悟禪師的一生，爲追求人生智慧，弘揚佛法，遍歷楚水吳山，大江南北，走遍了當時祖國疆域的三分之一。一代宗師在應世的七十三年裏，曾經主持過成都昭覺、湘西道林、金陵蔣山、東京（開封）天寧、鎮江金山、江西雲居等國內七座著名寺院，最後葉落歸根，回到家鄉的昭覺寺。他以博大的胸襟吸收各種思想而又不動其本宗，以故充分展示了其禪法圓融世法與出世法的豐滿特色，受到僧俗兩界的歡迎，對後世影響深遠。

〔註 29〕《五燈會元》，《卍新纂續藏經》第 80 冊，第 411 頁。

結　語

圓悟禪師承先啓後，大振禪風，被譽爲宋代禪宗的中興名匠。他的弟子大慧宗杲提出的「看話禪」成爲後世禪宗主要的禪修法門。他傳承的另一位弟子虎丘法隆一脈更是綿延流長，延續臨濟宗的法脈近一千年，極爲稀有難得，另外圓悟禪師說法開示的輯錄《圓悟心要》，更是歷來參禪者不可不讀的重要典籍，所以說，圓悟禪師在中國禪宗史上有其舉足輕重的地位。

然而，圓悟禪師由於其「文字禪」的嫌疑，受到很多的責難。「從禪家來說，怪其舞文弄墨，有背祖教；學術界也多認爲宋代禪風以文字說禪而失去了禪宗早期簡潔明快的風格，流風所及，使禪風與禪背道而馳。」〔註1〕國內學術界對圓悟的禪學思想不怎麼重視，研究者並不多。其實，對圓悟的批評與責難是沒有道理的，「禪學的衰變，原因不在於文字禪的興起，而恰恰在於它的反面——以不立文字爲口實，以『任性』爲遁辭，故作機鋒，欺人盜世，爲所欲爲，習其狂滑」。〔註2〕其實，圓悟將「只可意會不可言傳」的禪大肆宣講開來，體現了一種超越與創新的精神。他在評唱《頌古百則》時，將詩偈頌評融爲一體，以詩的語言來喻顯活潑精警的禪機，更是體現了其獨到的創意與見識。因此，站在現代詮釋學的立場，歷史上及現代社會中對圓悟「文字禪」的批評是大可不必的。我們需要對大師的禪學體系力求給予全面客觀的定位。

縱觀中國禪宗的歷史演進，不難發現，禪宗的五家七宗在傳法方式上八仙過海，各顯神通，不過概括起來主要有兩種風格，一種是主張直指與說破，

〔註1〕麻天祥：《中國禪宗思想發展史》，武漢大學出版社，2007年，第89頁。
〔註2〕同上註，第89頁。

另一種是主張曲指與不說破。比較而言，主張「直指」及「說破」者，其人才比較繁茂，法脈綿延流長。譬如以臨濟宗與雲門宗爲例來作比較，臨濟禪師一生說法都離不開「無位眞人常從面門出入」，直指人心，在不同的場合反覆詮釋，不管犯不犯忌諱，也不管學人煩不煩，這是屬於「直指」及「說破」的風格，這種創造性的「無位眞人」思想，很形象地傳達出心性本體的特徵。無位眞人其實就是一個內在心性本體的比喻，它是人的眞正本體，而不是外在的經驗的形相，這個本體存在於人的自身之中，是永恒的、超時空的。雲門禪師則比較較偏重「曲指」及「不說破」，其做法主要是利用一些方便，截斷禪修者的妄念，突出「無念、無相、無住」之本心，做法高超，非常有智慧，可惜人們的根器和智慧跟不上，很難契悟，所以雲門宗傳了沒多久就斷絕了，在禪門五宗當中法脈滅絕得最早。圓悟禪師是臨濟宗的傳人，在傳法上亦承襲了「直指」及「說破」的禪風，這一點在在他著作中處處可見，這也是圓悟克勤禪師成爲宋代禪法整合及文字禪代表人物的一個重要原因。

圓悟克勤禪學思想博大精深，文字禪詮釋圓融通透，對後世影響深遠。他的禪法在圓融世出世的同時，並沒有使禪宗旨趣有任何改變，他以博大的胸襟吸收各種思想而又不動其本宗，以故充分展示了其禪法的豐滿特色。從禪宗思想的歷史演進上看，圓悟克勤不僅在心性論方面作出了一定的理論建樹，也從禪宗修證工夫論上更深入地探究禪法及其根本理據，從中重新審視禪宗修證的工夫規範，另外他的「文字禪」在對治「無事禪」、「葛藤禪」等禪學流弊中起了重要作用，喚起了當時禪宗學子對佛教正法的正信，進而重振禪風、中興禪學。可以說，禪宗發展到宋代，圓悟禪師創造了一個新的巔峰。他在評唱中以經典詮釋的方式進行「文字禪」體系的建構，如果從橫向來看，這和宋代理學的建立方式有異曲同工之妙〔註 3〕。在他的門下，出了以「看話禪」著稱的大慧宗杲，這種禪法影響中國禪宗一千多年，另外提出「默照禪」的宏智正覺也跟他學過禪，深得他的贊許；他的「文字禪」評唱一直是後世「文字禪」的典範。綜上所述，可以說，圓悟克勤禪師是禪宗歷史上一位承上啓下、劃時代性的重要人物。

總之，通過對圓悟禪學思想的探討，我們不難發現：圓悟克勤既是前人禪學思想的總結者，又是新禪法的開創者，更是是善於說禪的詮釋者，他的

〔註 3〕圓悟與宋代理學家們基本上是同一個時代，他們的詮釋工作反映了宋代文化的勃興及理性的張揚，至於他們之間的互相影響需要專文論述。

禪學特色正是體現了禪學範式變化的過渡性特徵，爲後面出現的看話禪和默照禪奠定了基礎，深入分析、研究圜悟禪學及其歷史影響，是弄清中國禪宗發展演變及其範式變化的一個極爲重要的關節點，也是理解整個中國禪宗興衰的重要環節。

主要參考文獻

一、經典、原著

1. 陳秋平、尚榮譯注：《金剛經·心經·壇經》，北京：中華書局，2008 年。
2. 高振農校：《大乘起信論校釋》，中華書局，1992 年版。
3. 弘學·李清禾整理：《圓悟克勤禪師——碧巖錄·心要·語錄》，四川：巴蜀書社，2008 年。
4. 李孚遠、鍾鎮鍠點校：《碧巖錄》，河北禪學研究所，2006 年。
5. 呂有祥、吳隆升校注：《大慧書》，鄭州：中州古籍出版社，2008 年。
6. 呂有祥譯注：《佛説本生經》，北京：宗教文化出版社，2005 年。
7. 〔日〕大正新修大藏經（簡稱《大正藏》）。
8. （宋）程顥、陳頤：《二程遺書》，上海：上海古籍出版社，2000 年。
9. （宋）釋小瑩：《羅湖野錄》，《佛藏要輯選刊》第十一冊。
10. （宋）釋普濟：《五燈會元》，中華書局排印本，1984 年。
11. （宋）釋贊寧：《宋高僧傳》，中華書局排印本，1982 年。
12. 蕭蓮父、呂有祥點校：《古尊宿語錄》，北京：中華書局，1997 年。
13. 石峻等：《中國佛教思想資料選編》，北京：中華書局，1983 年。

二、學術專著

1. 陳兵：《禪學與東方文明》，上海：上海人民出版社，1992 年。
2. 陳寅恪、鄧廣銘：《宋史職官之考正序》，《金明館叢稿二編》，上海古籍出版社，1980 年。
3. 曹剛華：《宋代佛教史籍研究》，上海：華東師範大學出版社，2006 年。

4. 陳立勝：《王陽明「萬物一體」論——從「身體」的立場看》，上海：華東師範大學出版社，2008 年。
5. 陳自力：《釋惠洪研究》，北京：中華書局，2005 年。
6. 成中英主編：《本體與詮釋：中西比較》，上海：上海社會科學院出版社，2003 年。
7. 陳垣：《中國佛教史籍概論》，中華書局，1962 年。
8. 陳堅：《心悟轉法華——智顗法華詮釋學研究》，北京：宗教文化出版社，2007 年。
9. 陳運寧：《中國佛教與宋明理學》，長沙：湖南人民出版社，2002 年。
10. 陳穎健、張慧群：《新思維範式》，北京：科學技術文獻出版社，2003 年。
11. 慈怡主編：《佛光大辭典》，臺灣佛光山出版社，1989 年版。
12. 〔德〕漢斯—格奧爾格·伽達默爾：《真理與方法——哲學詮釋學德基本特徵》，洪漢鼎譯，上海：上海譯文出版社，2004 年。
13. 〔德〕卡西爾：《人論》，甘陽譯，上海：上海譯文出版社，1997 年版。
14. 段德智：《主體性的生成》，北京：人民出版社，2009 年。
15. 杜繼文、魏道儒：《中國禪宗通史》，江蘇：江蘇古籍出版社，1993 年。
16. 方立天：《中國佛教哲學要義》，北京：中國人民大學出版社，2002 年。
17. 潘桂明：《中國禪宗思想歷程》，今日中國出版社，1992 年。
18. 傅偉勳：《從西方哲學到禪佛教》，上海：三聯書店，1989 年。
19. 龔雋：《禪學發微——以問題爲中心的禪學思想研究》，新文豐出版公司 2002 年出版。
20. 龔雋：《禪史鉤沉》，北京：三聯書店，2006 年。
21. 戈國龍：《道教内丹學探微》，成都：巴蜀書社，2002 年。
22. 戈國龍：《探尋生命的奧秘》，北京：華夏出版社，2006 年。
23. 戈國龍：《遊心於佛道》，北京：華夏出版社，2007 年。
24. 黄啓江：《北宋佛教史論稿》，臺灣商務印書館，1997 年。
25. 胡壯麟、朱永生等：《系統功能語言學概論》，北京：北京大學出版社，2008 年。
26. 洪修平：《中國禪學思想史》，北京：中國人民大學出版社，2007 年。
27. 洪修平：《中國佛教文化歷程》，南京：江蘇教育出版社，2005 年。
28. 韓鳳鳴：《解脱論：禪宗解脱哲學研究》，北京：宗教文化出版社，2008 年。
29. 何衛平：《通向解釋學辯證法之途》，上海：三聯書店，2001 年。

30. 胡塞爾：《純粹現象學通論（節選本）》，李幼蒸譯，北京：商務印書館，2002 年。
31. 韓廷傑：《唯識宗簡史簡論》，上海：上海佛學書局，1999 年。
32. 紀華傳：《江南古佛——中峰明本與元代禪宗》，北京：中國社會科學出版社，2006 年。
33. 淨慧：《入禪之門》，上海：上海辭書出版社，2006 年。
34. 賴永海：《中國佛性論》，上海：人民出版社，1988 年。
35. 劉澤亮：《宗說具通：佛教語言觀》，北京：宗教文化出版社，2007 年。
36. 呂澂：《中國佛學源流略講》，北京：中華書局，1979 年。
37. 李霞：《圓融之思：儒道佛及其關係研究》，合肥：安徽大學出版社，2005 年。
38. 劉立夫：《弘道與明教：〈弘明集〉研究》，北京：中國社會科學出版社，2004 年。
39. 李承貴：《儒士視域中的佛教——宋代儒士佛教觀研究》，北京：宗教文化出版社，2007 年。
40.〔美〕雷蒙・潘尼卡：《看不見的和諧》，王志成等譯，江蘇人民出版社，2001 年。
41.〔美〕約翰・塞爾：《心靈. 語言和社會——實在世界中的哲學》，李步樓譯，上海：上海譯文出版社，2006 年。
42.〔美〕艾柯等：《詮釋與過度詮釋》，柯里尼編，王宇根譯，香港：牛津大學（香港）出版社，1995 年。
43.〔美〕美弗洛姆等：《禪宗與精神分析》，王雷泉等譯，貴州：貴州人民出版社，1998 年。
44. 麻天祥：《中國禪宗思想發展史》，武漢：武漢大學出版社，2007 年。
45. 麻天祥：《中國宗教哲學史》，北京：人民出版社，2006 年。
46. 麻天祥：《反觀人生的玄覽之路》，貴陽：貴州人民出版社，1994 年。
47. 牟永生：《智慧與解脱——禪宗心性思想研究》，北京：中國社會科學出版社，2008 年。
48. 潘桂明：《中國佛教思想史稿》，南京：江蘇人民出版社，2009 年。
49. 錢學森：《人體科學與現代科技發展縱橫觀》，北京：人民出版社，1996 年。
50. 漆俠：《中國經濟通史・宋代經濟卷》上，北京：經濟日報出版社，1999 年。
51. 邱環：《馬祖道——禪法思想研究》，成都：巴蜀書社，2007 年。

52.（清）徐松輯：《宋會要輯稿》，北京：中華書局，1957 年。
53.〔日〕阿布正雄：《禪與西方思想》，上海：上海譯文出版社，1989 年。
54.〔日〕土屋木祐：《北宋禪宗思想及其淵源》，成都：巴蜀書社，2008 年。
55.〔日〕忽滑谷快天：《中國禪學思想史》，朱謙之譯，上海：古籍出版社，2002 年。
56.〔日〕秋月龍珸：《禪海珍言》，汪正求譯，桂林：灕江出版社，2002 年。
57. 榮格：《現代靈魂的自我拯救》，黃奇銘譯，北京：北京工人出版社，1996 年。
58. 湯用彤：《漢魏兩晉南北朝佛教史（上下冊）》，北京：中華書局，1993 年。
59. 滕軍：《日本茶道文化概論》，北京：東方出版社，2007 年。
60. 魏道儒：《中國華嚴宗通史》，江蘇古籍出版社，2001 年。
61. 魏道儒：《宋代禪宗文化》，中州古籍出版社，1993 年。
62. 魏敦友：《回返理性之源》，武漢：武漢大學出版社，2005 年。
63. 吳言生：《禪宗哲學象徵》，北京：中華書局，2001 年。
64. 吳言生：《圓悟克勤大師傳》，臺北：臺灣佛光出版社，1998 年。
65. 楊曾文：《宋元禪宗史》，北京：社會科學出版社，2006 年。
66. 楊維中：《中國佛教心性論研究》，北京：宗教文化出版社，2007 年。
67. 王路平：《大乘佛學與終極關懷》，成都：巴蜀書社，2001 年。
68. 邢東風：《禪悟之道：南宗禪學研究》，北京：中國人民大學出版社，1997 年。
69. 徐文明：《中國佛教哲學》，北京：宗教文化出版社，2008 年。
70. 楊渭生：《兩宋文化史研究》，杭州：杭州大學出版社，1998 年。
71. 周裕鍇：《文字禪與宋代詩學》，北京：高等教育出版社，1998 年。
72. 周裕鍇：《禪宗語言》，杭州：浙江人民出版社，1999 年。
73. 趙豔芳：《認知語言學概論》，上海：上海外語教育出版社，2002 年。
74. 張欽：《道教煉養心理學引論》，成都：巴蜀書社，1999 年。
78. 張世英：《天人之際》，北京：人民出版社，1995 年。
79. 張祥龍：《海德格爾思想與中國天道》，上海：三聯書店，1996 年。

三、學術論文

1. 鄧克銘：《禪宗公案之經典化的解釋——以〈碧巖錄〉爲中心》，《佛學研究中心學報》，2003 年第 8 期。

2. 戴繼誠：《紫柏大師的「文字禪」理論及其實踐》，《船山學刊》，2005 年第 2 期。
3. 方立天：《禪宗精神——禪宗思想的本質、核心及其特點》，《哲學研究》，1995 年第 3 期。
4. 方立天：《文字禪、看話禪、默照禪與念佛禪》，《中國禪學》，2002 年。
5. 方立天：《永明延壽與禪教一致思潮》，《哲學研究》，2005 年 3 期。
6. 高毓婷：《圓悟克勤的禪學思想》，《中華佛學研究》第三期，1993 年 3 月版。
7. 顧海建：《論宋代文字禪的形成》，《中華文化論壇》，2004 年第 2 期。
8. 龔雋：《作爲思想史的禪學寫作——以漢語禪學研究爲中心的方法論考察》，《禪史鈎沈》，北京：三聯書店，2002 年。
9. 郝長池：《宗教現象學的基本問題》，《現代哲學》，2006 年第 1 期。
10. 劉正忠：《惠洪「文字禪」初探》，《宋代文學研究叢刊》第 2 期，張高平主編。
11. 李貴：《北宋詩僧惠洪考》，《文學遺產》，1995 年第 1 期。
12. 劉方：《圓悟克勤的禪學與美學思想》，《宗教學研究》，2005 年第 2 期。
13. 呂有祥：《馬祖禪述略》，《佛學研究》，2005 年。
14. 呂有祥：《大慧宗杲看話禪述評》，《佛學研究》，2006 年 12 月。
15. 呂有祥：《禪宗公案之解讀》，《禪學研究》，2004 年 12 月。
16. 呂有祥：《六祖惠能佛性思想簡述》，《六祖惠能思想研究（二）》，香港出版社，2003 年 12 月。
17. 麻天祥：《中國佛學非本體的本體詮釋》，《中國社會科學》2001 年第 1 期。
18. 麻天祥：《永明延壽與宋代禪宗的綜合》，《世界宗教研究》，1996 年第 4 期。
19. 麻天祥：《概論宋代混融三教的文字禪》，《武漢大學學報》，2006 年第 6 期。
20. 麻天祥：《禪與基督教本體論的對話》，《人文雜誌》，2004 年第 1 期。
21. 麻天祥：《中國宗教哲學思維模式的理論探索》，《中國宗教》，2007 年第 10 期。
22. 乃光：《碧巖錄評述》，《現代佛學》，1958 年第 10 期。
23. 皮朝綱：《圓悟克勤的禪學思想及其對中國美學的啓示》，《四川師範大學學報》，1991 年第 5 期。
24. 〔日〕小川隆：《西來無意——禪宗與佛教本土化》，中國人民大學「第二屆中日佛學會議」論文。

25.〔日〕木村清孝：《圓悟克勤的禪和華嚴教理——宋代華嚴思想的一個側面》，《世界宗教研究》，1992 年第 2 期。
26. 吳言生：《禪宗公案頌古的象徵體系》，《陝西師範大學學報》哲學社會科學版，2002 年第 4 期。
27. 王濤：《繆勒比較宗教學與伊利亞德宗教現象學方法之比較研究》，《世界宗教研究》，2009 年第 1 期。
28. 伍先林：《略論宗杲的思想發展歷程》，《佛學研究》，2008 年。
29. 魏道儒：《圓悟克勤融合禪教的方式和特點》，《行願大千》，2007 年。
30. 魏道儒：《關於宋代文字禪的幾個問題》，《中國禪學》第一卷，中華書局，2002 年版。
31. 魏建中：《認知視域下的禪宗語言哲學思想透視》，《學習月刊》，2009 年第 4 期。
32. 魏建中：《克勤「文字禪」思想與實踐及其影響》，《理論月刊》，2009 年第 3 期。
33. 溫金玉：《臨濟禪風述要》，《禪宗學堂》網絡版，性明主持。
34. 吳忠偉：《心爲文字之性——永明延壽判教原則的語言哲學分析》，《江蘇社會科學》，2005 年 5 期。
35. 楊曾文：《雪竇重顯及其禪法》，《中國禪學》（第 1 卷），北京：中華書局，2002 年。
36. 伍先林：《正覺的默照禪思想》，《佛學研究》，2000 年。
37. 蕭進銘：《丘處機迴光説的内涵、淵源及發展——兼比較禪宗的「迴光返照」説》，網上搜索。
38. 蕭進銘：《光、死亡與重生——王重陽内丹密契經驗的内涵與特質》，網上搜索。
39. 張琰：《太乙金華宗旨》的丹道理論探微，《中國道教》，2008 年第 6 期。
40. 周裕凱：《惠洪文字禪的理論與實踐及其對後世的影響》，北京大學學報（哲社版），2008 年第 4 期。

四、碩博論文

1. 李豐園：《〈碧巖錄〉研究》，上海師範大學／古典文獻學／2004／碩士，指導教授：徐時儀。
2. 劉澤亮：《黃檗禪哲學思想研究》，武漢大學／中國哲學／1996／博士，指導教授：蕭萐父。
3. 呂有祥：《臨濟義玄禪學思想述評》，武漢大學／中國哲學／1987／碩士，指導教授：蕭萐父。

4. 李小豔：《惠洪文字禪研究》，武漢大學／宗教學／2004／碩士，指導教授：麻天祥。

5. 孫勁松：《心史——永明延壽佛學思想研究》，武漢大學／中國哲學／2007／博士，指導教授：郭齊勇。

宋初智圓與契嵩對儒學的回應

歐朝榮　著

作者簡介

歐朝榮，臺灣省臺東縣人，1982 年生。政治大學歷史系研究部碩士。

提　要

隨著隋唐時代的大一統，儒家最主要的學問——經學也得到官方上的一致性。然而，中唐以後對於傳統經注感到不滿的士大夫開起新的研究取向，希望在經典當中再次尋求古代聖賢的「道」，並且「道統」也逐漸被確立起來。與此同時，佛教界也有新的變化。

天台宗與禪宗是影響唐代士大夫最深的兩個佛門宗派。儘管士大夫在以儒家思想作為治世的原則，但其內心也多皈依佛法。唯韓愈欲以儒家的心性之學取代佛法，成為士大夫的內在精神價值。然而，直到理學家張揚心性之學以前，韓愈的主張只得到少數士大夫的認同。

時至北宋，士大夫繼續追尋「道」，其中古文家頗致力於此。經學也延續唐代的新學風，正逐漸推翻傳統經注，至慶曆以後全面開展。同時，宋儒排佛的浪潮與此相應和。然而，兼通儒、釋的佛教高僧對此有所回應。先是天台僧智圓在排佛尚未激烈的時代大談儒家的「道」，並援引《中庸》會通佛家的「中道義」。禪僧契嵩則與復興儒學的士大夫正面對抗，與智圓同樣先在理學家之前，發展具儒學內涵的心性之學。

本文所要探討的是佛教在宋初儒學轉變過程中所扮演的角色。尤其像智圓、契嵩這類的僧人如何運用儒、佛二家的思想，以回應儒當代的儒學，是值得注意的問題。再者，儒學與佛教都在唐代有所變化，須自此探求其歷史脈絡。

目次

第一章　緒　論

第一節　導　言

佛教自東漢傳入中國，歷經魏晉南北朝時期的佛教僧侶各種傳布方式，逐漸邁入隋唐時代的全盛期。其中最重要的傳布方式，是為數不少的僧侶將佛教經典翻譯成漢文。〔註 1〕從此，佛教在中國有了漢化的經典文字。這在佛教史上極具意義，由於當時佛教僧侶的努力，賦予了佛教一種鮮明的學術意義；正因為佛經被大量翻譯，使得佛教在六朝以降出現各種不同的學派。〔註 2〕

〔註 1〕佛教何時傳至中國，有許多不同傳說，但一般認為漢明帝永平（58～75）年間遣使至西域求佛法是佛教傳入中國的發端。湯用彤認為，此等說法的眞相雖然不明，但還是有其根據，而非被憑空虛造。見湯用彤，《漢魏兩晉南北朝佛教史》（臺北：鼎文書局，1975 年），頁 16～30。又據《高僧傳》所述，魏晉南北朝時期的僧侶弘法形式可略歸於十類：「一曰譯經，二曰義解，三曰神異，四曰習禪，五曰明律，六曰遺身，七曰誦經、八曰興福，九曰經師，十曰唱導。」見釋慧皎，湯用彤校注，《高僧傳》（北京：中華書局，1992 年），卷 14，頁 524。

〔註 2〕佛教的譯經事業在南北朝進入盛況。隨著佛教經典被翻譯為漢文，開始流行經論講習的風氣，並且以不同的經典為思想與信仰的依歸，各種學說與學派應運而生。舉例而言，曾受學於鳩摩羅什的道生及其追隨者因研究《涅槃經》，而形成了「涅槃學派」；在鳩摩羅什翻譯《中論》、《百論》、《十二門論》等經典以後，以這幾本佛經為基礎而展開的「三論宗」，在南北朝至唐初一度曾經盛行；也有一批僧侶在中國北方發起對《成實論》的研究風氣，因而發展出「成實學派」。其他在南北朝形成的學派，還包括「地論學派」、「毘曇學派」、「俱舍學派」等等。隋唐之世則又因不同的經典為基礎，而演化出天台、法相、慈恩、華嚴等諸宗。有關六朝隋唐佛教發展史的專著，以湯用彤的《漢

具有學理特質的佛教宗派在南北朝以後前仆後繼地被創立，而禪宗自唐代的慧能以後發揚光大，是漢傳佛教史上極爲重要的契機。〔註 3〕近代有學者指出，禪宗實乃中國佛教史上的大革命，甚至下開宋代的新儒學。此番說法雖然有欠細緻，但仍頗具啓示。〔註 4〕禪宗之外，天台與華嚴二宗各以《妙法蓮華經》與《華嚴經》爲判教的依歸，在唐代形成具有影響力的大乘宗派。

另一方面，儒家在中唐以後也有新動向。韓愈（768～824）和李翱（774～836）二人亟欲重振儒學，他們在經學事業上的前輩，是劉知幾（661～721）、啖助（724～770）等人對於漢唐經學注疏強烈不滿的學者。正好此時禪宗、天台等佛教宗派盛行，所謂的「心性之學」反而爲沙門所宗，而漢唐儒家對這樣的課題卻不甚關懷。因此，韓、李主張排佛，希望將心性之學導回儒家的主流領域。然而，韓、李二人對於儒家要兼通內外之學的想法，不僅是同時代的「異端」，而且本質上來說，也是基於對成爲知識份子內心依歸的佛教一種「反擊」。他們主張建立道統的其中一個目的，就是有別於佛家的「法統」而樹立儒家的正統地位。韓愈就在〈原道〉一文特別強調「斯吾所謂道也，非向所謂老與佛之道也。」。〔註 5〕由此，我們可以觀察到佛教已經深刻地影響儒家士大夫的思想層面，無論他們對於這樣的現象是樂見的或是感到憂慮

魏兩晉南北朝佛教史》與《隋唐佛教史稿》（臺北：木鐸出版社，1988 年）二書爲早期的全面性著作，其後中日學界研究中國佛教發展史的專著甚多，然其論點大抵未離湯氏之作。較細緻的研究則可參照鎌田茂雄，《中国仏教史第四卷：南北朝の仏教》下冊（東京：東京大学出版会，1990 年）。

〔註 3〕這裡參酌李四龍對於中國佛教的分類：學理型與民俗型佛教。佛教入漢地之後與中國傳統思想結合，以其說理、談玄的特色，使中國文人學士得以親近，而產生儒釋道三家鼎力的文化格局，李四龍將具有這種特質的佛教稱爲「學理型佛教」。另一方面，對於民間社會具有現實影響，諸如僧尼在寺院的規律作息，與一般人民在生活上所參與的佛事等等，將具有此類影響的佛教稱爲「民俗型佛教」。李四龍認爲，在五代北宋之際學理型佛教逐漸過渡到民俗型佛教。見李四龍，〈民俗佛教的形成與特徵〉，《北京大學學報》1996 年第 4 期（北京，1996 年 8 月），頁 55。以此對照，本論文所論及的佛教宗派，主要指其「學理型」的一面。但我們也不能將佛教諸派斷然分爲「學理型」或「民俗型」，例如天台宗二祖慧思（515～577）提倡「一心三觀」，將理論與實踐合而爲一，爲天台建立理論典範；但由於天台因爲以《法華經》爲思想基礎，而以觀音菩薩爲信奉的對象，因此也不能忽略其與民間神靈信仰的關係。見湯用彤，《隋唐佛教史稿》，頁 262～263。

〔註 4〕錢穆，《中國思想史》（臺北：臺灣學生書局，1982 年），頁 168～170。

〔註 5〕韓愈撰，馬其昶校注，《韓昌黎文集校注》（上海：上海古籍出版社，1987 年），卷 1，頁 18。

的。〔註6〕

唐宋之際不少士大夫熟知佛學並且不排斥以佛老爲內在的精神價值，例如白居易（772～846）、柳宗元（773～819）、劉禹錫（772～842）、李商隱（812？～858？）、楊億（974～1020）、范仲淹（989～1052）等士大夫，不枚勝舉。對那些親近佛教的士大夫而言，除了佛學在思想上有種「方外」的魅力，「佛教常能利用文學美術吸引智識分子」〔註7〕恐怕也是佛教在文學界能大受歡迎的重要因素。至於佛門亦有出家前就曾通習儒家經典的僧人，如天台宗九祖湛然（711～782）「家本習儒」，〔註8〕其見識在孩童時代就已超越同儕。宋代的天台宗山外的孤山智圓（976～1022）更是深究《中庸》，而自號中庸子；雲門宗禪僧契嵩（1007～1072），因熟稔儒家的經書章句，以至於在歐陽修（1007～1072）、李覯（1009～1059）等古文家力倡闢佛時，猶能以古文與之進行學術論辯。〔註9〕

宋代初期的部分士大夫也承繼前代韓愈等對於佛教排拒甚力的思想家，提倡儒家的道統，例如古文家柳開（948～1001）將韓愈置於孔、孟、揚雄等人之後，認爲主張古文的韓愈是近世最了解聖人之道的文學家。相反地，柳開對於自己的先祖柳宗元評價不高，他說：「吾祖多釋氏，於以不迨韓也。」〔註10〕說明柳宗元對聖人之道的體認不如韓愈。稍晚於柳開的北宋古文家多半也持類似的看法，不過態度和焦點各有不同。例如王禹偁（954～1101）和歐陽修主要攻擊佛教僧尼對國計民生的弊害；排佛態度激烈的石介（1005～1045）則在學理上攻擊佛家甚力；同時也有如范仲淹這樣的士大夫對於佛理之研究甚深，或晚年一心參禪的富弼（1004～1083）等人。

綜合以上所述，宋代初期的儒學發展，其動力除來自士大夫階層內部，以

〔註6〕此段說法參考自以下論著：吳雁南，《中國經學史》（福州：福建人民出版社，2001年），頁262～267；張分田，〈隋唐儒家政治哲學與政治批判思想〉，收入於劉澤華主編，《中國古代政治思想史（修訂本）》（天津：南開大學出版社，2001年），頁378～381；陳弱水，〈柳宗元與中唐儒家復興〉，《新史學》5:1（臺北，1994年3月），頁1～49。

〔註7〕鄺士元，《中國學術思想史》（臺北：里仁書局，1995年），頁336。

〔註8〕釋志磐，《佛祖統記》（揚州：江蘇廣陵古籍刻印社，1992年），卷7，頁386。

〔註9〕契嵩在曾自言：「余昔以五戒十善，通儒之五常爲原教，急欲解當世儒者之訾佛。」見釋契嵩，〈輔教篇中〉，《鐔津文集》，卷2，《大正新修大藏經》第52冊（臺北：世樺，1990年），頁654。

〔註10〕柳開，〈東郊野夫傳〉，《河東集》，卷2，《景印文淵閣四庫全書》第1085冊（臺北：臺灣商務印書館，1983年），頁246。

天台、禪宗爲主流的佛教學界動向，似也帶給新興儒家思想上的影響。由此引發筆者的研究興趣，故選擇經學爲主要焦點，以探討北宋儒佛交涉的歷史脈絡。

第二節　研究回顧

早在陳寅恪爲馮友蘭審查《中國哲學史（下冊）》一書時，曾提到過智圓倡《中庸》於司馬光（1019～1086）闡《中庸》廣義之前，他認爲「新儒家產生之問題，猶有未發之覆在。」〔註 11〕陳氏此段文字可說是本研究產生之契機之一。下述將促成本論文形成的各個相關問題，逐一回顧過去的學術成果。

一、唐宋之際的儒學與佛教

除了陳寅恪之外，同時代的其他史家也注意到佛教與宋代儒學的關係。謝無量的《朱子學派》曾提到禪宗之南宗諸派在宋代蓬勃的發展，其僧徒與北宋名士交遊甚密，儒家士人自得其佛學淵源。〔註 12〕對於佛典、佛學考證甚力的錢穆，則進一步指出在宋明理學發展之前，當時的學術思想只存在於「道院」、「禪林」之間；而欲重振儒家教化之功的理學家，正是因襲於那些儒家之外的學術文化。然而他也強調宋代前期已有士人欲重整儒家的舊傳統，並藉著復興儒學以取代佛家作爲人生指導。錢氏對於宋代前期儒學的觀點，除了在《宋明理學概述》一書中有所闡述，亦散見他的其他著作中。〔註 13〕

自民國初期的史家之後，關於北宋早期的儒學研究，現今學界之論著多未脫宋明理學之論述，很少以晚唐至宋代初期的儒學爲中心進行全面的探討。由於抱持著「以宋初儒學爲淵源，重點則是理學的發展」觀點，以致一般儒學史或思想史的論著對於唐宋之際的儒學，都直接置於理學或道學的脈絡去討論，使得這段時期的儒學多少喪失鮮明的意義。儘管如此，若干對於宋代儒學進行全面性論述的著作，仍舊能夠給予宋初儒學一個概括面貌。漆

〔註 11〕陳寅恪，〈馮友蘭《中國哲學史》下冊審查報告〉，《金明館叢稿二編》（臺北：里仁書局，1981 年），頁 252。

〔註 12〕謝無量，《朱子學派》（上海：中華出版社，1932 年）。

〔註 13〕參見錢穆，《宋明理學概述》（臺北：中國文化大學出版部，1980 年）、《國學概要》（臺北：蘭臺出版社，2001 年）、《經學大要》（臺北：蘭臺出版社，2000 年）、《中國學術思想史論叢》第 5 冊（臺北：東大圖書公司，1976 年）等諸本專著。

俠的《宋學的發展與演變》是其中代表之一。〔註 14〕該書以唯物史觀爲立場，認爲唐代中葉以後社會經濟關係的變化是導致儒學轉變的重要因素。此外，在「宋學的形成階段」中，漆氏以釋智圓和晁迥之兩名對於儒釋道三教會通致力頗深的佛、儒學者爲例，說明當時知識份子對儒釋道三教思想的認識。接著，並以歐陽修、宋初三先生的胡瑗（993～1059）、孫復（992～1057）、石介，以及李覯等爲人中心，敘述宋學的奠基時期。漆氏這部晚年集大成之作對於本研究提供最基本的面向。張躍在《唐代後期儒學的新趨向》則對於中唐以後的儒學階段有較完整的論述。他從天人關係、三教關係與性情論等問題探討出唐代後期儒學的基本樣式：力求擺脫兩漢經學的束縛、推翻傳統經學的天命觀、排斥異端與三教合一等。〔註 15〕

二、宋代前期的儒釋調和

唐宋之際一直有知識分子不斷主張儒釋調和，直到整個北宋時期，學術界持續出現這樣的論調。蔣義斌的《宋代儒釋調和論及排佛論之演進——王安石之融通儒釋及程朱學派之排佛反王》指出宋初儒釋交涉的主流是調和二教，王安石（1021～1086）承接此種學風，並特別探討「性」、「情」關係。以儒釋融合思想爲起點，該研究繼續討論兩宋理學家，尤其程朱學派因王安石而起的批判與排佛，而陸象山（1139～1193）則予以平反。由此可一窺以理學爲中心的宋代學術史的其中一面。〔註 16〕

在宋代前期主張儒釋調和的人物當中，天台宗的孤山智圓是佛教的代表人物之一。學界有少數論文針對智圓與儒釋關係專文研究。蔣義斌〈孤山智圓與其時代——佛教與宋朝新王道的關係〉指出，智圓主張除了儒、道以外，佛教也能成爲王道建立的基礎。基本上，智圓仍體認到儒、釋之間的差異，並不力主儒釋調和或三教會通的論點。然而，智圓確實對於儒家六經涉入甚深，也認爲佛教於「治心」的功用在當時是強於儒家的。〔註 17〕劉貴傑〈從智圓思想看佛法與儒學之交涉〉一文則傾向傳統的論述，認爲智圓向儒家士

〔註 14〕漆俠，《宋學的發展和演變》（石家莊：河北人民出版社，2002 年）。
〔註 15〕張躍，《唐代後期儒學的新趨向》（臺北：文津出版社，1993 年）。
〔註 16〕蔣義斌，《宋代儒釋調和論及排佛論之演進——王安石之融通儒釋及程朱學派之排佛反王》（臺北：臺灣商務印書館，1988 年）。
〔註 17〕蔣義斌，〈孤山智圓與其時代——佛教與宋朝新王道的關係〉，《中華佛學學報》第 19 期（臺北，2006 年），頁 233～270）。

大夫強調佛法與儒學的相通處，倡導儒釋合一，對於佛家思想的「儒學化」功業頗有貢獻。〔註 18〕

除了智圓，契嵩也出入於佛、釋二家。黃啓江在〈從范仲淹的釋教觀看北宋眞、仁之際的儒釋關係〉一文，注意到范仲淹這位在政壇與學界舉足輕重的人物，對佛教有獎掖保護的功勞，可說是佛教發展史上的重要外援。〔註 19〕另一方面，雲門宗的禪僧契嵩是北宋佛教史上的傑出人物，他遍讀儒家經典，對於儒學也自有一番獨到的見解，並爲同時代的儒家人士所贊嘆。因此，黃啓江以契嵩的《夾註輔教編要義》爲主要研究材料，說明契嵩融會儒家的觀點。契嵩重新詮釋佛家的基本教義，並爲當時被士大夫抨擊的佛教辯護。〔註 20〕張清泉的《北宋契嵩的儒釋融會思想》透過契嵩的思想研究，以探討儒佛二學的相融性與差異性。除了說明契嵩對抗與回應排佛論的外在表現，張氏主要集中研究契嵩在儒學與佛學的理論基礎，並且討論契嵩在會通儒釋思想之後，所提倡的各種理論與實踐方式。〔註 21〕

智圓與契嵩對於儒家的認識，還涉及到同時期的儒學復興運動。魏鴻雁的兩篇論文〈宋代僧人對儒家經學的認識與回應——從釋智圓和釋契嵩談起〉與〈宋代僧人對北宋文學革新的認識與回應——以釋智圓和釋契嵩爲中心的考察〉，將這兩位宋代初期最重要的高僧放置儒學復興的脈絡上，做一淺顯的考察。例如他們對經學注疏有不受傳統儒家束縛的立場，進而強調「微言大義」的重要性；同時，他們站在佛教的角度，對宋初「文」與「道」提出批評。〔註 22〕魏鴻雁的研究對於本論文具有相當大的啓發，儘管筆者認爲還需要對於此前的經學流變以及唐代佛教（特別是禪宗與天台）的轉型進行歷史的考察。洪淑芬的〈論儒佛交涉與宋代儒學復興——以智圓、契嵩、

〔註 18〕劉貴傑，〈從智圓思想看佛法與儒學之交涉〉，收入於《佛教的思想與文化：印順導師八秩晉六壽慶論文集》（臺北：法光出版社，2002 年），頁 237～254。

〔註 19〕黃啓江，〈從范仲淹的釋教觀看北宋眞、仁之際的儒釋關係〉，收入氏著，《北宋佛教史論稿》（臺北：臺灣商務印書館，1997 年），頁 133～152。

〔註 20〕黃啓江，〈論北宋明教契嵩的《夾註輔教編要義》〉，收入於氏著，《北宋佛教史論稿》，頁 153～200。

〔註 21〕張清泉，《北宋契嵩的儒釋融會思想》（臺北：文津出版社，1998 年）。

〔註 22〕魏鴻雁，〈宋代僧人對儒家經學的認識與回應——從釋智圓和釋契嵩談起〉，《青海民族學院學報》2005 年第 2 期（西寧，2005 年 4 月），頁 38～41；〈宋代僧人對北宋文學革新的認識與回應——以釋智圓和釋契嵩爲中心的考察〉，《青海民族研究》17 卷第 4 期（西寧，2006 年 9 月），頁 68～72。

宗杲爲例〉，則分別從智圓、契嵩與宗杲（1089～1163）三位宋代高僧爲出發點，探討他們在宋代儒佛交涉的階段當中扮演的角色。該研究認爲三僧分別在宋初的「尊儒復古」、北宋「心性之學」初開以及雜佛學的南宋理學三個階段中，皆以其深厚的儒學素養回應當代的儒學發展。就「儒佛交涉」的具體行動而言，洪氏指出智圓的「尊儒復古」態度對儒學復興具有相當大的貢獻；契嵩抗儒護法的行動則體現出其儒釋會通的思想體系；宗杲則透過與理學家的交遊，以禪法吸收儒家的義理，同時將其影響力滲入理學家群體。〔註 23〕

心性之學在宋代以後被作爲儒釋融合的其中一座橋樑。但在宋代之前，心性之學雖是佛教諸宗派共同的思想體系，卻不是士大夫熱烈探討的話題，即便本來也就是孔孟學說的一部份。對於唐代大部分的士大夫而言，「仕途」顯然是淑世濟民最重要的途徑。至於內在世界的終極價值，他們可以藉由修行佛法而體認到。不過也有少數儒家份子對於此風相當不滿，並力主以傳統儒家的心性觀，取代佛家在士人心中的內在價值。陳弱水在〈柳宗元與中唐儒家復興〉一文對中唐士人的兩種典型進行了廣泛的討論。當時已有儒士欲以儒代佛，成爲士子的信仰依歸，代表人物即是韓愈。然而。當時儒士最普遍的價值觀仍以「外儒內佛」或「外儒內道」爲基礎，柳宗元是其中的典型人物。他並不排斥佛教教義，而是更關心儒家應該如何重建倫理秩序，以達成士人濟世的任務。相對的，韓愈積極以儒家取代釋老的觀念在當時顯得特立獨行。〔註 24〕張棨弓在《漢傳佛教與中古社會》一書中，也花了不少篇幅說明唐代士人在儒佛調和學風之下的轉變。在他劃分的數個時期當中，在中唐後期以柳宗元、劉禹錫、白居易等人爲例，他們參習禪法而得到心靈歸宿的最終理想，並實踐「和合儒釋」的思想。〔註 25〕張氏指出唐代士人「始儒終佛」的特色，與陳氏的「外儒內佛」說法大體上是一致的。

〔註 23〕洪淑芬，《論儒佛交涉與宋代儒學復興——以智圓、契嵩、宗杲爲例》（臺北：國立臺灣大學中國文學研究所博士論文，2007 年）。

〔註 24〕陳弱水，〈柳宗元與中唐儒家復興〉，《新史學》5:1（1994 年 3 月），頁 1～49。此文發表於《新史學》之前，陳氏已有英文專著之研究，見 Jo-shui Chen, Liu Tsung-yuan and Intellectual Change in T'ang China, 773-819（ New York: Cambridge University Press, 1992）.

〔註 25〕張棨弓，《漢傳佛教與中古社會》（臺北：五南圖書出版公司，2005 年），頁 242～254。

三、宋代前期的儒學發展：以經學爲中心

佛教帶給儒家的影響不僅是在思想層面的心性論，文本上的經典注疏也可能是佛教在大量翻譯注解佛經之後，給予兩漢以降的傳統經學一種新學風，而非特儒家內部的自省力量。關於此一課題，文史學界幾乎沒有論著予以專門討論，但史家們仍普遍同意，最晚到了宋代，經學已有明顯的轉變。皮錫瑞在《經學歷史》一書中指出，經學到了宋代已是「變古時代」，尤其到了慶曆（1041～1048）年間，學界的解經風氣丕變。〔註 26〕皮氏的論點在學界可謂開先河，其後研究著作，大抵不出此等見解，至多是在細部進行更進一步的研究。〔註 27〕

儘管經學確實到了宋代產生變化，但並非意味著唐代的經學一味承襲漢代的傳統經學。在《五經正義》編纂之後，唐代仍有知識份子在經學的領域企圖力闢新徑，使得中唐以後的經學風氣有所突破。稻葉一郎在〈中唐新儒學運動的一種考察——劉知幾的經書批判和啖、趙、陸氏的《春秋》學〉一文中指出，自《五經正義》編纂之後，以王元感爲首的經學家批判其註釋。以此爲基礎，劉知幾對於經書及其注疏，尤其是《春秋》，也表明他的疑惑與批判。他以及之後的啖助、趙匡、陸淳（？～825）等人針對《春秋》三傳的批判，正是欲跳脫六朝時代經學思想的表現。與他們的研究相通，韓愈與李翺二人直接以《大學》、《中庸》揭示出儒學的道統，而奠定宋學的基礎。〔註 28〕張國剛〈略論唐代學術史的時代特徵〉一文則就經學、史學、宗教等方面分別探討，在唐代三教合流的趨勢下，當時學術已呈現出鮮明的注疏學特徵，並逐漸趨向心性之學。〔註 29〕此外，經學史學者也有不少研究同意中晚唐以啖、趙、陸《春秋》學爲主，儒家形成一股不守舊注的新思潮。〔註 30〕職是之故，唐代的學術應該也有其獨特的地位。

〔註 26〕皮錫瑞著，周予同注，《經學歷史》（北京：中華書局，2004 年）。

〔註 27〕見吳雁南，《中國經學史》（福州：福建人民出版社，2001 年）；姜廣輝，《中國經學思想史》第 2 卷（北京：中國社會科學出版社，2003 年）；葉國良，《宋人疑經改經考》（臺北：國立臺灣大學，1980 年）等著作。此外，細部的研究則可參見以人物爲中心的經學研究，茲不一一列舉。

〔註 28〕稻葉一郎，李甦平譯，〈中唐新儒學運動的一種考察——劉知幾的經書批判和啖、趙、陸氏的《春秋》學〉，收入林慶彰主編，《啖助新《春秋》學派研究論集》（臺北：中央研究院中國文哲研究所，2002 年），頁 305～338。

〔註 29〕張國剛，〈略論唐代學術史的時代特徵〉，《史學月刊》2003 年第 6 期（天津，2003 年 6 月），頁 80～87。

〔註 30〕學界這方面的研究不少，可參考林慶彰，〈唐代後期經學的新發展〉，收入於

第三節　研究取徑與章節架構

基於以上研究課題的背景，本研究以學術史為基本面向，在唐宋之際的儒家與佛教交會的歷史脈絡中，抉擇出經學此一課題為研究對象。

儘管經學原本是「解釋、闡明和研究儒家經典的學問」，但佛教的譯經事業自東晉六朝大盛，進而開展解釋佛典的學風。〔註 31〕佛教的譯經與解經的活動是造成佛教宗派林立的直接原因，例如《法華經》的漢文本在中國流傳之後，成為日後天台宗的指導原則。〔註 32〕再者，佛搭乘著東晉六朝的玄學之風，以此打入士大夫階層，儒釋兩界的交涉很早就已經展開。俟原本南北分立的經學因北學消失而歸於一統，儘管經學仍因襲舊風，但又成為儒家的學術主流。〔註 33〕同時佛教在唐代達到極盛，面對這樣的現象，儒家士大夫大部分接受佛法的薰陶，只有少部分人士仍與之抗拒。當時影響士大夫最深刻的宗派無非是強調理論與實際並重的天台宗，以及主張成佛無須依靠文字的禪宗。

佛教的版圖因禪宗的流行而發生變動，儒家則因少數對傳統經學不滿的學者而開始產生新學風。因此本研究希望透過儒釋發展的歷史背景，以考察眞正的核心問題：宋代初期儒學新動向與佛教的關係。智圓與契嵩固然有其儒學的基礎，但天台宗與禪宗在唐代也成為許多士大夫內心的信仰。儒佛二教的彼此之間的思想聯繫，必須從隋唐的轉變期開始考察。兩位北宋高僧所

林慶彰編，《中國經學史論文選集》上冊（臺北：文史哲出版社，1992 年），頁 670～677；劉乾，〈論啖助學派〉，收入於林慶彰編，《中國經學史論文選集》上冊，頁 678～701；葛煥禮，〈論啖助、趙匡、陸淳《春秋》學的學術轉型意義〉，《文史哲》2005 年第 5 期（濟南，2005 年 9 月），頁 40～45；章群，〈啖、趙、陸三家《春秋》之説〉，收入於林慶彰、蔣秋華編，《啖助新《春秋》學派研究論集》（臺北：中央研究院中國文哲研究所，2002 年），頁 73～88；劉光裕，〈唐代經學中的新思潮——評陸淳《春秋》學〉，收入於林慶彰、蔣秋華編，《啖助新《春秋》學派研究論集》，頁 89～111。

〔註 31〕吳雁南，《中國經學史》（福州：福建人民出版社，2001 年），〈導論〉，頁 1。

〔註 32〕許理和（Erich Zurcher）強調西晉來華的僧人竺法護（228～306）的譯經事業中，《法華經》具有最重大的意義。因為《法華經》揭示了佛陀永恆的生命力，它善用譬喻的寓言，呈現詩歌的文學手法，成為在漢傳佛教中最受尊崇且最為基本的經典之一。同時，它也是天台宗最根本的學理基礎。見許理和（荷），李四龍、裴勇譯，《佛教征服中國》（南京：江蘇人民出版社，1998 年），頁 68～69。

〔註 33〕皮錫瑞著，周予同注，《經學歷史》，頁 137。

以積極參與儒家復興運動及其論辯，置於佛教的歷史脈絡，似乎不是偶然。再者，儒家士大夫對於佛教的認識，事實上也影響到他們要如何重新看待儒家的任務與定位。

本研究除了緒論與結論之外，共分爲三章。第二章論述兩大主題，一爲天台宗與禪宗在中唐的發展。天台的九祖湛然與禪宗六祖慧能（638～713）可以說是兩宗派的中興之祖，他們都爲宗派本身的教義擴大理論基礎。湛然爲《法華經》注疏而有《法華經玄義釋籤》、《法華文句記》等書。相反地，禪宗因不立文字而沒有規定教義的經典，但慧能的門人記下其事蹟與言教而編成《六祖大師法寶壇經》，是禪宗最重要的著作。貫通儒釋思想的湛然與吸引儒家士大夫的禪宗，在唐代是儒釋調和之下的具體象徵。在隋唐佛教盛行之下，士大夫的思想表現出他們沾染佛法的特徵，尤其當他們以儒士的面貌試圖建構政治社會秩序，卻以佛家思想形塑內心世界。第二個主題則是儒家內部的發展，劉知幾與新《春秋》學派開啓中唐以降「疑古惑經」的風氣。再者，王通（584～617）力圖重振儒學，並且尊崇孟子的地位。儘管王通至中晚唐才受到重視，但是韓愈、皮錫瑞等人都想踐行孔、孟、揚雄、王通以來的「聖賢之道」。此外，鑑於佛教的法統之爭，儒家內部的「道統」體系逐漸發展，最終由宋儒完成。以上爲北宋儒學發展的歷史背景。

第三章分別探討宋初的儒學發展與天台宗的智圓。首先在文壇方面，有柳開、王禹偁、穆修（979～1032）等風格與對佛教立場稍有不同的古文家，較爲親近佛教的西崑派，是北宋最初數十年間較鮮明的文學群體。至於經學方面，胡瑗、孫復、石介等士大夫再次對經典進行詮釋的工作，以求經世教化與王道之治的效用。然而較宋初三先生稍早，與穆修、楊億同世代的智圓肯定儒家思想的價值，而且不管是有助於建立外在世界的倫理價值的六經，還是講究個人修身立德的《中庸》，他都對其有所深入的研究。智圓甚至認爲沙門若能兼通儒家經典，有裨於佛學。透過對於智圓的認識，我們將瞭解到在儒學復興運動全面開展之前，智圓已有相當透徹的體悟。

第五章的主題則是慶曆以後的儒學復興，與契嵩面對排佛論的回應。筆者將儒學復興的焦點擺在經學，因爲由宋儒對經學的研究，可以考察他們出排佛的背景與理論基礎。當然，宋代初期的儒家不同於理學以哲學思維闢佛，他們較關心佛教對人間秩序的弊害，此外當時諸儒也有從不同的角度來申辯佛教之弊。智圓處於排佛尚未形成浪潮的時期，而契嵩則正好面臨排佛的顚峰期。爲了對抗儒家的排佛浪潮，契嵩與以歐陽修爲代表的闢佛人士抗衡，並且特別以宋代古文家所宗的韓愈爲批判對象，重新詮釋「聖人」的觀點，大談佛教角度的王道教化。透過對智圓與契嵩的研究，我們將發現他們兩人都會通儒、釋二教的思想，而試圖闡釋佛教合乎人間秩序之處。另一方面，由於兩人所屬的宗派與身處的學術環境不同，兩人論述的著眼點與對儒家的態度都有所不同。

第二章　中晚唐佛教與儒學的動向

第一節　前　言

漢傳佛教在進入唐代以後達到鼎盛。最初，東漢末年有西域僧人將其隨身攜帶的佛典譯爲漢文。本爲安息國太子的安清（世高；97～170），在東漢桓帝（146～167）時到達洛陽，開始中國最早期的譯經事業。他甚至「遊化中國宣經事畢，値靈帝（168～189）之末關洛擾亂，乃杖錫江南」。〔註1〕比他稍晚入華的外來僧，如支讖（147～？）、安玄、支謙、康僧會（？～280）等人都在洛陽或孫吳（222～280）統治的江東地區建立起略具規模的譯經團。儘管根據文獻記載，東漢初由攝摩騰與竺法蘭翻譯的《四十二章經》是中國第一部漢譯佛典，但安清以降的譯經事業才眞正對漢傳佛教的發展造成直接的影響。〔註2〕

佛教的譯經事業在西晉竺法護（228～306）之後逐漸興盛，並在東晉釋道安（314～385）與鳩摩羅什（334～413）先後於長安主持之下，形成以譯場爲中心的學僧團體。〔註3〕原本在早期西域僧人翻譯的佛典中，以小乘經典居多，

〔註1〕僧祐，《出三藏記集》，卷13，收入日本東京大藏經刊行會編，《大正新修大藏經》第55冊（臺北：世樺，1998年），頁95。

〔註2〕據《高僧傳》所載：「明皇帝夢金人飛空而至，乃大集群臣以占所夢。……即遣郎中蔡愔、博士弟子秦景等，使往天竺，尋訪佛法。愔等於彼遇見摩騰，乃要還漢地。……騰譯《四十二章經》一卷。……騰所住處，今雒陽城西雍門外白馬寺是也。」見釋慧皎，《高僧傳》（北京：中華書局，1992年），卷1，頁1～2。

〔註3〕梁啓超：「大柢西晉以前之譯業，皆由一二私人口傳筆受。苻秦時道整、道安

竺法護以後大乘經典在中土才大行其道。由於早期譯經都存在不少問題，道安曾經就譯經工作提出「五失本」與「三不易」。〔註4〕針對佛經的重譯、注疏以及佛教的目錄學皆在六朝時代應運而生。佛教的學術作品增多，中土僧侶的思想內涵也隨之豐富，因此關於佛學的私人論著在六朝逐漸增多。

中土人士撰述佛經，並非皆依其原典的本意創作，因而產生「疑經」或「疑僞經」。佛教疑經的定義，簡言之，即「所謂的疑經即中國人撰述的佛經，無論是在印度或西域，其原典完全不存在的經典。」〔註5〕此外，被佛教經錄家認定爲疑經的另一理由，乃是這些佛經往往雜夾著佛教以外的思想——最常見混雜於早期的佛教著述中的是道教思想——以及民間信仰等等。當然在六朝時期，玄學思想也常混雜於疑經當中。〔註6〕道安在《新集安公疑經錄》（收入於《出三藏記集》）中曾指出《寶如來經》、《定行三昧經》、《毘羅三昧經》、《惟務三昧經》、《普慧三昧經》、《阿丘那經》等爲國人所撰述的疑經。

在六朝時期，由於佛典的傳譯與講學，產生出依各種不同的佛經理論而成立的學派，諸如成實學派、地論學派、毘曇學派、涅槃學派等。此時佛學也有南北分立的現象。南方佛學與玄學結合，學風重義學而多議論；北方佛學沿襲早期外來僧所傳禪法，因此具有濃厚的實踐色彩。隋統一中國之後，南北佛學

在關中，網羅學僧，創譯中增二舍及阿毘曇，譯場組織起源於此。」見梁啓超，〈佛典之翻譯〉，《佛學研究十八篇》（臺北：中華書局，1956年），頁63。道安在長安的譯場中，實際上並未參與譯經的工作，他主要擔任「譯主」和校勘的工作。俟佛經初步譯爲漢文之後，他針對翻譯的問題進行裁決，並在文字上稍作潤飾。整部經典完成之後，道安爲之作序。見許理和，李四龍、裴勇譯，《佛教征服中國》（南京：江蘇人民出版社，1998年），頁252。

〔註4〕道安曾在〈摩訶鉢羅若波羅蜜經抄序〉一文敘及：「一者胡語盡倒而使從秦，一失本也。二者胡經尚質，秦人好文，傳可眾心非文不合，斯二失本也。三者胡經委悉至於嘆詠，丁寧反覆，或三或四，不嫌其煩，而今裁斥，三失本也。四者胡有義記正似亂辭，尋說向語文無以異。或千五百刈而不存，四失本也。五者事已全成，將更傍及，反騰前辭已乃後說而悉除此，五失本也。然智經三達之心，覆面所演聖必因時，時俗有易，而刪雅古以適今時，一不易也。愚智天隔聖人叵階，乃欲以千載之上微言傳使合百王之下末俗，二不易也。阿難出經去佛未久，尊大迦葉令五百六通迭察迭書，今離千年而以近意量裁。彼阿羅漢乃兢兢若此，此生死人而平平若是，豈將不知法者猛乎，斯三不易也。涉茲五失經三不易，譯胡爲秦，詎可不慎乎？」見僧祐，《出三藏記集》，卷8，頁52。

〔註5〕鎌田茂雄，《中国仏教史第四巻：南北朝の仏教》下冊，頁169。

〔註6〕參考姚長壽，〈《淨度三昧經》與人天教〉，《中華佛學學報》第12期（臺北，1999年7月），頁79～95。

出現會通的情形，在唐宋之間頗具影響力的宗派也逐漸興起，天台宗、三論宗、華嚴宗、唯識宗等是唐代佛教的代表宗派。此外，不立文字且講究修行甚於誦經的禪宗，也在中土歷經相當久遠的發展，而在唐代進入興盛期。

第二節　天台宗的發展

一、始建期

天台宗尊梵僧龍樹爲初祖，其詮釋《大品般若經》的著作《大智度論》被認爲是天台宗創立學說的來源，同時也是三論宗在《中論》、《百論》、《十二門論》以外的另一部重要經典。〔註7〕《大智度論》得鳩羅摩什翻譯之後，在北朝魏齊年間活動的慧文得其譯本，並悟出「一心三智」、「一心三觀」的禪法，後來將其佛法傳予慧思（515～577）。〔註8〕

眞正對於早期天台宗思想具有基礎性貢獻的，當屬被奉爲天台三祖的慧思（515～577）。《佛祖統紀》記述他「兒童時見梵僧，勸令入道，或見朋類讀《法華經》，樂法情深，得借本於空冢獨觀，無人教授，日夜悲泣。」〔註9〕這是天台宗在始建期初次與《法華經》聯繫的因緣。天台宗的禪法固然來自於北方，也兼容南方重視義理的學風。此時南方正盛行研究《般若》義理的三論宗，並且與玄學相得益彰。因此《佛祖統紀》稱讚慧思「以此承北齊一心三觀之道，傳之天台，其爲功業盛大，無以尙矣。」〔註10〕近代佛教史家也多認爲慧思在佛教南北統一的過程中扮演過渡的角色。〔註11〕

被尊爲天台宗開山之祖的智顗（538～590）繼承慧思的禪法，以《法華

〔註7〕在龍樹針對《般若經》的注疏中，《大智度論》乃解釋文句的著作，三論則是疏通義理之作。呂澂，〈天台宗——隋代佛家兩宗學說略述之二〉，《中國佛學源流略講》（北京：中華書局，1979年），頁325。

〔註8〕關於慧文與慧思的師承關係，《續高僧傳》言：「時禪師慧文，聚徒數百，眾法清肅，道俗高尚。（思）乃往歸依，從受正法。」見道宣，《續高僧傳》，卷17，《大正新修大藏經》第50冊，頁563。釋志磐在《佛祖統紀》記載慧文事蹟時也敘道：「師以心觀，口傳南岳（慧思）。岳盛弘南方；而師之門人在北者，皆無聞焉。」見釋志磐，《佛祖統紀》（揚州：江蘇廣陵古籍刻印社，1992年），卷6，頁315。

〔註9〕釋志磐，《佛祖統紀》，卷6，頁316～317。

〔註10〕釋志磐，《佛祖統紀》，卷6，頁329～330。

〔註11〕郭朋，《隋唐佛教》（山東：齊魯書社，1980年），頁106。

經》立教，並力主「止觀雙修」的原則。〔註 12〕少時便居住於荊州的智顗，佛教活動都在南方，年十八即「投湘州果願寺沙門法緒而出家焉。緒授以十戒導以律儀。」他也到北方「詣慧曠律師，地面橫經具蒙指誨，因潛大賢山，誦《法華經》及《無量義》、《普賢觀》等。」他年未滿二十，已能通究此三經。他在光州大蘇山首次謁見慧思，並得其心觀的禪法。在學得《法華》三昧的要義之後，智顗得慧思的指示前去陳朝的國都金陵弘揚佛法。〔註 13〕賴陳朝皇室的支持，智顗獲得建立寺院的經費。陳宣帝（530～582）於太建九年（577）下敕：「智顗禪師，佛法雄傑時匠所宗，訓兼道俗國之望也。宜割始豐縣調，以充眾費；蠲兩戶民用供薪水。主者施行。」隔年又下敕允智顗「創立天台宴坐名嶽。宜號修禪寺也。」〔註 14〕足見陳朝對智顗重視的程度。

智顗的政治活動延續到隋朝。隋文帝（541～604）曾向智顗致書言：

> 朕於佛教敬信情重。往者周武之時毀壞佛法，發心立願，必許護持。及受命於天，仍即興復，仰憑神力，法輪重轉。十方眾生，俱獲利益。比以有陳虐亂殘暴東南，……朕尊崇正法，救濟蒼生欲令福田永存津梁無極。師既已離世網，修己化人，必希獎進僧伍，固守禁戒，使見者欽服，聞即生善。方副大道之心，是爲出家之業。若身從道服，心染俗塵。非直含生之類無所歸依，仰恐妙法之門更來謗讟。宜相勸勵，以同朕心。……。〔註 15〕

由於隋文帝有心招徠，智顗便與隋朝產生政治關係。當時的晉王楊廣是朝中與智顗最親近的人士，向智顗致書皆自稱弟子。楊廣代秦王爲揚州總管，遣使奉迎智顗時，後者嘆道：「我與晉王深有緣契。」〔註 16〕憑藉著與政府的良好關係，智顗不僅在教義上樹立天台宗，也爲天台宗尋得經濟基礎。寺院經濟的規模，以及能否配合政府的統治，可說是日後佛教各派創立的重要條件。智顗一手創立天台宗的過程可說是將以上兩種條件深刻地表現出來。〔註 17〕

〔註 12〕雖然智顗被奉爲天台宗的創教始祖，但他未曾有自立宗派的意圖。天台宗法統的形成，大致可以說是起於智顗之弟子灌頂，完成於九祖湛然之儒門高足梁肅。見曾其海，《天台佛學》（上海：學林出版社，1999 年），頁 170～174。

〔註 13〕道宣，《續高僧傳》卷 17，頁 564。

〔註 14〕灌頂，《國清百錄》，卷 1，《大正新修大藏經》第 46 冊，頁 799。

〔註 15〕灌頂，《國清百錄》，卷 2，《大正新修大藏經》第 46 冊，頁 802。

〔註 16〕釋志磐，《佛祖統紀》，卷 6，頁 346。

〔註 17〕郭朋即強調政治及經濟因素是往後佛教各派產生的共同條件。見郭朋，《隋唐

再者，就南北朝佛學發展的脈絡而言，北方得自安世高以降所傳的禪法，學風偏向實踐；南方則與自東晉興起的玄學結合，重視經論的義理，因而南方僧徒講論的風氣要甚於北方。天台宗也確實展現出兼容南北學風的趨向。隋唐以後，佛家這種理論與修行合一的觀念便成爲主流。〔註 18〕以天台宗爲例，智顗依《法華經》而提出「五時八教」的教判。五時即「華嚴時」、「鹿苑時」、「方等時」、「般若時」、「法華涅槃時」；八教則分爲形式的「化儀」——頓、漸、秘密與不定四教，以及內容方面的「化法」——藏、通、別、圓四教。尤其最後的「圓教」，具不偏而圓滿之意，以智顗自己的解釋，「此教明不思議因緣。二諦中道事理具足不偏不別，但化最上利根之人，故名圓教也。」〔註 19〕於是而成天台的圓教系統，而不同於華嚴宗以別教爲圓教。智顗在發展「五時八教」之說時，即採納南北各家對佛經的不同解釋，並在具有批判意味的情況下得出綜合性的判教理論。〔註 20〕因此，天台宗在慧思到智顗這段理論發展時期，將南北相異的佛學做出一番統整，並提出「心」爲本體的宗教思想。

關於智顗時期的思想學說以及政治活動，均由其弟子灌頂（561～632）記錄下來，包括天台宗最重要的經典之一，《法華玄義》。此外，尚有《天台八教大意》、《智者別傳》、《國清百錄》等等。事實上，被尊爲天台五祖的灌頂最大成就也就是在文字上。如《佛祖統紀》作者釋志磐所言：

> 昔在智者爲佛所使，以靈山親聞《法華》之旨，惠我震旦，乃開八教、明三觀，縱辨宣説，以被當機可也。至於末代傳弘之寄，則章安侍右以一徧記之才，筆爲論疏，垂之將來，殆與慶喜集同功而比德也。微章安，吾恐智者之道將聞於今日矣。〔註 21〕

智顗完成的天台教觀由灌頂傳承下去，並且開啓天台傳法的世系。

佛教》，頁 115。

〔註 18〕鄺士元，〈隋唐之佛學〉，《中國學術思想史》（臺北：里仁書局，1995 年），頁 300。

〔註 19〕智顗，《四教義》，卷 1，收入於《大正新修大藏經》第 46 冊，頁 722。

〔註 20〕關於智顗的教判內容，筆者主要參考釋慧嶽，《天臺教學史》（臺北：中華佛教文獻編撰社，1974 年），頁 95～109。見呂澂，〈天台宗——隋代佛家兩宗學説略述之二〉，《中國佛學源流略講》，頁 331～334。此外，亦參考《佛光大辭典》對「圓教」的解釋，見釋慈怡主編，《佛光大辭典》（高雄：佛光出版社，1989 年），頁 5406。

〔註 21〕釋志磐，《佛祖統紀》，卷 7，頁 376。

二、湛然的中興

天台宗在九祖湛然（711～782）時又進入另一階段。佛教史家認爲天台在進入唐代以後失去創建期的活力，而使它在其他相繼成立的佛教宗派當中開始黯然失色。例如華嚴宗在武后（624～705）扶持之下迅速發展，並且提出「性起」思想，說明「事」、「理」乃由「一心」而起，在當時佛教界頗受重視。到了八世紀中葉，爲了回應華嚴宗的心性論，湛然將智顗的「性具」說進一步發揮，並借用了華嚴的「眞緣隨起」思想.。〔註 22〕湛然並提出「無情有性」之說，即萬物雖無「情」，但依然有「性」而得以成佛。〔註 23〕至此，天台宗的「性具圓教」可說是大功告成。〔註 24〕湛然的理論在佛教界頗具影響力，甚至儒家的李翺（774～836）作《復性書》，談性命的起源，與湛然的「無情有性」以及禪宗的「見性成佛」不無關聯。湛然對於天台「心學」的擴充，使得天台宗得以短暫的復興。他在文字上亦有等量的成就，尤其是針對本宗經典的注疏，如《法華玄義釋箋》、《法華文句記》、《維摩經略疏》、《維摩經疏記》、《止觀輔行傳弘決》、《止觀搜要記》、《止觀大意》、《始終心要》、《金剛錍論》等作品。

由於湛然除了佛門傳人之外，尙有梁肅（753～793）此位儒家高足。透過梁肅在士人當中的地位，湛然的學說也在士大夫階層產生影響力。更有甚者，日本僧人最澄（766～822）赴華求法，受業於湛然的門人，並且將包含天台宗著作的佛教經論攜回日本，爾後成爲日本佛教重鎭比叡山的創立者。於是，湛然的天台教義在中土之外得以傳播。〔註 25〕

就在湛然復興天台宗之前，禪宗於唐玄宗在位（712～756）時期發生南北兩派爭取正宗的事件。〔註 26〕這樁佛教界的一大盛事正値湛然的青壯年時

〔註 22〕參見 Peter N. Gregory, "The Vitality of Buddhism in the Sung," in Peter N. Gregory and Daniel A. Getz, Jr., eds. Buddhism in the Sung （Honolulu: University of Hawaii Press, 1999）, pp.5-7. 以及賴永海，《湛然》（臺北：東大圖書，1993 年），頁 75～100

〔註 23〕關於湛然的「無情有性」說，見賴永海，《湛然》，頁 35～74。

〔註 24〕關於天台宗的「性具圓教」的整體討論，茲僅列數本參考著作。山口益，釋演陪譯，《天台性具思想論》（臺北：慧日講堂，1967 年）；牟宗三，《牟宗三先生全集第 4 冊——佛性與般若（下）》（臺北：聯經，2003 年）；尤惠貞，《天台宗性具圓教之研究》（臺北：文津出版社，1993 年）。

〔註 25〕賴永海，《湛然》，頁 189～191。

〔註 26〕據《景德傳燈錄》所載，慧能「滅後二十年間，曹谿頓旨沈廢於荊吳，嵩嶽漸門盛行於秦洛。（慧能弟子神會）乃入京。天寶四年方定兩宗（南能頓宗北秀漸教）乃著《顯宗記》盛行于世。」見釋道原，《景德傳燈錄》，《大正新修

期，而後，天台宗內部也開始建立祖統。湛然的門人已有將龍樹至湛然奉爲天台九祖的說法。〔註 27〕儘管現存史料無法確切說明天台宗是否受到禪宗影響而有定祖之事，但湛然與天台宗應當感受過禪宗勢力的壯大。畢竟在禪修的方法上，主張頓悟見性的禪宗南宗在中唐以後盛行之後，會使得講究「漸修」禪法的天台宗面臨到壓力。

第三節　禪宗的興起

一、中國禪宗的初立

在安世高譯經的時期，中國開始流傳小乘的禪修佛典，漢僧也認識了「止觀」之法。直到鳩摩羅什、佛陀跋陀羅（359～429）翻譯《坐禪三昧經》、《達摩多羅禪經》之後，中國開始流行大乘禪法。南朝以後佛教各宗派也因其尊奉的經典不同，而各有不同的禪定，天台宗即以「止」、「觀」爲其代表的禪法。然而，根據慧能（638～713）以後所形成禪宗南宗之說法，在原先流傳的禪法之外，尚有因「不立文字，直指心源，不踐楷梯，徑登佛地」而能進入佛陀境地的「教外別傳」。〔註 28〕依據唐宋之後的禪宗經典所記載的傳說，「教外別傳」的源頭即是菩提達摩（？～532）所傳的「祖師禪」。即令如此，與天台宗的止觀之法相同，禪宗亦以「坐禪」爲悟道的主要方式。因此，早期禪宗當與天台宗有密切關係，學界亦有禪宗吸收天台禪學的說法。〔註 29〕

菩提達摩（？～532）被奉爲禪宗初祖，在梁武帝時來到中國。他向武帝說法，但兩人卻話不投機。此後達摩「一葦渡江」而嵩山少林寺，並在寺中留下面壁九年的千古奇談。於是，達摩以求那跋陀羅（394～468）所譯的《楞伽經》四卷在中土傳授禪法。自達摩到二祖慧可（487～593）、三祖僧璨（？～606），皆以《楞伽經》爲實踐禪法的重要經文，並代代傳授予弟子。關於這段以《楞伽經》爲中心的禪學世系，與其貼上「禪宗」的標記，毋寧以「楞伽宗」稱之較合乎實情。

隋唐之際，僧人在研習《楞伽經》時逐漸偏重文句的義解，而同時《般

大藏經》，第 51 冊，頁 245。

〔註 27〕湯用彤，《隋唐佛教史稿》（臺北：木鐸出版社，1988 年），頁 174～175。

〔註 28〕釋道原，《景德傳燈錄》，《大正新修大藏經》，第 51 冊，頁 196。

〔註 29〕曾其海，《天台佛學》，頁 48～52。

若經》在禪宗的地位逐漸提高。道信（580～651）提倡一行三昧，主要依賴的就是《文殊說般若經》，在《楞伽師資記》中有如此記載：

> 其信禪師再敞禪門，宇內流布。有《菩薩戒法》一本，及制《入道安心要方便法門》，爲有緣根熟者，說我此法。要依《楞伽經》諸佛心第一，又依《文殊說般若經》一行三昧。即念佛心是佛，妄念是凡夫。〔註30〕

一行三昧的禪法爲道信傳人弘忍（602～675）光大，並以《金剛般若經》爲傳習的主要經典。因此早期禪宗也由《楞伽》轉而傾向《般若》學說。弘忍立「東山法門」，聚徒講習之後，禪宗才眞正在中國流行。慧安（582～709）、神秀（605～706）、玄賾、智詵（609～702）、慧能、法如（638～589）等都是弘忍門下的傑出僧徒。〔註31〕

二、慧能以後禪宗的發展

被尊爲禪宗六祖的慧能在中國禪學史上是關鍵性角色，尤其在他的弟子們紹承其學而壓倒北宗之後，禪宗成爲「頓悟」法門的代表宗派，並主張「了見本性」、「即心是佛」的思想。《六祖大師法寶壇經》是唯一留下慧能思想的資料，儘管某些部分文字有可能爲後人所增添，但《壇經》的核心思想基本上就是所謂的「見性成佛」。〔註32〕例如慧能對弟子道：

〔註30〕釋淨覺，《楞伽師資記》，《大正新修大藏經》，第85冊，頁1286。

〔註31〕《楞伽師資記》記載弘忍在圓寂之前，曾提到能夠傳他佛法的十位弟子：「傳吾道者，只可十耳。我與神秀，論《楞伽經》，玄理通快，必多利益；資州智詵、白松山劉主簿，兼有文性；莘州惠藏、隨州玄約，憶不見之；嵩山老安，深有道行；潞州法如、韶州惠能、揚州高麗僧智德，此並堪爲人師，但一方人物。越州義方，仍便講說。」並且將後事囑咐另一位弟子玄賾。

〔註32〕今日在《大正大藏經》所收的《壇經》包括兩種版本。其一《南宗頓教最上大乘摩訶般若波羅蜜經—六祖惠能大師於韶州大梵寺施法壇經》一卷（以下簡稱爲《壇經》敦煌本），並云「兼受無相戒弘法弟子法海集記」，這是古寫敦煌本，原本爲大英博物館所藏；其二《六祖大師法寶壇經》（以下簡稱爲《壇經》丘寶本），云「風旛報恩光孝禪寺住持嗣祖比丘宗寶編」。關於《壇經》作者與版本的問題，自1923年日本學者矢吹慶輝在倫敦博物館發現《壇經》的敦煌寫本，至引起中日學界的熱烈討論。胡適就敦煌寫本推論此即《壇經》的古本，並據古本《壇經》與《神會語錄》，斷定《壇經》實乃神會或其門人所作。錢穆反對此說，並同樣根據《壇經》與《神會語錄》說明前者顯現六祖精神，而《神會語錄》則不脫文字障，是因爲神會是通習儒釋經典的學僧，因此《壇經》基本上仍是經由後代增改過的「慧

> 心開何物，開佛知見。佛猶覺也，分為四門：開覺知見，示覺知見，悟覺即見，入覺知見，開、示、悟、入上一處入，即覺知見，見自本性，即得出世。〔註 33〕

這段話直接向眾人說明只要能夠「見自本性」，就能出世成佛。慧能還將道信以來所強調的一行三昧重新賦予「直求本心」的意涵：

> 一行三昧者，於一切時中行住座臥常眞，眞心是。《淨名經》云：「眞心是道場，眞心是淨土。」莫心行諂典，口説法直；口説一行三昧，不行眞心。非佛弟子，但行眞心，於一切法上無有執著，名一行三昧。迷人著法相，執一行三昧，眞心坐不動，除妄不起心，即是一行三昧。若如是此法同無清。卻是障道因緣。〔註 34〕

慧能此說乃針對原本禪修的方式，認為其執著於形式，反而有礙於直求本心的精神，無法達成眞正的一行三昧。

至於「頓」、「漸」之分，慧能尚未如同後來南宗那般堅持頓教。他曾言：「本來正教，無有頓漸，人性自有利鈍。迷人漸修，悟人頓契。自識本心，自見本性，即無差別，所以立頓漸之假名。」〔註 35〕可見慧能的立場基本上是頓漸兼修，並無刻意要人頓契而棄漸修。此外，慧能尚在世之時，也未曾與神秀別分宗派。〔註 36〕慧能不過是弘揚其師弘忍《般若》禪法，並重新詮釋禪修方式。

在慧能辭世之後，神秀門人普寂（651～739）、義福（658～736）等人在京師受到敬重，「兩京之間皆宗神秀，若不淰之魚鮪附沼龍也。」一直到慧能

能語錄」。日本學界方面，鈴木大拙、宇井伯壽、關口眞大、柳田聖山等學者，也在考據《壇經》各版本之後，對胡適的說法也都各持部分贊同與質疑的意見。此外，印順也提出特別的見解，認為《壇經》原型應在「大梵寺說法」的部分，並與錢穆同樣認為《壇經》的思想仍源於慧能而非神會。關於胡適、鈴木大拙、宇井伯壽、關口眞大、柳田聖山與印順的《壇經》研究，可參見邱敏捷，〈《壇經》的作者——與版本印順與胡適及日本學者相關研究觀點之比較〉，《人文研究學報》41 卷 2 期（台南，2007 年 10 月），頁 13～41，該文將上述學者的研究做出整理。另外，錢穆的觀點見〈神會與《壇經》（上）〉，《中國學術思想史論叢》第 4 冊（臺北：東大圖書公司，1991 年），頁 91～110。

〔註 33〕慧能，《壇經》敦煌本，《大正新修大藏經》，第 48 冊，頁 342。

〔註 34〕慧能，《壇經》敦煌本，《大正新修大藏經》，第 48 冊，頁 338。

〔註 35〕慧能，《壇經》宗寶本，〈定慧第四〉，《大正新修大藏經》，第 48 冊，頁 353 上。

〔註 36〕錢穆，〈神會與《壇經》（下）〉，《中國學術思想史論叢》第 4 冊，頁 113～114。

的弟子神會（668～760）前往洛陽行禪法之際，「會明心六祖之風，蕩其漸修之道矣。南北二宗時始判焉，致普寂之門盈而後虛。」〔註 37〕神會在滑臺大會爲南宗贏得一場具關鍵性的論戰，此後南宗成爲禪宗的主流。〔註 38〕然而，這並未使得他禪宗世系獲得等重的地位。因爲在中唐以後，神會開創的荷澤宗，已經不是具有影響力的派門。以青原行思（？～740）與其弟子石頭希遷（700～790）所傳衍的曹洞、雲門、法眼三宗，以及歷經南嶽懷讓（677～744）、馬祖道一（709～788）、百丈懷海（720～814）三代法系所演化的臨濟與溈仰二宗，是唐宋之際傳播最廣的「五家」，並且合臨濟宗在北宋分立的黃龍、楊岐二支爲「七宗」。〔註 39〕

第四節　隋唐佛教對士大夫的影響

部分佛學界以外的學者認爲佛教在中唐以後進入衰退期，除了與政治因素（如唐武宗廢佛）相關以外，也與禪宗的興起不無關連。例如梁啓超、鄺士元等學術史家對此都有相近的看法。〔註 40〕

禪宗興起之後，佛教勢力版圖發生變化，此後受到佛法影響的士人逐漸增多，正如宋人周必大（1126～1104）所云：「自唐以來，禪學日盛，才智之士往往出乎其間。」〔註 41〕此段文字顯示自唐代以後，士人往往與禪宗糾纏

〔註 37〕釋贊寧，《宋高僧傳》（北京：中華書局，1987 年），卷 8，頁 179。

〔註 38〕據《神會語錄》記載，神會於開元二十二年（734）正月十五日在滑臺大雲寺設無遮大會，以立南宗宗旨，並與崇遠論辯。見獨孤沛，〈菩提達摩南宗定是非論〉，收入於神會，胡適校寫，《神會和尚遺集》（臺北：中央研究院胡適紀念館，1968 年），頁 160～162。這次大會並不是神會唯一一次爲了定南宗是非而召開的無遮大會。至少在天寶八年還有一次無遮大會，「東京荷澤寺神會和上每月作檀場，爲人說法。破清淨禪，立如來禪。……開元中滑臺寺爲天下學道者定其宗旨，會和上云：『更有一人說。會終不敢說。』爲會和上不得信袈裟。天寶八載中，洛州荷澤寺亦定宗旨，被崇遠法師問。」見《曆代法寶記》，《大正新修大藏經》，第 51 冊，頁 158。不過胡適推斷神會與崇遠的交鋒僅在開元二十二年的無遮大會上。見，胡適〈跋〈南宗定是非論〉殘卷〉，《神會和尚遺集》，頁 168～174。

〔註 39〕參見湯用彤《隋唐佛教史稿》，頁 233～234；郭朋，《隋唐佛教》，頁 544～568。

〔註 40〕可參考梁啓超，〈中國佛法興衰沿革說略〉，《佛學研究十八篇》，頁 13～14；鄺士元，〈隋唐之佛學〉，《中國學術思想史》，頁 318。

〔註 41〕周必大，〈寒巖升禪師塔銘〉，《文忠集》，卷 2，收入於《景印文淵閣四庫全書》第 1147 冊（臺北：臺灣商務印書館，1983 年），頁 437。

不清。學界不乏關於禪宗與士大夫群體互動關係的研究，並指出前者爲士大夫提供具有新意的哲學世界，相對地，具有政治和經濟實力的士大夫則給予禪師們強力的物質支持。〔註42〕

禪宗不僅打入士大夫階層，在下層的民俗文化之中也間接地產生影響力。以飲茶風俗爲例，封演在《封氏見聞錄》中〈飲茶〉一條曾提到：

> 開元（713～741）中，泰山靈巖寺降魔師大興禪教。學禪務於不寐，又不夕食，皆許其飲茶。人自懷挾，到處煮飲，從此轉相倣效，遂成風俗。自鄒、齊、滄、棣，漸至京邑，城市多開店舖煎茶賣之，不問道俗，投錢取飲。〔註43〕

封演在此處所提到的降魔禪師正是北宗神秀的弟子普寂。

對於原先以研究佛理爲中心的宗派而言，新興的禪宗壓縮到其發展空間。再者，幾乎捨棄戒律而直求本心的禪宗也常被視爲不純正的佛學。部分與天台宗或其他教派親近的士人也參與批判的行列。例如柳宗元曾經感慨佛門異端四起，唯天台宗最接近佛之道。〔註44〕柳氏更暗示禪宗「異律於定慧」、「小律而去經」，導致「浮圖之道衰」。〔註45〕柳宗元的例子說明士人對佛教的興趣到達了教理的層級。

然而，禪宗在中晚唐的影響無遠弗屆，即使是較親近天台宗的柳宗元，也十分瞭解禪宗的源流與演變。他與劉禹錫爲慧能、法融等禪師以及新建的禪院所撰寫的碑記，清楚顯示他們都掌握了禪宗的訊息，絕非單純的一知半解。〔註46〕比柳宗元更早寫作古文的先驅當中，就有禪宗的支持者，例如李華與其弟子獨孤及（725～777）出入於禪門。然而，稍有不同的是，李華支持北宗的立場昭然，強調戒律的重要；獨孤及則並不受限於門派之見。

即使面臨禪宗的風行，天台宗仍是士大夫階層中具有影響力的教派之

〔註42〕可參考潘桂明，《中國居士佛教史》（北京：中國社會科學出版社，2000年），尤其是第六章第一節與第二節，頁368～430。

〔註43〕封演，《封氏見聞錄》（北京：中華書局，2005年），卷6，頁51。

〔註44〕柳宗元，〈岳州聖安寺無姓和尚碑〉，收入於柳宗元，《柳宗元集》（北京：中華書局，1979年），卷6，頁156。

〔註45〕柳宗元，〈南嶽大明寺律和尚碑〉，《柳宗元集》，卷7，頁170。

〔註46〕見柳宗元，〈曹溪第六祖賜諡大鑒禪師碑〉、〈龍安海禪師碑〉，《柳宗元集》，卷6，頁149～151；頁159；161，以及劉禹錫，〈大唐曹溪第六祖大鑒禪師第二碑〉、〈佛衣銘〉、〈牛頭山第一祖融大師新塔記〉，《劉禹錫集》（北京：中華書局，1990年），卷4，頁51～53；55～56。

一。另一位早於韓愈、柳宗元的古文家梁肅（753～793）就是最具代表性的人物。梁肅也是湛然的俗家弟子，他對天台學說的涵養，亦非一般崇佛的士人可及。觀梁肅談止觀之法：

> 夫止觀何爲也？導萬法之理而復於實際者也。實際者何也？性之本也。物之所以不能復者，皆與動使之然也。照昏者謂之明，駐動者謂之靜。明與靜，止觀之體也。〔註 47〕

梁肅此言頗得其師萬物無情有性之說。另一方面，梁肅借《禮記》之言談古文，他說：「文章之道，與政通矣。世教之污崇，人心之薄厚，與立言、立事者，邪正臧否，皆在焉。」〔註 48〕亦即士人如何作文與行道，都是影響教化人世的關鍵。

比梁肅更早一輩的蕭穎士「儒釋道三教，無不該通。」〔註 49〕儘管由現存史料無法確知蕭穎士對佛教的態度爲何，但基本上可以知道他不排斥閱讀佛典，並同時與親佛的古文家李華交往甚密。觀察中晚唐古文家之立場，他們所謂的文章之道與佛法並無衝突之處。〔註 50〕

古文家以外的唐代士大夫參與佛教的情況自不待言，他們介入佛教活動的管道與形式也不一而足。大體上，爲寺院撰寫碑記、塔銘、頌贊等文章是士大夫親近佛教最常見的管道，佛寺也可因名家所作之文沾光。即使作者不諳佛法，只需瞭解作爲傳主的高僧行誼，即可寫成傳頌一時的碑記、塔銘。若士大夫較具佛學涵養，則可進入官方的譯經機構擔任潤文官，參與翻譯佛典的工作。早在玄奘（602～664）至天竺求法而歸國以後，唐代的譯經活動即蓬勃發展。此外，與高僧交遊並互相贈答詩文，以及在思想上爲佛教進行護法行動，也常是親佛的士大夫與佛教交流的管道。至於尚未晉身於宦海的士人，在科舉應試時，也可向寺院花錢租下房舍以作爲書齋之用。寺院清幽的環境適合考生埋首讀書或準備行卷，以圖中舉的機會。若士人不幸落第，

〔註 47〕梁肅，〈止觀統例議〉，收入《全唐文》（臺北：匯文書局，1961 年），卷 517，頁 6664。

〔註 48〕梁肅，〈祕書監包府君集序〉，收入《全唐文》，卷 518，頁 6669。

〔註 49〕錢易，《南部新書》（北京：中華書局，2002 年），頁 113。

〔註 50〕參見何寄澎，〈唐代古文家與佛教之關係〉，收入於何寄澎，《唐宋古文新探》（臺北：大安出版社，1990 年），頁 1～32。何氏在該文分別論述蕭穎士、李華、獨孤及、梁肅、韓愈、李翺、皇甫湜與柳宗元等八位古文家同佛法的關係，其中韓愈排斥佛教甚篤，但他指出韓愈也有無法堅守立場的情況。

更有可能因爲受到挫折而尋求佛教在心靈上的慰藉。〔註 51〕

由於佛家在思想上影響士大夫尤深，在他們所作的詩文當中便常出現寓含佛理的文句。例如柳宗元在〈禪堂〉說：「萬籟俱緣生，窅然喧中寂。心境本同如，鳥飛無遺跡。」〔註 52〕其意旨頗得華嚴宗的萬法皆「因緣生起」之說。此外，佛教的出世精神也往往與士大夫受到挫折時的消極態度產生共鳴，坐禪問佛是他們企圖沈澱心靈的方式。如白居易自稱「余早棲心釋梵，浪跡老莊，因疾觀身，果有所得。何則？外形骸而內忘憂恚，先禪觀而後順醫治。」〔註 53〕因此在他年近七十苦於臥病之時，「日昏思寢即安眠，足軟妨行便坐禪。」〔註 54〕他在晚年的許多詩作表現出以佛理體悟人間的生老病死。與其說白居易消極看待人世，毋寧說他以達觀的態度積極面對人生。事實上，當唐代士大夫爲護法而力挺佛教，或者依據佛理以求善去惡時，也顯現出積極入世的一面。因此，士大夫依他們所處的不同情況，而各自從佛法當中領悟到不同的處世方針。〔註 55〕

第五節　中晚唐的經學發展

「經」在先秦時代並不單指儒家書籍，它含括諸子百家的著述，同時也可指稱官府典藏的文書。〔註 56〕在漢武帝（公元前 156～前 87）時，原本在秦朝受到頓挫的儒家，基於統治集團的需要而被提升爲官方學術。經書成爲士人晉身仕途的學識基礎；官府並且設立「五經博士」以向士子講習。此後，經學依附於儒學而得到空前的發展。由於經學博士在講習經典時各有不同的解釋，因此經學的規模也開始擴大。漢宣帝（前 91～前 49）時就曾舉行過一次重要的經學討論會，並擴編了經學博士的組織。他「詔諸儒講五經同異，

〔註 51〕關於唐代士大夫參與佛事的形式，參考自潘桂明，《中國居士佛教史》，頁 434～445；郭紹林，《唐代士大夫與佛教》（臺北：文史哲出版社，1993 年），頁 103～228。

〔註 52〕柳宗元，〈禪堂〉，《柳宗元集》，卷 43，頁 1236。

〔註 53〕白居易，〈病中詩序〉，收入於白居易，《白居易集》（臺北：漢京文化，1984 年），卷 35，頁 787。

〔註 54〕白居易，〈病中五絕〉，《白居易集》，卷 35，頁 789。

〔註 55〕關於唐代士大夫消極或機級的處世態度，可參見郭紹林，《唐代士大夫與佛教》，頁 253～267。

〔註 56〕吳雁南，《中國經學史》，頁 2～3。

太子太傅蕭望之等平奏其議，上親稱制臨決焉。乃立《梁丘易》、《大小夏侯尚書》、《穀梁春秋》。」〔註 57〕於是，在西漢時代經學與儒學緊密相扣。

具有「讖諱」思想的今文經學在宣帝之後成爲經學主流。然而，由於今文經學過份重視章句訓詁，並且嚴守家法，以致於研究經書的士子在思想上受到束縛。在西漢末到東漢初，揚雄（前 53～18）、桓譚、王充（27～97）、張衡（78～139）等經學家批判讖諱之學，對其重天命而輕人事的態度感到不滿。於是，在這段期間，講究簡明的訓詁，並注重微言大義的古文經學興起。今古經學的爭論持續到東漢後期，兩者在集漢代經學大成的鄭玄（127～200）之下匯流。他「括囊大典，網羅眾家，刪裁繁誣，刊改漏失，自是學者略知所歸。」〔註 58〕鄭玄學通今古文，採集各家諸說，爲漢代經學進行全面性的整理。此即皮錫瑞所言，「經學至鄭君一變。」〔註 59〕

經學在魏晉時代並未衰亡，但是當時朝野士大夫更看重新興的玄學。玄學家與經學依然無法完全將關係切割，《周易》是這個時代中唯一較被看重的儒家經典，王弼（226～249）的《周易注》是經學的代表著作之一。到了南朝，儒學非但不同於漢代具有獨尊的地位，並且與玄學、文學、史學並列爲官方的四種學科。宋明帝於泰始六年（470）頒佈詔令：「以國學廢，初置總明觀，玄、儒、文、史四科，科置學士各十人，正令史一人，書令史二人，乾一人，門吏一人，典觀吏二人。」〔註 60〕玄學也躍居四門學科的首位。

然而，必須注意的是，自漢末魏晉經學有逐漸被世族門第獨佔的傾向，並且因爲內部傳承的形式而成爲「家法」或「家學」。「家法」因爲經過世家大族轉化爲規範家族成員的禮法，於是形成六朝隋唐士大夫儒學的特徵。〔註 61〕

另一方面，由於大量的佛經在東晉六朝被譯爲漢文，在佛門高僧以及部分士大夫研習佛理的同時，儒學與佛學開始交涉。一些名僧如道安（314～385）、慧遠（334～416）都在年少時通曉儒家經書，或者像支遁（314～366）

〔註 57〕班固，〈宣帝本紀〉，《漢書》（臺北：鼎文書局，1979 年），卷 8，頁 272。在經學史上，原本注重法制觀念的《公羊春秋》轉向重視宗法人倫的《穀梁春秋》，若以儒學派門的觀點來看，則是由「齊學」而入「魯學」。見吳雁南，《中國經學史》，頁 88～92。

〔註 58〕范曄，〈鄭玄列傳〉，《後漢書》（臺北：鼎文書局，1979 年），卷 35，頁 1212。

〔註 59〕皮錫瑞，《經學歷史》（北京：中華書局，2004 年），頁 101。

〔註 60〕蕭子顯，〈百官志〉，《南齊書》（臺北：鼎文書局，1975 年），卷 16，頁 315。

〔註 61〕此段論述參考自張國剛，〈中古社會變遷筆談〉，《史學月刊》2005 年第 5 期（開封，2005 年 5 月），頁 5～7。

精通儒學和玄學，爲同樣喜好清談的士大夫所敬重。此外，爲了使中國人士易於瞭解佛經當中關於禪修與佛法的意涵，出現了竺法雅首創的「格義」，以《老子》、《莊子》、《易經》中的術語來指稱佛經部分難解的文字。用來闡述佛經觀念的「格義」，也曾被道安、鳩羅摩什（343～413）使用。〔註 62〕因此在佛經不斷地被努力漢譯之下，經學與佛學彼此交涉的機會就更多了。經學史家認爲在整個魏晉南北朝時期，經學有「玄化」與「佛化」的傾向，並表現出儒、釋、道三教合流的趨勢。〔註 63〕

一、官方經學的統一

如同佛學在天台宗創立之前有南北分立的現象，經學也是如此。然而，在隋統一中國之後，經學統一成爲學術的趨向。到了唐初，孔穎達（574～648）奉太宗之命編纂《五經正義》，這部集合南北朝經學各家之說而成的大著，建立了經學統一的基礎工作。《五經正義》本在貞觀十六年（642）完成，但太學博士馬嘉運（？～645）「以穎達所撰《正義》頗多繁雜，每掎摭之，諸儒亦稱爲允當。」〔註 64〕於是延至高宗永徽四年（653）正式頒行全國，「每年明經依此考試。自唐至宋，明經取士，皆遵此本。」「以經學論，未有統一若此之大且久者。」〔註 65〕足見《五經正義》在經學史上具有重大的意義。

官方注疏除了《五經正義》之外，部分參與編纂者，也各有其經學著作。如賈公彥著有《周禮疏》、《儀禮疏》以及《禮記正義》，楊士勛著有《春秋穀梁傳注疏》，他們在經學統一的道途上，進行補充與延續的工作。然而，即令因爲《五經正義》的出現，官方的經學注疏得以統一各種異說，《五經正義》本身卻也存在著經注繁雜的問題，以及諸多前後矛盾的說法。更諷刺的是，正由於官方注疏定於一，在中唐以後不少經學家對此提出質疑，表達他們對於傳統注疏的不滿。武后長安三年（703）年邁的經學家王元感，「表上其所

〔註 62〕許理和（Erich Zurcher）強調「格義」是一種爲了解釋「名數」的翻譯策略，也是早期漢譯佛經的特色。見許理和，《佛教征服中國》，頁 235～236。

〔註 63〕參見吳雁南，《中國經學史》，頁 193～199；姜廣輝主編，《中國經學思想史》第 2 卷（北京：中華社會科學出版社，2003 年），第四十二章〈正始時期經學的玄學化〉及第四十三章〈玄學爲統領，漢學佛學爲輔弼〉，頁 670～700；701～723。

〔註 64〕劉昫，《舊唐書》（臺北：鼎文書局，1979 年），卷 73，頁 2603。

〔註 65〕皮錫瑞，《經學歷史》，頁 139。

撰《尚書糾謬》十卷、《春秋振滯》二十卷、《禮記繩愆》三十卷，贈所注《孝經》、《史記》稿草，請官給紙筆，寫上祕書閣。」然而幾位在朝的學士「深譏元感掎摭舊義，元感隨方應答，竟不之屈。」最後武后下詔言：「（元感）掎前達之失，究先聖之旨，是謂儒宗，不可多得。可太子司議郎，兼崇賢館學士。」〔註 66〕這是唐代較早對於官方經注予以辯駁的事例。至於第一位對官方經注發出全面性挑戰的是《史通》的作者劉知幾。

在《史通》這本具有「批評史學」特色的著作中，〔註 67〕劉知幾寫下〈疑古〉、〈惑經〉、〈申左〉等文，強烈批判《尚書》、《論語》、《春秋》等儒家經籍。他不僅批駁《春秋》等作品內容本身的問題，甚至直言不諱地提出質疑，指出《春秋》有十二處不明的地方，都暗示了孔子本人並未依照所謂據實直書的史學方法。劉知幾也對官方採用《孝經》鄭注感到不滿，他同樣對該注提出十二條線索，表明「不可示彼後來，傳諸不朽。」〔註 68〕對於孔子及其著述的批判精神，劉知幾可說是近似於東漢王充。〔註 69〕由於劉知幾直接批判聖人的著述本意，不管在當時或後世的儒林，都引發正反兩方的爭議。即使到了清代，皮錫瑞也大力駁斥劉氏「詆毀聖人，尤多狂悖。」〔註 70〕

二、新《春秋》學派的誕生

劉知幾之後，中唐的學術界逐漸醞釀疑古惑經的風氣，並出現一個學術團體對《春秋》三傳加以批判。這些經學家由啖助開先河，其友人趙匡和弟子陸淳，則整理並闡揚啖助的學說。

啖助等人的《春秋》學具有以下與傳統經學相異的研究特點：第一，雜採並比較《春秋》三傳，將專門變爲通學。原本研究《春秋》的漢唐經學家，若

〔註 66〕劉昫，《舊唐書》，卷 189 下，頁 4963。

〔註 67〕杜維運曾評述《史通》：「唐以前的史書與史家，知幾皆察及其細微，瞭然其優劣得失，以致他創寫了史學史，也開闢了史學方法論；配合其『工訶古人』的個性，且上臻批評史學（Critical historiography）的境界，求眞的史學，於是變成他在史學上最高的成就。」見杜維運，《中國史學史》第 2 冊（臺北：三民書局，2002 年），頁 251。

〔註 68〕劉知幾，《史通》，

〔註 69〕稻葉一郎，李甦平譯，〈中唐新儒學運動的一種考察——劉知幾的經書批判和啖、趙、陸氏的《春秋》學〉，頁 318～319，

〔註 70〕皮錫瑞，《經學歷史》，頁 154。

非專研《穀梁》，即專治《公羊》，然而啖助與趙匡打破藩籬，會通三傳。陸淳沿用啖、趙二人對《春秋》三傳的研究法，「考三家得失，彌縫漏闕」，〔註 71〕將三傳嚴謹比較之後，採取其中的精華之處，並捨去那些「不近聖人夷曠之體」〔註 72〕的傳注。

第二，不爲傳注的章句所束縛，回歸經義本身。啖助等人堅持孔子《春秋》的本意應是「以權輔正，以誠斷禮，正以忠道，原情爲本」、「救時之弊，革禮之薄」。〔註 73〕三傳中尤其《左傳》頗有縱橫家之言，敘事多而釋經少，已失去《春秋》本身的微言大義。〔註 74〕因此，直接對《春秋》進行解經，探求孔子作《春秋》的本意有其必要性。

第三，在寫作體裁上，爲了要解經而創立的新方法——「義例」，使傳注得以擺脫「家法」而獲得自主性。陸淳在《春秋集傳纂例》中便大量列舉義例以釋明經文。〔註 75〕這種不拘於舊說的解經方式影響到宋代治《春秋》的學者。例如，崔子方在《春秋本例例要》中將三傳予以排除，並以「義例」爲中心，直接對經文進行解釋，可說是宋代《春秋學》的代表經解之作。〔註 76〕

啖助等人兼採《春秋》三傳之說，並主張回歸經文本身的研究精神對後世《春秋》學影響甚大。皮錫瑞指出，「宋儒治《春秋》，皆此一派，如孫復、孫覺、劉敞、崔子方、葉夢得、呂本中、胡安國、高閌、呂祖謙、張洽、程公說、呂大圭、家鉉翁，皆其著者。」〔註 77〕宋儒程顥（1032～1085）即稱陸淳所留之《春秋集傳纂例》、《春秋微旨》、《春秋義統》等著「今之學者莫

〔註 71〕永瑢，《四庫全書總目提要・經部・春秋類》（臺北：臺灣商務印書館，1965 年），卷 6，頁 522。

〔註 72〕陸淳，《春秋集傳纂例》，卷 1，收入於《景印文淵閣四庫全書》第 146 冊，頁 381。

〔註 73〕陸淳，《春秋集傳纂例》，卷 1，頁 379。

〔註 74〕陸淳，〈三傳得失議第二〉，《春秋集傳纂例》，卷 1：「左氏得此數國之史，以授門人，義則口傳，未形竹帛。後代學者，乃演而通之，總而合之，編次年月，以爲傳記。又廣采當時文籍，故兼與子產、晏子及諸國卿佐家傳，并卜書及雜占書、縱橫家、小說、諷諫等，雜在其中。故敘事雖多，釋意殊少；是非交錯，混然難證。」頁 381。

〔註 75〕葛煥禮，〈論啖助、趙匡、陸淳《春秋》學的學術轉型意義〉，《文史哲》2005 年第 5 期（濟南，2005.年 9 月），頁 42～43。

〔註 76〕橫山健一，〈宋代における義例説の展開——崔子方の春秋學について〉，《東方學》第 115 期（東京，2008 年 1 月），頁 73～87。

〔註 77〕皮錫瑞，〈論啖趙陸不守家法未嘗無扶微學之功宋儒治春秋者皆此一派〉，《經學通論》（北京：中華書局，1954 年）第三，〈春秋〉，頁 59。

不觀焉。」並稱讚得啖、趙二人其學的陸淳「絕出於諸家外；雖未能盡聖作之蘊，然其攘異端，開正途，功亦大矣。」〔註 78〕包括程顥，理學家在啖助等人捨傳求經的過程中，看到他們強調「理通」的一面，因此理學家對中唐《春秋》學普遍給予高度的評價。〔註 79〕

除了啖、趙、陸三人以外，同時代還有其他學風相近的經學家。「大曆時，助、匡、質以《春秋》，施士匄以《詩》，仲子陵、袁彝、韋彤、韋茝以《禮》，蔡廣成以《易》，強蒙以《論語》，皆自名其學，而士匄、子陵最卓異。」〔註 80〕這批經學家不滿意自唐初以來被官方所認定的傳統經注，所謂的「捨傳求經」也成爲當時經學研究的特徵。〔註 81〕

三、經學家的「道」

啖助等人研究《春秋》的目的不外乎探尋儒家士人所謂的「道」，尤其強調以仁義爲本的「王道」。陸淳便明言《春秋》的宗旨在於「尊王室，正陵僭，舉三綱，提五常，彰善癉惡，不失纖芥。」又說《春秋》有「撥亂反正，歸諸王道」的功能。〔註 82〕因此新學風也吸收了《孟子》的思想，並對古文家有所啓發。最直接的影響來自於參與「永貞革新」的陸淳，呂溫（771～811）、劉禹錫（772～824）、柳宗元等人皆蒙其直接或間接的傳授。他們質疑過去的章句之學，並力主儒學當具經世致用的精神。〔註 83〕另一方面，有志於排佛、

〔註 78〕程顥，〈南廟試策第二道〉，《河南程氏文集》，卷 2 收入於《二程集》上冊（北京：中華書局，2006 年），頁 466。

〔註 79〕姜廣輝主編，《中國經學思想史》第二卷（北京：中華社會科學出版社，2003 年），頁 798～799。

〔註 80〕宋祁、歐陽修，〈啖助傳附傳〉，《新唐書》（臺北：鼎文書局，1979 年），卷 200，頁 5707。

〔註 81〕《四庫全書總目提要》評論中唐《春秋》學對後世的影響：「蓋捨傳求經，實導宋人之先路。生臆斷之弊，其過不可掩；破附會之失，其功不可沒也。」見永溶，《四庫全書總目提要・經部・春秋類》，卷 6，頁 523。

〔註 82〕見陸淳，〈春秋宗指議〉，《春秋集傳纂例》，頁 380 與 383。陸淳也說：「其有事或反經，而志協乎道。」以表明治經者研究《春秋》的用意。見陸淳，〈春秋集傳微旨序〉，《春秋集傳微旨》，卷上收入於《景印文淵閣四庫全書》第 146 冊，頁 538。

〔註 83〕關於中唐《春秋》學與永貞革新集團的關係，見寇養厚，〈中唐《春秋》學對柳宗元與永貞革新集團的影響〉，《東嶽論叢》21 卷 1 期（濟南，2000 年 1 月），頁 114～117。該文也談到柳宗元受到中唐《春秋》學的影響，對周朝的分封制度有所批判，其言論主要表現於柳氏的〈封建論〉一文。

老並「設法發展出儒家自己的心性論」〔註 84〕的韓愈，儘管不像研究《春秋》學的學者強烈抨擊漢唐經學的弊端，但他對於《論語》的新詮釋，主張「以心解經」的精神也近似「捨傳求經」的主張，〔註 85〕儘管韓愈本人對孔、孟等子學的興趣要大於經學。

在此，需要稍微釐清韓愈與柳宗元對經學相異的態度。韓、柳二人同是中唐最具代表的古文家，不過他們探求「道」的源頭卻稍有不同。韓愈十分看重文學的作用，認爲藉由學習古人的寫作方式，才能夠理解古人的價值觀；反之，理解到「道」也就能寫作眞正的古文，從而實踐古道。〔註 86〕

相較於韓愈，柳宗元則強調「道」當取於儒家經典，方能使「文」具有明道的效用。他自言由五經當中求得「道」的本源，並且參覽《穀梁》、《孟子》、《荀子》、《莊子》、《老子》、《國語》、《離騷》、《史記》等古人著作，以寫作古文。〔註 87〕柳宗元對古代經典的熱情使得他更接近於一名經學家，而韓愈在求道的過程中則本於文學家的身份，他研究子學的興致也甚於經學。在同時代的士人開始對儒家內部進行自省時，韓愈選擇心性之學、強調士人修身立德的重要，與柳宗元、劉禹錫等人主張將外部的政治實踐置於優先的地位有所不同。〔註 88〕職是之故，我們可以理解到韓愈看重《孟子》、《大學》

〔註 84〕陳弱水，〈柳宗元與中唐儒家復興〉，《新史學》5 卷 1 期，頁 46。

〔註 85〕關於韓愈在其著《論語新解》中所闡發的經學思想，見王宏海、曹清林，〈韓愈、李翱的經學思想透析〉，《河北師範大學學報：哲學社會科學版》28 卷 2 期（石家莊，2005 年 3 月），頁 35～38。

〔註 86〕關於韓愈如何強調文學的價值，以尋求聖人之道，包弼德對此有深刻的論述。見包弼德，劉寧譯，《斯文：唐宋思想的轉型》（南京：江蘇人民出版社，2001 年），頁 138～143。

〔註 87〕柳宗元，〈答韋中立論師道書〉，《柳宗元集》，卷 34，頁 873：「「本之《書》以求其質，本之《詩》以求其恒，本之《禮》以求其宜，本之《春秋》以求其斷，本之《易》以求其動，此吾所以取道之原也。參之《穀梁氏》以厲其氣，參之《孟》、《荀》以暢其枝，參之《莊》、《老》以肆其端，參之《國語》以博其趣，參之《離騷》以致其幽，參之太史公以著其潔，此吾所以旁推交通而以爲之文也。」

〔註 88〕中唐士人群體在形成自省的風氣之下，產生「修身」與「理物」的兩種儒學面向，而韓愈與柳宗元各自走上不同的路線，包括他們對佛教的態度。韓愈強烈批判並排斥佛老，主張儒學才是士人的精神價值所在；柳宗元、劉禹錫等人則接納佛老，不認爲三教在心性的理論方面有所衝突，士人最需要重視的是處於政治、社會領域的秩序。柳宗元等人呈現出東晉至中唐之間，士人「外儒內佛（道）」的一種面貌。相關論述見張躍，《唐代後期儒學的新趨向》，頁 97～123；王德權，〈修身與理物——中唐士人自省之風的兩個面向〉，《臺

與《中庸》甚於五經的理由；那些儒家典籍能提供韓愈較完整的心性理論，而無須仰賴時下流行的佛學。

四、晚唐的經學家

在政治秩序進入崩解時期的晚唐，精通經學的儒士以皮日休（？～883）與陸龜蒙（？～881）爲代表。皮日休受到隋末碩儒王通與中唐韓愈的影響，也致力於彰顯孔孟在儒家的地位，並且主張重視民生經濟的社會改革。皮日休從孔子作《春秋》的本意，獲得排佛老的理論基礎：

> 夫仲尼修《春秋》，君有僭王號者，皆削爵爲子，況戎狄之道，不能少抑其說耶。孟子曰：『能以言拒楊墨者遠矣。』不能以言抑者，收也，亦聖徒之罪人矣。謂史必直歟，則《春秋》爲賢者諱之，爲尊者諱之；筆削與奪在手，則收之爲，是媚於僞齊之君耶！不然，何不經之如是？〔註89〕

以《春秋》筆法爲出發點，皮日休認爲撰寫《魏書・佛老志》的魏收不能抑斥佛老之說，乃是儒家的罪人。爲了提高孟子在儒家的地位，他也曾向朝廷請願將《孟子》列爲明經科，「去莊、列之書，以《孟子》爲主。有能精通其義者，其科選視明經。」〔註90〕皮氏的意見當時並未受到採納。

陸龜蒙對於儒家經典的看法與先儒有所不同。他認爲所謂的「六經」當中，「獨《詩》、《書》、《易象》、魯《春秋》經聖人之手耳。《禮》、《樂》二記雖載聖人之法，近出二戴，未能通一純實，故時有齟齬不安者。」而且更要仔細區別，「《詩》、《易》爲經，《書》與《春秋》實史耳。學者不當渾而言之。」同時，在他看來，敘事爲主的《左傳》並不影響《春秋》本身即爲史書的定義，「《春秋》，大典也。舉凡例而褒貶之，非周公之法所及者。酌在夫子之心，故游夏不

灣師大歷史學報》第35期（臺北，2006年6月），頁1～47；陳弱水，〈柳宗元與中唐儒家復興〉，頁1～49。此外，張槧弓在其著《漢傳佛教與中古社會》則側重唐代士人浸淫佛法的一面，指出他們具有「始儒終佛」的特色，並且分爲初唐、盛唐、中唐初期、中唐後期與晚唐五個時期。然而張氏針對唐代士人早年多銳意仕途，但在宦海中受到的挫折使得他們晚年轉而參禪。因此張氏的「始儒終佛」說與前述「外儒內佛」的說法略有不同。參考張槧弓，《漢傳佛教與中古社會》，頁216～255。

〔註89〕皮日休，〈題後魏書魏老志〉，《文藪》，卷8，收入於《景印文淵閣四庫全書》第1083冊，頁205。

〔註90〕皮日休，〈請孟子爲學科書〉，《文藪》，卷9，頁213。

能措一詞。若區區於敘事，則魯國之史官耳。孰謂之《春秋》哉？」〔註 91〕由皮、陸二人對《春秋》經、傳的看法，可以看出他們仍舊持續中唐經學基調。

大抵而言，中晚唐經學的特點，大致可以歸爲三點。一者跳脫傳統注疏，以己意解經，試圖返歸「聖人之意」；二者對經書的作者和內容提出質疑，考證其章句或記載史事正確與否，這點特色在劉知幾身上最能表現出來；三者以《春秋》學爲主的尊君思想萌發，新興的經學家希望回歸三代的王道之治，宋代《春秋》學蓬勃發展即源於此。

第六節　孟學與道統的建立

身爲孔子（前 551～前 479）在儒家的繼承者之一，孟子（前 372～前 289）在司馬遷（前 135～前 90）撰《孟子荀卿列傳》時，已經被認爲具有相當重要的地位。他和荀子被視爲儒家兩種路線的代表者，而司馬遷認爲比起荀子，孟子在思想上與孔子有更高的一致性。〔註 92〕

先秦之後，對《孟子》的研究大抵起於東漢。最早對《孟子》進行注疏且見於史載的有程曾的《孟子章句》、鄭玄的《孟子注》、高誘的《孟子章句》、劉熙的《孟子注》以及趙岐（108～201）的《孟子章句》。這群經學家的《孟子》研究不僅超越漢代以前，即使到了隋唐，其風氣也未如此之盛。〔註 93〕

與漢代相比，六朝時期的士人甚少言及孟子，主要也是因爲儒學不如玄學與佛學發達。因此，其他的儒家代表人物，也並沒有受到特別的重視。在這段儒學相對消沈的時代，孟子在儒家的地位至多也與荀子並列。〔註 94〕

一、孟子地位的提升與道統的初立

孟子的地位眞正獲得提升的時期是在中唐韓愈、李翺建立儒家道統之

〔註 91〕陸龜蒙，〈復友生論文書〉，《笠澤叢書》，卷 2，收入於《景印文淵閣四庫全書》第 1083 冊，頁 244～245。

〔註 92〕司馬遷：「太史公曰：『余讀《孟子》書，至梁惠王問，「何以利吾國？」未嘗不廢書而嘆也。』曰：『嗟乎！利誠亂之始也！夫子罕言利者，常防其原也。故曰：「放于利而行，多怨。」』」司馬遷認爲孔、孟對仁義與利益的看法是一致的。見司馬遷，〈孟子荀卿列傳〉，《史記》（北京：中華書局，1982 年），卷 14，頁 2343。

〔註 93〕周淑萍，《兩宋孟學研究》（北京：人民出版社，2007 年），頁 23。

〔註 94〕周淑萍，《兩宋孟學研究》，頁 37～39。

後，而韓愈本人也在晚唐到北宋之間成為道統系譜的一人。

上節已提及皮日休曾向朝廷請願將《孟子》列入為明經的科目，但皮氏並不是在唐朝提出此議的第一人。楊綰於唐代宗寶應二年（763）即上疏言：「《論語》、《孝經》、《孟子》兼為一經。」〔註 95〕但楊綰的意見並沒有受到重視。

在中唐士大夫當中，韓愈是最讚揚孟子的思想與地位的人士。據韓愈的說法，孟子的地位不僅應當在長久以來與他並稱的荀子之上，而且他更是孔子之道的繼承者，在他之後就沒有人能夠傳承聖人之道，即使是荀子與揚雄也沒有可與之比擬的地位。〔註 96〕非但如此，韓愈甚至認為孟子在傳承孔子之道的成就上，更甚於孔子親傳的諸弟子。「孟軻師子思，子思之學蓋出曾子，自孔子沒，羣弟子莫不有書，獨孟軻氏之傳得其宗。」〔註 97〕於是，韓愈一方面否定兩漢經學家在儒家的地位，〔註 98〕一方面將儒家的道統建立起來。

儘管韓愈努力提升孟子的地位，但多數的中唐士人仍未將孟子視為傳承周孔之道的第一人，反而強調孔、孟之間的差異。例如柳宗元曾就「義」、「利」之論，指稱「孟子好道而無情，其功緩以疏，未若孔子之急民也。」〔註 99〕依柳氏的觀點，孟子及其信徒過份強調士人當為追求道而注重修身養性，反而失去孔子主張尋求公共利益以經世濟民的本意。再者，唐代士人普遍以佛法作為內在的精神基礎，不一定要仰賴《孟子》或《中庸》所揭示的性命之學。縱使他們承認孟學所弘揚的修身養性之說，仍是士人求道的工具，但「修身」與「治民」之間的邏輯關係，前者不過是後者的必要條件而非充分條件。〔註 100〕

〔註 95〕宋祁、歐陽修，〈選舉志上〉，《新唐書》（北京：中華書局，1975 年），卷 44，頁 1167。

〔註 96〕韓愈對孟子、荀子、揚雄三人做出以下評價：「曰：『斯道也，何道也？』曰：「斯吾所謂道也，非向所謂老與佛之道也。堯已是傳之舜，……孔子傳之孟軻，軻之死，不得其傳焉。荀與揚也，擇焉而不精，語焉而不詳。」「孟氏醇乎醇者也；荀與揚，大醇而小疵。」見韓愈，馬其昶校注，〈原道〉、〈讀荀〉，《韓昌黎文集校注》，卷 1，頁 18；頁 37。

〔註 97〕韓愈，馬其昶校注，〈送王秀才序〉，《韓昌黎文集校注》，卷 4，頁 261。

〔註 98〕張躍對韓愈試圖建構道統的過程做出這樣的描述：「（道統）其間雖有『大醇而小疵』的荀子、揚雄，但他們『擇焉而不精，語焉而不詳』，所以，不足以接續儒家的道統。這樣，他實際上就把兩漢以來經學的正統地位一筆勾銷了。」見張躍，《唐代後期儒學》，頁 79。

〔註 99〕柳宗元，《柳宗元集》，卷 20，〈吏商〉，頁 564。

〔註 100〕劉禹錫曾言：「脩身而不能及治者有矣，未有不自己而能及民者。」他承認士人不修己則無法治民，卻也存在著只修己而無法生民的士人。劉禹錫，《劉禹錫集》，卷 10，〈答饒州元使君書〉，頁 124。

在「揚孟」的事業上，晚唐的皮日休亦是孤獨的提倡者。皮氏曾向中央請求將《孟子》列爲明經科，因爲他認爲在最合乎聖人之道的子學，非《孟子》莫屬。倘若「捨是子者，必戾乎經史。」又言「夫孟子之文，粲若經傳。天惜其道，不燼於秦。自漢氏得其書，常置博士，以專其學。故其文繼乎六藝，光乎百氏，眞聖人之微旨也。」〔註 101〕與韓愈的看法相同，皮日休也認爲孟子之文，最能夠闡明周、孔的微言大義，即使是荀子、揚雄亦不能及。

韓、皮二人對孟子的讚揚，與其排佛的立場一致。他們目睹佛老在社會上的勢力逐日興盛，並認爲民生所以凋蔽，儒學所以衰微，皆因佛老之說肆行於世。以下韓愈與皮日休的兩段話都指明他們將當世的「佛老之害」聯想至孟子曾經面對的「楊墨之亂」。

> 釋老之害過於楊墨，韓愈之賢不及孟子。孟子不能救之於未亡之前，而韓愈乃欲全之於已壞之後，嗚呼！其亦不量自力且見其身之危，莫之救以死也！雖然，使其道由愈而粗傳，雖滅死萬萬無恨！天地鬼神臨之在上，質之在傍，又安得因一摧折，自毀其道以從於邪也？〔註 102〕

> 古者楊墨塞路，孟子辭而闢之，廓如也。故有周孔，必有楊墨，要在有孟子而已矣。今西域之教，岳其基，溟其源，亂於楊墨也甚矣。如是爲士，則孰有孟子哉？千世之後，獨有一昌黎先生，露臂嗔視，詬之於千百人內，其言雖行，其道不勝。苟軒裳之士，世世有昌黎先生，則吾以爲孟子矣。〔註 103〕

韓愈之抗佛老與孟子之拒楊墨，二者之間被聯繫起來。同時，韓愈、皮日休力倡自堯、舜、禹、湯、文武、周公、孔子以至孟子的儒家道統。當時正値佛教諸宗汲汲於豎立祖統，以顯其傳法之正當性，尤其禪宗的南北二宗爭取傳承之正統已久，南宗別派亦漸漸形成。佛界之傳承法統正好可作爲韓愈建立道統的現實對照。就這點而言，儘管韓愈排拒佛教的教義，但也可能接受了佛教的部分形式。〔註 104〕此外，正如同皮日休指出佛教終是「西域之教」，

〔註 101〕皮日休，〈請孟子爲學科書〉，《文藪》，卷 9，頁 212。
〔註 102〕韓愈，〈與孟尚書書〉，馬其昶校注，《韓昌黎文集》，卷 3，頁 215。
〔註 103〕皮日休，〈原化〉，《文藪》，卷 3，頁 172。
〔註 104〕陳寅恪從韓愈成長的地理環境推論他受禪宗「教外別傳」的影響而生道統之說。何雋則在〈論韓愈的道統觀及宋儒對他的超越〉一文指出，就道統建立的意義而言，韓愈與朱熹反而對佛教展現開放的精神。見陳寅恪，〈論韓愈〉，

韓、皮等人的排佛確實也是基於夷夏之別的意識，正如陳寅恪論韓愈「呵抵釋迦，申明夷夏之大防」。〔註105〕綜上所述，韓愈的儒學事業實際上難以與佛教劃定界線。

二、儒家道統的確立

韓愈致力於宣揚孟子的心學與確立道統，然「其言雖行，其道不勝」。到了宋初，柳開、孫復、石介等人皆深受韓愈的影響，他們都承認孟子也是傳承聖人之道的關鍵人物。例如，前述曾引柳開之言，他將孟子、揚雄、王通、韓愈並爲「明夫子之道」的傳承者，〔註106〕並且坦承韓愈對他所產生的影響。柳開對韓愈的敬慕之心甚至超過自己的祖先柳宗元：

> 東郊野夫，肩愈者，名也；紹元者，字也。……或曰退之、子厚優劣。曰：「文近而道不同。」或人不諭。野夫曰：「吾祖多釋氏，於以不追韓也。」……東郊野夫，謂其肩，斯樂古道也；謂其紹，斯尚祖德也。退之大於子厚，故以名焉；子厚次之，故以字焉。〔註107〕

後來柳開又自言「既著野史後，大探六經之旨。已而有包括揚孟之心，樂爲文中子王仲淹。」〔註108〕他在深研六經之後，似乎對於具有重振經學之功的王通更爲折服，因此自比爲王通。儘管柳開在晚年讚頌王通的學術成就，但他仍是最早肯定韓愈「道統觀」的宋儒。〔註109〕

宋初三先生之一的孫復曾將孟子、荀子、揚雄、王通、韓愈併爲儒門五賢，是承繼道統的重要人物。不過他也曾另外舉出董仲舒，認爲身處漢武之世的董氏，「於時大教頹缺，學者疏濶，莫明大端。仲舒煜然奮起，首能發聖

《金明館叢稿初編》（臺北：里仁書局，1981年），頁285～286；何儁，〈論韓愈的道統觀及宋儒對他的超越〉，《孔孟月刊》第33卷第3期（臺北，1995年3月），頁31～32。

〔註105〕陳寅恪指出韓愈因六事而在唐代文化史具有特殊的地位，分別是：（一）建立道統，證明傳授之淵源；（二）直指人倫，掃除章句之繁瑣；（三）排斥佛老，匡就政俗之弊害；（四）呵抵釋迦，申明夷夏之大防；（五）改進文體，廣收宣傳之效用；（六）獎掖後進，期望學說之流傳。見收入陳寅恪，《金明館叢稿初編》（臺北：里仁書局，1981年），頁285～297。

〔註106〕柳開，〈補亡先生傳〉，《河東集》，卷2，頁247。

〔註107〕柳開，〈東郊野夫傳〉，《河東集》，卷2，頁246。

〔註108〕柳開，〈補亡先生傳〉，《河東集》，卷2，頁247。

〔註109〕市川勘，《韓愈研究新論：思想與文章創作》（臺北：文津出版社，2004年），頁24～25。

道之本根，新孝武之耳目。」「暴秦之後，聖人之道晦矣。晦而復明者，仲舒之力也。」〔註 110〕不過荀子的地位在宋儒的道統中卻逐漸淡化。

實際上孟子在宋初的道統中，仍未明顯凌駕於其他傳道者，但在漢唐時期向來並列的「孟荀」實際上已有變化。前述韓愈在評論孟、荀時就已將兩人分出高下，稱孟子「醇乎醇者」，荀子則與揚雄同樣是「大醇而小疵」，且認為道統在孟子之後已斷絕。到了宋初，石介則將荀子摒除於他所認定的道統之外。例如他在〈怪說〉說道：「周公、孔子、孟軻、揚雄、文中子、韓吏部之道，堯、舜、禹、湯、文武之道也。」〔註 111〕〈尊韓〉一文亦有言：「自孔子來二千餘年矣，不生聖人。若孟軻氏、揚雄氏、王通氏、韓愈氏，祖述孔子而師尊之，其智足以為賢。」〔註 112〕孟子、揚雄、王通、韓愈是石介所認為能得孔子之道的四賢。

韓愈受到宋儒推重的熱潮大致在仁宗之世（1023～1063）得到全面的拓展，〔註 113〕除了前述的柳、孫、石等學者，與柳開關係匪淺的古文家穆修（979～1032）也致力於推廣韓文。當然，北宋前期的文壇領袖歐陽修（1007～1072）對韓愈的肯定與讚賞，亦是韓愈在北宋獲得崇高地位的重要因素。隨著韓學在北宋受到熱烈討論，其力主的孟子心性論，在宋儒之間也終於引起側目。他們注意到儒家長期以來缺乏對內心世界的關懷，並且反而由佛家所談的明心見性所填補，唐代許多士人對禪法的興趣要大於儒家的性命說。到了宋代，越來越多的士大夫興起對《中庸》的研究，包括胡瑗（993～1059）、石介、范仲淹、李覯、司馬光（1019～1086）、蘇軾（1037～1001）等人——儘管後三人曾對孟子的性善論提出批判和質疑，例如司馬光著有《中庸廣義》。對儒家士大夫而言，倘若要從儒家在政治文化領域的理論，轉向抽象的心性學說，《大學》、《中庸》是最適合的古典著作。〔註 114〕到了南宋理學大成的時代，

〔註 110〕孫復，〈董仲舒論〉，《孫明復小集》，頁 162。此外，賈誼也曾出現在宋儒的道統之中，例如祖無擇有言：「孔子沒千有餘祀，斯文衰蔽。其間作者，孟軻、荀卿、賈誼、董仲舒、揚雄、王通之徒，異代相望。」見祖無擇，〈李泰伯退居類編稿序〉，《全宋文》第 22 冊，卷 935，頁 295。

〔註 111〕石介，〈怪說〉，《徂徠先生集》，卷 5，頁 216。

〔註 112〕石介，〈尊韓〉，《徂徠先生集》，卷 5，頁 227。

〔註 113〕楊國安，《宋代韓學研究》（北京：中國社會科學出版社，2006 年），頁 24～37。

〔註 114〕還需要注意到的是，也有像歐陽修這樣的儒學大師，如同唐代多數的士大夫關心經術甚於《中庸》所揭示的性命之學。他並且質疑《中庸》非出於聖人

此二書連同《論語》、《孟子》終於合爲「四書」。

大抵而言，基於排斥佛、老的立場，以及對於儒家心性之學的需求，孟子以及其重要的信徒韓愈都在宋代獲得空前的重視。《孟子》一書終於在神宗熙寧年間被定爲科考的學科，〔註 115〕成爲受到官方認可的經書，孟子的地位正式在制度上獲得提升。另一方面，周敦頤（1017～1073）、張載（1020～1077）、程顥、程頤（1033～1107）等理學家先驅，開始將《孟子》、《大學》、《中庸》等書納入他們的思想體系當中。

第七節　小　結

大抵隋唐佛教，包括天台、禪宗以及本文略過不談的華嚴等宗派，都極度傾向唯心主義的思維，只是主觀或客觀的立場不同。爲了探尋造成這種傾向的原因，就不能忽略南北佛學統一的過程中，被涵納進來的玄學所起的作用。隋唐佛學中的「實相」、「本無」、「性情」等概念，可以說是與玄學中討論現象與本體時的概念相近，並且受士大夫的歡迎，即令當中有部分人士試圖抗拒，同時開始追溯心學在儒家的源頭。這種儒家士大夫接受佛學的現象持續到宋代，並對宋儒以及後起的理學產生啓發性作用。〔註 116〕

佛學並不是單向輸入於儒家，許多佛門高僧亦通曉儒學，而且多半在出

之手：「禮樂之書散亡，而雜出於諸儒之說，獨《中庸》出於子思。子思，聖人之後也，所傳宜得眞，而其說異於聖人。」他指出《中庸》雖言「城誠者不勉而中，不思而得」，但堯、舜、禹、湯、孔子皆曾承認自己常有過失，怎能依《中庸》的標準，此五人就不能稱得上是聖人，也與孔子所謂「苟有過，必改之」有所衝突。因此「《中庸》 誠明不可及，則怠人而中止，無用之空言也。」見歐陽修，〈問進士策〉，《歐陽修全集》（北京：中華書局，2001 年），卷 48，頁 675～676。歐陽修還主張君子只需修身治人，無須言性。分辨性之善惡，「非學者之所急，而聖人之罕言也。」見歐陽修，〈答李詡第二書〉，《歐陽修全集》，卷 47，頁 668～670。

〔註 115〕熙寧四年（1071）二月王安石向神宗建言：「今定貢舉新制，進士罷詩賦、帖經、墨義，各占治《詩》、《書》、《易》、《周禮》、《禮記》一經，兼以《論語》、《孟子》。」此議受到採納。見李燾，《續資治通鑑長編》（北京：中華書局，2004 年）第 9 冊，卷 220，頁 534。孟子更在元豐六年（1083）十月被封爲「鄒國公」，元豐七年五月則得以配享從祀於孔廟。見李燾，《續資治通鑑長編》，卷 340，頁 8187 及卷 345，頁 8291。

〔註 116〕侯外廬，《中國思想通史》第 4 卷上冊（北京：人民出版社，1959 年），頁 156～163。

家前已遍覽儒家經典。例如受禪宗四祖道信頓教法門而開立牛頭宗的法融（594～657），「少爲儒，博極群書，既而嘆曰：『此仁誼言耳，吾志求出世間法。』遂入句曲，依僧炅，改馮掖而緇之。」〔註 117〕天台九祖湛然出身自業儒世家，他能夠以經學注疏的方式闡釋《法華經》與止觀之法，自然亦不足爲怪。

大多數的唐儒內心既皈依佛法，但他們爲了實踐外在的政治理想，仍將經術視爲重要的志業，並且在中唐以後對經學進行改造工作。新《春秋》學派的出現，是基於士人需要重新闡釋古典經籍，以實現他們所認定的「道」。古文家蕭穎士曾自言「有識以來，寡於嗜好。經術之外，略不嬰心。」〔註 118〕頗有大抒此等胸懷之意。對他們而言，「道」就存在於六經，這也是柳宗元、劉禹錫等人提倡古文的基本價值。

然而，韓愈、李翺、皮日休等人於唐代中後期出現，也預告了儒家陣營將重新檢視修身立德的內學，企圖反制佛家爲世人所構築的內心世界。他們不僅努力宣揚孔孟的仁義思想，並開始建立屬於儒家的道統。韓愈將揚雄、王通等前輩放入道統之中，而皮日休以及宋儒也將韓愈置入道統體系。同時，《孟子》、《中庸》等闡述內學的重要作品也在宋代更受到重視。

正當理學家開始紹承前人的志業，思考如何將佛、道兩教對於宇宙萬物的觀念，轉化爲儒家的性理之學時，北宋前期已有佛門高僧大談儒家的人倫教化之道，甚至對《中庸》的研究興趣不下於宋儒。

〔註 117〕劉禹錫，〈牛頭山第一祖融大師新塔記〉，《劉禹錫集》，卷 4，頁 55。
〔註 118〕蕭穎士，〈贈韋司業書〉，收入《全唐文》，卷 323，頁 4145。

第三章　宋初儒學與智圓

第一節　前　言

在廣義的「宋學」形成以前，儒學在尚未呈現出一個固定的基調。所謂的「宋學」，依錢穆的說法，宋學具有兩種面向，一為至王安石為止的「革新政令」，二為至朱熹而大成的「創通經義」；書院則是傳承宋學的場所。書院風氣直至明末東林才衰竭，因此可以說「宋學」從北宋延伸到明代。〔註1〕錢穆界定「宋學」的觀點深刻地影響到現今對於所謂「新儒家」的研究。然而由於過去的研究常將「宋學」直接與「理學」之間劃上等號，使宋學的概念混淆不清。鄧廣銘曾經為此提出修正的建議，主張將理學與宋學區別開來，原因是理學到南宋前期才眞正形成，如果因為輕易地將兩者之間劃上等號，而直指理學是支配兩宋時代的主流思想，便有違實情。他指出形成宋學的儒學家都有探求經學的義理，一改傳統章句訓詁的學風，以及以經世致用為理想的兩大特色。〔註2〕鄧氏的觀點後來為其學生漆俠所繼承，並主張宋學形成於慶曆新政（1041～1048）的前後。〔註3〕然而漆俠的「宋學」研究並沒有指

〔註1〕「宋學精神，厥有兩端，一曰革新政令，二曰創通經義，而精神之所寄則在書院。革新政治，其事至荊公而止；創通經義，其事至晦菴而遂。而書院講學，則其風至明末之東林而始竭。東林者，亦本經義，推之政事，則仍北宋學術眞源之灌注也。」見錢穆，《中國近三百年學術史》上冊（臺北：臺灣商務印書館，1996年），頁7。

〔註2〕鄧廣銘，〈略談宋學〉，《鄧廣銘治史叢稿》（北京：北京大學出版社，1997年），頁163～165。

〔註3〕漆俠，《宋學的發展與演變》，頁3～16。

涉到宋初太祖、太宗、眞宗三朝（960～1022）時的儒學。

相較於慶曆以後的宋學，宋初文尚並未凝聚出復興「古道」和「古文」的力量。他們對於文章創作的觀點頗見分歧，並且多以駢文寫作，包括早期的古文家。例如，早期古文健將之一的王禹偁即以善寫駢文著稱。〔註4〕對當時的儒家士大夫而言，即使堅持寫作須「文以載道」的古文，也不會同被視爲有「文采」意味的駢文衝突。縱然古文創作到了歐陽修（1007～1072）、蘇軾（1037～1101）等人的時代，他們也並非完全捨棄駢文。在不背離「道」的情況下，他們對駢文予以改良，而創作兼具文、質的駢文。〔註5〕大抵宋初文風延續晚唐五代的駢麗風格，駢文仍是主流文體，並且在眞宗朝（997～1022）出現「西崑體」；而古文的風格也經過轉變的時期，至慶曆後由歐陽修等人主導文壇之後，才反客爲主。〔註6〕

儘管五代時已將官方經書增列至「九經」，基於朝代更迭、戰亂頻仍，致使時局未安，未建立起完善的科考制度，加之佛法盛行，學子研究經書的風氣式微。〔註7〕經學在宋初也未明顯轉變，對於經文的詮釋仍多沿用漢唐經注。然而，由於王朝初建，並鑑於唐末五代上下相伐的人倫悲劇，基於「尊王道」或「經世致用」的目的，宋初儒學家尤其對《春秋》抱持強烈的研究熱情，並且在研究方法上延續中唐的新《春秋》學。因此，部分經學家不惑於傳統經注，直求經文的聖人之意。此論將於第三節陳述。

另一方面，歷經唐武宗（814～846）滅法與周世宗（921～959）禁抑的佛教，仍盛行於崇尚佛法的吳越、南唐等國，並且在宋初得到趙宋王室的獎

〔註4〕據宋人筆記所載：「王禹偁尤精四六，有同時與之在翰林而大拜者，王以啓賀之曰：『三神仙上，曾陪鶴駕之游；六學士中，獨有漁翁之嘆。』以白樂天嘗有詩云『元和六學士，五相一漁翁』故也。」見吳處厚，《青箱雜記》（北京：中華書局，1985年），卷6，頁59。

〔註5〕關於以歐陽修爲首的古文家，如何看待駢文的寫作，參見東英壽，〈歐陽修文章中「文」的含義與他的駢文觀〉，收入於東英壽，王振宇、李莉譯，《復古與創新——歐陽修散文與古文復興》（上海：上海古籍出版社，2005年），頁142～158。

〔註6〕據《雲麓漫鈔》載：「本朝之文，循五代之舊，多駢儷之詞，楊文公（億）始爲西崑體，穆伯長（修）、六一先生（歐陽修）以古文唱，學者宗之。」見趙彥衛，《雲麓漫鈔》（北京：中華書局，1996年），卷8，頁135。

〔註7〕五代「九經」始於後唐長興三年（932），唐明宗准中書門下奏請「依石經文字刻九經印版」。見王溥，《五代會要》（上海：上海古籍出版社，2006年），卷8，頁128～129。

勵而得以中興，求法傳經以及譯經事業漸盛。〔註 8〕宋初甚具儒學素養的僧人亦受士大夫敬重，如贊寧（919～1001）爲當時最知名的僧人之一。至於自幼熟習儒典的孤山智圓則對《中庸》有深刻的研究。他將《中庸》的觀念運用在天台的性具圓教思想，同時站在佛教的立場評論當時的古文，與古文家同樣支持「文以載道」的主張。〔註 9〕

本章將試圖闡述在古文運動全面開展之前，宋代最初八十年左右的儒學發展，而著重的焦點在於文學與經學的部分。接著，筆者將以智圓爲主題，論述這位兼通釋儒的僧人如何運用二教的觀念，以及回應儒家陣營的思路。

第二節　士人的「文」及其對佛教的態度

一、柳開與其繼承者

就在宋儒於慶曆前後展開古文運動之前，柳開試圖紹述韓愈的志業，並全盤接受韓愈關於「文」與「道」的理念。柳開曾稱讚韓愈：「先生于時作文章諷詠規戒，答論、問說淳然一歸於夫子之旨，而言之過於孟子與揚子雲遠矣。」〔註 10〕觀察柳開所作〈應責〉一文，其所表達之中心思想可說是與韓愈的〈原道〉是一致的。韓愈在〈原道〉中說：

> 夫所謂先王之教者，何也？博愛之謂仁；行而宜之之謂義；由是而之焉之謂道；足乎己，無待於外之謂德。其文《詩》、《書》、《易》、《春秋》，其法禮樂刑政，其民士農工商，其位君臣、父子、師友、賓主、昆弟、夫婦、其服麻絲，其居宮室，其食粟米果蔬魚肉：其爲道易明，而其爲教易行也。是故以之爲己，則順而祥；以之爲人，則愛而公；以之爲心，則和而平；以之爲天下國家，無所處而不當。……曰：斯道也，何道也？曰：斯吾所謂道也，非向所謂老與佛之道也。〔註 11〕

〔註 8〕關於五代至宋初的佛教概況，可參見湯用彤，〈五代宋元明佛教史略〉，收入於氏著，《隋唐佛教史稿》，頁 354～367。

〔註 9〕關於天台宗的圓教思想，見本文第二章第二節。

〔註 10〕柳開，〈昌黎集後序〉，《河東集》，卷 6，頁 318。

〔註 11〕韓愈，〈原道〉，韓愈撰，馬其昶校注，《韓昌黎文集校注》（上海：上海古籍出版社，1987 年），卷 1，頁 18。

對此，柳開的說法則是：

> 今之世與古之世同矣；今之人與古之人亦同矣。古之教民以道德仁義；今之教民亦若以道德仁義，是今與古胡有異哉？古之教民者，得其位則以言化之，是得其言也，眾從之矣。不得其位則以書於後傳授於人，俾知聖人之道易行，尊君敬長，孝乎父、慈乎子。大道，斯道也，非吾一人之私者也，天下之至公者也。〔註12〕

韓愈與柳開認為要尋求所謂的「道」，就必須要古人學習仁義，這是他們主張文章復古的理由。繼柳開之後積極鼓吹古文寫作的穆修（979～1032），也表達於他對「古」與「今」的看法。他說：「夫學于古者，所以為道；學夫今者，所以為名。道者仁義之謂也，名者爵祿之謂也。」〔註13〕穆修為了將古文傳統不絕於宋，進而刊行韓愈與柳宗元的文集。〔註14〕穆修在為《柳集》作序時感嘆：

> 嗚呼！天厚予者多矣，始而饜我以《韓》，既而饜我以《柳》，謂天不吾厚，豈不誣也哉！世之學者如不志于古則已，苟志于古，則求踐立言之域，舍二先生而不由，雖曰能之，非余所敢知也。〔註15〕

在他們看來，「古道」會淪喪，與當時盛行的佛老之說關係甚大。正如韓愈所憂慮的，佛法成為人們精神世界的依歸，致使許多人出家為僧尼，國家的徵課賦役因而減少，嚴重影響到國計民生。因此，韓愈闢佛以「匡救政俗之弊害」。〔註16〕柳開抱持著同樣的理念，認為由於王公大臣的支持，佛教在民間取費甚鉅，甚至感嘆為重修孔廟所募得之財用，不及佛教修建寺院的萬分之一。〔註17〕

〔註12〕柳開，〈應責〉，《河東集》，卷6，頁244。

〔註13〕穆修，〈答喬適書〉，《穆參軍集》，卷中，收入於《景印文淵閣四庫全書》第1087冊，頁13。

〔註14〕「穆修伯長在本朝為初好學古文者，始得韓、柳善本，大喜。」朱弁，《曲洧舊聞》（北京：中華書局，2002年），卷4，頁142。此文也透露宋代有穆修是當朝「初好學古文」者的說法，儘管在他之前已有徐鉉、柳開等知名的古文家。

〔註15〕穆修，〈唐柳先生集後序〉，《全宋文》第8冊，卷322，頁423～424。

〔註16〕陳寅恪，〈論韓愈〉，《金明館叢稿初編》，頁288～293。

〔註17〕柳開，〈重修孔子廟垣疏〉：「余入吾先師之宮，不覺涕下。用之者不知其力，反趨於異類乎。視其垣墉圮毀，階廡狼籍，痛心釋氏之門莊如王室；吾先師之宮也，反如是哉！聞斯言者，得不媿於心乎？將令責按舊圖速修是陋。庶先達與後進輩出金帛，用資其費，況不迨釋氏之取萬分之一也。崇吾師之宮

柳開的觀察有其依據，實際上宋初僧尼向民間索利的情形相當常見。例如，眞宗大中祥符六年（1013）天雄軍府周起上書言：「五臺山僧鏤木飾金爲冠，上設釋迦等象，誑民求錢。自今此類，請多禁止。」〔註 18〕同時亦有官員收購民田以供佛寺之用。仁宗明道二年（1033）有殿中侍御史段少連舉發：「頃歲，上御藥楊懷德至漣水軍，稱詔市民田三十頃給僧寺。按舊例，僧寺不得市民田。請下本軍還所市民田，收其直入官。」〔註 19〕可見儘管政府禁止寺院購田，但依舊存在佛寺因官僧相護的情事而獲取民田的現象。國家常爲此不得不強力介入，如景德二年（1005）眞宗下詔：「廬山太平興國、乾明寺田稅十之三充葺寺宇經像，令江州置籍檢校，選名行僧主之。」〔註 20〕

佛教之誘民、擾民，古文家並非不知其緣由。佛法講究果報，行善則積福，爲惡則致禍，對人民而言，魅力遠勝於儒家所主張的道德仁義。穆修對此有甚爲透徹的評析：

> 西佛氏法唱中夏，爲寺宇于中夏。先王之遺民，樂聞其法尊雄，一旦從而和之，棄世守常義邦顧，而爲其徒者，靡然傾天下。西人之業，胡其如是之盛耶？豈佛氏之法，爲能本生人惡欲之情而導之耶？不然，何以能鼓動羣俗之心如趨號令之齊一也？夫生民之情大矣，聖人知其不可充也，爲之著禮明義以節養之，使不流不窘。安其份、盡其常以生死焉，而不及他道者，三代之民也。今佛氏之法，後三代而作，極其說于聖人之外，因斯民所惡欲而喻以死生禍福之事，謂人享有于其身後者，皆由死生往復而取之。方于植物者，根夫善，善以之而生于今；種夫惡，惡以之而出于後。其爲貴、爲富、爲壽、爲康寧，皆根夫善者也，而統謂之福；爲賤、爲貧、爲疾、爲夭，皆種夫惡者也，而統謂之禍。福禍之報不移也。世聞其說甚懼，謂死且復生，則孰不欲其富貴康壽而惡其賤貧疾夭？雖君子小人，一情也。然何如即可以違所惡而獲所欲？曰：非去而爲佛之徒，讀佛之書，則不可。人所以悅其法而歸其門者，爲能所得己欲惡之心乎，佛亦安能強使人附之哉！如死生禍福之說，使禹、湯、文、武、周

以昭其德，吾先師享之亦無忝矣。」《河東集》，卷 3，頁 259。

〔註 18〕李燾，《續資治通鑑長編》，卷 81，頁 1854～1853。

〔註 19〕李燾，《續資治通鑑長編》，卷 113，頁 2632。

〔註 20〕李燾，《續資治通鑑長編》，卷 60，頁 1305。

公、孔子亦嘗言之，則人亦必從此六聖人而求之。如其聖人所不及，惟佛氏明言之，則人焉得不從佛氏而求之也？予謂世有佛氏以來，人不待聞禮義而後入于善者，亦多矣，佛氏其亦善導于人者矣。嗚呼！禮義則不競，宜吾民之皆奉于佛也，宜其佛之獨盛于時也。佛日益盛，徒日益繁，則當有異行之士奮臂而出，力樹塔廟，以廣弼其法之興。〔註 21〕

穆修承認儒家聖賢不談生死禍福之說，吸引百姓的力量遠不及佛教。柳開對佛教抱持著強烈的反對意識，並痛恨寺院土木之事擾民甚鉅；穆修則看到釋氏導人爲善的社會性功用，是以對佛教建廟塔之事，皆樂見其所成，常應佛僧寫作記文。

柳開與向他學習創作古文的友弟欲圖紹述韓愈，在宋初隱然形成一個古文集團。然而，柳開與部分成員的文風卻逐漸流於艱澀怪僻。他們多半有孤高而狷介的性情，且鮮有在朝任高官的人士。因此，以柳開爲首的文學團體在當代文壇並未居主流地位。〔註 22〕繼承柳開提倡古道的穆修與弟子尹洙（1001～1047）、祖無擇（1006～1085）、蘇舜欽（1008～1048），並沒有如柳開等人偏向怪誕的文風。尹洙力求文章簡明的風格甚至影響歐陽修從而學習古文。〔註 23〕同樣提倡韓文的穆修等人所以沒有產生怪僻的流弊，或許因爲他們是兼學韓、柳之文，尹洙的「簡古」文風可能受到柳宗元之文的影響。〔註 24〕相較於柳文，韓愈寫作散文時會偶而使用怪僻難解的文字，甚至引起同代士人的側目。〔註 25〕

穆修、尹洙等古文家與慶曆後的古文關係匪淺。後人即認爲宋朝文風本傾向以綺麗辭藻爲務的駢文與西崑體，但穆修與歐陽修倡導古文，使得學者

〔註 21〕穆修，〈蔡州開元寺佛塔記〉，《穆參軍集》，卷下，頁 22。

〔註 22〕副島一郎，〈宋初的古文和士風〉，收入於副島一郎，王宜瑗譯，《氣與士風——唐宋古文的近程與背景》（上海：上海古籍出版社，2005 年），頁 149～158。這個文學集團除了柳開，尚包含范杲與郭昱等人。《宋史》稱范杲「爲文深僻難解，後生多慕效之。」見脫脫，〈范杲傳〉，《宋史》，卷 249，頁 8797。

〔註 23〕尹洙與歐陽修曾爲錢若水新建之閣作記，歐陽修修先寫成，文有數千字。尹洙說自己只需五百字，記文完成後，歐陽修欽服其文「簡古」，此後便開始寫作古文。事見邵伯溫，《聞見錄》，卷 8，收入於《全宋筆記第二編之七》（鄭州：大象出版社，2006 年），頁 159。

〔註 24〕關於穆修、尹洙與柳宗元的文學關係，可見副島一郎，〈宋人眼裡的柳宗元〉，收入於副島一郎，王宜瑗譯，《氣與士風——唐宋古文的進程與背景》，頁 7～11。

〔註 25〕王運熙，〈韓愈散文的風格特徵和他的文學好尚〉，收入於王運熙，《漢魏六朝唐代文學論叢》（上海：復旦大學出版社，2002 年），頁 226～234。

紛紛起而效尤。〔註 26〕相較於上述柳開與其友弟，以王禹偁為中心，包括與往來的文人與受他提攜的後進，由於擁有較高的政治社會地位，以及倡導平近明意的古文，在當時的文壇更顯重要。

二、王禹偁及其文友

王禹偁在宋初是一位具有地位與聲譽的古文家，同時也是宋初寫作「白體」的代表詩人。在他之前，徐鉉（919～991）與李昉（925～996）也是能夠寫作古文及仿效白居易、元稹詩風的前輩學者。對於佛教在社會上的作為，王禹偁也反對佛教擾民而致生弊端。由於他「平居議論，嘗道浮圖之蠹人者。」且其晚生孫何（961～1004）著文抨擊佛教，因而使京城的高僧感到不滿。〔註 27〕他曾先後勸諫太宗與真宗勿事佛以耗國用，但也表示能理解皇帝事佛的目的。〔註 28〕在不擾民害政的前提下，王禹偁還是對於能夠兼通佛、儒之學的高僧深感欽服，例如他曾寫詩寄贈受詔編修《宋高僧傳》的贊寧，表達自己的敬慕親近之意。〔註 29〕在他看來，真正的佛門「大師」不僅遍讀佛、儒之書，也能寫作詩文。〔註 30〕然而，王禹偁所提攜的後進孫何則更進一步排斥儒家之外的諸子百家，當然也包括佛道思想。他諷刺班固（32～92）評司馬遷（前 135～前 90）論六家乃「先黃老而後《六經》」，自己卻在《漢書‧藝文志》中增為九流十家，而儒家不免與其餘九家等齊並列，又說儒家「出于司徒之官」。孫何認為班固之尊儒不力，是「貶損大教」的作為。〔註 31〕與孫何立場相反，王禹偁的文友羅處約曾寫作〈黃老先《六經》論〉，認為黃、老的「道」與儒家的「道」並無殊異。他說：

〔註 26〕趙彥衛，《雲麓漫鈔》，卷 8，頁 135。

〔註 27〕王禹偁，〈答鄭褒書〉，《小畜集》，卷 18，頁 173。

〔註 28〕黃啓江，〈宋太宗與佛教〉，收入《北宋佛教史論稿》，頁 55～56。

〔註 29〕見王禹偁，〈贈贊寧大師〉、〈寄贊寧上人〉，《小畜集》，卷 19，收入於《景印文淵閣四庫全書》第 1086 冊，頁 54、56。

〔註 30〕「釋子謂佛書內典，謂儒者為外學。工詩則眾，工文則鮮。並是四者，其惟大師。」見王禹偁，〈右街僧錄通惠大師文集序〉，《小畜集》，卷 20，頁 196。關於將佛書視為「內典」的說法，顧炎武言佛教入中國後兼採楊、墨之說，「後之學者遂謂其書為內典。」準此，則儒家經典則被視為外學，但顧氏對此深表不滿。見顧炎武，〈內典〉，《原抄本日知錄》（臺北：文史哲出版社，1979 年），卷 20，頁 527。

〔註 31〕孫何，〈尊儒〉，《全宋文》第 5 冊，卷 186，頁 180。

> 道者何？無之稱也，無不由也。混而成仙，兩儀至虛而應萬物，不可致詰。況名之曰「道」，道既名矣，降而爲聖人者，為能知來藏往，與天地準，故黃、老、姬、孔通稱焉。……老聃世謂方外之教，然而與《六經》皆足以治國治身，清淨得之矣。漢文之時，未遑學校，竇后以之而治，曹參得之而相，幾至措刑。〔註 32〕

羅處約舉史事爲例，說明黃、老之道術亦有「治國治身」之功，因此認爲儒者無須責詬司馬遷先黃老而後《六經》。

王、孫二人對於是否要摒棄百家雜學的想法有所差異，但他們的文學觀仍是相同的，即「文」是君子爲政與行道的首要工具。孫何即表明：「夫治世之具，莫先乎文；文之要，莫先乎理。文必理而方工者，惟論議爲最。」〔註 33〕他們都同意文必須以《六經》爲本，王禹偁在寫給孫何的贈序中就表明捨棄《六經》而寫成的作品，無法具有被當作「文」的資格。〔註 34〕王禹偁認爲文的基礎應當限定於《六經》，雜於百家之學的文學作品於治政無裨益。他認爲兩者的不同在於「文學本乎《六經》者，其爲政也，必仁且義，議理之有體也；文學雜乎百氏者，其爲政也，涉道之未深也。」〔註 35〕

王禹偁與孫何都同意能夠議理的文章最具有治理國政的功能。他們關於文學的理念在宋初受到關注並且具有影響力。尤其王禹偁曾知制誥任翰林學士，許多年輕且有志參加省試的考生（當時稱爲「舉進士」），會將自己的作品以「行卷」的形式呈送給王禹偁，希望獲得後者的賞識。因此，王禹偁以自己的文學理念指導或提攜後進。〔註 36〕《宋史》稱王禹偁「醇文奧學，爲世宗仰」，〔註 37〕可見王禹偁在宋初文壇的地位。職是之故，以王禹偁爲中心，包含田錫（940～1003）、張詠（946～1015）〔註 38〕等王禹偁的文友，以及孫何、孫僅（969

〔註 32〕羅處約，〈黃老先六經論〉，《全宋文》第 4 冊，卷 164，頁 698。

〔註 33〕孫何，〈評唐賢論議〉，《全宋文》第 5 冊，卷 186，頁 183。

〔註 34〕王禹偁在該文的開頭即寫道：「天之文，日月五星；地之文，百穀草木；人之文，六經五常。捨是而稱文者，吾未知其可也。」見王禹偁，〈送孫何序〉，《小畜集》，卷 19，頁 186。

〔註 35〕王禹偁，〈送譚堯叟序〉，《小畜集》，卷 19，頁 188。

〔註 36〕東英壽，〈從行卷看北宋初期的古文復興〉，《復古與創新——歐陽修散文與古文復興》，頁 5～16。

〔註 37〕脫脫，〈王禹偁傳〉，《宋史》，卷 293，9804。

〔註 38〕張詠同時也是曾與楊億等西崑派作家酬唱詩文的文人之一。然而他也主張「道」不應因古今文辭不同而有所差異。可見張詠並不在乎文章的形式，不管是創作古文、駢文甚至是詩賦，皆以「道」爲文之主體。見副島一郎，〈宋

～1017）兄弟、姚鉉（968～1020）等後輩所構成的文學群體，主張文學創作應以論理優先，並以雄健明快的文風，提供宋代前期古文運動的思想泉源。

三、西崑派文人

縱然上述的古文家或多或少有其影響力，但古文仍未能取代宋初所流行的駢文（或稱四六文）。一來在六朝隋唐爲主流文體的駢文仍延續至宋初，二來士大夫仍時常以駢文寫作制誥表啓或書信、碑記等應用文，即使是古文家也亦多逢書寫駢文的場合，如王禹偁也是擅寫四六的能手。然而至眞宗朝，文壇出現以李商隱（812 或 813～858）爲仿效對象的「西崑派」，其成員爲補救早先流行的「白體」與「晚唐體」的缺失，創作多用典故、講究音律的華麗詩歌，在文章上也多寫作駢文。〔註 39〕儘管西崑派興起時，柳開、王禹偁已然辭世，但當時文壇仍多爲二人的文友與後學，而影響到慶曆後古文風格的穆修也與西崑派同時。穆修常被尊爲北宋倡導古文的先驅者之一，與其標榜簡明的古文，而隱然同西崑派分庭抗禮之勢不無關聯。〔註 40〕另一位更強烈反對西崑派的古文家則是石介。他在〈怪說〉一文抨擊西崑體：「今楊億窮妍極態，綴風月，弄花草，淫巧侈麗，浮華纂組。」〔註 41〕

西崑派以眞宗的文學侍從楊億、劉筠、錢惟演爲首，因其政治地位以及綺麗文風而盛行於世。與古文集團相比，西崑派文人顯然對提振道德仁義的議論文章並不甚感興趣，幾名重要成員更熱中於佛教相關的政治文學活動，最典型的代表即是領袖楊億。天才縱橫的楊億學通儒釋道三家，平時「留心釋典禪觀之學」，〔註 42〕並曾擔任譯經院的潤文官。譯經潤文官自然都是能博

初的古文和士風〉，頁 158～161。

〔註 39〕西崑派的文學活動興於眞宗時，據宋僧文瑩的筆記：「眞宗深究詩雅，時方競務西崑體，磔裂雕篆。」見文瑩，《玉壺清話》（北京：中華書局，1984 年），卷 1，頁 2。當代亦有學者指出，早在《西崑酬唱集》於大中祥符元年（1008 年）編輯完成的十年之前，楊億等人已經開啓西崑體的詩風。參見曾棗莊，〈《西崑》十題〉，《唐宋文學研究》（成都：巴蜀書社，1999 年），頁 393～397。

〔註 40〕《宋史》稱穆修：「自五代文敝，國初，柳開始爲古文。其後，楊億、劉筠尚聲偶之辭，天下學者靡然從之；修於是時獨以古文稱，蘇舜欽兄弟多從之游。修雖窮死，然一時士大夫稱能文者必曰穆參軍。」見脫脫，〈穆修傳〉，卷 442，頁 13070。

〔註 41〕石介，〈怪說〉，《徂徠先生集》，卷 5，頁 216。

〔註 42〕脫脫，〈楊億傳〉，《宋史》，卷 305，頁 10083。

綜儒釋之學的士大夫，才有足夠的學識擔任此職。〔註 43〕另一位西崑派文人丁謂（966～1037）除了也擔任過潤文官，還曾經上疏請求皇帝賜食於僧人。〔註 44〕錢惟演則是吳越王錢俶（929～988）之子。〔註 45〕他極力獎勵與崇尚天台宗與法眼宗等佛教教派，因而惟演自幼耳濡目染。錢俶與吳越佛教的關係將在第四節續述。

被收入在《西崑酬唱集》的詩作中，也有出於晁迥（951～1034）這般並非純然寫作西崑體的作家之手。他早年與王禹偁是文友，也都是創作「白體」的詩人；到了眞宗朝，爲補救白體過於質樸而平直的風格，他學習以雕琢和用典爲長的西崑體。晁迥學識上因「善吐納養生之術，通釋老書，以經傳傅致，爲一家之說」而聞於當世。〔註 46〕王禹偁另一位文友張詠也有詩作被收進於《西崑酬唱集》，但我們也很難將他歸爲西崑體作家。大抵晁迥和張詠爲求詩歌不斷精進，而吸收新的詩風。西崑派成員的非一致性也表現在政治主張上。例如，對於國家爲求神事佛而大興土木之事，楊億雖甚解佛理，但不同意朝廷爲這些無益於民生的工程鋪張浪費；反之，丁謂等臣僚則迎合宰相王欽若（962～1025）之意，慫恿眞宗建造宮寺，所求者多爲政治利益。〔註 47〕

在宋代最初的半個世紀左右，文壇仍延續晚唐五代綺靡駢麗的文學風

〔註 43〕關於宋初譯經潤文官的相關討論，可見黃啓江的〈北宋的譯經潤文官與佛教〉，《北宋佛教史論稿》，頁 68～92。該文並沒有特別強調西崑派成員與潤文官的關係。

〔註 44〕丁謂，〈飯僧疏〉，《全宋文》第 5 冊，卷 208，頁 609。原本丁謂與孫何同樣是最早受到王禹偁賞識的年輕文人，其古文的造詣曾令後者驚嘆。然而事實上丁謂只將古文作爲晉身仕途的工具，也未曾應和王禹偁的文學理念。在他入朝爲官後，即參與楊億爲首的文學集團，成爲西崑派的成員。對於立場反覆甚至作文以批判恩師的丁謂，王禹偁深感痛心，指責他「欲與世浮沈，自墮於名節」。見王禹偁，〈答丁謂書〉，《小畜集》，卷 18，頁 178。王禹偁初見孫何、丁謂之文，曾有詩言：「三百年來文不振，直從韓柳到孫丁。如今便好令修史，二子文章似《六經》。」可見當初他對二人的期盼甚高。見司馬光，《涑水記聞》（北京：中華書局，1989 年），卷 2，頁 39。

〔註 45〕脫脫。〈錢惟演傳〉，《宋史》，卷 317，頁 10340。

〔註 46〕脫脫，〈晁迥傳〉，《宋史》，卷 305，頁 10086。

〔註 47〕關於西崑派成員在文學特點政治立場上的分歧，參見曾棗莊，〈論《西崑酬唱集》的作家群〉，《唐宋文學研究》，頁 336～351。其他相關討論亦可見李朝軍，〈晁迥與宋初文學〉，《四川大學學報》2005 年第 3 期（成都，2005 年 7 月），頁 98～104；王仲犖，〈前言〉，《西崑酬唱集注》（北京：中華書局，1980 年），頁 3～5。

格，但另一方面古文家仍試圖彰顯聖人之道。稍後西崑派興起，穆修繼柳開、王禹偁後續倡古文。古文集團的成員多半對佛教有所排拒，儘管當中也有士人接受佛教盛行於當世的現狀，甚至樂意為佛寺寫作銘記。至於西崑派文人則積極參與佛事，雖其意見亦見紛雜，但多能通曉佛理，甚至熱中於佛事。大抵而言，宋初多數的古文家仍意圖避免與佛法交涉，因為佛教思想對他們追求儒家聖賢的「道」是有所妨礙的。此外，柳開古文集團衍生出的「太學體」與西崑派的「西崑體」都在眞、仁之際產生流弊，可說是促成仁宗朝文學改革的近因。〔註 48〕

第三節　宋初經學的變化

新《春秋》學在中晚唐為經學開出一片新氣象，經學學風已稍見改變。然而，晚唐五代時局動盪，制度不彰，而佛法盛行於世，士人多不讀經以求仕，反務於儒家以外的學問或技藝。後唐天成五年（930）禮部貢院上奏表明當時求才之難：

> 進士帖經，本朝舊制，蓋欲明先王之旨趣，閱多士之文章。近代以來，此道稍墜。今且上從元輔，下及庶僚，雖百藝者極多，能明經者甚少。恐此一節，或滯群才，既求備以斯難，庶觀光而甚廣。〔註 49〕

宋初官方經學則沿襲嚴謹的學風，「篤守古義，無取新奇；各成師傳，不憑胸臆；猶漢唐注疏也。」〔註 50〕然而，實際上民間仍多有不守傳統經注的士人，眞宗（968～1022）即對於士人擅自背離經義的現象感到不滿。景德四年（1007）他曾向臣子抱怨：「近見詞人獻文，多故違經旨以立說。此所謂非聖人者無法，俟有太甚者，當黜以為戒。」〔註 51〕參加科舉的考生所作的賦文，假使不合

〔註 48〕以西崑風格為主流的四六文先後經過歐陽修與蘇軾改革之後，成為不求典工的駢文。據《邵氏聞見後錄》所載：「本朝四六，以劉筠、楊大年為體，必謹四字六字律令，故曰四六。然其敝類俳語可鄙。歐陽公深嫉之……俳語為之一變。至蘇東坡於四六，……其力挽天河以滌之，偶儷甚惡之氣一除，而四六之法則亡矣。」見邵博，《邵氏聞見後錄》，卷 16，頁 124～125。

〔註 49〕王溥，《五代會要》（上海：上海古籍出版社，2006 年），卷 22，頁 359。

〔註 50〕皮錫瑞，《經學歷史》，頁 220。近代經學史家多認同此說，例如馬宗霍也說：「宋初經學，大都遵唐人之舊。」見馬宗霍，《中國經學史》（臺北：臺灣商務印書館，1968 年），頁 109。

〔註 51〕李燾，《續資治通鑑長編》第 3 冊，卷 66，頁 1472。

官方經注的解釋，則有落第的危險。眞宗時賈邊的遭遇可說明這樣的現象：

> 李迪、賈邊有時名，舉進士，迪以賦落韻，邊以當仁不讓於師論以「師」爲「眾」，與注疏異，皆不預。主文奏乞收試，旦曰：「迪雖犯不考，然出於不意，其過可略。邊特立異說，將令後生務爲穿鑿，漸不可長。」遂收迪而黜邊。〔註 52〕

由於賈邊擅自以「異說」解釋試策題目，其試文最後不被收用。

儘管科考的經義仍然嚴守傳統注疏，宋初經學家也並非一味「篤守古義」。爲了使讀經者易於理解經義，講經者往往會徵引時事。例如，校正官方經注的邢昺（932～1010）在向皇帝講經時，「據傳疏敷引之外，多引時事爲喻。」並且要注意到能夠「各隨其事理以對」。〔註 53〕總之，宋初經學的風氣可以張耒（1054～1114）的一段文字說明。他說：「前輩談經，重變先儒舊說，雖時有不同，不敢容易，非如近時學者，欲變則變，斷自胷臆，不復參考。」〔註 54〕張耒所謂「近時學者」當指慶曆以後大規模疑經或改經的宋儒。但是在慶曆的儒學復興以前，基於新王朝創立的歷史背景，宋初經學家仍探求新取向。

胡瑗是引領經學新取向的重要人物之一。身爲州學講師，胡瑗分設「經義」與「治事」二齋。在「經義齋」挑選「其心性疏通，有器局，可任大事者，使之講明《六經》」；「治事齋」則各選一人，「各治一事，又兼攝一事。」其治之事包括民生、軍事、水利、算數等等。〔註 55〕不同於後來歐陽修那種刻意避談性命之說的態度，胡瑗不僅希望士人必須具備治理政務的才能，還要時時修養心性。他的著作除了收入於《四庫全書》的《周易口義》和《洪範口義》，另有《易書》與《中庸義》等作。〔註 56〕總括胡瑗的經學觀，他要求士子以追尋聖人之道目的，首重廣博學識，並強調經學「教化」的功效，希望能達成「體用一致」的境界。〔註 57〕當然，胡瑗藉由分齋教學的具體措施，確實能夠將「明體達用」的觀念灌輸給他的門人。〔註 58〕因此，他的門

〔註 52〕脫脫，〈王旦傳〉，《宋史》，卷 282，頁 9550。

〔註 53〕脫脫，〈邢昺傳〉，《宋史》，卷 431，頁 12800～12801。

〔註 54〕張耒，《明道雜誌》，收入於上海師範大學古籍研究所編，《全宋筆記第二編之七》（鄭州：大象出版社，2006，頁 22。

〔註 55〕黃宗義，〈安定學案〉，《宋元學案》（臺北：正中書局，1954 年），卷 1，頁 7。

〔註 56〕黃宗義，〈安定學案〉，《宋元學案》，卷 1 頁 7～8。《宋史》亦載胡瑗有《春秋口義》五卷，見脫脫，〈藝文志〉，《宋史》，卷 202，頁 5058。

〔註 57〕吳雁南等，《中國經學史》，頁 275～276。

〔註 58〕關於胡瑗分齋教學的內容以及對北宋新學風的影響，可參考金林祥，〈胡瑗教

人後生被時人視爲具有類似的氣質。〔註 59〕與胡瑗相比，同是宋初三先生之一的孫復則選擇單一經典以進行專門研究，而他選擇的經典則是《春秋》。

孫復專治《春秋》，重要著作則爲《春秋尊王發微》。宋人對其已有「大得聖人之旨，學者多宗之」的評價。〔註 60〕孫復的研究取徑源自於陸淳，而自創之新義又甚於啖、趙、陸之說，且其尊王思想亦下開胡安國（1074～1138）的《春秋》學。〔註 61〕因此，與中唐的啖助學派同樣，他的《春秋尊王發微》也得到不囿於傳注的成見，且直求經之本義的讚辭。〔註 62〕如其書名所表明，孫復認爲孔子作《春秋》的終極目的在於尊王道，以實現儒家的政治理想。他甚且主張要摒除佛老，因爲佛老「去君臣之禮，絕父子之戚，滅夫婦之義。」此弊害將不利於上位者實行王道之治。〔註 63〕孫復的尊王思想影響到門人，例如祖無擇（？～1085）提過《洪範》談天時人事皆本於王道教化；〔註 64〕石介對經學的研究儘管不如其師之用心，但也曾就《周易》、《春秋》等經典予以批評與討論。

另一位在經學上也具有新思維的學者是范仲淹。他對於經學的看法接近於他所提攜的胡瑗，亦即注重經學的治道。范仲淹尤長於說《易》，曾著《易義》解說卦象。〔註 65〕他透過《易》體察聖人之道，認爲「聖人設卦觀象，『窮則變，變則通，通則久』非知變者，其能久乎？」治理天下之人需懂得變通而不拘泥於古法，但范氏反觀當代士人「患不稽古，委先王之典，宗叔世之文，詞多纖穢，士惟偷淺，言不及道，心無存誠。暨于入官，鮮於致化。」

育思想研究〉，《南通師範學院學報》（哲學社會科學版）第 16 卷第 2 期（南通，2000 年 6 月），頁 101～106；金榮官，〈胡瑗的分齋教學極其影響〉，收入於《宋史研究論叢》第 7 輯（保定：河北大學出版社，2006 年），頁 354～370。

〔註 59〕程頤稱出於胡瑗門下之士，「其醇厚和易之氣，一望可知。」、「安定先生之門人往往稽古愛民矣，於從政乎和有？」見黃宗義，〈安定學案〉，《宋元學案》，卷 1，頁 8。

〔註 60〕王得臣，《麈史》，卷中，收入於《全宋筆記第一編之十》（鄭州：大象出版社，2003 年），頁 42。

〔註 61〕參考牟潤孫，〈兩宋春秋學之主流〉，《大陸雜誌》第 5 卷第 4 期（臺北，1952 年 8 月），頁 1～4。

〔註 62〕永瑢，《四庫全書總目提要・經部・春秋類》，卷 6，頁 526。

〔註 63〕孫復，〈儒辱〉，《孫明復小集》，頁 176。

〔註 64〕祖無擇，〈刻經效方序〉，收入於《全宋文》，卷 935，頁 309。祖無擇不僅向孫復學經，年少時也向穆修學過古文，見邵伯溫，《聞見錄》，卷 16，頁 222。

〔註 65〕范仲淹，《范文正公文集》，卷 7，《范仲淹全集》（南京：鳳凰出版社，2004 年），頁 119～129。

因此他向朝廷請願，改定天下教育，培養務實的人才。〔註 66〕范仲淹重視國家利益的觀念，影響到李覯（1009～1059）以功利爲出發點而求得經義的風格，使後者在孟子逐漸受到重視的儒家學界中，反而傾向於荀子的政治主張。

自唐末五代因藩鎭之亂，武人專政篡弒，導致政權不斷迭替而處於極度不安定的狀態，人倫秩序陷入土崩瓦解的危機。歐陽修評論五代時期「世道衰，人倫壞，而親疏之理反其常，干戈起於骨肉，異類合爲父子。」〔註 67〕對繼起的趙宋而言，五代王權不彰和臣節不立的弊端仍是潛伏中的不安因子。《春秋》在宋代相當受到重視，正是因爲《春秋》明君臣上下，又辨夷夏之別，可供宋儒一套尊王攘夷的政治理論；尤其趙氏也自兵伍起家，建國以後邊防又受外族威脅。〔註 68〕不過北宋的《春秋》學，大抵要到劉敞（1019～1068）與胡安國之間才臻成熟，而劉敞則標誌著北宋解經新風氣的集大成者。〔註 69〕

《易》是另一部在宋初即受到重視的經典。前述的胡瑗、范仲淹皆曾針對此經下過功夫。在建國之初，陳摶（？～989）與王昭素都是研究《易》的權威人士。陳、王二人的易學都與其道教的知識背景有所關連。陳摶身爲宋初最具傳奇性的人物，被認爲「有經世之才」。〔註 70〕儘管陳摶的「神仙黃白之術」總是爲外人所貪慕的目標，但他研究《易》的目的很有可能是出於經世濟民的儒家理想。同樣的，王昭素也兼通易學與道教之學，同時代有不少學者向他學習易學。宋太祖也曾召王昭素以卦爻占事，並詢問治世養身的方法。〔註 71〕王昭素對自揚雄以下的漢唐易學抱持著懷疑的態度，指出王弼、孔穎達等人的注疏

〔註 66〕范仲淹，〈上執政書〉，《范文正公文集》，卷 9，《范仲淹全集》，頁 183；190～191。

〔註 67〕歐陽修，〈義兒傳序〉，《新五代史》（北京，中華書局，1974 年），卷 36，頁 385。

〔註 68〕宋鼎宗將宋儒研究《春秋》以尊王的歷史背景歸爲四點。第一，「懲唐末五季藩鎭之禍」；第二，「祖趙氏之家法」；第三，「疾臣節之不立」；第四，「痛權姦之柄國」。見宋鼎宗，〈宋儒春秋尊王說〉，《成功大學學報》第 19 期（台南，1984 年 11 月），頁 3～7。蓋前三項歷史因素皆爲基於唐末五代之亂而生，彼此互有緊密關聯。第四項的權臣擅政，則爲自北宋後期至南宋的時代背景，是南宋《春秋》學盛行的主因。筆者在本文爲探討北宋學者治《春秋》的因素，是以不涉及大臣攬權的議題。

〔註 69〕皮錫瑞：「宋人治《春秋》者多，而不治顓門，皆沿唐人啖、趙、一派。……以劉敞爲最優，胡安國爲最顯。」皮錫瑞，《經學歷史》，頁 179。

〔註 70〕魏泰，《東軒筆錄》（北京：中華書局，1983 年），卷 1，頁 2。

〔註 71〕李燾，《續資治通鑑長編》，卷 11，頁 243～244。

有違孔子本意，在《易》的研究上爲開疑經風氣的先河。〔註 72〕

宋初除了陳、王二人，尚有以儒家的思想體系研究易學的馮元（975～1037），仁宗初即以講《易》著稱，「多識古今臺閣品式之事，尤精《易》。」〔註 73〕這批易學家大半與穆修、范仲淹、胡瑗等古文家兼經學研究者直接或間接的傳承關係。易學在他們的研究之下，於宋初發展出具有尊君思想的理論基礎。這樣的特色並沒有在前代曾經被彰顯出來。爲了強調人間的上下秩序，於是宋儒對《春秋》、《禮》、《易》等經典進行努力的研究。〔註 74〕例如，范仲淹由「乾」、「坤」兩卦得君臣的德位關係，以其行聖人之道。〔註 75〕

大抵而言，宋初經學家承接中唐新《春秋》學派的思維，直接從經文而非傳注探求所謂的聖人之旨。由於前代社會秩序崩壞的殷鑑未遠，新王朝的儒家學者亟欲自經典得出尊王的理論基礎，以及經世致用之道。因此，基於政治性目的，宋初經學家尤其在《春秋》、《易》二經投下許多心力。此後宋儒繼續延續其成果，《春秋》與《易》仍是宋代相關論著最多的經典。儘管如王應麟評價兩漢至宋初的經學未曾大變，直到慶曆以後才有顯著變化，〔註 76〕但宋初經學的變通特色不應受到忽視。誠然，和王安石以後的經學相比，佛家的心性之學仍未深植於宋初經學。在儒學復興運動之前，眞正對心性之學有所體認的學者，反以天台宗孤山智圓爲代表。

第四節　天台宗的中興與智圓

一、天台宗與吳越政權的關係

天台宗的義理之學在湛然以後停滯不前，並因爲遭遇會昌（841～846）

〔註 72〕相關討論可參考金中樞，〈宋代的經學當代化初探（上）〉，收入於金中樞，《宋代學術思想研究》（臺北：幼獅文化，1989 年），頁 56～58；馮曉庭，《宋初經學發展述論》（臺北：萬卷樓圖書公司，2001 年），頁 197～209。

〔註 73〕脫脫，〈馮元傳〉，《宋史》，卷 294，頁 9822。

〔註 74〕關於宋初易學的歷史脈絡以及與古文家的關係，可參見副島一郎，〈宋初的易學家與古文家〉，收入於副島一郎，王宜瑗譯，《氣與士風——唐宋古文的進程與背景》，頁 178～223。

〔註 75〕范仲淹，〈易義〉，《范文正公文集》，卷 7，《范仲淹全集》，頁 119～120。

〔註 76〕王應麟，翁元圻注，《翁注困學紀聞》（臺北：中華書局，1966 年），卷 8，頁 40。

滅佛以及晚唐五代的戰亂，教典流落而人物凋零。〔註 77〕不過在這段天台宗的衰退期當中，兩名來自朝鮮的僧人諦觀與義通（927～988）爲天台宗開啓復興之契機。諦觀帶來了中土已亡佚的天台典籍；義通對天台義學貢獻良多，同時被尊爲天台宗十六祖，爲後來山家派四明知禮（960～1028）與慈雲遵式（964～1032）之師。

在五代時期，鑑於天台宗典籍多有散佚，吳越王錢俶受天台僧義寂（919～987）之勸，遣使至高麗求佛天台教籍。於是高麗令諦觀於宋太祖建隆年間（960～922）攜論疏至中國。諦觀於天台山謁見義寂，「一見心服遂禮爲師」，在螺溪道場一待十年。諦觀所著《天台四教儀》對天台宗中興事業甚有助益，因爲它「由是盛傳諸方。大爲初學發蒙之助云。」該書的中心教論來自於湛然的「八教大意」。〔註 78〕

同樣是高麗僧人的義通則早於諦觀來到中國。儘管他在本國已修習華嚴、起信，但是聞義寂講述一心三觀之後，也受業於義寂門下。此後義通於寶雲寺「敷揚教觀幾二十年」，其下門人無數，而以知禮、遵式成就最高，開天台山家一派。〔註 79〕有論者認爲天台宗山家、山外之爭，可謂始於義通。〔註 80〕

天台宗所以分爲山家山外二派，就是因爲諦觀攜天台論疏自吳越後，天台僧人再次研究佛典反而產生不同的佛學見解。再者，如前一章曾述及，中唐時天台義學經過湛然的整合，他爲了延伸智顗的性具說，採用《大乘起信論》以及因之而生的「隨緣眞如」思想，以致於天台的圓教思想與華嚴相近，因爲華嚴義學研究《起信論》並講所謂的「法界緣起」。基於上述背景，於是出現以知禮、遵式爲代表的山家，他們批判在唐宋之際吸收華嚴宗「性起」之說的天台義學，認爲有必要與其他宗派分清思想界線；另一派則是繼續接

〔註 77〕唐武宗繼位後即陸續施行打壓佛教的措施，最甚者爲會昌五年（945）頒佈〈拆寺制〉，言：「其天下所拆寺四千六百餘所，還俗僧尼二十六萬五十人，收充兩稅户。拆招提、蘭若四萬餘所，收膏腴上田數千萬頃，收奴婢爲兩稅户十五萬人。」見宋敏求，《唐大詔令》（上海：學林出版社，1992 年），卷 113，頁 543。

〔註 78〕最初，錢俶讀《永嘉集》，見不曉其義的文句，於是召義寂詰問之。義寂回答說這是智顗之文，但因遭安史之亂與會昌毀佛，教藏幾近亡佚；高麗天台興盛，教典保全完整。此後諦觀至中國，從義寂學於螺谿。事見釋志磐，《佛祖統紀》，卷 10，頁 206。

〔註 79〕釋志磐，《佛祖統紀》，卷 8，頁 191。

〔註 80〕吳忠偉，〈智圓佛學思想研究〉，收入於佛光山文教基金會編，《中國佛教學術論典》第 16 冊（ （高雄：佛光山文教基金會，2001 年），頁 12～14。

受湛然以來的性具論，主要人物即源清、慶昭、智圓師徒。〔註 81〕

自唐末錢鏐（852～932）領有杭州八都，而於後梁受封爲吳越王，吳越成爲偏安江南一隅的政權。由於政權獨立，而天台山又座落於其境內，吳越遂成爲五代時期的佛教國度，具有聲望的禪師皆備受歷代吳越王禮遇。除前述義寂、諦觀等天台僧人之外，法眼宗二祖德韶（891～972）在錢俶任台州刺史時，就曾受後者之邀以問道；錢俶即位後，「遣使迎師伸弟子之禮，尊爲國師。」〔註 82〕繼德韶衣缽的三祖延壽（904～975）也受到禮遇，因此法眼宗在吳越與天台宗同樣得到吳越王室的支持。〔註 83〕此外，編修佛僧史傳而著稱的贊寧也曾受錢俶委之兩浙僧統，並受賜號爲「明義宗文大師」。他在宋朝一統江南之後也受詔入朝，並奉敕編修《宋高僧傳》、《大宋僧史略》等著。與智圓相同，這位曾經在天台山受具足戒的靈隱寺高僧也兼通釋、儒、道三教典籍，並善於辭辯。〔註 84〕

由於吳越王室對佛教的虔誠，以及與天台山的地理關係，唐末五代的天台僧人因此與該政權一直保持著高度的政治關係。天台宗所以能復興，不能不說是得吳越之助。也因爲吳越以及閩、南唐等五代時期的東南諸國崇尚佛教，使得宋代位於兩浙路與福州路的佛寺蓬勃發展，規模較大的寺院甚至佔有千畝以上的寺田。因此，在包括吳越在內的東南政權之下，佛教有賴王室的獎勵與當地土豪的支持，而能夠持續布教傳法。〔註 85〕

二、智圓與儒學的關係

〔註 81〕關於天台山家、山外兩派的源起與論爭，可參考山口益，釋演陪譯，《天台性具思想論》，頁 186～300；牟宗三，〈天台宗之分爲山家與山外〉，《牟宗三先生全集第 4 冊——佛性與般若（下）》，第 3 部第 2 分第 4 章，頁 1131～1156；曾其海，《天台佛學》，頁 160～169；賴永海，《湛然》，頁 145～186。

〔註 82〕釋覺岸，《釋氏稽古略》，卷 3，收入於《大正新修大藏經》第 49 冊，頁 855。

〔註 83〕延壽受錢俶之請，於其國「行方等懺，贖物類放生。」事見釋贊寧，《宋高僧傳》，卷 28，頁 708。

〔註 84〕據歐陽修所載，有位喜好嘲詠的詩人安鴻漸，在街上遇贊寧，其後有數僧跟隨，鴻漸見而譏笑：「鄭都官不愛之徒，時時作隊。」贊寧聞而對曰：「秦始皇未坑之輩，往往成羣。」時人皆認爲贊寧詩才敏捷。見歐陽修，《詩話》，《歐陽修全集》，卷 128，頁 1949。

〔註 85〕關於宋代東南地區佛寺的佔地情況，黃敏枝教授撰有兩篇論文對此進行詳細的考證。二文收入於黃敏枝，《宋代佛教社會經濟史論集》（臺北：臺灣學生書局，1989 年），頁 119～199。（即該書的第四與第五章。）

雖然智圓自八歲起於錢塘江龍興寺出家，但直到二十一歲才得奉天寺的源清所傳之天台三觀。在此之前，智圓已具有多元的學術思想，對儒、道、墨等諸家經綸多有涉獵。〔註 86〕智圓浸淫儒學最深，自幼「於講佛經外，好讀周、孔、揚、孟書，往往學爲古文，以宗其道。」〔註 87〕

智圓學古文並非偶然，他很早就注意唐宋古文的歷史脈絡。智圓對於古文的看法主要見於〈送庶幾序〉一文。

> 吾於學佛外，考周孔遺文，究楊孟之言，或得微旨。……所謂古文者，宗古道而立言，言必明乎古道也。古道者何，聖師仲尼所行之道也。……要其所歸，無越仁義五常也，仁義五常謂之古道也。若將有志於斯文也，必也研幾乎。五常之道，不失於中，而達乎變。變而通，通則久，久而合道。既得之於心矣，然後吐之爲文章，敷之爲教化，俾爲君者如勛華，爲臣者如元愷，天下之民如堯舜之民。救時之弊，明政之失，不順非，不多愛。……古文之作，誠盡此矣，非止澀其文字，難其句讀，然後爲古文也。果以澀其文字、難其句讀爲古文者，則老莊楊墨異端之書亦何嘗聲律耦對邪？以楊墨老莊之書爲古文可乎？不可也。老莊楊墨棄仁義，廢禮樂，非吾仲尼祖述堯舜，憲章文武之古道也。故爲文入於老莊者謂之雜，宗於周孔者謂之純。……踐吾之言則道可至矣。或曰：「子佛氏之徒也，何言儒之甚乎？」對曰：「幾從吾學儒也，故吾以儒告之，不能雜以釋也；幾將從吾學釋也，吾則以釋告之，亦不能雜以儒也。不瀆其告，古之道也。」〔註 88〕

身爲天台僧人，智圓寫作出這篇盡是儒家詞彙的文章並不尋常。實際上在天台山外派以至整個佛教界，智圓深厚的儒學涵養實乃少見。以與智圓同爲山外派代表的慶昭（963～1017）爲例，自幼出家並於十三歲時受具足戒，一生未曾有機會浸淫於儒家的浩瀚學海之中。

比起贊寧，智圓對於儒學也有更深刻的認識與反思。由前引的〈送庶幾序〉一文可知，智圓堅持儒學純粹化，必須完全排除「楊墨老莊」的這些「棄仁義、廢禮樂」思想。在這點上，他開始與韓愈以降的古文家產生共鳴。智

〔註 86〕吳遵路，〈閑居編序〉，釋智圓，《閑居編》，收入於《卍新纂續藏經》第 101 冊（（臺北：新文豐，1976 年），第 56 冊，頁 53。

〔註 87〕釋智圓，〈自序〉，《閑居編》，頁 54。

〔註 88〕釋智圓，〈送庶幾序〉，《閑居編》，頁 137～139。

圓認爲古文應當「宗古道而立言，言必乎古道」，正如同宋初古文家柳開、穆修等人所訴求的，古道即來自於孔子所行的聖人之道。

由前述引文中，智圓不雜佛學以教導隨他學儒的庶幾一事可知，縱使智圓以沙門的身份研習儒學，但實際上他並未主張會通儒釋之學，反而保持二學的分野。道家之學也同樣清楚地被智圓分離於儒釋二學之外，這是因爲智圓認爲三教之學在本質上就各有差異。在他看來，儒、道爲外學，是「治乎身」；佛教爲內學，是「治於心」，因此三教的理論可以互補但不可混同。「三教混同焉，或幾乎失矣；或謂三教碩異焉，亦未爲得也。」〔註 89〕三教各自鼎立才是智圓認爲合乎宋初學術狀態的論述。〔註 90〕

回顧智圓學習儒、佛的經歷，在他年方八歲於錢唐龍興寺出家，但已頗具儒士的氣質。他「微知《騷》、《雅》，好爲唐律詩。」智圓在二十一歲時本欲「從師受周孔書，宗其道學，爲文以訓世」，後來卻因染疾而自省不學釋而慕儒是「忘本背義」之事，才從源清學天台三觀之法。〔註 91〕對智圓而言，他確實曾經認眞考慮研習儒典。

那麼，智圓是如何看待儒學？事實上，智圓並不認同吳越此一偏安政權，理由是吳越政權背離了儒家正道，尤其晚期文人只著墨於四六文，不思探求古道，又「大夫士皆世及，故子弟恥服儒服，恥道儒言，而必以儒爲戲。」〔註 92〕相對地，智圓由宋太宗建造譯經院的作爲，便認爲宋朝是一個可以實現王道的政權。〔註 93〕

中國的譯經機構在唐憲宗元和（806～820）以後即告終止。直到宋初，中天竺僧法天與河中學僧法進共同譯經，並將所譯經書上呈給太祖，太祖召見二僧後慰勞賜袍。太宗太平興國五年（980）又有北天竺僧天息災與施護來華，二人也皆通曉華語。崇尚佛教太宗召見法天、天息災等梵僧，令其翻閱建國以來所得西域梵文佛典，遂有意建立譯經事業。因此，太宗命人於太平興國寺建設譯經院。太平興國七年（982）七月譯經院落成，成爲宋朝最早的

〔註 89〕釋智圓，〈四十二章經序〉，《閑居編》，卷 1，頁 64。

〔註 90〕蔣義斌先生指出，智圓對於三教的論點是視其爲鼎之三足，而非所謂的「三教合一」或「儒釋融合」。參見蔣義斌，〈孤山智圓與其時代——佛教與宋朝新王道的關係〉，頁 233～270。

〔註 91〕釋智圓，〈中庸子傳中〉，《閑居編》，卷 19，頁 111。

〔註 92〕釋智圓，〈佛氏彙征別集序〉，《閑居編》，卷 10，頁 84。

〔註 93〕蔣義斌，〈孤山智圓與其時代——佛教與宋朝新王道的關係〉，頁 236～237。

譯經機構。〔註 94〕如本章第二節所述，宋初文人楊億、晁迥等人擔任過譯經院的潤文官，使得士大夫與佛教之間出現另一條建立關係的管道。由於這件史事，智圓稱「我大宋太宗神功聖德文武皇帝欽承佛記，扶起墜風，由是象胥之學重光，能仁之道益振，闡揚之利，蓋不可得而思議焉。」並讚揚太宗對佛教有「繼絕存亡之道」。〔註 95〕

從智圓批評吳越古道淪喪，並認爲宋朝有行王道的條件，可以看出智圓是以儒家的角度去評斷一個政權的正當性。爲了更深入瞭解智圓是如何理解儒學，以及如何使用儒家的詞彙向當時的儒學家傳達他心中的「道」。

第五節　智圓的儒學研究

智圓對儒學的認識既深且廣，可分以下各點論述。

一、智圓對《六經》的看法

雖然智圓無意融合儒釋二學，但他研究儒學的主要目的也是爲擴展佛學的內涵。他自言：「兼讀五經，以裨佛學。」〔註 96〕在〈謝吳寺丞撰閑居編序書〉〔註 97〕一文中，智圓概述了他覽讀《易》、《書》、《詩》、《春秋》之後的心得：

1. 《易》：智圓對《易》的看法是，「本乎太極，闢設兩儀，而五常之性韞乎其中矣。」因此《易》談「立天之道」，即所謂的陰與陽；言「立地之道」，即所謂的柔與剛；言「立人之道，即所謂的仁與義。至於五常，「其周孔之化源乎。」在他看來，五常是使天、地、人之道正常運作的基本工具。
2. 《書》：智圓讀過《書》之後，瞭解到「三皇以降，洪荒朴略，非百世常行之道，其言不可訓。」爲此，聖人「以二帝三王之道作範於後代，尊揖讓，鄙干戈，故以二典首之也。」智圓從《書》中體察出湯、武有「救弊之德」，但他認爲這終究「非仲尼之本志」。
3. 《詩》：智圓從《詩》之中則是得出人倫之大體。他說讀過《詩》之後，

〔註 94〕李燾，《續資治通鑑長編》，卷 23，頁 522～523。
〔註 95〕釋智圓，〈佛翻經通紀序〉，《閑居編》，卷 10，頁 84。
〔註 96〕釋智圓，〈代元上人上錢唐王給事書〉，《閑居編》，卷 32，頁 145。
〔註 97〕釋智圓，〈謝吳寺丞撰閑居編序書〉，《閑居編》，卷 22，頁 119～120。

「乃知有天地然後有夫婦，有夫婦然後有父子，有父子然後有君臣。」。夫婦象徵著陰陽兩儀，且爲三綱之首。因此智圓認爲這是《詩》第一首爲〈關雎〉的理由。

4. 《春秋》：智圓讀過《春秋》之後，知道「周室衰，狄人猾夏，平王東遷，號令不行，禮樂征伐，不出乎天子，而出乎諸侯也。」換言之，在王室衰微之後，「禮樂征伐」此等國家大事，竟由諸侯所把持而非周天子。職是之故，孔子「約魯史而修《春秋》，以賞罰貶諸侯討大夫，以正其王道者也。」

智圓也在其他的文章中談到他對《禮》、《樂》的看法：

5. 《禮》、《樂》：智圓認爲此二經同爲「安上治民，移風易俗之本。」至於二者相異之處，「禮主其減，樂主其盈，由禮檢而人所倦，樂和而人所歡。」所以「禮減而進，以進爲文；樂盈而反，以反爲文。」爲了使佛徒稍加明瞭，智圓說《禮》、《樂》的互補作用就如同佛家的禪慧與戒律。〔註 98〕

由以上智圓的看法，可以知道他非常認同儒家經典對於重建社會秩序的功效。若依錢穆評論北宋初期儒士的理想，「即爲重整中國舊傳統，再建立人文社會政治教育之理論中心，把私人生活和群眾生活再紐合上一條線。」〔註 99〕吾人也可在智圓身上感覺到相近的氣質。

二、智圓的《中庸》研究

中唐韓愈、李翺等人爲建立儒家的心性之學以對抗佛法，於是大談人之性情。如韓愈言性、情各有上、中、下三品，其中性有仁、禮、信、義、智，情則有喜、怒、哀、懼、愛、惡、欲。〔註 100〕李翺承襲韓愈的性情論，並言及韓說未盡之處。他的《復性書》融合《中庸》的「性自誠明」與佛家的心性說，以下一段文字約可見其要旨：

> 聖人知人之性皆善，可以循之不息，而至於聖也。故制禮以節之，作樂以和之。安於和樂，樂之本也；動而中禮；禮之本也。……所以教人忘嗜欲而規性命之道也。道者，至誠也。誠而不息則虛，虛而不息

〔註 98〕釋智圓，〈法濟院結界記〉，《閑居編》，卷 13，頁 93。

〔註 99〕錢穆，《宋明理學概述》，頁 21。

〔註 100〕韓愈，〈原性〉，韓愈撰，馬其昶校注，《韓昌黎文集校注》，卷 1，頁 20。

則明，明而不息則照天地而無遺。非他也，此盡性命之道也。〔註 101〕

李翺將《中庸》提升至空前的地位，為後世轉向內心世界開啓了重要的契機。然而，《復性書》終究仍免除不了佛家之言，例如李翺說：「情者，性之邪也。知其為邪，邪本無有，心寂不動，邪思自息。惟性明照，邪何所生又？」又言：「無不知也，無弗為也。其心寂然，光照天地，是誠之明也。」〔註 102〕其說幾近佛家的禪定之法，是以朱熹評李翺「只是從佛中來。」〔註 103〕

然而，《中庸》縱使如眾所皆知受到宋儒極大的重視，但在胡瑗的《中庸義》以及范仲淹勸導後學研讀《中庸》之前，幾乎仍只是被視為《禮記》的其中一篇。〔註 104〕反之，智圓卻先於宋儒自《中庸》詮釋他的「中道」理論。

智圓《閑居編》卷 19 有〈中庸子傳〉。由智圓在該文的自序，可再次說明他並不刻意強求儒釋融合，毋寧說儒釋「共為表裏」，因為「儒者飾身之教，故謂之外典也；釋者修心之教，故謂之內典也。」〔註 105〕儘管如此，智圓仍試圖藉由《中庸》以尋找儒釋二學的共通之處。最後他找到龍樹的《中論》，一部可以對照《中庸》的佛典。

智圓既自號「中庸子」，也常為佛門中人質疑。有人向他指稱佛家從未談中庸之道，他卻回答：「中庸者，龍樹所謂中道義也。」接著他又說明所謂的中道義，是「諸法云云，一心所變。心無狀也，法豈有哉。亡之彌存，性本具也；存之彌亡，體非有也。非亡非存，中義著也。」〔註 106〕於是他開始將龍樹的《中論》與《中庸》裡頭的概念進行類比。

《中論》所揭示的是大乘佛教觀察一切現象的方法論，主張不偏執於有或無。龍樹在開頭的一首偈說明《中論》的核心思想：「不生亦不滅，不常亦不斷，不一亦不異，不來亦不出。能說是因緣，善滅諸戲論，我稽首禮佛，諸說中第一。」〔註 107〕關於對萬物的觀察，佛家本云：「若有色、無色、有形、

〔註 101〕李翺，〈復性書上〉，《李文公集》，卷 2，收入於《景印文淵閣四庫全書》第 1078 冊，頁 107。

〔註 102〕李翺，〈復性書中〉，《李文公集》，卷 2，頁 108～109。

〔註 103〕朱熹，〈戰國漢唐諸子〉，黎靖德編，《朱子語類》，卷 137，頁 3276。

〔註 104〕范仲淹曾勸「少喜談兵」的張載「儒者自有名教可樂，何事於兵？」並建議他讀《中庸》，事見脫脫，〈張載傳〉，《宋史》，卷 427，頁 12723。

〔註 105〕釋智圓，〈中庸子傳上〉，《閑居編》，卷 19，頁 110。

〔註 106〕釋智圓，〈中庸子傳上〉，《閑居編》，卷 19，頁 110。

〔註 107〕龍樹，鳩摩羅什譯，《中論》，卷 1，收入於《大正新修大藏經》第 30 冊，頁 1。

無形、有漏、無漏、有爲、無爲等諸法相，入於法性，一切皆空，無相無緣。」〔註 108〕但所謂的色、形、漏、爲等仍是存在於世間的「實相」，爲免被誤解佛法將萬物皆視爲虛無，《中論》主張「爲引導眾生故，以假名說，離有無二邊，故名爲中道。」〔註 109〕佛家向眾生說法即當離有離無，「若諸法中少決定有者，佛不應破有無；若破有，則人謂爲無。」〔註 110〕此「非有非無」之說排除了二元化的極端，而成爲《中論》的中心思想。

中道義的精髓在於不受制於「無」或「有」兩個極端，是以智圓說：「非亡非存，中義著也。」這種不偏向二端，謹守中道的精神，相近於孔子的「過猶不及」之意。〔註 111〕智圓以「中庸子」自居，自然力行中庸之道。因此，他曾經針對記鈔經文的問題，指出過去常有「失於煩」或「失於略」的情形。此二者都會使讀經的後學無法眞正理解經文。因此智圓希望「去斯二者，得乎中庸爲難能也。」〔註 112〕

以此理解智圓的中庸思想，那麼當我們回到智圓同山家派的論爭中，山外主張一切觀心，卻遭到山家的問難。智圓說：「既了一切唯心，實無待對。唯心尚泯，內外豈存？」〔註 113〕換言之，他認爲由於「心具」與「色具」之爭反而存在內與外的兩端。只有一切唯心，就會消融內外的偏見。由此可見，智圓將中庸的思維帶入了他對「心具」的詮釋。〔註 114〕

實際上佛家與儒家對於中道的詮釋是存在於完全不同的語境。龍樹和智圓的中道是來自於「空」，當存在著「有」和「無」、「心」與「色」的對立，智圓認爲需要藉由中道予以消除。再者，既然以「空」爲出發，以天台義學來看，自然也不存在客觀的事實。這就與入世的儒家思想完全不同。但智圓試圖借用《中庸》的觀念，豐富了中道義的意涵。〔註 115〕《中庸》是智圓建立「內學」的依據，他如此抬高《中庸》的地位，甚至高於儒家其他經典，

〔註 108〕龍樹，鳩摩羅什譯，《中論》，卷 1，頁 3。
〔註 109〕龍樹，鳩摩羅什譯，《中論》，卷 4，頁 33。
〔註 110〕龍樹，鳩摩羅什譯，《中論》，卷 3，頁 20。
〔註 111〕《論語・先進》：「子貢問：『師與商也孰賢？』子曰：『師也過，商也不及。』曰：『然則，師愈與？』子曰：『過猶不及。』」見朱子，《論語集註》，卷 6，頁 503～504。
〔註 112〕釋智圓，〈盂蘭盆經疏摭華鈔序〉，《閑居編》，卷 5，頁 72。
〔註 113〕釋智圓，《金剛錍顯性錄》，卷 1，收入於《卍新纂續藏經》，第 56 冊，頁 523。
〔註 114〕參見賴永海，《湛然》，頁 156～168；吳忠偉，〈智圓佛學思想研究〉，頁 30～36。
〔註 115〕漆俠，《宋學的發展與演變》，頁 153。

不僅在佛門中實為罕見，也有別於同時代注重《六經》之學的士大夫。〔註 116〕

三、智圓對古文的見解

由〈送庶幾序〉一文可知智圓十分關注中唐以後的古文發展。在理論上他也接受了韓愈「文以載道」的主張。因此，他論文章寫作應當「宗古道而立言，言必明乎古道也。」道自然是指儒家的聖賢之道，與佛家甚無關聯。智圓對於古文的看法完全是從儒家的立場出發。同時，他也見到古文在宋初產生的一大弊端。

智圓說：「古文之作，誠盡此矣，非止澀其文字，難其句讀，然後為古文也。果以澀其文字、難其句讀為古文者，則老莊楊墨異端之書亦何嘗聲律耦對邪？」此言所指涉的正是宋初古文的流弊。

本章第二節曾敘及柳開一派的古文家因為文風流於艱澀怪僻，並不被王禹偁等人所接受。柳開與其文章在宋初雖然不位於主流地位，但他仍受當代學者敬重，學子也盼得其美言。李迪（971～1047）曾經跟隨宋初另一位古文家种放（？～1015）學文，將到京師參加省試之前，种放便要李迪攜推薦書以及文卷訪見柳開。〔註 117〕柳開為宋初倡導古文的第一人也被宋儒所承認，故邵伯溫（1056～1134）言「本朝古文，柳開仲塗、穆修伯長首為之唱，尹洙師魯兄弟繼其後。」〔註 118〕因此，柳開的古文觀多少也影響到同時代的學者，尤其他崇尚揚雄《太玄》，使得當時古文有仿《太玄》晦澀深僻的情形。〔註 119〕

智圓反對古文流於晦澀難讀的主張與王禹偁相近。王禹偁在閱讀張扶的行卷之後，便評論他學揚雄《太玄》之文並不是學習古文的正確途徑。他說張扶要舉進士，卻以「文比《太玄》，僕未之聞也。」又說張扶之文「語皆迂而艱也，義皆昧而奧也。」〔註 120〕王禹偁對張扶之文的批評，和智圓論古文「非止澀其文字，難其句讀」有著相同的旨趣。

智圓對於文章之道的看法和古文家不謀而合。不管是關於古文或詩歌，

〔註 116〕錢穆曾論：「自唐李翱以來，宋人尊《中庸》，似無先於智圓者。」在宋儒開始以四書建立起內聖之學以前，智圓已先一步自《中庸》踏進此一領域。見錢穆，〈讀智圓閑居編〉，《中國學術思想史》第 5 冊，頁 30。

〔註 117〕邵伯溫，《聞見錄》，卷 7，頁 149。

〔註 118〕邵伯溫，《聞見錄》，卷 15，頁 218。

〔註 119〕副島一郎，〈宋初古文和文風〉，頁 152～153。

〔註 120〕王禹偁，〈又答張扶書〉，《小畜集》，卷 18，頁 176。

他和古文家的都站在復古的路線上。〔註 121〕因此，在儒家復興全面發展以前，智圓在古文這塊領域已經同士大夫相應和。

最後，值得注意的一點是，智圓有迥異於其他也對儒家友善的僧人之處，即他對韓愈的接受度。他對韓愈的闢佛表示理解，「浮圖之教果如洪水之爲害也，而韓愈空言排斥且未聞掩其教，絕其嗣也。……韓愈〈諫佛骨〉忤主而斥逐遐荒，何能杜其源遏其流，以拯民之急耶？」〔註 122〕韓愈闢佛的努力終究是以失敗收場。但智圓依舊不吝於給予韓愈讚美，稱他「口誦六籍之文。心味五常之道。乃仲尼之徒也。」他甚至鼓勵沙門應當向韓愈學習，以知忠孝禮義之道。〔註 123〕智圓毫不掩飾自己對韓愈的認同與讚賞，其言論在當時的僧界中可說是相當罕見的。與智圓完全相反，在下一章當中，我們將見到契嵩如何力斥韓愈，甚至認爲韓愈有違眞正的聖賢之道。

第六節　小　結

宋初古文家與部分的經學家紹承中晚唐士大夫追尋「古道」的理想，而持續進行學術上的革新。韓愈的文學主張和排佛思想影響著宋初士人，柳開是其中一位代表。然而，儒家陣營並未一面倒地排斥佛教。以王禹偁爲代表的古文家崇尚簡近的文體，而與柳開等人所造成的怪僻深澀的風格有所區別。這些古文家對於佛教的態度不一，但多半注意到佛教在社會上的設施反而產生經濟民生方面的弊害。此外，作爲宋初具有影響力的文學集團，西崑派則相當親近佛教，幾位中心人物也擔任過譯經院的潤文官，而楊億、晁迥等成員也多能博綜儒釋二學。

宋初經學呈現過渡期的色彩。儘管官方注疏仍是多數學者堅持的標準本，但爲了振興王道之治的理想，以及基於唐末五代武人政治的歷史經驗，中唐新《春秋》學派的經學思想也影響到宋儒，這點在孫復的身上可得到映證。此外，胡瑗與范仲淹也多留意經書的治道功能，且同時要求弟子修身正心，許多後學頗受其影響。《易》也是當時學者研究甚篤的另一部經典，並萌生新的研究取向，進而成爲經學家主張尊君與明人倫的理論基礎。

〔註 121〕魏鴻雁，〈宋初僧人對北宋文學革新的認識與回應——以釋智圓和釋契嵩爲中心的考察〉，頁 69～70。

〔註 122〕釋智圓，〈駁嗣禹說〉，《閑居編》，卷 28，頁 135。

〔註 123〕釋智圓，〈師韓議〉，《閑居編》，卷 28，頁 136。

在宋初的佛教界，智圓主張尊《中庸》、學韓文是顯得相當獨特的，如北宋吳處厚曾指出：「近世釋子多務吟詠，唯國初贊寧獨以著書立言尊崇儒術爲佛事。」〔註 124〕可知在智圓之前，贊寧以沙門的身份尊崇儒術即爲少數的個案；也正因爲對儒學有所認識，贊寧才會寫出〈駁董仲舒繁露〉、〈難王充論衡〉、〈非史通〉等駁論漢唐儒學的文章。至於智圓則進一步從經學與文學的角度理解當代儒學的發展，並且熱切研究《中庸》，儘管也是爲解釋天台山外派的「心具」說。

智圓也與宋初的經學家有著相同的看法：實現王道是研究五經的目的之一。因此他指出孔子「約魯史而修《春秋》，以賞罰貶諸侯討大夫，以正其王道者也。」他主張古文應當「言必明乎古道」更與唐宋古文家立場一致。他還看到了因爲過於講究古文的形式，而偏向晦澀難讀的文風。總括而言，雖然智圓身爲一介沙門，但我們能在他身上見到唐宋之際儒學變化的縮影。

〔註 124〕吳處厚，《青箱雜記》，卷 6，頁 61。

第四章　北宋前期的排佛論與契嵩

第一節　前　言

上一章已陳述天台僧智圓與當時儒學的關係。智圓接受《中庸》，並以此喻佛教的中道。他也對當時的古文進行評論，並贊同自韓愈以降「文以載道」的寫作精神。儘管面對部分士大夫對佛教挑戰，智圓並沒有積極地對抗排佛的言論。當然，智圓沒有採取反排佛的行動，或許也因爲當時士大夫並未凝聚出闢佛的共識有關。如上章所提及的，與智圓同時代的文人有如楊億、劉筠等西崑派作家出入佛法禪學，即使是秉持彰顯聖人之道的古文家，對佛教的態度也各不相同。

然而，接近十一世紀中葉，政治改革派的士大夫抬頭，他們希望以具體的政治措施實現重建人文秩序的理想。觀范仲淹的〈答手詔條陳十事〉，可以見其希望落實聖人教化萬民的理想。例如主張「精貢舉」，藉改善選人之制，使學子「知聖人治身之道，則國家得人，百姓受賜。」又談及「厚農桑」的基本精神即爲「聖人之德，惟在善政；善政之要，惟在養民；養民之政，必先務農。」范仲淹的十項改革政策正是重建人文秩序的具體方法。〔註1〕

由於佛教的影響已根深蒂固，一方面政府時而耗費國用以造佛寺，一方面底層人民也皈依佛教而是致使勞動人口減少。因此，儒家陣營不得不將佛教視爲重建人文秩序的阻礙。歐陽修、李覯等人皆著文以申明佛教的弊害。

〔註1〕范仲淹，〈答手詔條陳十事〉，《范文正公政府奏議》，卷上，收入於《范仲淹全集》（南京：鳳凰出版社，2004年），頁473～486。

本章第三節將論及此一主題。

面對排佛人士的挑戰，和智圓同樣遍讀三教經典的雲門禪僧契嵩，挺身護法以對抗排佛聲浪。習讀內外之典的契嵩以自身對儒家中庸和禮義的理解，會通禪宗與華嚴的心性論，提出佛教以及百家亦有聖人的看法。此一主題將在第四節得以詳述。

無論是儒家士大夫的闢佛，或契嵩的護法，皆自慶曆後的儒學復興而起，因此以下從經學的角度論述儒學復興的展開。

第二節　排佛論的學理基礎：慶曆後的經學復興

慶曆（1041～1048）年間，一群有志改革的人士主導宋朝的政局。由於對西夏用兵不利，慶曆三年（1043）宋仁宗罷保守派的呂夷簡（979～1044），任范仲淹爲參知政事，富弼（1004～1082）、韓琦（1008～1075）爲樞密副使。儘管慶曆新政爲時一年便告終，但以范、富、韓三人爲首的新一代士人成爲儒家陣營在政壇上的首腦；在學術界最具影響的人物則是歐陽修，他對於宋代詩文風格的轉變扮演重要的角色。歐陽修成爲古文運動的領袖是自北宋中期以後就形成的共識。

儒學復興在許多方面同步發展，本節以經學爲例，敘述儒學復興的其中一種實態。筆者在上一章曾論述宋初經學家基於經世致用與尊王攘夷的理想，引發對《易》、《春秋》等經典的興趣。胡瑗的《周易口義》、《洪範口義》與孫復的《春秋尊王發微》皆是其中的代表著作。他們對漢唐傳注抱持著懷疑的態度，並試圖以自己的想法對所謂的「聖人之意」重新詮釋，如范仲淹在《易義》中即體現出這樣的特色。王洙（997～1057）便曾經如此評論當時治經的風氣：「學者解經，或有改字就義者，非先儒闕疑之旨，往往自取義。」〔註2〕

范仲淹與宋初三先生等碩儒都在仁宗朝持續著提攜或教導後輩的工作，如胡瑗在嘉祐初年（1056）「擢太子中允、天章閣侍講，仍治太學。既而疾不能朝，以太常博士致仕，歸老於家。」〔註3〕他們治學的精神與經世的理想爲下一個世代的儒生所繼承。

儘管宋初已有疑經的情況，然而直到慶曆以後，宋儒才大開疑經和改經

〔註2〕王欽臣，《王氏談錄》，收入於《全宋筆記第一編之十》，頁177。
〔註3〕脫脫，〈胡瑗傳〉，《宋史》，卷432，頁12387。

的風氣，治經不再墨守注疏。〔註4〕這些學者當中，歐陽修針對《詩》、《易》、《春秋》，李覯針對《周禮》與《易》，完全拋棄舊說，直接以己意探求聖人的意旨；劉敞則更全面地批評《書》、《毛詩》、《周禮》、《儀禮》、《禮記》、《公羊春秋》和《論語》等七部經書。

一、歐陽修質疑經傳

歐陽修在經學的研究成果，展現出北宋儒學復興運動最具創造性的一面，也說明何以他能成爲北宋中期以前代表人物。正如劉子健所指出的，「歐陽修破除章句注疏的束縛，大膽主張從經文本身尋求經旨大義。」〔註5〕歐陽修疑經的治學精神，加上他在宋儒之間的影響力，即使他的經學著作不如劉敞眾多，但他在宋代經學史的重要性不下於後者。

關於歐陽修治經的特色大致可歸納爲有三點，第一點是他認爲研讀經典，無須過於遷就前輩學者的傳注與觀點，最重要的是以自己的想法探求古代聖賢的本意，而能提出新的見解。歐陽修指出後世學者過於鑽研章句之學問，卻失去聖人的意旨。在一封給友人的書信中，他感嘆：「世無孔子久矣，《六經》之旨失其傳，其有不可而正者，自非孔子復出，無以得其眞也。」〔註6〕他認爲過去經學研究者並未體悟到《六經》的意旨。因此，他認爲跳脫傳統的傳注，以己意解經，才能夠把握住《六經》中的聖人之意。

他對於這種無師自通的解經方式頗有自信，說道：「若余者可謂不自量力矣，邈然遠出諸儒之後，而學無師授之傳，其勇於敢爲而決於不疑者，以聖人之經尚在，可以質也。」〔註7〕歐陽修所以能完全不受傳注的束縛，可能與他並非出身於儒門世家的背景有關。他自言：「如脩之愚，少無師傳，而學出

〔註4〕南宋以後許多學者即認爲宋儒不守章句注疏，以己意創造經旨的風氣使於慶曆以後。見吳曾，《能改齋漫錄》（臺北：木鐸出版社，1982年），卷2，頁28；王應麟，翁元圻注，《翁注困學紀聞》，卷8，頁40；葉國良，《宋人疑經改經考》，頁139～146。

〔註5〕劉子健，《歐陽修的治學與從政》（臺北：新文豐，1984年），頁3。另外，劉子健也指出儒學復興運動在政治改革的作爲，使得新經學得以藉由科舉與學校制度而發揮影響力。歐陽修在這過程當中扮演重要的角色。見 James T.C. Liu, Ou-yang Hsiu: An Eleventh-Century Neo-Confucianist.（Stanford: Stanford University Press, 1967）, pp.85-99.

〔註6〕歐陽修，〈答宋咸書〉，《歐陽修全集》，卷47，頁666。

〔註7〕歐陽修，〈易童子問〉，卷3，《歐陽修全集》，卷78，頁1119。

己見。」〔註 8〕可知歐陽修治經不受舊學之累，是以每當研究經義能得出新見解。尤其歐陽修對於《詩》的創見影響了宋代《詩》學，「自唐以來，說《詩》者莫敢議毛、鄭，雖老師、宿儒，亦謹守小序。至宋而新義日增舊說俱廢。推原所始，實發於修。」〔註 9〕歐陽修對毛、鄭的詩學提出質疑，指出其不合理的謬誤，是宋代經學的一大突破。〔註 10〕

歐陽修不僅認爲傳注有違聖人之意，有時也懷疑經典本身的眞實性。例如，站在史學的角度上，歐陽修認爲《周禮》所記載的官制過於繁複，不可能出現於周代。〔註 11〕在他之後，宋儒也相繼對《周禮》提出質疑。到了南宋，葉適對於《周禮》的考證，即來自歐陽修的觀點。〔註 12〕

《中庸》則是另一部同樣受到歐陽修質疑的經典。對於這部衍生出儒家心性論的著作，歐陽修批評甚力。他的看法是，《中庸》既出於子思之手，儘管子思是孔子的後人，但其說「有異乎聖人者」。更重要的是，他說孔子主張必須學然後知，但《中庸》卻宣稱「自誠而明，不學而知之」，違背聖人之意。因此，他說：「若《中庸》之誠明不可及，則怠人而中止，無用之空言也。」〔註 13〕在《中庸》逐漸受到宋儒重視的時代潮流中，歐陽修對該書的質疑是比較少見。正由於歐陽修排斥「道德性命」，也使得理學家對他的評價不如同時代的宋儒。〔註 14〕

對於經傳的普遍懷疑是歐陽修治經的基本態度。他曾經感嘆「學者知守經以篤信，而不知僞說之亂經也。」所以當他以新解罷黜舊說，那些承襲傳注已久的學者皆爲之駭然。〔註 15〕歐陽修談及此事時不免略帶自負之意，但

〔註 8〕歐陽修，〈回丁判官書〉，《歐陽修全集》，卷 58，頁 993。

〔註 9〕永瑢，《四庫全書總目提要・經部・詩類一》，卷 15，頁 297。

〔註 10〕歐陽修認爲，作爲《詩》學權威的「毛、鄭二學，其說熾辭辯固已廣博，然不合于經者亦不爲少，或失於疏略，或失於謬妄。」見歐陽修，〈詩解統序〉，《歐陽修全集》，卷 61，頁 884。

〔註 11〕歐陽修，〈問進士策三首之一〉，《歐陽修全集》，卷 48，頁 673～674。

〔註 12〕據葉國良的統計，質疑《周禮》部分或全部並非周公所作者，可考得三十一人。有人認爲是劉向、歆父子所作，亦有人只確認並非是周公的著作。見葉國良，《宋人疑經改經考》，頁 97～107。

〔註 13〕歐陽修，〈問進士策三首之三〉，《歐陽修全集》，卷 48，頁 675～676。

〔註 14〕余英時，《朱熹的歷史世界》（臺北：允晨文化，2003 年），頁 72。不僅理學家，北宋中期已有比歐陽修晚生一個世代的士人，認爲他將因不言性命而遭後世非議。見王得臣，《麈史》，卷中，頁 38。

〔註 15〕歐陽修，〈廖氏文集序〉，《歐陽修全集》，卷 43，頁 615。

可以想見在此之前即使胡瑗、范仲淹、孫復等學者已新創經旨，但疑經的風氣尚未完全形成。與宋初的古文家相同，歐陽修也追尋古代聖賢的「道」，只不過他在經學上建立起新的方法論。換言之，爲了尋求聖人的本意，歐陽修主張任何不是經由聖人所著述的典籍，都應該接受懷疑與批判。這就是爲何他會捨棄漢唐注疏，以自己的想法重新詮釋經典的原因。

歐陽修治經的第二點特色，則與他在散文上因尹洙的影響而提倡的「簡古」一致。他希望闡述聖人意旨的經文，必須是簡易且清晰的。在回應徐無黨的書信中，歐陽修說：「凡今治經者，莫不患聖人之意不明，而爲諸儒以自出之說汨之也。今於經外又自爲說，則是患沙渾水而投土益之也，不若沙土盡去，則水清而明矣。」〔註 16〕歐陽修認爲，治經者若不以簡明的文字將經義闡述出來，後學則無法實踐聖人之道。舉例而言，歐陽修稱《繫辭》爲非聖之作。〔註 17〕他所以如此認爲，是因爲其文可說是「繁衍叢脞之言」。反之，「孔子之文章，《易》、《春秋》是已，其言簡，其義愈深。」《繫辭》非孔子所作，無法達到經過孔子之手的《易》和《春秋》那般「言簡義深」。另一反例則是《中庸》。歐陽修質疑《中庸》的說法，不贊成人之道光是一味自求心性誠明即可達致的，這樣的經義不但失之明確且容易流於空談。同樣的問題也發生在《春秋》三傳，歐陽修評論《春秋》與三傳的差異：「經簡而直，傳新而奇，簡直無悅耳之言，而新奇多可喜之論，是以學者樂聞而易惑也。」〔註 18〕歐陽修認爲春秋三傳少了《春秋》簡易的原則，卻多了新奇的見解，使得後學反而更感困惑。因此，他認爲在解釋經義的方法上，必須要推廣「簡易」的原則。歐陽修治經的這點原則，也影響到其他的宋儒。〔註 19〕

歐陽修治經的第三點特色則是認爲經義必本於「人情」。他在〈縱囚論〉中的一段話可表明其想法：「不可爲常者，其聖人之法乎？是以堯、舜、三王之治，必本於人情，不立異以爲高，不逆情以干譽。」〔註 20〕此言之意，一者爲聖人之道必爲常法，二者爲聖人之道必不逆於「人情」。同樣地，如果闡述聖人之道

〔註 16〕歐陽修，〈答徐無黨第一書〉，《歐陽修全集》，卷 70，頁 1011。

〔註 17〕「童子問曰：『繫辭非聖人之作乎？』曰：『何獨《繫辭》焉？《文言》、《說卦》而下，皆非聖人之作，而眾說淆亂。亦非一人之言也。……』」歐陽修，《易童子問》，卷 3，頁 1119。

〔註 18〕歐陽修，〈春秋論上〉，《歐陽修全集》，卷 18，頁 306。

〔註 19〕曾建林，〈宋代經學的轉型與歐陽脩經學的特點〉，收入《浙江大學學報》（人文社會科學版）第 32 卷第 2 期（杭州，2002 年 3 月，頁 158。

〔註 20〕歐陽修，〈縱囚論〉，《歐陽修全集》，卷 17，頁 289。

的經文違這兩個原則，就應該懷疑經書的正當性，或者是傳注可能對經文本身有所誤解。歐陽修爲孔子著作的《春秋》的原則，就是「本於人情」。「孔子何爲而修《春秋》？正名以定分，求情而責實，別是非，明善惡，此《春秋》之所以作也。」〔註 21〕經文既需有簡易的原則，那就意謂著必定合乎人情。倘若爲違逆人情，人們自然也無法實踐。以歐陽修的想法而言，唐宋古文家所探求的「道」不是存在於天地自然的循環中，而是眞實呈現在人情事理當中。

二、李覯講究經世致用

李覯是一位對政治社會改革提出許多建設性想法的學者。他並不空談性命之理，而認爲禮才是主導「性」之所向的原則。〔註 22〕與歐陽修的看法相近，李覯也主張從經典推敲人事的常理，以求經世致用的功效。他以過去治《易》的學者爲例，指出：「聖人作《易》，本以教人，而世之鄙儒，忽其常道，竟習異端。」〔註 23〕李覯的批評比之歐陽修又更直言不諱了，但這段話也表明他完全捨棄舊說，因爲過去的傳注忽略了《易》所要闡明的「常道」。

《禮》是李覯最注重的經典，原因正如他在〈禮論〉所說的：「夫《禮》，人道之準，世教之主也。聖人之所以治天下國家，修身正心，無他，一於禮而已矣。」〔註 24〕《禮》的治道功能正是他所重視的部分。他通讀《禮》之後，提出其中的七項原則：樂、政、刑，爲「禮之三支」；仁、義、智、信，爲「禮之四名」。〔註 25〕傳統儒家將仁、義、禮、智、信並列爲人之五常，李覯將「禮」獨立出來，主要是強調「禮」有化性爲仁、義、智、信的功用。李覯將「禮」的範圍包攝樂、政、刑以及仁、義、智、信等概念，將「禮」的地位抬高至建立人間秩序的最高法則。因此，他的重禮思想被認爲是延續

〔註 21〕歐陽修，〈春秋論中〉，《歐陽修全集》，卷 18，頁 307。

〔註 22〕李覯並非避談「性」，而是持荀子對性的看法。他說：「聖人率仁、義、智、信，會而爲禮，禮成而後仁、義、智、信可見矣。仁、義、智、信者，聖人之性也。禮者，聖人之法制也。性畜於內，法行於外，雖有其性，不以爲法，則曖昧而不章。」此說與荀子所謂「聖王以人之性惡，……是以爲之起禮義，制法度，以矯飾人之情性而正之，以擾化人之情性而導之也。」的說法相近。見李覯，〈禮論第四〉，《李覯集》，卷 2，頁 11；荀子，〈性惡〉，王先謙，《荀子集解》（北京，中華書局，1988 年），卷 17，頁 435。

〔註 23〕李覯，〈易論第一〉，《李覯集》，卷 3，頁 27。

〔註 24〕李覯，〈禮論第一〉，《李覯集》，卷 2，頁 5。

〔註 25〕李覯，〈禮論第一〉，《李覯集》，卷 2，頁 7。

《荀子》的概念。〔註 26〕

李覯將他從《禮》得出的心得，寫成五十一篇的〈周禮致太平論〉，另有〈富國〉、〈強兵〉、〈安民〉等各十首，以及〈平土書〉，皆是富國養民的政治學說。〔註 27〕基於佛老之說盛行於世，李覯與歐陽修同樣對此感到憂心忡忡，他向國家提出以《周禮》爲基礎的治國方策，不外乎希望宋朝能往禮教國家的理想邁進。基於經世濟民的理想，他與歐陽修相同，對於佛教擾民的現象感到憂心。然而，在合乎儒家仁義原則的情況下，他也會對佛教徒展現寬容的態度。在爲一位受士大夫敬重的僧人可栖所撰寫的〈撫州菜園院記〉，李覯如此評論當時的佛教和可栖：

> 浮屠人盡心於塔廟，固其職耳。能不以禍福誘脅，殫吾民之力者，蓋未之見。今栖以醫書售其得財，乃自奉其法而不掠餘人，且厚其弟以安乎母，不離吾孝友之道，言乎其黨，抑可尚已。〔註 28〕

相對於希望佛徒能夠安份於社會秩序，李覯不以道德性命向佛教對抗。他並不是不知道這部份可以在儒家經典中獲得解答。他曾舉出《系辭》、《樂記》、《中庸》等書也有闡述性命旨趣的文字。〔註 29〕然而，對李覯而言最重要的是，儒家陣營唯有推行禮、樂、刑、政的王政之道，才能成就以儒家爲本位的國家。

李覯也將議題觸及至「義利」之辨，認爲過去儒者將「義」無限上綱，卻避「利」唯恐不及。基於此一立場，他不贊成孟子反對「利」的傾向，並且說：「焉有仁義而不利者乎？」〔註 30〕李覯認爲霸道亦有可取之處，而並非一定劣於王道。由於以上的觀點，加之他提出許多建設性的富民之論，因而被認爲是宋代功利學派的先驅者之一。〔註 31〕他與歐陽修同樣是大膽挑戰就

〔註 26〕見謝善元，《李覯之生平及思想》（北京：中華書局，1988 年），頁 116～120；夏長樸，〈李覯的重禮思想及其與荀子的關係〉，《臺大中文學報》第 2 期（臺北，1988 年 11 月），頁 265～282。

〔註 27〕謝善元推測李覯可能於慶曆元年（1041）寫完〈富國〉、〈強兵〉、〈安民〉等策論。此外，李覯自己也表明在慶曆三年（1043）便已撰成〈周禮致太平論〉。見謝善元，《李覯之生平及思想》，頁 69～70、72。

〔註 28〕李覯，〈撫州菜園院記〉，《李覯集》，卷 24，頁 266。

〔註 29〕李覯，〈邵武軍學置莊田記〉，《李覯集》，卷 23，頁 252。

〔註 30〕李覯，〈原文〉，《李覯集》，卷 29，頁 326。

〔註 31〕參見胡適，〈記李覯的學說〉，《胡適文存二集》，卷 1，收入於歐陽哲生，《胡適文集》第 3 冊（北京：北京大學出版社，1998 年），頁 25～40；蕭公權，《中國政治思想史》（臺北：聯經出版事業公司，1982 年），頁 483～487；漆俠，《宋學的發展與演變》，頁 259～282；謝善元，《李覯之生平及思想》。

說的經學家，駁斥傳統儒家過份空談仁義的缺失，因此感嘆「孔子之言滿天下，孔子之道未嘗行。」〔註 32〕

三、劉敞以己意解經

歐陽修與李覯的治經精神在劉敞的研究成果中則更是發揮到極致。他全面批判儒家經典，在其代表作《七經小傳》之中，不受傳統傳注的拘束，逕自以新意疑經、改經。經學史家對《七經小傳》給予相當高的評價，「在宋代經學發展中成爲一代學風轉變的標誌」。〔註 33〕劉敞的重要性在於他是第一位進行「改經」的宋儒，而其後王安石所作的《三經正義》即被認爲是沿襲劉說。〔註 34〕

《七經小傳》針對《書》、《毛詩》、《周禮》、《儀禮》、《禮記》、《公羊》與《論語》進行評論。劉敞另有《春秋權衡》和《易外傳》等著以剖析《春秋》三傳與《周易》。在這些作品當中，劉敞毫無保留地表現出他對前儒治經成果的不滿。以《春秋》爲例，劉敞批評三傳「其善惡相反，其褒貶相戾，則是何也？非以其無準，失輕重耶。」三傳善惡褒貶的標準不一，會致使後人解讀《春秋》時產生誤解。他又抨擊董仲舒（公元前 179～前 104）和劉歆（公元前 50～23）以降的學者「害公議」、「妨大道」，他們的看法也不能作爲議論《春秋》的準則。〔註 35〕對於《詩》，與歐陽修相同，劉敞也對〈詩序〉抱持懷疑的態度，認爲〈詩序〉稱子夏（前 507～？）改變風、雅的說法實爲謬誤而不可信。〔註 36〕此外，劉敞對於文本的訛誤多有指正。例如，他指出《古文尚書》中的〈九共〉，「共」應當「丘」字，蓋古文之「丘」形似「共」而致誤傳。〔註 37〕

〔註 32〕李覯，〈潛書〉，《李覯集》，卷 20，頁 220。

〔註 33〕吳雁南，《中國經學史》，頁 297。

〔註 34〕南宋人吳曾有言：「國史云：『……至劉原父（敞）爲《七經小傳》，始異諸儒之說。王荊公（安石）修經義，蓋本于原父云。』」見吳曾，《能改齋漫錄》（臺北：木鐸，1982 年），卷 2，頁 28。又參見永瑢，《四庫全書總目提要・經部・五經總義類》，卷 33，頁 664～666。

〔註 35〕劉敞，〈春秋權衡序〉，《公是集》（臺北：新文豐，1984 年），卷 34，頁 409～410。

〔註 36〕劉敞，〈毛詩〉，《七經小傳》，卷上，收入於《景印文淵閣四庫全書》第 183 冊，頁 9。

〔註 37〕劉敞，〈尚書〉，《七經小傳》，卷上，頁 4。

對於性的看法，劉敞認爲孟子與荀子二人的說法皆有可議之處。如孟子主性善，言人之性皆可爲堯舜，但劉敞說無論是堯、舜、周公或孔子在世之時，也都各只有一個堯、舜、周公、孔子在世上，人若只是有善性，如何都能成爲堯舜。至於荀子談人性惡，其善者僞，劉的立場即認爲人性必善，因此古人不可能「教人反其性、背其眞而爲道」。是故，劉敞雖主性善，卻也無法贊同孟、荀任何一方對人性的觀點，而揚雄、韓愈等人的看法也被劉敞予以否定。〔註 38〕劉敞根據經典主性善說，以這點而言，就與避談性命之說的歐陽修及以太極五行說比喻人之性情的王安石有顯著的差異。〔註 39〕

劉敞的經學評論乃先立於文本與傳注的眞僞與得失，然後才以己意解讀群經。因此，劉敞是北宋諸儒中最能代表「總論群經」特色的學者，也是著有《六經論》的蘇洵（1009～1066）所不能及。〔註 40〕另一方面，劉敞以己意解經的風格被認爲是下開南宋「臆斷之弊」的主因。〔註 41〕

四、慶曆後的經學諸家

歐陽修對詩經的新解與劉敞的《七經小傳》標誌著宋儒創發新意的時代。在同時期的學者當中，蘇洵、司馬光與王安石等人也各有不同於傳統注疏的解經風格。由於蘇洵的學術特點爲其子蘇軾與蘇轍所繼承，因此以下將蘇氏父子的經學成就一同論述。

三蘇父子治經皆重《易》。蘇洵於〈《六經》論〉中的第一篇〈易論〉說：「聖人之道，得禮而信，得《易》而尊。……故聖人之道所以不廢者，禮爲之明而《易》爲之幽也。」〔註 42〕他在晚年苦心潛研《易》，據蘇轍所言：「先君晚歲讀《易》，玩其爻象，……作《易傳》，未成。疾革，命公（蘇軾）述其志。」〔註 43〕蘇軾除紹述父業，完成《易傳》之外，也有數篇散文談及他對《易》的理解。或許受到歐陽修與李覯的影響，蘇軾治經也認爲不該背離

〔註 38〕劉敞，〈論性〉，《公是集》，卷 46，頁 549。

〔註 39〕錢穆，《宋明理學概述》，頁 17～18。

〔註 40〕吳雁南等，《中國經學史》，頁 296～301。

〔註 41〕永瑢，《四庫全書總目提要・經部・五經總義類》，卷 33，頁 665～666。

〔註 42〕蘇洵，〈易論〉，蘇洵，曾棗莊、金成禮箋注，《嘉祐集箋注》（上海：上海古籍出版社，1993 年），卷 6，頁 142。

〔註 43〕蘇轍，〈亡兄子瞻端明墓誌銘〉，《欒城後集》，卷 22，收入於蘇轍，《蘇轍集》（北京：中華書局，1990 年），頁 1127。

人情。以義、利之辨爲例，他認爲兩者不可截然而分，因此有「利者，義之和也」、「義非利，則慘洌而不和」之語。〔註 44〕《四庫全書總目提要》總結《東坡易傳》在兩宋以後所獲得的評價，仍頗受認可，如朱熹所不取的傳文僅十四條，又說東坡於「物理」亦有獨到之處，而《提要》總評爲：

> 其書如解乾卦象，傳性命之理諸條，誠不免杳冥恍惚，淪於異學。至其他推闡理勢，言簡意明，往往足以達難顯之情，而深得曲譬之旨。蓋大體近於王弼，而弼之說惟暢元風；軾之說，多切人事。其文辭博辨，足資啓發，又烏可一概屏斥耶？〔註 45〕

此段評論也凸顯出蘇軾因善用文字而使卦義得以簡明。因此文人治經雖多有附會之嫌，但也更能透過文學能力使讀者易於理解經旨。

至於蘇轍論《易》，則以《中庸》爲輔，申明陰陽爲道，中和爲性，「性者，道之所寓也。道無所不在，其在人爲性。」〔註 46〕蘇轍將《易》與《中庸》結合，而蘇軾則在《易傳》之中明顯地參雜佛老思想。依朱熹的見解，是因爲蘇軾見其父解經過於麤疏，而以王輔嗣（226～249）的注和佛老之說增補之。但朱熹也指出其實蘇洵探得物理的精妙。〔註 47〕

三蘇治經的另一特點是他們鑑古明今的史才。他們父子寫作不少以經書爲理論基礎的史論，頗受當代學者推重，如歐陽修稱讚蘇洵「大究《六經》、百家之說，以考質古今治亂成敗、聖賢窮達出處之際，得其粹精，涵蓄充溢，抑而不發。」〔註 48〕由於重視歷史的經驗法則，三蘇也對《春秋》用功甚深。蘇洵比較《春秋》與其餘五經的差異，在於它也是一本史書。他說：

> 夫《易》、《禮》、《樂》、《詩》、《書》。言聖人之道與法詳矣，然弗驗之行事。仲尼懼後世以是爲聖人之私言，故因赴告策書以脩《春秋》，旌善而懲惡，此經之道也。猶懼後世以爲己之臆斷，故本《周禮》以爲凡，此經之法也。〔註 49〕

蘇氏父子以蘇轍的《春秋集解》爲最有系統的著作。自新《春秋》學派主張

〔註 44〕蘇軾，〈乾卦・文言〉，《東坡易傳》，卷 1，收入於《景印文淵閣四庫全書》第 9 冊，頁 5。
〔註 45〕永瑢，《四庫全書總目提要・經部・易類一》，卷 2，頁 14～15。
〔註 46〕蘇轍，〈易說〉，《欒城三集》，卷 8，收入於蘇轍，《蘇轍集》，頁 1224。
〔註 47〕朱熹，〈論後世易象〉，黎靖德編，《朱子語類》，卷 67，頁 1675～1676。
〔註 48〕歐陽修，〈故霸州文安縣主簿蘇君墓誌銘〉，《歐陽修全集》，卷 35，頁 513。
〔註 49〕蘇洵，〈史論上〉，《嘉祐集箋注》，卷 9，頁 229。

捨傳求經，北宋孫復跟進，又劉敞所著《春秋意林》等著「多出新意」，而王安石以《三經新義》爲科考的依據，忽略《易》與《春秋》，《春秋》傳注逐漸式微。因此蘇轍反以《左傳》爲本，兼採啖助、趙匡之說，寫成《春秋集解》，得到「雖以臆度解經，然亦得失互見」的評價。〔註 50〕

三蘇長於議論與文采的特點也表現在蘇軾的《東坡書傳》，朱熹認爲該書雖失之簡疏，但「亦有只消如此解者」，並給予「文勢好」、「文義得處較多」等正面的評價。〔註 51〕蘇轍也將文學特長發揮在《詩集傳》當中，該著與歐陽修的《詩本義》都頗受朱熹的好評，唯朱熹認爲歐陽修以當代的文章解《詩》意反而顯出其侷限性，不如蘇轍「疏放」。〔註 52〕蘇轍《詩集傳》的成就使他被認爲與歐陽修同樣是別開新解的先河，以致於「鄭樵、周孚之後，爭端大起。」可見其影響力。〔註 53〕

司馬光在經學上的突破性成就主要在於《孝經》。《古文孝經指解》是將他與范祖禹的學說合編成一部的《孝經》注本。在此之前的《孝經》一直存在著今、古文之爭，直到《古文孝經指解》一出，此後宋代注《孝經》的學者「駁今文而尊古文」，顯見該著的影響力。〔註 54〕司馬光屢向皇帝進呈《古文孝經指解》，其用意無非寄望人主能修心齊家，以爲治國之本。〔註 55〕他主張「君子」當以修心爲要，說道：「君子從學貴於博，求道貴於要。道之要，在治方寸之地而已。」〔註 56〕因此，基於這樣的想法，司馬光也十分留意《大學》、《中庸》，並著有《大學中庸義》。儘管司馬光注重心性之學，但他卻是除李覯之外，另一位駁斥《孟子》的儒家學者。從他所著的《疑孟》觀察，可知司馬光主要是從「尊君」的立場，批判孟子主君權非獨尊的說法，他說「君臣之義，人之大倫也。……豈得云彼（王）有爵，我有德、齒，可慢彼哉？」〔註 57〕他認爲即使臣民的道德、年齒高於君王，亦不得否定後者的尊貴地位，不然則人之大倫將因君臣地位倒置而脫序。另一方面，由於孟子對

〔註 50〕永瑢，《四庫全書總目提要・經部・春秋類一》，卷 26，頁 531。
〔註 51〕朱熹，〈尚書・綱領〉，《朱子語類》，卷 79，頁 1986。
〔註 52〕朱熹，〈解詩〉，《朱子語類》，卷 80，頁 2089。
〔註 53〕永瑢，《四庫全書總目提要・經部・詩類二》，卷 16，頁 314。
〔註 54〕永瑢，《四庫全書總目提要・經部・孝經類》，卷 32，頁 650。
〔註 55〕吳雁南等，《中國經學史》，頁 310～311。
〔註 56〕司馬光，〈中和論〉，《傳家集》，收入於《景印文淵閣四庫全書》第 1094 冊，頁 592。
〔註 57〕司馬光，〈齊宣王問卿〉，《疑孟》，收入於《傳家集》，卷 73，頁 664。

於君臣關係的看法受到王安石的認同，因此學界也出現將司馬光反孟的言論與其反對變法的作爲聯繫起來的說法。〔註 58〕

司馬光也將不少心力用在《易》學上。因此他作《易說》、注《繫辭》；重視揚雄的學說，注《太玄》並仿效該著而作《潛虛》一書。基於儒家的歷史意識，司馬光也深受《春秋》的影響。他編纂《資治通鑑》的目的乃有意效法孔子振綱紀、正名分，並且說：「天子之職莫大於禮，禮莫大於分，分莫大於名。」他特重君臣與萬民的名分，認爲貴賤、親疏有別而不可亂。〔註 59〕對於《春秋》，司馬光抱持絕對尊奉的態度，在經義上並無值得注意的創見，對於三傳的看法比之歐陽修、劉敞等人較之保守。〔註 60〕

身爲熙寧變法的主持者，王安石對於講述國家體制的《周禮》最有心得。王安石《三經新義》中的《周官新義》正是他改革朝政的理論基礎，同時也是唯一由他親手撰述的經注。然而安石此作頗受詆責，他本欲借重《周禮》經義，使其富國之策具有理論基礎，但是他也瞭解《周禮》有不合時宜之處，加之與民爭利的想法無法迎合多數的儒家份子，因此「附會經義，以鉗儒者之口。」〔註 61〕即使如此，因爲王安石以《三經新義》作爲科考的範本，對於兩宋經學的影響實不下於劉敞的《七經小傳》。

王安石所以爲《周禮》等三經訓義，無非也是尋求聖賢之道。以他自己的話來說，即「放其言之文，君子以興焉；循其道之序，聖人以成焉。」〔註 62〕因此，王安石在《三經新義》中仍試圖闡明儒家的「先王之道」，終究與同樣致力於儒學復興運動的士大夫具有相同的抱負，不該因其政治立場質疑《三經新義》的寫作初衷。〔註 63〕同樣地，王安石在晚年寫出充斥佛老之言的《字說》，以致生穿鑿附會之弊，但其用意無非意圖運用釋、道以及其他諸子百家的學說來發揮儒家的義理。〔註 64〕

〔註 58〕周淑萍，《兩宋孟學研究》，頁 176～180。

〔註 59〕司馬光，〈周紀一〉，《資治通鑑》（臺北：藝文印書館，1955 年），卷 1，頁 9～10。

〔註 60〕劉子健，趙冬梅譯，《中國轉向內在——兩宋之際的文化內向》（南京：江蘇人民出版社，2002 年），頁 26。

〔註 61〕永瑢，《四庫全書總目提要・經部・禮類一》，卷 19，頁 366。

〔註 62〕王安石，〈詩義序〉，王安石撰，李之亮箋注，《王荊公全集箋注》（成都：巴蜀書社，2005 年），卷 47，頁 1612。

〔註 63〕參見余英時，《朱熹的歷史世界》，頁 413～415。

〔註 64〕參見鄧廣銘，〈王安石在北宋儒家學派中的地位〉，《鄧廣銘全集》第 8 卷（石

王安石對孟學的尊崇也影響到北宋經學的變化。在他主持新政之下，《孟子》同《論語》被列入科舉考試的「兼經」，《論》、《孟》二書在經學的地位大爲提昇。〔註 65〕王安石在慶曆年間尚是一名年輕學子之時，就已經學習並試圖仿效孟子、韓愈的文章。由於曾鞏（1019～1083）不斷向歐陽修推薦王安石，歐獲讀王文之後相當讚賞，並請曾鞏代爲轉達，勉勵安石不必刻意模仿孟子、韓愈之文，取其自然的意境即可。〔註 66〕在正式踏入政壇後，王安石對孟學便有新解，例如談王霸義利之辨，他總結王道與霸道的異同：

> 夫王、霸之道則異矣，其用至誠，以求其利，而天下與之。故王者之道，雖不求利，而利之所歸。霸者之道，必主於利，然不假王者之事以接先天下，則天下孰與之哉？〔註 67〕

王安石爲了表明在尊王道的前提下，自己那一套追求國家利益的政治理論並非傾向霸道，是以寫作〈王霸〉一文。當時尚在他主持變法改革之前。

總結而言，在北宋的儒學復興運動，宋儒試圖重新詮釋經典，以建構重建人間秩序的理論。吾人可以見到歐陽修、李覯、劉敞、司馬光、王安石等人都各以不同的角度去解讀《六經》與諸子學說，但他們都同樣延續了宋初柳開、王禹偁、胡瑗、孫復等古文家與經學家的理想。如余英時指出，朱熹觀察出北宋儒學的特點不外是「說經」與「推明治道」，而「推明治道」正是他們「說經」的本意。〔註 68〕然而，儒家陣營除了希望藉由儒家經典回歸「先王之道」，他們還需要正視佛教的「威脅」，尤其對於部分士大夫來說，滲入

家莊：河北教育出版社，2005 年），頁 88～97。關於王安石晚年作《字說》一事，《宋史》云：「晚居金陵，又作字說，多穿鑿傅會。其流入於佛、老。一時學者，無敢不傳習，主司純用以取士，士莫得自名一說，先儒傳註，一切廢不用。」此段文字說明由於《字說》風行，以致於當時學風偏廢傳統經注太甚。見脫脫，〈王安石傳〉，《宋史》，卷 327，頁 10550。

〔註 65〕據《宋史》，王安石變法，「罷詩賦、帖經、墨義，士各占治《易》、《詩》、《書》、《周禮》、《禮記》一經，兼《論語》、《孟子》」安石變法失敗後，至元祐四年，「凡詩賦進士，於《易》、《詩》、《書》、《周禮》、《禮記》、《春秋左傳》內聽習一經。初試本經義二道，《語》、《孟》義各一道，次試賦及律詩各一首，次論一首，末試子、史、時務策二道。」即使在元祐黨人主持朝政下，《論語》、《孟子》仍列爲學官。見脫脫，〈選舉志一〉，《宋史》，卷 155，頁 3618～3621。

〔註 66〕曾鞏，〈與王介甫第一書〉，《曾鞏集》（北京：中華書局，1984 年），卷 16，頁 254～255。

〔註 67〕王安石，〈王霸〉，《王荊公全集箋注》，卷 30，頁 1061。

〔註 68〕余英時，《朱熹的歷史世界》，頁 390～421。

民間已數百年的佛教，無疑是使人間秩序崩解的元凶之一。

第三節　儒家士大夫的闢佛

宋初佛、道勢力已深植於民間，部分古文家有鑑於國家優待沙門與道士甚爲優厚，造成國計和民生方面的弊害，或是基於學理上的衝突，因而抨擊、老，在前一章已有相關的論述。

在儒學復興運動展開之後，北宋的闢佛聲浪也隨之壯大。繼孫復、石介之後，幾位碩儒如歐陽修、李覯、曾鞏、劉敞等人，都大力痛斥佛、老帶給國家社會的弊害，尤其因爲佛法也被不少的士大夫所信仰，於是佛教成爲反佛、老人士的主要目標。

北宋前期的儒家士大夫與其從學理的角度直接批判佛教，反而較集中於社會民生的主題。歐陽修在〈原弊〉一文檢討傷害國家根本的三大弊害，其中一項是「誘民之弊」。依歐陽修的看法，原本古代年輕壯健的人民平時即在農田耕作，到農閒時才習練兵戰；但在宋代，年輕人大都投入「禁兵」或「廂兵」，享用國家提供的糧資，或者入寺出家，致使農忙耕作者幾乎是老弱之民。〔註 69〕因此，歐陽修認爲要排除佛家，並非如韓愈所謂「火其書」、「廬其居」等激烈的手段，而是要使天下之民能修禮義，成爲國家社會之本，自然能去佛。〔註 70〕

如歐陽修所指出，佛教引誘那些貪懶驕惰之民，間接打擊國家最根本的產業，因此有志振興儒學的士大夫對王室獎掖佛教的作法不以爲然。仁宗之師夏竦（985～1051）曾上奏言：「伏願陛下恭典法，錫命司存，省度人之禁，去紫衣之制。庶令驕嫚之民，罕趨浮惰之業。聖朝善政，自可遵行仁義，何必恢崇釋老，而後教化式孚？」〔註 71〕夏竦不僅希望皇帝能抑止佛教壯大，也提出以儒家的仁義之道取代對釋老的信崇。換言之，在儒家士大夫看來，佛、道二教的教義對國家社會無所裨益。

李覯也針對佛教的誘民之弊發揮排佛論。他在《廣潛書》譏諷佛教有「功」，使閒民「飽煖而安肆，是有功於墮也。」再者「美僧飯、大佛屋，謂之懺悔，因施施無復色憂，是有功於惡也。」接著又諷刺寺院「窮山裂石必致之，淫巧

〔註 69〕歐陽修，〈原弊〉，《歐陽修全集》，卷 60，頁 870～871。
〔註 70〕歐陽修，〈本論下〉，《歐陽修全集》，卷 17，頁 292。
〔註 71〕夏竦，〈抑仙釋奏〉，《全宋文》第 9 冊，卷 346，頁 69。

日富焉，是有功於末作且寵奇貨也。」李覯繼續以反諷法總結：「苟去浮屠氏，是使惰者苦，末作窮，奇貨賤。是天下不可一日而無浮屠也。」〔註 72〕游惰之民在宋代大量出現的原因，往往都被儒家陣營歸諸佛教上。

然而「驕嫚」、「游惰」的人民也不是直到十一世紀才大量出現。早在太宗朝（976～997），皇帝就曾經因爲「東南之俗，游惰不職者，跨村連邑，去而爲僧」，導致當時「一人耕，十人食」，於是要求有司嚴格施行度僧制度。〔註 73〕從夏竦、歐陽修之文所示，顯然即使到了眞、仁之朝，「一人耕，十人食」的現象仍未改善，無怪乎諸儒闢佛、老甚疾。

除了站在國計民生的立場排佛，北宋前期士大夫的排佛論也常持有「夷夏之防」的觀點。早在中唐時，韓愈曾經指出佛教本爲「夷狄之一法」，以此捍衛源於中國本土的孔孟儒學。〔註 74〕以「夷夏之別」爲闢佛論點的方法也被宋儒所繼承。先是石介有〈中國論〉，論道：「聞乃有巨人名曰佛，自西來入我中國；有龐眉名曰聃，自胡來入我中國。各以其人易中國之人，以其道易中國之道，以其俗亦中國之俗。」〔註 75〕歐陽修則有「佛爲夷狄，去中國最遠」之語，其後生曾鞏繼續緊咬這點以猛烈抨擊，說：「浮屠崛起西陲荒忽梟亂之地，假漢魏之衰世，基僭迹，文詭辯，奮醜行。」〔註 76〕以學術史的角度來看，他們認爲佛教是在孔、孟之道不行於世的漢魏之際趁虛而入，以其大違儒家人倫五常的學說橫行中國。

反佛人士繼續申論本爲夷狄的佛教對中國「王道」互爲消長的關係。歐陽修追溯至孔子作《春秋》的時空背景，談到當時夷狄君長「皆僭稱王。……王道不明而仁義廢，……及孔子作《春秋》，尊中國而賤夷狄，然後王道復明。」〔註 77〕歐陽修爲宋代盛行的《春秋》學說明了一項根據：如同孔子感受到「夷狄」對周室的威脅，爲復興王道而作《春秋》，宋儒研究《春秋》的目的也如出一轍，只是這個「夷狄」成爲了源於西方的佛教。然而孔子在《春秋》中對於中國與夷狄的觀念並非截然以種族或地域，儒家學者以《春秋》攻擊佛

〔註 72〕李覯，《廣潛書》，《李覯集》，卷 20，頁 222～223。
〔註 73〕曾鞏，〈佛教〉，《曾鞏集》，卷 49，頁 660。
〔註 74〕韓愈，〈論佛骨表〉，《韓昌黎文集校注》，卷 8，頁 612～616。
〔註 75〕石介，〈中國論〉，《徂徠先生集》，卷 5，頁 218。
〔註 76〕歐陽修，〈本論中〉，《歐陽修全集》，卷 17，頁 288；曾鞏，〈說非異〉，《曾鞏集》，卷 51，頁 697。
〔註 77〕歐陽修，〈本論下〉，《歐陽修全集》，卷 17，頁 292。

教，反遭契嵩以彼之道還施彼身，下節將予以詳述。

佛教不但被儒家陣營斥爲夷狄之法，當初晉僧竺法雅爲了向中國教眾解釋佛學所創發的「格義」，也成爲宋儒攻擊佛教的口實。如宋祁（998～1061）在《新唐書》的一篇史贊中批評：

若佛者，特西域一槁人耳。……華人之譎誕者，又攘莊周、列禦寇之說佐其高，層累架騰，直出其表，以無上不可加爲勝，妄相夸脅而倡其風。於是，自天子逮庶人，皆震動而祠奉之。〔註 78〕

雖然宋祁指出是「華人之譎誕者」爲佛學徵引莊、列之說，但顯然此處即是產生於晉朝的格義之法；竺法雅等僧人爲使中土佛徒易於瞭解佛理，而借用道家的老、莊或儒家《易經》的觀念來說明般若之說。朱熹即對於宋祁「捉得他（佛教）正贓」感到欣喜，認爲歐陽修、二程的排佛論反不如宋祁能夠一針見血。〔註 79〕

雖然北宋前期的排佛論集中於社會層面以及夷夏之防，仍不乏學理上的批判，儒家傳統的仁義與人倫秩序是當時士大夫所著重的部分。歐陽修曾向石介勸言：「詆時太過，其論若未深究其源者。」〔註 80〕在〈本論〉中，歐陽修主張排佛應該「修其本以勝之」，而「禮義者，勝佛之本也。今一介之士之禮義者，尙能不爲之屈，使天下皆知禮義，則勝之矣。」〔註 81〕佛教的過失就是在於「棄其父子，絕其夫婦，於人之性甚戾。」〔註 82〕歐陽修、李覯等人都曾引用孟子的「養生送死」之說，強調這是王道之本。〔註 83〕佛教既棄絕倫常，便無法教人「養生送死」，既然無法做到「養生送死」，那麼王道也無法實現。儒家陣營於是從仁義的角度再度回到關於「王道」的討論。

李覯也批評佛家的「仁」根本不是眞正「仁」，他從佛家吃素不殺生的主張去論辯：

浮屠以不殺爲道，水飲而蔬食，舉世稱其仁。

〔註 78〕宋祁、歐陽修，〈李蔚傳〉，《新唐書》，卷 181，頁 5355。
〔註 79〕朱熹，《朱子語類》，卷 126。
〔註 80〕歐陽修，〈與石推官第一書〉，《歐陽修全集》，卷 68，頁 991。
〔註 81〕歐陽修，〈本論中〉，《歐陽修全集》，卷 17，頁 288
〔註 82〕歐陽修，〈本論下〉，《歐陽修全集》，卷 17，頁 291。
〔註 83〕孟子曾說：「養生送死無憾，王道之始也。」又說：「養生者不足以當大事，惟送死可以當大事。」見焦循、焦琥，《孟子正義》（臺北：世界書局，1956 年），卷 1，〈梁惠王上〉頁 33；卷 8，〈離婁下〉，頁 329。

> 夫雞豚狗彘，待人而後生者也。食人之粟，以滋其種類，一日無人，則飢而死。然而天下之民所以不愛其資，豢而畜之者，用於其家故也。神靈之祭，賓客之奉，於是乎取之。今且使民無搖手於其間，則何待而粒之哉？吾見其無遺種矣。抑將不穀其身而務絕其類乎？仁者不爲也。抑將奪人之食以飽無用之禽乎？仁者不爲也。〔註 84〕

李覯從飲食的角度來申論佛教的缺失，爲當時的排佛論擴展了視野。

儘管排佛論隨著儒學復興運動而擴張聲勢，其中還是有部分士人認爲佛教仍有其可取之處。如曾鞏對於佛徒專注而不求速成的行動力感到佩服，他反而檢討學習聖賢之道的儒者，一旦承擔國家大任，行事反而不如佛徒勤勉，因此他對聖賢之道不行於世感到羞愧。〔註 85〕

此外，除了主張闢佛的士大夫，仍有許多儒者趨附佛、老之學。《宋史》一則關於富弼的文字可略作說明：

> 富弼致政于家，爲佛氏之學。大臨與之書曰：「古者三公無職事，惟有德者居之，內則論道于朝，外則主教于鄉。古之大人當是任者，必將以斯道覺斯民，成己以成物，豈以爵位進退、體力盛衰爲之變哉？今大道未明，人趨異學，不入于莊，則入于釋。疑聖人爲未盡善，輕禮義爲不足學，人倫不明，萬物憔悴，此老成大人惻隱存心之時。以道自任，振起壞俗，在公之力，宜無難矣。若夫移精變氣，務求長年，此山谷避世之士獨善其身者之所好，豈世之所以望於公者哉？」弼謝之。〔註 86〕

依呂大臨（1044～1091）所言，當時儒家士大夫在晚年學釋、老並不少見。儘管排佛論在慶曆以後逐漸進入興盛期，但終究無法在儒家內部根除佛、老思想，遑論早已深植於民間的佛教勢力。

在周敦頤（1017～1073）、張載（1020～1077）、邵雍（1011～1077）、程顥（1032～1085）、程頤（1033～1107）等理學先驅之前的宋儒，治學方式可分爲三種，依錢穆的看法即是「一曰政事治道，一曰經史博古，一曰文章子

〔註 84〕李覯，《潛書》，《李覯集》，卷 20，頁 215。

〔註 85〕曾鞏，〈菜園院佛殿記〉，《曾鞏集》，卷 17，頁 280～281。

〔註 86〕脫脫，〈呂大臨傳〉，《宋史》，卷 340，頁 10848～10849。富弼並非在退出政壇之後才開始習佛，熙寧中他便曾致書託在洛陽任官的吳處厚訪求荷澤宗禪師的影像。見吳處厚，《青箱雜記》（北京：中華書局，1985 年），卷 10，頁 111。

集，會諸途而並進，同異趨於一歸。」〔註 87〕北宋前中期的儒者注重所謂的「外王之學」，便從政治社會的秩序來批判佛學。至於以性理或心性之學同佛家的論辯，當時的宋儒除了繼承韓愈的闢佛主張，並無更深入的創見。俟理學家向「內」緣求性理之學，與佛家和禪學對抗，宋代的闢佛行動又轉至不同的趨向。因此錢穆屢次強調宋代學風在理學家出現以後產生明顯的轉變，而之前的北宋諸儒尤通經、史，又擅文章之道，而表現出異於理學家的氣象。〔註 88〕

然而，就在「北宋五子」努力建立起理學之前，禪僧契嵩卻反而先以性理之學針對儒學本身進行批判，獨抗熾盛的排佛浪潮。

第四節　契嵩的三教一致思想與護法

雲門宗禪僧契嵩生卒年與歐陽修相同，生於眞宗景德四年（1007），卒於神宗熙寧五年（1072）。他「七歲而出家，十三得度落髮，明年受具足戒，十九而遊方。」〔註 89〕契嵩是藤州鐔津人，其作品合集為《鐔津文集》，包含了他最主要的思想著作《輔教編》與《非韓》。

契嵩的古文造詣之高，爲當時的儒家士大夫熟知。按契嵩門人懷悟所言，平素不喜釋氏的歐陽修，見韓琦所示契嵩之文即道：「不意僧中有此郎也，黎明當一識之。」歐陽修與契嵩相見之後，「與語終日，遂大稱賞其學瞻道明」，因而契嵩得以揚名。〔註 90〕此外，契嵩亦得張方平「不惟空宗通，亦乃文格高」之讚辭。〔註 91〕因此，契嵩身爲一禪僧力護佛法，而能以古文與宋儒分庭抗禮，確爲當世之士所注目。

儘管契嵩之文受到士大夫敬重，然後他與佛教仍舊面臨儒家陣營的排佛浪潮。據陳舜俞所言，契嵩在慶曆年間進入吳中，「當是時天下之士學爲古文，慕韓退之排佛而尊孔子。」〔註 92〕如上節所述，宋儒將孔子所作的《春秋》類比爲宋代的排佛論，因此陳氏所謂「尊孔子」或可以經學的角度來理解。

〔註 87〕錢穆，《朱子學提綱》（臺北：蘭臺出版社，2001 年），頁 15。

〔註 88〕參見錢穆，《宋明理學概述》，頁 21；錢穆，《朱子學提綱》，頁 8～21。

〔註 89〕陳舜俞，〈鐔津明教大師行業記〉，契嵩，《鐔津文集》，卷 1，收入於《大正新修大藏經》第 52 冊，頁 648。

〔註 90〕釋懷悟，〈又序〉，釋契嵩，《鐔津文集》，卷 19，頁 747。

〔註 91〕釋契嵩，〈上張端明書〉，《鐔津文集》，卷 9，頁 694。

〔註 92〕陳舜俞，〈鐔津明教大師行業記〉，釋契嵩，《鐔津文集》，卷 1，頁 648。

因此，從《春秋》學的角度來看，契嵩也需接受儒家對「王道」學說的挑戰。他在作品當中便不斷屢次強調佛學亦有裨益國家政事之效，下文將詳加論述。

如前一章所述，宋初已有贊寧、智圓等會通三教或儒釋二學的高僧，尋找彼此理論的共通處。智圓試圖將中庸轉化爲佛家的中道義，向佛界教眾解釋心性之學。然而，智圓未曾刻意調和儒、釋，因而當俗家弟子庶幾想跟隨他學儒，也僅以儒學傳授。他認爲三教雖有共通之處，卻不可強制會通。因此當有人詢問智圓爲何不向庶幾教授佛法，他回答：「幾從吾學儒也，故吾以儒告之，不能雜以釋也；幾將從吾學釋也，吾則以釋告之，亦不能雜以儒也。不瀆其告，古之道也。」〔註 93〕相較於智圓對於三教可互補但不可混同的看法，契嵩更強調三教或儒釋二學的一致性，並希望得到士大夫的認同。以懷悟所言，即「志在通會儒釋以誘大夫。」〔註 94〕下文就幾個面向來論述契嵩的三教合一思想。

一、「聖人」說

在理解契嵩的三教合一思想之前，必須先清楚契嵩對「聖人」的定義。在他的著作當中，常出現「聖人」一詞，其範疇卻相當廣大。契嵩在〈廣原教〉一文即對「聖人」有完整的定義：

> 古之有聖人焉，曰佛、曰儒、曰百家者，心則一其迹則異。夫一焉者，其皆欲人爲善者也。異焉者，分家而各爲其教者也。聖人各爲其教，故其教人爲善之方，有淺有奧、有近有遠，及乎絕惡而人不相擾，則其德同焉。中古之後，其世大漓。佛者其教相望而出，相資以廣。天下之爲善其天意乎，其聖人之爲乎，不測也。方天下不可無儒，無百家者，不可無佛。虧一教則損天下之一善道，損一善道則天下之惡加多矣。夫教也者，聖人之迹也；爲之者，聖人之心也。見其心則天下無有不是，循其迹則天下無有不非。是故賢者貴知夫聖人之心。文中子曰：『觀皇極讜議，知佛教可以一矣。』王氏殆見聖人之心也。〔註 95〕

契嵩認爲儒、佛、百家皆有聖人，他們的終極目標同樣都是勸人爲善。〔註 90〕

〔註 93〕釋智圓，〈送庶幾序〉，《閑居編》，頁 139。
〔註 94〕釋懷悟，〈序〉，釋契嵩，《鐔津文集》，卷 19，頁 746。
〔註 95〕釋契嵩，〈輔教編中・廣原教〉，《鐔津文集》，卷 2，頁 660。

對於「心則一其迹則異」一文，契嵩也有一番解釋。他說：

> 佛者何謂也？正乎一者也。人者何謂也？預乎一者也。佛與人一而已矣。萬物之謂者，名也；至理之謂者，實也。執名而謂實，天下其知至乎？……佛乎豈必形其形、迹其迹，形迹者乃存其教耳。教也者爲其正之之資也。別萬物莫盛乎名；同萬物莫盛乎實。聖人以實教人，欲人之大同也；聖人以遺名勸人，防人之大異也。觀夫聖人之所以教，則名實之至，斷可見矣。〔註 97〕

契嵩區別名與實的不同，說明聖人跳脫萬物外表的名，而「以實教人」，因爲實就是天下的至理。對於聖人而言，只有名是不同的，不管是儒、佛或百家的聖人，他們都爲了求實而勸人爲善。依契嵩的標準，則智圓承認三教的差異可說是只求名而未能得實。當吾人釐清契嵩對於聖人的看法，便能理解爲何他指責士大夫只知儒家的聖人而「不知佛爲大聖人，其道大濟天下生靈，其法陰資國家教化。」〔註 98〕他不但承認儒家的聖人，同時向儒家陣營展示佛家的聖人之道，因爲他們所追求的道是相同的。契嵩所討論的諸項課題，便是以聖人爲行爲主題而展開的。

二、性情論

契嵩的《輔教編》分爲上、中、下三冊，該著試圖將闡述佛、儒二學在心性領域的共通點。《輔教編》第一篇〈原教〉開宗明義：「萬物有性情，古今有生死，然而死生性情，未始不相因而有之。」〔註 99〕此性情說爲契嵩用來闡釋「道」，他說：「情出乎性，性隱乎情，性隱則至實之道矣。是故聖人以性爲教而教人。」〔註 100〕契嵩的觀念與闢佛最力的歐陽修大異其趣，後者主張聖人罕言性命因而避談之，契嵩卻認爲唯有聖人才瞭解性情，而「道」因性而生，並且以歐陽修所質疑的《中庸》作爲核心思想的依歸。

契嵩對「中庸」的本質提出解釋，他說：

> 夫中庸者，蓋禮之極而仁義之原也。禮樂刑政仁義智信，其八者一於中庸者也。人失於中性接於物，而喜怒哀懼愛惡生焉，嗜欲發焉。

〔註 97〕釋契嵩，〈輔教編中・廣原教〉，《鐔津文集》，卷 2，頁 656。
〔註 98〕釋契嵩，〈上張端明書〉，《鐔津文集》，卷 9，頁 694。
〔註 99〕釋契嵩，〈輔教編上・原教〉，《鐔津文集》，卷 1，頁 648。
〔註 100〕釋契嵩，〈輔教編中・廣原教〉，《鐔津文集》，卷 2，頁 654。

有聖人者，懼其天理將滅而人倫不紀也，故爲之禮樂刑政，以節其喜怒哀懼愛惡嗜欲也；爲之仁義智信，以廣其教道也。……故禮樂刑政者，天下之大節也；仁義智信者，天下之大教也。情之發不踰其節，行之修不失其教，則中庸之道庶幾乎。夫中庸者，立人之道也，是故君子將有爲也，將有行也，必修中庸然後舉也。……其誠其心者，其修其身者，其正其家者，其治其國者，其明德于天下者，舍中庸其何以爲也？……《書》曰：「道也者，不可須臾離也，可離非道也。」其此之謂乎！〔註 101〕

對照前述的名實之辨，便可知契嵩所謂「聖人以實教人，欲人之大同」，其本源即來自中庸之道。換言之，契嵩認爲當時宋儒所追尋的「道」，即是中庸。因此他說：「中庸，道也。道也者，出萬物也入萬也，故以道爲中也。」並援引《中庸》原文對「中」與「和」的說法來闡述。〔註 102〕但身爲禪僧的契嵩在其他文章談「道」時，仍運用佛家的詞彙來理解。例如，他說：「道在眾生之謂因，道在聖人之謂緣。……是知聖人與眾生蓋以道而自然感應，非若是世之有所爲者。」〔註 103〕既言「因緣」、「感應」，可見契嵩亦引入華嚴思想。近代有學者便指出契嵩實受唐代華嚴宗五祖圭峰宗密（780～841）的影響。〔註 104〕

依前述關於「中庸」的引文，也可見契嵩刻意「性」與「情」區分開，此說應當源自於韓愈。因爲，契嵩所謂「人失於中性接於物，而喜怒哀懼愛惡生、嗜欲發。」與韓愈將情之品分爲上、中、下三品，「其所以爲情者七：曰喜、曰怒、曰哀、曰懼、曰愛、曰惡、曰欲。」是一致的。〔註 105〕然而不同的是，契嵩反對韓愈將性分爲上、中、下三品，同時亦將矛頭指向孟子，稱其將性情混同。他說：

仲尼曰：「唯上智與下愚不移者。」蓋言人有才不才，其分定矣，豈曰其性有上下而不移也？……韓子之言，其取乎仲尼。所謂不移者也，不能遠詳其義而輒以善惡定其上下者，豈誠然耶？善惡情也，

〔註 101〕釋契嵩，〈中庸解第一〉，《鐔津文集》，卷 4，頁 666。
〔註 102〕釋契嵩，〈中庸解第三〉，《鐔津文集》，卷 4，頁 666。
〔註 103〕釋契嵩，〈廣原教〉，《鐔津文集》，卷 2，頁 659。
〔註 104〕參見錢穆，〈讀契嵩《鐔津集》〉，《中國學術思想史》第 5 冊，頁 41；牧田諦亮，〈趙宋仏教史における契嵩の立場〉，《中国近世仏教史研究》（京都：平樂寺書店，1957 年），頁 165～166。
〔註 105〕韓愈，〈原性〉，《韓昌黎文集校注》，卷 1，頁 20。

非性也。情有善惡，而性無善惡者，何也？性靜也，情動也。善惡之形見於動者也。孟子之言犬之性猶牛之性，牛之性猶人之性者，孟氏其指性之所欲也，宜其不同也。吾之所言者，性也；彼二子所言者，情也。……夫犬牛所以爲犬牛者，犬牛性而不別也；衆人之所以爲衆人者，衆人靈而不明也；賢人之所以爲賢人者，賢人明而未誠也；聖人之所爲聖人者，則聖人誠且明也。夫誠者，所謂大誠也，中庸之道也。〔註106〕

契嵩將中庸的「自明誠」推論爲聖人之性，因此「道」無疑即在中庸。他在〈性情論〉也清楚界定「性」與「情」的分別，他說：

性貴乎靜，故性變而不可太易；情患乎煩，故情發而不可太早。太早則傷和，太亦則傷中。反中和而陰陽繆，損民壽而物多疵癘，是故聖人之隆治也。仁以厚人性，義以節人情，是所以陰陽和而遂生物者也。〔註107〕

再次地，契嵩從《中庸》的中和之道來闡述人之性情，並說明仁義對性情的功效。契嵩的性情論一方面來自儒家的《中庸》，另一方面亦援引佛法。實際上契嵩並未如智圓一般毫無保留地接受《中庸》；相反地，他認爲《中庸》的說法仍有不足之處，即《中庸》之言性即誠，卻未能說明性如何爲誠。以下是他向仁宗（1010～1063）上呈的萬言書其中一段文字：

若《中庸》曰：『自誠明謂之性，自明誠謂之教，是豈不與經所謂實性一相者似乎？《中庸》但道其誠，未始盡其所以誠也。及乎佛氏演其所以誠者，則所謂彌法界遍萬有，形天地幽鬼神而常示，而天地鬼神不見所以者，此言其大略耳。……（孔子）又曰：「惟天下至誠而能盡其性。能盡其性則能盡人之性，盡人之性則盡物之性，以至與天下參耳。是蓋天下明乎天地人物其性通也，豈不與佛教所謂萬物同一眞性者似乎？《中庸》雖謂其大同，而未發所以同也。及佛氏推其所以同，則謂萬物其本皆一清淨。〔註108〕

契嵩以佛家所謂禪學的萬物皆有佛性之說補足《中庸》的理論，並且又將佛學的地位拉抬至《中庸》之上，而似與孔子對等。至於契嵩得自佛家的心性

〔註106〕釋契嵩，〈中庸解第四〉，《鐔津文集》，卷4，頁667。
〔註107〕釋契嵩，〈性情〉，《鐔津文集》，卷6，頁676。
〔註108〕釋契嵩，〈萬言書上仁宗皇帝〉，《鐔津文集》，卷8，頁689。

之學，可能主要來自於他所改定的《壇經》。他在〈壇經贊〉說：「《壇經》者，至人之所以宣其心也。何心邪？佛所傳之妙心也。大哉心乎！資始變化而清淨常若。」〔註 109〕由此可見出契嵩針貶《中庸》的根據當是《壇經》。〔註 110〕

藉由將《中庸》與《壇經》兩部儒佛經典互相補足性情論，契嵩在理學家之前先建立了較完整的道德性命之學，即使智圓早已發起中庸之學，也未有契嵩如此規模。他尊崇中庸之道，但也批評其說未能盡心性，因此以禪學補足。就這點來觀察，契嵩未曾將中庸神化。〔註 111〕相較於智圓將自身至於儒學內部看待中庸之道，契嵩則始終以禪僧的立場評論儒家的中庸與心性之學。

三、王道與教化

如前所述，契嵩表明聖人「以實教人」的觀念，亦在暗示佛教的聖人也能行儒家所強調的教化。佛家導人爲善正是教化最基本的表現，他在〈教化〉一文說明聖人以「禮」和「義」教化人民，因爲「禮義者，教之所存也。」〔註 112〕契嵩非常重視禮的功效，所以他說「禮，王道之始也；樂，王道之終也。」要推行王道，必須以禮樂教化人民性情。契嵩此一觀念已經完完全全地運用儒家的語言。

爲建立使統治者與士大夫能夠接受的王道論，契嵩結合中庸與禮樂「內」、「外」之學，提出「皇極」的概念。他在〈皇極論〉開宗明義道：「天下同之之謂大公，天下中正之謂皇極。中正所以同萬物之心也，非中正所以離萬物之心也。離之則天下亂也，同之則天下治也。……道也者，非他道也，皇極之道也。」又說：「禮者，皇極之容也；樂者，皇極之聲也；制度者，皇極之器也。」〔註 113〕契嵩也援引智圓對中道的看法，說明佛家的中道相當於儒家的中庸。因此他向仁宗解釋佛家的王道，極言士人排佛的錯誤：

〔註 109〕釋契嵩，〈輔教編下・壇經贊〉，《鐔津文集》，卷 3，頁 662。

〔註 110〕契嵩雖得曹溪古本以校定《壇經》，但此三卷本仍被胡適等學者批評有「妄改古書」之嫌，他需負起混淆慧能思想的責任。蓋胡適考契嵩所得古本，應不同於出自敦煌的眞正古本。見胡適，〈《壇經》考之一（跋曹溪大師別傳）〉，收入於《現代佛教學術叢刊》第 1 冊（臺北：大乘文化，1980 年），頁 1～10；蔡惠明，〈融儒於佛的契嵩大師〉，《內明》第 186 期（香港，1987 年 9 月），頁 33。

〔註 111〕郭朋認爲契嵩吹捧中庸以至神話的程度，其說實爲太過。見郭朋，《宋元佛教》（福州：福建人民出版社，1981 年），頁 165～167。

〔註 112〕釋契嵩，〈教化〉，《鐔津文集》，卷 5，頁 669。

〔註 113〕釋契嵩，〈皇極論〉，《鐔津文集》，卷 4，頁 664～665。

若今文者皆曰必拒佛故世不用，而尊一王之道，慕三王之政，是安知佛之道與王道合也。夫王道者，皇極也；皇極者，中道之謂也，而佛之道亦曰中道，是豈不然哉？然而適中與正不偏不邪，雖大略與儒同，及其推物理而窮神極妙，則與世相萬矣。〔註 114〕

契嵩向仁宗傳達他的王道說，並運用了儒學的詞彙來證明佛家的中道是合乎王道的，甚至指稱儒家的中庸仍有不及之處，需以中道補足。

契嵩認同禮義的教化之效，但又說禮義有其侷限性。他向仁宗申論：

某又聞，佛之法以興善止惡爲其大端，此又最益陛下之教化者也。詩、書、禮、義之說習民，欲其爲善日益，而冀其姦惡不萌於心，官師者又資以宣政化，而文儒之昌盛，雖三代兩漢無以過也。然而里巷鄉墅之家，其人猶有耳，未始聞詩書之音，口不道禮義之詞，如此者何限？蓋又習聞佛說爲善致福，爲惡致罪。……其人下自男女夫婦之愚，上抵賢哲之倫，鮮不以此而相化，克己齋戒，縱生而止殺。或日月年或修其身者，稱頌佛經，天下四海之內，幾徧乎閭里營戍也。……雖其趨習之端與儒不同，至於入善成治，則與夫詩、書、禮、義所致者何異乎？所謂最益陛下之教化者，此其是也。〔註 115〕

他以此段文字說明在禮義無法推及的鄉里，佛家能夠以興善止惡的觀念來教化百姓，其促使王道教化之效，不下於儒家的詩、書、禮、義。

契嵩一方面承認並贊同宋儒重建倫理秩序的理想，同時又結合佛儒二家的道德性命之說，企圖回應與對抗儒家的排佛聲浪。就內聖外王之學的意義而言，契嵩已先於王安石與理學家建構完整的理論模式。〔註 116〕爲說明佛教也能如同儒家重建人倫秩序的，契嵩舉出「五常」與「孝道」，證明也與佛教思想具一致性。

契嵩認爲儒家所謂的五常，仁、義、禮、智、信與佛家勸人的五戒都具有孝道的觀念。首先，關於五戒，契嵩以佛法有五乘之說，其中的「人乘」即五戒。

人乘者，五戒之謂也。一曰不殺，謂當愛生不可以己暴一物，不止不食其肉也；二曰不盜，謂不義不取，不止不攘他物也；三曰不邪

〔註 114〕釋契嵩，〈萬言書上仁宗皇帝〉，《鐔津文集》，卷 8，頁 687。
〔註 115〕釋契嵩，〈萬言書上仁宗皇帝〉，《鐔津文集》，卷 8，頁 688。
〔註 116〕余英時，《朱熹的歷史世界》，頁 119～126。

> 淫，謂不亂非其匹偶也；四曰不妄語，謂不以言欺人；五曰不飲酒，謂不以醉亂其心。曰天乘者，廣於五戒爲之十善也。一曰不殺，二曰不盜，三曰不邪淫，四曰不妄語。是四者其義與五戒同也。五曰不綺語，，謂不爲飾非言；六曰不兩舌，謂語人不背面；七曰不惡口，謂不罵亦曰不道不義；八曰不嫉，謂無所妒忌；九曰不恚，謂不以忿恨宿於心；十曰不癡，謂不昧善惡。然謂兼修其十者，報之所以生天也；修前五者，資之所以爲人也。脱天下皆以此各修，假令非生天而人人足成善，人人皆善而世不治未之有也。〔註 117〕

在契嵩看來，佛家的五戒十善有助於治道，人人只要能修人乘的五戒則皆可成善，自然也具有裨益王道的效果，因而就這點向仁宗闡釋佛法之用。〔註 118〕契嵩又將五戒比爲儒家的五常，他說：

> 五戒始一曰不殺，次二曰不盜，次三曰不邪淫，次四曰不妄言，次五曰不飲酒。夫不殺，仁也；不盜，義也；不邪淫，禮也；不飲酒，智也；不妄言，信也。是五者修，則成其人顯其親，不亦孝乎？是五者有一不修，則棄其身辱其親，不亦不孝乎？夫五戒有孝之蘊，而世俗不睹乎之，而未始諒也。故天下福不臻而孝不勸也。〔註 119〕

契嵩並非是首位提出五戒同於五常的人士。自北魏以下便有高僧，如天台宗的創建者智顗與中興之祖湛然皆曾將五戒比爲五常，也包括顏之推（約 531～595）等士大夫。智顗、湛然不僅將五戒比爲五常，甚至認爲五戒與五行、五方、五星、五臟等概念相通；天台二祖與顏之推的釋義大致相同，至多出現不邪淫爲義、不飲酒爲禮、不盜爲智的不同說法。〔註 120〕然而，契嵩卻將五戒抬升至孝道的內涵，並視爲沙門修善顯德的最高原則。相較於唐代以前的僧人學者主要爲了融合佛家與中國傳統的諸子百家之說，因此以五戒比附爲五常、五行等概念，但契嵩進一步擴大五戒的意涵與格局。〔註 121〕

〔註 117〕釋契嵩，〈輔教編上・原教〉，《鐔津文集》，卷 1，頁 649。

〔註 118〕釋契嵩，〈萬言書上仁宗皇帝〉，《鐔津文集》，卷 8，頁 688。

〔註 119〕釋契嵩，〈輔教編下・戒孝章第七〉，《鐔津文集》，卷 3，頁 661。

〔註 120〕見智顗，《仁王護國般若波羅蜜經疏》，卷 2，收入於《大正新修大藏經》第 33 冊，頁 260～261；湛然，《止觀輔行傳弘決》，卷 6，收入於《大正新修大藏經》第 46 冊，頁 341～342；顏之推，〈家訓歸心篇〉，道宣，《廣弘明集》，收入於《大正新修大藏經》第 52 冊，頁 107。

〔註 121〕相關討論見張清泉，《北宋契嵩的儒釋融會思想》，頁 281～285；王予文，〈契嵩及其佛學思想〉，收入於《中國學術佛教論典》第 29 冊（高雄：佛光山

契嵩既言「五戒有孝之蘊」，即表示唯有修五戒才能成就孝道，此為實踐王道與聖人之教的最基本項目。他將孝分為可見可不見兩種，「不可見者，孝之理也；可見者，孝之行也。」〔註 122〕就不可見的孝理而言，契嵩說「孝出於善，而人皆有善心。不以佛道廣之，則為善不大而為孝小也。」〔註 123〕唯有建立人能成善的前提下，孝才能夠被實行出來。關於孝行，契嵩說：「佛子情可正，而親不可遺也。」因為孝為「戒之端」，同時也是「大戒之所先」，而前述的五戒可為實踐的準繩。〔註 124〕契嵩並強調聖人與孝道的關係，說：「養不足以報父母，而聖人以德報之；德不足以報父母，而聖人以道達之。」〔註 125〕契嵩從佛家的角度去詮釋「孝」，藉此消除長久以來因出家的問題而受到儒家攻擊的弱點——亦即佛家向來不及儒家的外王之學。契嵩肯定了儒家倫理重建秩序的效用，同時也向儒家陣營推銷，佛教亦能裨益「治道」。

四、契嵩的《非韓》與護法

契嵩的善辯在《非韓》中表現得淋漓盡致，著〈非韓子〉三十篇以攻擊韓愈其他方面的思想和行為特點，極力貶斥韓愈在儒家道統的地位與價值。如錢鍾書所評：「釋契嵩激而作《非韓》三十篇，吹毛索瘢，義正詞嚴，而其書匙稱道者。」〔註 126〕契嵩為衛佛護法，盡其所能地詆責韓愈。

契嵩自〈非韓子〉首篇即批評韓愈「議論拘且淺，不及儒之至道可辯。」他認為韓愈對於「道」的看法格局狹小，無法探究「道」的深義。他引用韓愈〈原道〉「仁與義，為定名；道與德，為虛位。」之句，言韓愈既然承認唯仁義可以達成道德，那麼道德怎能得「虛位」。〔註 127〕倘若道德為「虛位」，「道」

文教基金會，2001 年），頁 366；釋聖凱，〈論佛道儒三教倫理的交涉〉，《世界弘明哲學季刊》2001 年 6 月號<http://phil.arts.cuhk.edu.hk/~cculture/library/hongming/200106-002.htm>（2008 年 12 月 10 日，國際網址: http://whpq.net）此外，釋聖凱認為五戒與五常的配對最早出現於道教的論述中，而佛教方面則是北魏末曇靜所作的《提謂波利經》。智顗的說法即得自於《提謂波利經》。

〔註 122〕釋契嵩，〈輔教編下・原孝章第三〉，《鐔津文集》，卷 3，頁 660。

〔註 123〕釋契嵩，〈輔教編下・孝出章第八〉，《鐔津文集》，卷 3，頁 661。

〔註 124〕釋契嵩，〈輔教編下・明孝章第一〉，《鐔津文集》，卷 3，頁 660。

〔註 125〕釋契嵩，〈輔教編下・德報章第九〉，《鐔津文集》，卷 3，頁 661。

〔註 126〕錢鍾書，《談藝錄》（香港：中華書局，1986 年），頁 62。

〔註 127〕〈原道〉該段的原文為：「博愛之謂仁，行而宜之之謂義；由是而之焉之謂道，足乎己，無待於外之謂德。仁與義，為定名；道與德，為虛位。故道有君子小人，而德有凶有吉。」見韓愈，〈原道〉，《韓昌黎文集校注》，卷 1，頁 13。

也便無物可原，〈原道〉的標題則毫無意義。契嵩援引舜在《書》的《尙典》中所說：「敬敷五教」，五教即仁義五常。因此，契嵩著〈原教〉無非也是爲了矯正韓愈的論點，認爲「原道」不如「原教」。他並認爲楊朱與老子反而能得聖人之義，此二人即爲受到韓愈猛烈批評的先秦哲人。〔註 128〕

韓愈不僅因爲仁義與道德先後次序混淆不清而遭受批評，契嵩也譏嘲他對儒家經史的認識不足。他引韓愈〈對禹問〉中禹雖傳位於子，但其賢仍非不及於堯舜禪讓之賢的說法，對照《書》所記載禹傳位至益，而益讓位給啓的史事，並旁徵《禮記》〈禮運〉篇對大道的解釋，力批韓愈考史不詳。他說：「韓子之說無稽，何嘗稍得舜禹傳授之意歟？」〔註 129〕一代碩儒竟遭一名禪僧譏評經史見識淺薄，實爲罕見。

契嵩又評韓愈不能「守道」。韓愈曾三度向宰相上書以自薦，甚至非議政事，契嵩認爲韓愈之舉不符「古之聖賢待而不求」、「貴義而守道」的原則。在他看來，韓愈應該「恭其言平其氣自道可也，烏得躁以忿遽非人之政治耶？」他諷刺韓愈平時尊慕孔子，卻不能貴義守道，「不唯不至於儒，亦恐誤後世之。」〔註 130〕實際上，若依漢唐士人實踐儒家理想的方式，契嵩的說法不免失之苛刻。柳宗元在〈守道論〉便曾經以《左傳》所載孔子「守道不如守官」之言爲命題，表述官是道的「器」，官不可離開道。照柳氏的說法，官與道不可斷然分離，「官是以行吾道云爾」。〔註 131〕韓愈也曾自言「中世士大夫以官爲家，罷則無所於歸。」〔註 132〕因此，唐代士人固然會有求官以致道的想法，但契嵩也無法證明韓愈急於求官便是捨道，其評論過於武斷。

契嵩非韓的各種議題中，最具攻擊性的莫過於韓愈反佛教一事。韓愈在〈論佛骨表〉中以梁武帝（464～549）爲例，言其本欲事佛求福反以致禍。契嵩卻批評韓愈根本不知「福之所以然」，說：「禍福報應者，善惡之根本也。」於是契嵩又將論辯再度回到佛教導人爲善的功績，並指出王朝的壽祚與事佛是兩回事，無法混爲一談。〔註 133〕

契嵩批判排佛論而維護法統的言論，是針對從韓愈以來以至與他同時代

〔註 128〕釋契嵩，〈非韓上・非韓子第一〉，《鐔津文集》，卷 14，頁 722。
〔註 129〕釋契嵩，〈非韓中・非韓子第九〉，《鐔津文集》，卷 15，頁 730。
〔註 130〕釋契嵩，〈非韓中・非韓子第八〉，《鐔津文集》，卷 15，頁 729。
〔註 131〕柳宗元，〈守道論〉，《柳宗元集》，卷 3，頁 81～83。
〔註 132〕韓愈，〈送楊少尹序〉，《韓昌黎文集校注》，卷 4，頁 275。
〔註 133〕釋契嵩，〈非韓下・非韓子第二十五〉，《鐔津文集》，卷 16，頁 736。

的儒家士大夫。前述他以佛教教人修福爲善，說明國家並不會因爲事佛而遭致滅亡之禍。此外，他也從夷狄的角度反駁排佛人士。

契嵩爲申明佛教並非夷狄，再度表現出他善辯的才能。他以儒家爲主張夷夏之防而最常引用的經典之一《春秋》，來說明孔子判斷中國或夷狄的標準：

> 孔子以列聖大中之道，斷天下之正爲《魯春秋》。其善者善之，惡者惡之，不必乎中國夷狄也。《春秋》曰：「徐伐莒。」徐本中國者也，既不善則夷狄之。曰：「齊人狄人盟于刑。」狄人本宜夷狄人也，既善之則中國之。聖人尊中國而卑夷狄者，非在疆土與其人耳，在其所謂適理也。故曰：「君子之於天下也，無適也，無莫也。義之與比。」若佛之法方之世善，可謂純善大善也，在乎中道，其可與乎？可拒乎？苟不以聖人中道，而裁其善惡，正其取捨者，乃庸人愛惡之私不法，何足道哉？〔註 134〕

契嵩據《春秋》之文，指陳中國與夷狄之別，並非依照地域或種族而劃分，而在於其文化是否合乎聖人的中道。依他的邏輯，既然佛教非夷狄，那些同韓愈從夷狄的角度主張排佛的士大夫，實際上與聖人之說背道而馳。契嵩爲其維護佛法的行動提出有力的理論基礎。〔註 135〕

契嵩著《非韓》強烈批判韓愈的目的無非是與尊揚韓愈的儒家人士對抗。本文第三章也曾經陳述尊韓的風氣至宋初以後逐漸高漲，柳開、孫復、石介等人都尊崇韓愈的地位，並將他列入儒家的道統之中。至慶曆以後，儒家復興的首腦歐陽修也推動韓學甚力，而韓愈也被視爲闢佛的象徵人物。契嵩一方面尋求儒佛二學在理論上的共通之處，另一方面則著文抨擊韓愈，都在在顯示他如何寫作古文以彰揚佛法。因此，契嵩所以抨擊韓愈，自然是出於捍衛佛教的意志。〔註 136〕

〔註 134〕釋契嵩，〈非韓上・非韓子第一〉，《鐔津文集》，卷 14，頁 726。契嵩在〈廣原教〉也舉出此二例，言佛教的聖人雖非出自中國，然其道與夷狄有別，實爲所謂的中道。見釋契嵩，〈廣原教〉，《鐔津文集》，卷 3，頁 659。

〔註 135〕儒家士大夫也並非對於「夷狄」在《春秋》有時是受到認可一事視而不見。例如，宋祁說：「《春秋》許夷狄者不一而足。見中國之尊，且見略於外也。」此說無疑是以文化的立場來判斷中國與夷狄的區別。見宋祁，《宋景文公筆記》，卷中，收入於《全宋筆記第一編之五》（鄭州：大象出版社，2003 年），頁 61。

〔註 136〕參見何寄澎，〈論釋契嵩思想與儒學的關涉〉，《幼獅學誌》第 20 卷第 3 期（臺北，1989 年月），頁 128～135；張清泉，《北宋契嵩的儒釋融會思想》，頁 121～137。

最後，值得注意的是，儘管契嵩有意對抗當時的排佛論，但他相當認同古文運動。他主張承認歐陽修的文章「大率在仁信禮義之本」，因此當時文人都尊慕歐文。〔註 137〕然而，契嵩也將反排佛的戰火延伸至韓愈的文章。他說：「文者，聖人所待人者也，以此指責韓愈以〈祭鱷魚文〉「遺蟲魚以文，不亦賤乎？」〔註 138〕他甚至一反多數古文家的意見，認為韓愈之文無法傳「道」。他說：

> 欲韓如古之聖賢從容中道，固其不逮也，宜乎識者謂韓子第文詞人耳。夫文者所以傳道也，道不至雖甚文奚用？若韓子議論如此，其道可謂至乎？而學者不復考之道理中否，乃斐然徒效其文而譏沮佛教聖人大酷。〔註 139〕

契嵩以「道」評議韓愈的文章，並勸後學莫仿效韓文。雖然如此，除了不認同韓愈能文以載道，契嵩對「文」與「道」的認識與主張以禮義為本的看法，仍近似古文運動的成員。因此，今之學者也同意契嵩的文學主張確實與宋代的學術特色關係甚密。〔註 140〕更進一步地說，契嵩要求古文的寫作也需合乎中道，也為重視內學的理學家創立不同於北宋前期古文家的寫作風格。

第五節　小　結

為了重建人文秩序與振興「王道」，自宋初以降士大夫前仆後繼地推動經學和文學的革新。同時，他們面臨佛、老之說風行的困境，尤其自中唐禪宗滲入士大夫階層，而佛教諸派也受到下層的人民信奉，皆已根深蒂固。於是，有志復興儒學的士大夫便將佛教視為毀壞人文秩序，使王道不行的外力因素。

古文與《春秋》是宋代前期的兩大顯學，不少古文家也研究《春秋》甚勤。據朱熹的《五朝名臣言行錄》所載穆修的事蹟，「時學者方從事聲律，未知古文。（穆）伯長始為之倡，其後尹洙師魯始從之學古文，又傳其《春秋》學。」〔註 141〕尹洙也開啓歐陽修寫作古文的契機。因此，研究宋代學術史的學者，應當注意到古文與《春秋》學的兩道學術潮流。此二者在慶曆至嘉祐

〔註 137〕釋契嵩，〈論原・文說〉，《鐔津文集》，卷 7，頁 681。
〔註 138〕釋契嵩，〈非韓下・非韓子第十六〉，《鐔津文集》，卷 16，頁 733。
〔註 139〕釋契嵩，〈非韓下・非韓子第三十〉，《鐔津文集》，卷 16，頁 738。
〔註 140〕魏鴻雁，〈宋初僧人對北宋文學革新的認識與回應——以釋智圓和釋契嵩為中心的考察〉，，頁 72。
〔註 141〕朱熹，《五朝名臣言行錄》，卷 10，收入於趙鐵寒主編，《宋史資料萃編第一輯：宋名臣言行錄五集》（臺北：文海出版社，1957 年），頁 329。

（1056～1063）年間形成儒學復興的主脈，古文與《春秋》爲主的經學各以歐陽修與劉敞爲集大成者。同時，闢佛聲勢也以此爲基礎而大張旗鼓。

契嵩之護法與上述的學術潮流相應和。他熱心研究儒家經典，也認同宋儒的古文運動。然而他站在佛教的立場，所解讀的結果卻與儒家稍有不同。他認爲佛家、道家以及百家都有聖人，而只要合乎導人爲善，便把握住聖人之「教」的精神。他試圖找出儒釋或三教理論的契合之處，而又主張儒家的「道」仍有未及之處，需藉助佛法補足。因此，契嵩的「內學」始終是先佛而後儒的。

此外，契嵩也與智圓同樣引《中庸》爲心性之學的參考作品。自宋初以降至理學初建之前，儒家內部尚未特別重視內聖之學，或者專言經術治道，或兼談內聖外王之學。畢竟士大夫仍將重建人文秩序視爲最首要的工作，以禮義修人本是他們的共識。〔註 142〕然而智圓與契嵩反先於理學家一步，精研《中庸》而發展心性之學。他們主要的目的，或調和儒釋的衝突點，或維護佛法的最高性，但無意之中卻又幫助北宋的學術潮流導向新儒學。理學家已不若之前宋儒從國家、民生與人文秩序批判佛教，而是從哲學的角度闢佛闢禪。是故，如錢穆所謂「北宋諸儒乃外於釋老而求發揚孔子之大道與儒學之正統，理學諸儒則在針對釋老而求發揚孔子之大道與儒學之正統。」應當以此理解。〔註 143〕

最後尚不能忽略一點，即契嵩終究肯定儒家的外王之學。他提出佛家的五戒十善同於儒家的五常，並且爲佛教不能使人踐守孝道辯護。智圓和契嵩都積極投入儒家復興的潮流與重建人間秩序的工作。〔註 144〕唯身爲佛僧之故，他們又比士大夫更致力於建構內學的工作上。

〔註 142〕朱熹評論北宋前期的士大夫：「國初人便已崇禮義，尊經術，欲復二帝三代，已自勝如唐人，但說爲透在。直至二程出，此理始說得透。」見朱熹，〈自國初至熙寧人物〉，黎靖德編，《朱子語類》，卷 129，頁 3085。

〔註 143〕錢穆，《朱子學提綱》，頁 17。

〔註 144〕余英時指出北宋佛教已有儒學化，而其僧徒則具士大夫化的傾向。他們承認儒家治國平天下的責任與價值，佛家既存在於現實社會，也有義務協助儒家的工作。因此他說：「北宋不少佛教大師不但是重建人間秩序的有力推動者，而且也是儒家復興的功臣。」見余英時，《朱熹的歷史世界》，頁 116。余氏的觀點當是延續錢穆指出智圓、契嵩二僧有儒學化的傾向，尤其後者幾乎運用儒家的詞彙，「粹然儒者言，不染佛門山林氣。」參考錢穆，〈讀智圓《閑居編》〉、〈讀契嵩《鐔津集》〉，《中國學術思想史》第 5 冊，頁 27～33；頁 35～52。

第五章　結　論

本論文的研究客體在於北宋前期的儒學，亦即至理學興起以前的宋代學術史。為探究其發展的脈絡，筆者上溯至中晚唐的學術狀況。同時，從佛教，尤其天台宗與禪宗的面向觀察其與儒學的交涉狀況。

事實上，唐代士大夫與佛教之間的交涉已不僅僅在人際網絡上或外在的儀式上，更有深諳佛法的士大夫兼通儒釋或三教的經書，為佛教教義擴展理論內涵。這群士大夫當中不乏追尋所謂聖賢之道的古文家，如梁肅是較極端的例子。在倡導古文的行動方面，他是提攜韓愈、歐陽詹（約 758～約 800）等文學家的前輩；對於天台宗而言，他則是九祖湛然的俗家弟子，深得止觀要法。如同在文學上追求古道的主張，梁肅也相當重視天台宗的法統，儒釋二學並未使他的思想造成衝突。類似的情況也表現在柳宗元的身上，他可以公言「自幼好佛」，也會因為韓愈力主闢佛，而為佛教辯護。對於梁肅、柳宗元等人而言，佛法無礙於儒家經世濟民的理想。他們可以在浸淫佛學的同時，試圖實踐儒家建立政治社會秩序的方式。士大夫將佛教視為尋求內心慰藉，尤其天台、華嚴等宗派發展出心性之學，也能契合他們的思想。

然而，儒家內部同時也出現另一種類型的士大夫。以韓愈為代表，企圖建立儒家道統的學者產生排斥佛教的傾向。建立道統的唐代碩儒或可追溯至王通，而韓愈已對此有較為清楚的概念，並開始在孟、荀之間做出抉擇，最後將孟子視為繼承孔聖之道的正統代表。在晚唐皮日休等人的道統體系中，王通與韓愈也被接續至孔子、孟子、荀子、揚雄的系譜之下。儒家建立道統的時期恰恰在天台宗與禪宗內部爭取法統之後。如果說韓愈、李翺等人建構源於《大學》、《中庸》的心性之學，是為了對抗佛教，不使其繼續統治平民與多數士大夫的內心世界，那麼中晚唐所形成的道統也是基於佛家建立法統而建構出來的。

無論是以「內釋外儒」或「內道外儒」表現思想型態的中古士大夫，或是主張以儒家心性之學取代佛法的新興士人，多少意識到傳統經注無法滿足他們建構儒學的需求。因此，以啖助、趙匡爲具代表性的經學家，新《春秋》學在中唐形成。新《春秋》學的學術意義，在於使重視義理的宋代經學取代參雜陰陽讖諱之說的漢唐經學；同時，強烈關懷現實世界的經世濟民思想，也是新《春秋》學的標誌。因此中晚唐經學可被視爲學術史的一大轉折點。〔註 1〕

經學與文學在中晚唐時期的新學風延續到宋代。然而，在宋代最初的八十年左右，學術界仍未發生顯著的改變。即使如此，仍有不少值得注意的地方。第一，北宋古文家繼承韓愈、皮日休的文學主張，也產生與佛教對抗的意識，同時繼續擴充或刪選道統中的代表人物。不過，當時以西崑派爲中心的綺麗文風和具有「內釋外儒」或「內道外儒」思想的士大夫仍深具影響力。同時，幾位西崑派的首腦人物也兼任佛院譯經官的職務。

第二，同樣是追求「古道」的文學家，也有有一批人主張文章應有「簡古」的風格。因此，不同於柳開及其文友所導致的艱澀怪僻的文風，王禹偁、穆修、尹洙等人便意識到寫作文章應當力求「簡古」。儘管古文家也都意識到佛教對政治社會造成的弊害，但他們對於闢佛的態度仍有輕重緩急之別，立場並非一致。

第三，以經世濟民與重振王道爲理想的經學思潮獲得響應。以「宋初三先生」爲代表人物，宋初的儒家學者對經典的研究都出於改變政治社會秩序的理想。他們所著重的方式有所不同而大致可歸爲兩條路線。一者以胡瑗設書齋教學爲例，他認爲士人需有「治事」的能力，以達成儒家教化人民的目標，但也希望士人能不忘修心。范仲淹也向政府強調學校培養人才的功用，以免「士惟偷淺，言不及道，心無存誠。暨于入官，鮮於致化。」二者以孫復爲代表，他治《春秋》「大約本於陸淳，而增新意。」〔註 2〕他與門人極希望重振王道，並重視君臣、父子、夫婦等倫常以維持人間的秩序。宋初的經學家爲了發展尊君思想以及經世致用的目的，除了《春秋》之外，也將研究的心力用在《易》、《書》（尤其《洪範》）、《禮》等經書。實際上宋初的易學

〔註 1〕 相關著作見楊向奎，〈唐宋時代的經學思想——《經典釋文》、《十三經正義》等書所表現的思想體系〉，收入於林慶彰主編，《中國經學史論文選集》上冊，頁 630～658；葛煥禮，〈論啖助、趙匡、陸淳《春秋》學的學術轉型意義〉，頁 40～45。

〔註 2〕 脫脫，〈孫復傳〉，《宋史》，卷 432，頁 12832。

研究風氣頗盛，不少古文家也兼通易學卦算以期通曉天道、人事。

前述中唐韓愈、李翺等人欲建立屬於儒家的「內學」，對人的性情提出他們的看法。不過他們的這項工作在宋初並沒有得到發展，反而由天台僧智圓借用「中庸」的概念來詮釋佛教的「中道義」。考察智圓運用「中庸」概念的契機，固然與他年少就通讀儒書有極深的關係。然而，爲了與山家一派辯論「有」與「無」的存在，或「心」與「色」的對立，智圓援引「中道」說明不應受限於「有」、「無」兩極，《中庸》便成爲重要的理論依據。職是之故，天台義學的思辯亦可謂《中庸》受到智圓重視的契機，而《中庸》也使智圓將天台的性具說帶入更唯心的境界。

基於體認到佛教對儒家重建人倫秩序的工作造成障礙，儒家陣營的排佛聲浪逐漸高漲。大抵在慶曆至嘉祐間，推動儒學復興的士大夫對佛教進行猛烈的批判，其主要論點著眼於佛教對國計民生的弊害，以及從夷夏之別的角度極言佛法不合聖人之道。此外，如宋祁則提出佛教借用《莊子》、《列子》之說以諷其剽竊中國百家之言。在這時期，除了古文蓬勃發展以外，宋儒改定經傳的事業也近於集大成的程度。延續胡瑗、孫復等前輩的成果，歐陽修、李覯、劉敞、三蘇父子等人都有突破性的經學著作或文論。因此經學史家評論：「自是風氣一變，學者解經，互出新意，視注疏如土苴。」〔註3〕

面對宋儒的闢佛如排山倒海之勢，契嵩從儒家學得《六經》之旨與中庸之道，而以此捍衛佛法，著文言儒、佛多有一致之處。他主張三教皆有聖人，聖人能「以實教人」，導人爲善。他接受儒家的「中庸」，又援佛理擴充其性情之說。儘管契嵩認爲《中庸》同於佛家的內典，然而在他看來，未能盡言「性」如何爲「誠」的《中庸》，終究不比佛家的自性清淨之說。契嵩說佛教聖人勸人修五戒十善，也同於儒家的五常，都有助於王道教化。因此，他認爲佛教也能兼達「內聖外王」，而儒家陣營攻擊佛法無益治道是不正確的。他也批評韓愈的言行皆不符儒家聖賢之道，企圖撼動這位排佛人士心中的象徵人物。

前述韓愈、李翺欲以儒家性命之學取代佛教內學的工作，至北宋理學諸子合三教之學才接續下去。馮友蘭謂「李翺與宋明道學家皆欲使人成儒家的佛，而儒家的佛必須於人倫日用中修成。」〔註4〕此說雖過於簡化，但亦可說明李翺及宋代以後的理學家自佛理得內學，而又欲以儒代佛的意圖。因此，

〔註3〕 馬宗霍，《中國經學史》（臺北：臺灣商務印書館，1968年），頁111。

〔註4〕 馮友蘭，《中國哲學史》下冊（臺北：臺灣商務印書館，1993年），頁812

理學家在「內聖」的領域對抗禪宗，其立場雖與契嵩倒置，但闡揚儒家正道的方式與契嵩護法類似；他們都以對方的理論來建構或壯大自家的內學。然而，契嵩既呼應以重建人間秩序爲要務的儒學復興，也不免牽涉於外王的領域，而大談佛教的修明禮義之道。至於智圓對於文章的復古主張，也具有同樣的歷史意義。他們二人皆援用儒家的《中庸》補充「內學」，又都在「外學」的領域與儒家陣營應和。

概觀中唐以後的儒學發展，除了以經學爲主的內部轉變，外部也牽涉到佛教宗派的興起。許多唐代士大夫以佛法爲內在精神價值，而仍以儒家的禮義試圖實踐穩定政治社會秩序的理想。梁肅、柳宗元等人的例子可說明他們親近佛法無礙於他們以古文尋求「道」。然而，仍有如韓愈的士人認爲內在世界可不假外求，儒家自有言性理的經典。然而，無論是韓愈建構的道統，或是李翺的《復性書》，仍顯現佛教對他們的影響。晚唐至北宋前期的士大夫仍持續建構與篩選儒家道統，唯性理之學的成果卻不及兼通三教之學的高僧。智圓與契嵩都援用《中庸》爲內學的理論基礎，加之天台宗與禪宗本身的心性說，所談性理的深度與廣度都甚於同時代的儒學。但是，韓愈對於兩位僧人的影響仍是顯而易見的，無論他們對韓愈的態度是贊同或批判。此後理學家雜佛老而談性理，立場雖與智圓、契嵩不同，但所建構的內聖之學卻相當近似。清儒江藩（1761～1831）的以下一段文字可說明理學家與禪學的交涉：

> 儒生闢佛，其來久矣，至宋儒，闢之尤力。然禪門有《語錄》，宋儒亦有《語錄》：禪門《語錄》用委巷語，宋儒《語錄》亦用委巷語。夫既闢之而又效之，何也？蓋宋儒言心性，禪門亦言心性，其言相似，易於渾同，儒者亦不自知而流入彼法矣。〔註5〕

說到底，理學家的內學儘管有直承《孟子》、《中庸》與韓愈、李翺一系的基礎，但也已經先受過佛僧的改造，而成具禪風的性理之學。至於理學之前的儒家，或者說與智圓、契嵩同時代的士大夫，他們更看重「道」的實踐面。基本上他們延續柳宗元、劉禹錫等人對「天」與「人」的觀念，如劉禹錫認爲天生萬物，而人治萬物，「人道」若明，則能勝天。〔註6〕歐陽修等人治經所以重「人事」，亦當源於此。

〔註5〕江藩，《國朝宋學淵源記》，收入於《國朝漢學師承記附二本》（北京：中華書局，1983年），頁191。

〔註6〕劉禹錫，〈天論上〉，《劉禹錫集》，卷5，頁67～69。

參考文獻

一、史　料

1. 〔唐〕王通，〔宋〕阮逸注，《文中子中說注》，臺北：世界書局，1959 年。
2. 〔宋〕王溥，《五代會要》，上海：上海古籍出版社，2006 年。
3. 〔宋〕王得臣，《麈史》，收入於《全宋筆記第一編之十》，鄭州：大象出版社，2003 年。
4. 〔宋〕王欽臣，《王氏談錄》，收入於《全宋筆記第一編之十》，鄭州：大象出版社，2003 年。
5. 〔宋〕王禹偁，《小畜集》，收入於《景印文淵閣四庫全書》第 1086 冊，臺北：臺灣商務印書館，1983 年。
6. 〔宋〕王安石，李之亮箋注，《王荊公全集箋注》，共 3 冊，成都：巴蜀書社，2005 年。
7. 〔宋〕王應麟，翁元圻注，《翁注困學紀聞》，臺北：中華書局，1966 年。
8. 〔清〕王先謙，《荀子集解》，北京，中華書局，1988 年。
9. 〔清〕永瑢編，《四庫全書總目提要》，全 11 冊，臺北：臺灣商務印書館，1965 年。
10. 〔唐〕白居易，《白居易集》，共 2 冊，臺北：漢京文化，1984 年。
11. 〔唐〕皮日休，《文藪》，收入於《景印文淵閣四庫全書》第 1083 冊，臺北：臺灣商務印書館，1983 年。
12. 〔宋〕石介，《徂徠先生集》，卷 14，收入於《景印文淵閣四庫全書》第 1090 冊，臺北：臺灣商務印書館，1983 年。
13. 〔漢〕司馬遷，《史記》，共 10 冊，北京：中華書局，1982 年。

14. 〔宋〕司馬光，《涑水記聞》，北京：中華書局，1989 年。
15. 〔宋〕司馬光，《傳家集》，收入於《景印文淵閣四庫全書》第 1094 冊，臺北：臺灣商務印書館，1983 年。
16. 〔宋〕司馬光，《資治通鑑》，全 10 冊，臺北：藝文印書館，1955 年。
17. 〔宋〕朱熹，《五朝名臣言行錄》，收入於趙鐵寒主編，《宋史資料萃編第一輯：宋名臣言行錄五集》，臺北：文海出版社，1957 年年。
18. 〔清〕江藩，《國朝漢學師承記附二本》，北京：中華書局，1983 年。
19. 〔宋〕宋祁，《宋景文公筆記》，收入於《全宋筆記第一編之五》，鄭州：大象出版社，2003 年。
20. 〔宋〕宋祁、歐陽修，《新唐書》，全 10 冊，北京：中華書局，1975 年。
21. 〔宋〕宋敏求，《唐大詔令》，上海：學林出版社，1992 年。
22. 〔唐〕李翺，《李文公集》，收入於《景印文淵閣四庫全書》，臺北：臺灣商務印書館，1983，第 1078 冊年。
23. 〔宋〕李覯，《李覯集》，臺北：漢京文化，1983 年。
24. 〔宋〕李燾，《續資治通鑑長編》，共 20 冊，北京：中華書局，2004 年。
25. 〔宋〕吳處厚，《青箱雜記》，北京：中華書局，1985 年。
26. 〔宋〕吳曾，《能改齋漫錄》，臺北：木鐸，1982 年。
27. 〔宋〕周必大，《文忠集》，收入於《景印文淵閣四庫全書》第 1147 冊，臺北：臺灣商務印書館，1983 年。
28. 〔宋〕邵伯溫，《聞見錄》，收入於《全宋筆記第二編之七》，鄭州：大象出版社，2006 年。
29. 〔宋〕邵博，《邵氏聞見後錄》，北京：中華書局，1983 年。
30. 〔宋〕封演，《封氏見聞錄》，北京：中華書局，2005 年。
31. 〔唐〕柳宗元，《柳宗元集》，共 4 冊，北京：中華書局，1979 年。
32. 〔宋〕柳開，《河東集》，《景印文淵閣四庫全書》第 1085 冊，臺北：臺灣商務印書館，1983 年。
33. 〔晉〕范曄，《後漢書》，臺北：鼎文書局，1979 年。
34. 〔宋〕范仲淹，《范仲淹全集》，全 2 冊，南京：鳳凰出版社，2004 年。
35. 〔宋〕孫復，《孫明復小集》，收入於《景印文淵閣四庫全書》第 1090 冊，臺北：臺灣商務印書館，1983 年。
36. 〔唐〕陸淳，《春秋集傳纂例》，收入於《景印文淵閣四庫全書》第 146 冊，臺北：臺灣商務印書館，1983 年。
37. 〔唐〕陸龜蒙，《笠澤叢書》，收入於《景印文淵閣四庫全書》第 1083 冊，臺北：臺灣商務印書館，1983 年。

38. 〔元〕脱脱編，《宋史》，全 4 冊，臺北：鼎文書局，1979，
39. 〔清〕黃宗羲，《宋元學案》，全 4 冊，臺北：正中書局，1954 年。
40. 〔漢〕班固，《漢書》，共 5 冊，臺北：鼎文書局，1979 年。
41. 〔宋〕曾鞏，《曾鞏集》，共 2 冊，北京：中華書局，1984 年。
42. 曾棗莊、劉琳主編，《全宋文》全 50 冊，成都：巴蜀書社，1988 年。
43. 〔宋〕程顥、程頤，《二程集》，共 2 冊，北京：中華書局，2006 年。
44. 〔清〕焦循、焦琥，《孟子正義》，臺北：世界書局，1956 年。
45. 〔宋〕楊億編，王仲犖注，《西崑酬唱集注》，北京：中華書局，1980 年。
46. 〔清〕董誥編，《全唐文》，臺北：匯文書局，1961 年。
47. 〔宋〕趙彥衛，《雲麓漫鈔》，北京：中華書局，1996 年。
48. 〔唐〕撰者不詳，《曆代法寶記》，《大正新修大藏經》第 51 冊，臺北：世樺，1998 年。
49. 〔宋〕黎靖德編，《朱子語類》，共 8 冊，北京：中華書局，1986 年。
50. 〔後晉〕劉昫，《舊唐書》，共 2 冊，臺北：鼎文書局，1979 年。
51. 〔唐〕劉禹錫，《劉禹錫集》，共 2 冊，北京：中華書局，1990 年。
52. 〔宋〕劉敞，《七經小傳》，收入於《景印文淵閣四庫全書》第 183 冊，臺北：臺灣商務印書館，1983 年。
53. 〔宋〕歐陽修，《歐陽修全集》，共 6 冊，北京：中華書局，2001 年。
54. 〔宋〕歐陽修，《新五代史》，全 3 冊，北京，中華書局，1974 年。
55. 〔宋〕穆修，《穆參軍集》，收入於《景印文淵閣四庫全書》第 1087 冊，臺北：臺灣商務印書館，1983 年。
56. 〔梁〕蕭子顯，《南齊書》，共 2 冊，臺北：鼎文書局，1975 年。
57. 〔宋〕錢易，《南部新書》，北京：中華書局，2002 年。
58. 〔印〕龍樹，〔晉〕鳩摩羅什譯，《中論》收入於《大正新修大藏經》第 30 冊，臺北：世樺，1998 年。
59. 〔唐〕韓愈，馬其昶校注，《韓昌黎文集校注》，上海：上海古籍出版社，1987 年。
60. 〔宋〕魏泰，《東軒筆錄》，北京：中華書局，1983 年。
61. 〔宋〕蘇洵，曾棗莊、金成禮箋注，《嘉祐集箋注》，上海：上海古籍出版社，1993 年。
62. 〔宋〕蘇軾，《蘇東坡全集》，全 2 冊，臺北：世界書局，1964 年。
63. 〔宋〕蘇軾，《東坡易傳》，收入於《景印文淵閣四庫全書》第 9 冊，臺北：臺灣商務印書館，1983 年。
64. 〔宋〕蘇轍，《蘇轍集》，共 4 冊，北京：中華書局，1990 年。

65. 〔梁〕釋慧皎，湯用彤校注，《高僧傳》，北京：中華書局，1992 年。
66. 〔梁〕釋僧祐，《出三藏記集》，收入於日本東京大藏經刊行會編，《大正新修大藏經》第 55 冊，臺北：世樺，1998 年。
67. 〔隋〕智顗，《仁王護國般若波羅蜜經疏》，收入於《大正新修大藏經》第 33 冊年。
68. 〔唐〕釋道宣，《續高僧傳》，收入於日本東京大藏經刊行會編，《大正新修大藏經》第 50 冊（臺北：世樺，1998）年。
69. 〔唐〕釋灌頂，《國清百錄》，《大正新修大藏經》第 46 冊，臺北：世樺，1998 年。
70. 〔唐〕釋湛然，《止觀輔行傳弘決》，收入於《大正新修大藏經》第 46 冊，臺北：世樺，1998 年。
71. 〔唐〕釋慧能，《六祖大師法寶壇經》（敦煌本、宗寶本），收入於《大正新修大藏經》第 48 冊，臺北：世樺，1998
72. 〔唐〕釋神會，胡適校寫，《神會和尚遺集》，臺北：中央研究院胡適紀念館，1968 年。
73. 〔唐〕釋淨覺，《楞伽師資記》，收入於《大正新修大藏經》第 85 冊，臺北：世樺，1998 年。
74. 〔宋〕釋贊寧，《宋高僧傳》，北京：中華書局，1987 年。
75. 〔宋〕釋道原，《景德傳燈錄》，收入於《大正新修大藏經》第 51 冊，臺北：世樺，1998 年。
76. 〔宋〕釋智圓，《閑居編》，收入於《卍新纂續藏經》第 101 冊，臺北：新文豐，1976 年。
77. 〔宋〕釋契嵩，《鐔津文集》，收入於日本東京大藏經刊行會編，《大正新修大藏經》第 52 冊（臺北：世樺，1998）年。
78. 〔宋〕釋文瑩，《玉壺清話》，北京：中華書局，1984 年。
79. 〔宋〕釋志磐，《佛祖統記》，揚州：江蘇廣陵古籍刻印社，1992 年。
80. 〔元〕釋覺岸，《釋氏稽古略》，收入於《大正新修大藏經》第 49 冊，臺北：世樺，1998 年。
81. 〔清〕顧炎武，《原抄本日知錄》，臺北：文史哲出版社，1979 年。

二、專　書

1. Chen, Jo-shui. Liu Tsung-yuan and Intellectual Change in T'ang China,773-819, New York: Cambridge University Press, 1992.
2. Liu, James T.C. Ou-yang Hsiu: An Eleventh-Century Neo-Confucianist. Stanford: Stanford University Press , 1967.

3.〔日〕山口益，釋演陪譯，《天台性具思想論》，臺北：慧日講堂，1967 年。
4. 王運熙，《漢魏六朝唐代文學論叢》，上海：復旦大學出版社，2002 年。
5. 尹協理、魏明，《王通論》，北京：中國社會科學出版社，1984 年。
6. 尤惠貞，《天台宗性具圓教之研究》，臺北：文津出版社，1993 年。
7.〔日〕市川勘，《韓愈研究新論：思想與文章創作》，臺北：文津出版社，2004 年。
8.〔清〕皮錫瑞，周予同注，《經學歷史》，北京：中華書局，2004 年。
9.〔清〕皮錫瑞，《經學通論》，北京：中華書局，1954 年。
10.〔美〕包弼德，劉寧譯，《斯文：唐宋思想的轉型》，南京：江蘇人民出版社，2001 年。
11. 牟宗三，《牟宗三先生全集第 4 冊——佛性與般若（下）》，臺北：聯經，2003 年。
12. 何寄澎，《唐宋古文新探》，臺北：大安出版社，1990 年。
13. 呂澂，《中國佛學源流略講》，北京：中華書局，1979 年。
14. 余英時，《朱熹的歷史世界》，共 2 冊，臺北：允晨文化，2003 年。
15. 杜維運，《中國史學史》第 2 冊，臺北：三民書局，2002 年。
16. 吳雁南，《中國經學史》，福州：福建人民出版社，2001 年。
17.〔日〕東英壽，王振宇、李莉譯，《復古與創新——歐陽修散文與古文復興》，上海：上海古籍出版社，2005 年。
18. 周淑萍，《兩宋孟學研究》，北京：人民出版社，2007 年。
19.〔日〕，牧田諦亮〈趙宋仏教史における契嵩の立場〉，《中国近世仏教史研究》，京都：平樂寺書店，1957 年。
20. 金中樞，《宋代學術思想研究》，臺北：幼獅文化，1989 年。
21. 侯外廬，《中國思想通史》第 4 卷上冊，北京：人民出版社，1959 年。
22. 胡適，《胡適文存二集》，收入於歐陽哲生，《胡適文集》第 3 冊（北京：北京大學出版社，1998）年。
23. 姜廣輝，《中國經學思想史》第 2 卷，北京：中國社會科學出版社，2003 年。
24. 馬宗霍，《中國經學史》，臺北：臺灣商務印書館，1968 年。
25. 張清泉，《北宋契嵩的儒釋融會思想》，臺北：文津出版社，1998 年。
26. 張櫫弓，《漢傳佛教與中古社會》，臺北：五南圖書出版公司，2005 年。
27. 張躍，《唐代後期儒學的新趨向》，臺北：文津出版社，1993 年。
28. 梁啓超，《佛學研究十八篇》，臺北：中華書局，1956 年。

29. 陳寅恪，《金明館叢稿初編》，臺北：里仁書局，1981 年。
30. 陳寅恪，《金明館叢稿二編》，臺北：里仁書局，1981 年。
31. 郭紹林，《唐代士大夫與佛教》，臺北：文史哲出版社，1993 年。
32. 郭朋，《隋唐佛教》，山東：齊魯書社，1980 年。
33. 郭朋，《宋元佛教》，福州：福建人民出版社，1981 年。
34. 〔日〕副島一郎，王宜瑗譯，《氣與士風——唐宋古文的近程與背景》，上海：上海古籍出版社，2005 年。
35. 〔荷〕許理和，李四龍、裴勇譯，《佛教征服中國》，南京：江蘇人民出版社，1998 年。
36. 曾棗莊，《唐宋文學研究》，成都：巴蜀書社，1999 年。
37. 曾其海，《天台佛學》，上海：學林出版社，1999 年。
38. 馮友蘭，《中國哲學史》下冊，臺北：臺灣商務印書館，1993 年。
39. 馮曉庭，《宋初經學發展述論》，臺北：萬卷樓圖書公司，2001 年。
40. 黃啓江，《北宋佛教史論稿》，臺北：臺灣商務印書館，1997 年。
41. 黃敏枝，《宋代佛教社會經濟史論集》，臺北：臺灣學生書局，1989 年。
42. 湯用彤，《漢魏兩晉南北朝佛教史》，臺北：鼎文書局，1975 年。
43. 湯用彤，《隋唐佛教史稿》，臺北：木鐸出版社，1988 年。
44. 葉國良，《宋人疑經改經考》，臺北：國立臺灣大學，1980 年。
45. 楊國安，《宋代韓學研究》，北京：中國社會科學出版社，2006 年。
46. 漆俠，《宋學的發展和演變》，石家莊：河北人民出版社，2002 年。
47. 潘桂明，《中國居士佛教史》，共 2 冊，北京：中國社會科學出版社，2000 年。
48. 劉子健，《歐陽修的治學與從政》，臺北：新文豐，1984 年。
49. 劉子健，趙冬梅譯，《中國轉向內在——兩宋之際的文化內向》，南京：江蘇人民出版社，2002 年。
50. 劉澤華主編，《中國古代政治思想史（修訂本）》，天津：南開大學出版社，2001 年。
51. 蔣義斌，《宋代儒釋調和論及排佛論之演進——王安石之融通儒釋及程朱學派之排佛反王》，臺北：臺灣商務印書館，1988 年。
52. 鄧廣銘，《鄧廣銘治史叢稿》，北京：北京大學出版社，1997 年。
53. 鄧廣銘，《鄧廣銘全集》第 8 卷，石家莊：河北教育出版社，2005 年。
54. 賴永海，《湛然》，臺北：東大圖書，1993 年。
55. 蕭公權，《中國政治思想史》，共 2 冊，臺北：聯經出版事業公司，1982 年。

56. 錢穆，《中國思想史》，臺北：臺灣學生書局，1982 年年。
57. 錢穆，《宋明理學概述》，臺北：中國文化大學出版部，1980 年。
58. 錢穆，《經學大要》，臺北：蘭臺出版社，2000 年。
59. 錢穆，《中國學術思想史論叢》第 4 冊，臺北：東大圖書公司，1991 年。
60. 錢穆，《中國學術思想史論叢》第 5 冊，臺北：東大圖書公司，1976 年。
61. 錢穆，《中國近三百年學術史》上冊，臺北：臺灣商務印書館，1996 年。
62. 錢穆，《朱子學提綱》，臺北：蘭臺出版社，2001 年。
63. 錢鍾書，《談藝錄》，香港：中華書局，1986 年。
64. 鄺士元，《中國學術思想史》，臺北：里仁書局，1995 年。
65. 謝無量，《朱子學派》，上海：中華出版社，1932 年。
66. 謝善元，《李覯之生平及思想》，北京：中華書局，1988 年。
67. 〔日〕鎌田茂雄，《中国仏教史第四卷：南北朝の仏教》下冊，東京：東京大学出版会，1990 年。
68. 釋慧嶽，《天臺教學史》，臺北：中華佛教文獻編撰社，1974 年。
69. 釋慈怡主編，《佛光大辭典》，高雄：佛光出版社，1989 年。

三、論　文

1. Peter N. Gregory, “The Vitality of Buddhism in the Sung,” in Peter N. Gregory and Daniel A. Getz, Jr., eds. Buddhism in the Sung （Honolulu: University of Hawaii Press, 1999）, pp.1-22.
2. 王宏海、曹清林，〈韓愈、李翺的經學思想透析〉，《河北師範大學學報：哲學社會科學版》28 卷 2 期（石家莊，2005 年 3 月），頁 35～38。
3. 王德權師，〈修身與理物——中唐士人自省之風的兩個面向〉，《臺灣師大歷史學報》第 35 期（臺北，2006 年 6 月），頁 1～47。
4. 王予文，〈契嵩及其佛學思想〉，收入於《中國學術佛教論典》第 29 冊（高雄：佛光山文教基金會，2001 年），頁 359～399。
5. 牟潤孫，〈兩宋春秋學之主流〉，《大陸雜誌》第 5 卷第 4 期（臺北，1952 年 8 月），頁 1～4。
6. 何雋，〈論韓愈的道統觀及宋儒對他的超越〉，《孔孟月刊》第 33 卷第 3 期（臺北，1995 年 3 月），頁 29～37。
7. 何寄澎，〈論釋契嵩思想與儒學的關涉〉，《幼獅學誌》第 20 卷第 3 期（臺北，1989 年），頁 111～147。
8. 宋鼎宗，〈宋儒春秋尊王說〉，《成功大學學報》第 19 期（台南，1984 年 11 月），頁 1～36。

9. 李四龍，〈民俗佛教的形成與特徵〉，《北京大學學報》1996 年第 4 期（北京，1996 年 8 月），頁 55～60。
10. 李朝軍，〈晁迥與宋初文學〉，《四川大學學報》2005 年第 3 期（成都，2005 年 7 月），頁 98～104。
11. 邱敏捷，〈《壇經》的作者——與版本印順與胡適及日本學者相關研究觀點之比較〉，《人文研究學報》41 卷 2 期（台南，2007 年 10 月），頁 13～41。
12. 吳忠偉，〈智圓佛學思想研究〉，收入於佛光山文教基金會編，《中國佛教學術論典》第 16 冊（高雄：佛光山文教基金會，2001），頁 1～198。
13. 林慶彰，〈唐代後期經學的新發展〉，收入於林慶彰編，《中國經學史論文選集》上冊（臺北：文史哲出版社，1992 年），頁 670～677。
14. 金林祥，〈胡瑗教育思想研究〉，《南通師範學院學報》（哲學社會科學版）第 16 卷第 2 期（南通，2000 年 6 月），頁 101～106。
15. 金榮官，〈胡瑗的分齋教學極其影響〉，收入於《宋史研究論叢》第 7 輯（保定：河北大學出版社，2006 年），頁 354～370。
16. 胡適，〈《壇經》考之一（跋曹溪大師別傳）〉，收入於《現代佛教學術叢刊》第 1 冊（臺北：大乘文化，1980 年），頁 1～10。
17. 姚長壽，〈《淨度三昧經》與人天教〉，《中華佛學學報》第 12 期（臺北，1999 年 7 月），頁 79～95。
18. 洪淑芬，《論儒佛交涉與宋代儒學復興——以智圓、契嵩、宗杲爲例》，臺北：國立臺灣大學中國文學研究所博士論文，2007。
19. 夏長樸，〈李覯的重禮思想及其與荀子的關係〉，《臺大中文學報》第 2 期，臺北，1988 年 11 月，頁 265～282。
20. 張國剛，〈略論唐代學術史的時代特徵〉，《史學月刊》2003 年第 6 期（天津，2003 年 6 月），頁 80～87。
21. 張國剛，〈中古社會變遷筆談〉，《史學月刊》2005 年第 5 期（開封，2005 年 5 月），頁 5～7。
22. 寇養厚，〈中唐《春秋》學對柳宗元與永貞革新集團的影響〉，《東嶽論叢》21 卷 1 期（濟南，2000 年 1 月），頁 114～117。
23. 章群，〈啖、趙、陸三家《春秋》之說〉，收入於林慶彰、蔣秋華編，《啖助新《春秋》學派研究論集》（臺北：中央研究院中國文哲研究所，2002 年），頁 73～88。
24. 陳弱水，〈柳宗元與中唐儒家復興〉，《新史學》5：1（臺北，1994 年 3 月），頁 1～49。
25. 曾建林，〈宋代經學的轉型與歐陽脩經學的特點〉，《浙江大學學報》（人文社會科學版）第 32 卷第 2 期（杭州，2002 年 3 月），頁 157～159。

26. 楊向奎，〈唐宋時代的經學思想——《經典釋文》、《十三經正義》等書所表現的思想體系〉，收入於於林慶彰主編，《中國經學史論文選集》上冊上冊（臺北：文史哲出版社，1992 年），頁 630～658。
27. 葛煥禮，〈論啖助、趙匡、陸淳《春秋》學的學術轉型意義〉，《文史哲》2005 年第 5 期（濟南，2005 年 9 月），頁 40～45。
28. 劉光裕，〈唐代經學中的新思潮——評陸淳《春秋》學〉，收入於林慶彰、蔣秋華編，《啖助新《春秋》學派研究論集》（臺北：中央研究院中國文哲研究所，200 年 2），頁 89～111。
29. 劉貴傑，〈從智圓思想看佛法與儒學之交涉〉，收入於於《佛教的思想與文化：印順導師八秩晉六壽慶論文集》，臺北：法光出版社，2002 年。
30. 劉乾，〈論啖助學派〉，收入於林慶彰編，《中國經學史論文選集》上冊上冊（臺北：文史哲出版社，1992 年），頁 678～701。
31. 〔日〕稻葉一郎，李甦平譯，〈中唐新儒學運動的一種考察——劉知幾的經書批判和啖、趙、陸氏的《春秋》學〉，收入於林慶彰主編，《啖助新《春秋》學派研究論集》（臺北：中央研究院中國文哲研究所，2002 年），頁 305～338。
32. 蔣義斌，〈孤山智圓與其時代——佛教與宋朝新王道的關係〉，《中華佛學學報》第 19 期（臺北，2006 年），頁 233～270。
33. 蔡惠明，〈融儒於佛的契嵩大師〉，《內明》第 186 期（香港，1987 年 9 月），頁 33、34～35。
34. 〔日〕横山健一，〈宋代における義例説の展開——崔子方の春秋學について〉，《東方學》第 115 期（東京，2008 年 1 月），頁 73～87。
35. 魏鴻雁，〈宋代僧人對儒家經學的認識與回應——從釋智圓和釋契嵩談起〉，《青海民族學院學報》2005 年第 2 期（西寧，2005 年 4 月），頁 38～41。
36. 魏鴻雁，〈宋代僧人對北宋文學革新的認識與回應——以釋智圓和釋契嵩爲中心的考察〉，《青海民族研究》17 卷第 4 期（西寧，2006 年 9 月），頁 68～72。

四、網路資料

1. 釋聖凱，〈論佛道儒三教倫理的交涉〉，《世界弘明哲學季刊》2001 年 6 月號 <http://phil.arts.cuhk.edu.hk/~cculture/library/hongming/200106-002.htm>（2008 年 12 月 10 日，國際網址: http://whpq.net）